中国铁路重大桥梁工程建设丛书

KEY TECHNOLOGY FOR
THE CONSTRUCTION
OF PINGTAN STRAIT HIGHWAY AND RAILWAY BRIDGE

平潭海峡公铁大桥建造关键技术
（第三册）

纪尊众　谭立新　文望青　彭光辉　樊立龙　等　编著

人民交通出版社股份有限公司
北京

内 容 提 要

本书为"中国铁路重大桥梁工程建设丛书"的子系列——"平潭海峡公铁大桥建造关键技术"之一。本系列结合我国第一座复杂海域跨海公铁两用大桥的建设工程实践，基于应对风浪流及地质条件极端复杂的暴风潮海峡环境开展的科研攻关与技术创新成果，全面深入地阐述了复杂海域桥梁集群的建造技术体系。本系列共分三册：第一册和第二册主要介绍松下岸到大练岛（11.15km）的三座通航孔跨海斜拉桥及非通航孔箱梁桥的建造关键技术；第三册主要介绍大练岛到平潭岛（5.17km）的通航孔混凝土连续刚构桥及非通航孔混凝土箱梁桥的建造关键技术。

本书内容包括：第1篇绪论；第2篇平潭海峡公铁大桥设计；第3篇平潭海峡公铁大桥施工关键技术；第4篇复杂海域环境施工作业条件研究；第5篇海工耐久性混凝土研究与应用；第6篇总结与展望。

本书可供从事桥梁工程勘察设计、施工、监理、建设管理的工程技术人员学习使用，尤其对于跨海桥梁建造的工程技术人员具有重要指导与启发作用，亦可供桥梁工程及相关领域的高等院校师生参考。

图书在版编目（CIP）数据

平潭海峡公铁大桥建造关键技术. 第三册 / 纪尊众等编著. — 北京：人民交通出版社股份有限公司，2021.7

ISBN 978-7-114-16975-5

Ⅰ.①平… Ⅱ.①纪… Ⅲ.①跨海峡桥—铁路公路两用桥—桥梁工程—福建　Ⅳ.①U448.12

中国版本图书馆 CIP 数据核字（2020）第 244276 号

审图号：GS（2021）2579 号

中国铁路重大桥梁工程建设丛书
Pingtan Haixia Gong-Tie Daqiao Jianzao Guanjian Jishu (Di-San Ce)

书　　名：	平潭海峡公铁大桥建造关键技术（第三册）
著 作 者：	纪尊众　谭立新　文望青　彭光辉　樊立龙　等
责任编辑：	王　霞　张　晓
责任校对：	赵媛媛
责任印制：	张　凯
出版发行：	人民交通出版社股份有限公司
地　　址：	（100011）北京市朝阳区安定门外外馆斜街3号
网　　址：	http://www.ccpcl.com.cn
销售电话：	（010）59757973
总 经 销：	人民交通出版社股份有限公司发行部
经　　销：	各地新华书店
印　　刷：	北京印匠彩色印刷有限公司
开　　本：	889×1194　1/16
印　　张：	29
字　　数：	874千
版　　次：	2021年7月　第1版
印　　次：	2021年7月　第1次印刷
书　　号：	ISBN 978-7-114-16975-5
定　　价：	208.00元

（有印刷、装订质量问题的图书由本公司负责调换）

KEY TECHNOLOGY FOR
THE CONSTRUCTION
OF PINGTAN STRAIT HIGHWAY AND RAILWAY BRIDGE

重大工程
时间轴

KEY TECHNOLOGY FOR THE CONSTRUCTION
OF PINGTAN STRAIT HIGHWAY AND RAILWAY BRIDGE

2014年
02月 23日

浅水有覆盖层钢栈桥施工

2014年
04月 11日

深水区首个桩基钢护筒插打施工

重大工程
时间轴 ▼

深水裸岩区钻孔平台水中搭设

2014年
05月 13日

深水区首个海上独立钻孔平台搭设完成

2014年
05月 15日

首根桩基历时4小时完成灌注

2014年
06月 20日

KEY TECHNOLOGY FOR
THE CONSTRUCTION
OF PINGTAN STRAIT HIGHWAY AND RAILWAY BRIDGE

2014年
11月08日

首个海上钢吊箱下放施工完成

2014年
11月17日

新建和平村码头建设完成

2015年
03月18日

首个海上门式空心墩墩身浇筑施工

重大工程
时间轴
▼

2015年
06月 15日

该项目的首个铁路桥墩身施工完成

2015年
08月 26日

首个深水裸岩区钢吊箱吊放

5

KEY TECHNOLOGY FOR THE CONSTRUCTION
OF PINGTAN STRAIT HIGHWAY AND RAILWAY BRIDGE

2015年 11月29日

首个超千吨主墩钢吊箱施工

2016年 01月30日

水中基础全部完成，均已转序到墩身及梁部施工

2016年 03月04日

国内首台双孔连做节段拼装造桥机组拼完成，开始架梁施工

重大工程
时间轴

非通航孔大练岛侧双孔连做节段预制拼装梁架设完成

2017年
09月27日

铁路桥节段预制拼装梁全部架设完成

2017年
12月26日

7

2018年 08月31日

平潭海峡公铁大桥一次性投入 79 对三角挂篮同时大规模施工

2018年 10月03日

平潭海峡公铁大桥平潭段铁路桥梁合龙贯通

2019年 07月17日

平潭海峡公铁大桥平潭段公路桥梁合龙贯通

重大工程
时间轴 ▼

平潭海峡公铁大桥平潭段公路桥桥面沥青铺装施工完成

2020年
04月 **06**日

平潭海峡公铁大桥公路桥试通车

2020年
10月 **01**日

平潭海峡公铁大桥
建造关键技术

KEY TECHNOLOGY FOR
THE CONSTRUCTION
OF PINGTAN STRAIT HIGHWAY AND RAILWAY BRIDGE

Editorial board

编委会

主 任 委 员：纪尊众　谭立新
副主任委员：文望青　彭光辉　樊立龙
编　　　委：（按姓氏笔画排序）

丁　岩	于海州	王文强	王东波	王国超	王保良
王　峰	王登田	王德志	刘兴春	刘昌永	刘明辉
刘　勇	刘　涛	池忠波	孙长志	孙建鹏	严爱国
李北星	李吉林	李志辉	李宏亮	李招明	李喜平
杨利卫	杨　勇	肖　亮	吴彦章	沙权贤	宋子威
张广涛	张立东	张亚锋	陈　可	范发财	孟令国
赵多苍	赵振丰	钟　晶	祝　兵	袁长春	袁薪明
钱立军	徐安东	徐　科	殷鹏程	高明春	唐小军
黄丁根	曹　宇	崔淑斌	康阿真	盖青山	梁志新
梁　勋	韩晓强	景永强	程　为	蔡维栋	

Preface

我国是世界陆地面积第三大的国家，同时也是拥有约 470 万 km² 的海洋国土面积和超过 3.2 万 km 的漫长海岸线的海洋大国。为促进东部沿海城市圈的经济发展与当地居民出行便利，建设使海岸间陆路连通的跨海大桥成为需要。21 世纪以来，随着我国综合国力的快速提升和桥梁建造技术的不断革新，我国跨海桥梁的建设呈现蓬勃发展态势，并朝着跨海距离更长、整体规模更大的跨海长桥发展，先后建成了多座大规模的跨海桥梁工程，如清澜大桥、东海大桥、杭州湾跨海大桥、胶州湾跨海大桥、西堠门大桥、港珠澳大桥等代表性工程项目。

平潭海峡公铁大桥作为福州至平潭铁路的重点控制性工程，是我国首座公铁两用跨海大桥，同时也是目前世界上最长的跨海峡公铁两用大桥。平潭海峡公铁大桥于 2010 年 6 月获批复建议书，于 2013 年 11 月正式开工建设，到 2020 年 12 月 26 日建成运营，大桥建设期 7 年，项目总历时 10 年。

平潭海峡公铁大桥所在海域是素有"世界风口"之称的海坛海峡，被国内外同行公认为"建桥禁区"，如何克服恶劣的海洋环境成为大桥建设者们面临的关键难题。在这片海域，每年冬季东北向季风持续横行 5 个月，每天风级达 8、9 级；每年台风平均 4 次，施工期最大风级达 14 级；水深、波高、浪涌、潮差大——水深 42m，潮差最大 7.09m，日常浪高 0.5~2m、最大浪高 9m，流速 3m/s；海底花岗岩冲刷严重，基岩裸露倾斜，岩石的无侧限抗压强度达 210MPa；水域无内河淡水补充，海水对钢结构的腐蚀严重，腐蚀速率是其他海域的 2 倍。

在如此复杂艰险的海域建设桥梁，从勘察设计到工程施工，难度可想而知。针对风大潮高的恶劣环境以及极端复杂的地质条件，大桥建设者针对环境、工装设备、物流组织、耐久性材料、安全管理等诸多方面开展了系列的科学研究与技术攻关，并在实践研究中进一步凝练形成了复杂海洋深水作业平台施工技术、大倾斜裸露条件大直径钻孔桩施工技术、强波流力钢吊箱围堰安装关键技术、双孔连做节段拼装造桥技术、机制砂海工耐久性混凝土技术、海峡大风环境下施工抗风技术，以此为基础，致力于构建复杂海洋环境公铁两用特大桥的建造技术体系。

序言

　　本书是对上述技术成果与工程实践经验的凝练总结,也是平潭海峡公铁大桥全体建设者的智慧结晶。书中全面呈现了平潭海峡公铁大桥在跨海大桥设计、施工、制造、装备等方面取得的诸多原创性与突破性成果,系统记录归纳了来自一线工程技术人员的工法工艺与实验监测数据,对于推动复杂海域桥梁建造技术持续发展具有重要价值,亦可为相关跨海长大桥梁工程的建设提供借鉴。

　　"看似寻常最奇崛,成如容易却艰辛",在此,谨向为大桥的顺利建成付出艰辛努力的所有建设者,致以崇高的敬意,向关心、支持和帮助大桥建设的各界人士表示由衷的感谢!

2020 年 12 月

Foreword

　　新建福州至平潭铁路（以下简称"福平铁路"）平潭海峡公铁大桥，是我国第一座跨海公铁两用大桥，大桥跨越台湾海峡，受大陆与台湾岛之间海峡上的"穿堂风"增强效应和台湾海峡独特的"狭管效应"影响，施工环境风速大、流速大；地质特点为苏澳背斜褶皱构造和风蚀海蚀形成的海床裸露且"石蛋"林立；工况较已建成的东海大桥、杭州湾跨海大桥及港珠澳大桥更为复杂，集气候、水文、地质等恶劣自然条件为一体，是目前世界在建难度最大的跨海大桥，被称为"建桥禁区"。

　　福平铁路平潭海峡公铁大桥全长 16.34km，其中平潭段全长 5.172km，跨越北东口水道部分长 3712m，公铁主跨均采用 92m+2×168m+92m 预应力混凝土连续刚构，其余孔跨铁路桥为 64m、40m 简支箱梁，公路桥左右幅各 5 联连续箱梁孔跨与铁路桥简支梁跨度相对应，铁路桥梁位于下层，公路桥梁按两幅设置位于上层，形成倒"品"字结构，采用桩基础。平潭海峡公铁大桥的建设单位为福建省福平铁路有限责任公司，其中平潭段设计工作由中铁第四勘察设计院集团公司完成，建造由中国铁建大桥工程局集团有限公司完成，同时哈尔滨工业大学、西南交通大学、武汉理工大学、石家庄铁道大学、中铁第五勘察设计院集团有限公司、中铁现代勘察设计院有限公司、中交武汉港湾工程设计院有限公司作为科研单位共同参与建造技术攻关。

　　气候、水文、地质三重难题层层叠加，让这里几乎成了造桥禁区，疾风巨浪，在这茫茫大海当中立足生根绝非易事，桥梁建设须接受大自然的挑战。一是与百慕大、好望角并称世界三大风口海域，风大、台风频繁、季风期长；二是海况恶劣，最大水深 42m，最大潮差 7.09m，最大浪高 9m，最大流速 3m/s，波流力大，相当于内河同等规模受力的 10 多倍；三是海床起伏大、岩面倾斜裸露、高强度（岩芯抗压强度达 210MPa）孤石密集，呈"串珠状"，地质条件复杂，全桥共计 5 个墩为浅覆盖层、12 个墩基岩裸露、17 个墩位于倾斜岩面上；四是公铁桥合建交叉干扰大。由于海况复杂，无经验可循，平潭海峡公铁大桥进行了大量的技术、工艺、设备、材料创新，通过参建各方及科研单位的通力合作，最终完成平潭海峡公铁

前言

大桥的建造，形成平潭海峡公铁大桥的建造成套技术，并进行了系统的总结，形成本书。本书基本内容如下：

第1篇主要介绍了福平铁路平潭海峡公铁大桥平潭段工程概况，大桥桥址处气候、水文、地质恶劣的自然条件以及施工特点，并介绍了大桥建设施工面临的挑战与创新。

第2篇主要介绍了福平铁路平潭海峡公铁大桥平潭段设计方案概述、结构设计以及大跨度连续刚构抗风性能研究。

第3篇主要介绍了福平铁路平潭海峡公铁大桥建造施工的施工组织设计，大型临时设施规划设计，复杂海域环境大跨度施工栈桥、作业平台的设计与施工，大倾斜裸露条件大直径钻孔桩施工技术，强波流力钢吊箱围堰安装施工技术，恶劣条件下大跨度混凝土梁施工技术以及海洋环境混凝土结构耐久性强化措施研究等施工关键技术。

第4篇主要介绍了通过建立一个海上结构施工安全信息化集成智能预警系统，对复杂海域施工环境进行研究，重新界定施工作业条件以及施工措施设计，实现施工结构维护、管理的信息化。

第5篇主要介绍了针对重度腐蚀海洋区域对机制砂海工混凝土耐久性进行的研究，提出机制砂海工耐久性混凝土的配制及应用。

第6篇主要对平潭海峡公铁大桥建造经验与体会进行总结，并对跨海桥梁的设计与施工提出建议，为以后类似桥梁的建设提供借鉴。

平潭海峡公铁大桥建设历经7年，克服了大风、强涌浪、深水、重度海洋腐蚀和复杂地质条件等恶劣的自然环境带来的诸多困难，突破了台湾海峡暴风潮海域"建桥禁区"的诸多限制，创新了复杂海域桥梁结构设计、施工工艺、工程装备和运营安全保障技术，实现了中国铁路跨海桥梁从无到有的巨大飞跃。

编 者
2020年12月

CONTENTS

目录

Part One 第1篇 绪论 … 1

第1章 平潭海峡公铁大桥工程概况 … 3
1.1 工程简介 … 3
1.2 自然条件 … 5
1.3 工程特点 … 9

第2章 建设施工面临的挑战与创新 … 13
2.1 建设施工面临的挑战 … 13
2.2 关键技术创新 … 14

Part Two 第2篇 平潭海峡公铁大桥设计 … 17

第1章 设计方案概述 … 19
1.1 项目概况 … 19
1.2 桥式方案 … 20
1.3 技术特点 … 22

第2章 结构设计 … 25
2.1 设计概述 … 25
2.2 结构材料设计 … 26
2.3 主跨大跨度连续刚构设计 … 26

第3章 平潭海峡公铁大桥抗风性能研究 … 31
3.1 工程概况 … 31

3.2　设计风速参数 ··· 33
　　3.3　结构动力特性计算分析 ··· 34
　　3.4　节段模型静力风洞试验 ··· 36
　　3.5　全桥气动弹性模型试验 ··· 56
　　3.6　工程应用 ·· 68

Part Three | 第 3 篇 平潭海峡公铁大桥施工关键技术　　73

第 1 章　施工组织设计 ··· 75
　　1.1　目标策划 ·· 75
　　1.2　施工组织研究 ·· 77
　　1.3　科技创新管理 ·· 80

第 2 章　大型临时设施规划与设计 ··· 85
　　2.1　大型临时设施总体规划 ··· 85
　　2.2　码头规划与设计 ··· 86
　　2.3　施工栈桥的规划设计 ··· 93
　　2.4　混凝土搅拌站规划 ·· 94
　　2.5　节段预制梁场的规划 ··· 95
　　2.6　钢结构加工场规划 ·· 95

第 3 章　复杂海域施工栈桥设计与施工 ··· 99
　　3.1　概述 ·· 99
　　3.2　栈桥方案优化 ·· 101
　　3.3　栈桥设计 ·· 105
　　3.4　施工关键技术 ·· 115

第 4 章　复杂海域施工平台设计与施工 ··· 123
　　4.1　概述 ·· 123
　　4.2　施工平台方案优化 ·· 124
　　4.3　施工平台设计 ·· 129

第 5 章　大倾斜裸露条件大直径钻孔桩施工技术 ··· 151
　　5.1　施工概况 ·· 151
　　5.2　施工面对的困难点 ·· 154

5.3	特制钻头的研制	155
5.4	"改良桩周土体"处理漏浆技术	160
5.5	结语	178

第6章 强波流力钢吊箱围堰安装关键技术 181

6.1	水文条件	181
6.2	围堰动水压力研究	182
6.3	钢吊箱围堰结构设计	221
6.4	钢吊箱围堰施工	224

第7章 恶劣条件下大跨度混凝土梁施工技术 231

7.1	铁路"双孔连做"节段拼装造桥技术	231
7.2	铁路梁移动模架现浇施工	285
7.3	三角挂篮悬臂浇筑施工	294
7.4	大跨高墩钢管支架现浇施工	301

第8章 海洋环境混凝土结构耐久性强化措施研究 315

8.1	混凝土表面涂料设计	315
8.2	材料储存要求	318
8.3	施工技术条件	318
8.4	施工工艺	320
8.5	试验方法	321
8.6	检验规则	322
8.7	质量验收	323
8.8	施工管理、安全和环境保护措施	326

Part Four 第4篇 复杂海域环境施工作业条件研究 329

第1章 风浪流信息化研究与应用 331

1.1	概述	331
1.2	预警系统原理	332
1.3	预警系统建立	334
1.4	智能安全监控预警系统的应用	341

第 2 章	复杂海域环境施工船舶锚泊定位技术研究	353
	2.1 引言	353
	2.2 研究方法	353
	2.3 分析与结果	356
第 3 章	复杂海域环境施工措施设计与工序作业条件界定	359
	3.1 概述	359
	3.2 总体策划	359
	3.3 工序作业界定保障	360
	3.4 现场施工验证	368
	3.5 施工作业条件界定	368

Part Five 第 5 篇 海工耐久性混凝土研究与应用   375

第 1 章	机制砂海工混凝土研究	377
	1.1 研究背景	377
	1.2 机制砂在混凝土应用中存在的问题分析	377
第 2 章	机制砂海工混凝土配合比研究	381
	2.1 配合比设计技术要求	381
	2.2 试验原材料与方法	382
	2.3 海工机制砂混凝土配合比的设计	385
第 3 章	机制砂海工混凝土耐久性研究	393
	3.1 碳化性能	393
	3.2 氯离子扩散系数及其龄期衰减系数	394
	3.3 石粉及矿物掺和料对胶浆氯离子结合性能的影响	397
	3.4 抗硫酸盐侵蚀性能	399
	3.5 护筋性能	402
	3.6 结语	403
第 4 章	机制砂海工混凝土抗裂性与长期体积稳定性研究	407
	4.1 早期塑性收缩开裂	407
	4.2 自收缩	410
	4.3 干燥收缩	411

4.4	徐变	412
4.5	结语	414

第 5 章　机制砂海工混凝土疲劳性能研究　417

5.1	试验材料与方法	417
5.2	试验结果与分析	420
5.3	结语	427

Part Six　第 6 篇　总结与展望　429

0.1	总结	431
0.2	建设体会	434
0.3	展望	434

References　参考文献　437

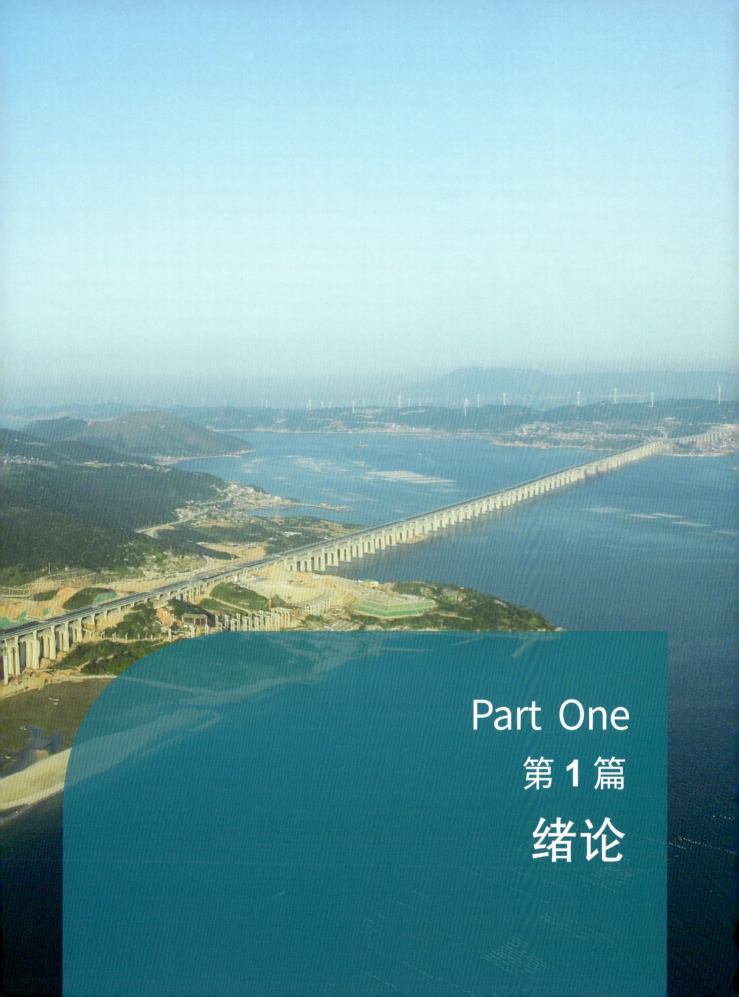

Part One

第1篇

绪论

平潭海峡公铁大桥
建造关键技术

01

　　平潭岛又称海坛岛，是我国第五大岛、福建省第一大岛，与我国台湾岛隔海相望，面积为 267km^2，别称"东岚"，旧称"海山"，素有福建的"马尔代夫"之称。2009 年 7 月正式建立"福州（平潭）综合试验区"，2012 年更名为"福建省平潭综合试验区"。

　　福建省是海峡西岸经济区的核心主体，是国务院批准的自由贸易区之一。平潭作为海峡西岸经济区发展的最前沿，是自由贸易试验区建设的重要组成部分。为了加快海峡西岸经济区、福建平潭综合试验区的建设，规划并建设了福州至平潭的"福平铁路"。

　　福平铁路北接合福铁路和向莆铁路，是全国铁路网规划中重要的一条高等级线路，线路全长 88.83km，设计速度 200km/h，从福州站引出至东山，跨闽江、乌龙江后至长乐，经松下以公铁合建桥梁的形式跨越海坛海峡北口至平潭岛。平潭海峡公铁大桥平潭段由中铁第四勘察设计院集团有限公司（以下简称：铁四院）设计，中铁建大桥工程局集团有限公司施工，其里程范围为 DK70+564.700 ~ DK75+737.650，全长 5172m，占桥梁全长的 1/3。

第 1 章
平潭海峡公铁大桥工程概况

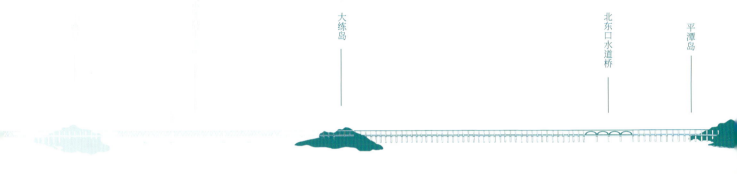

1.1 工程简介

平潭海峡公铁大桥自北向南跨越大练岛山凹，经过舍仁宫，跨越海坛海峡北东口水道，最后抵达平潭县苏澳镇的罗澳。主要工程从福州至平潭方向有大练岛陆地部分、铁路路基公路桥部分、舍仁宫陆地部分、铁路路基公路桥部分、北东口水道部分等几部分，桥式立面布置和概貌如图1-1-1-1、图1-1-1-2所示，桥跨组成见表1-1-1-1。

跨越深蓝——
项目总体介绍

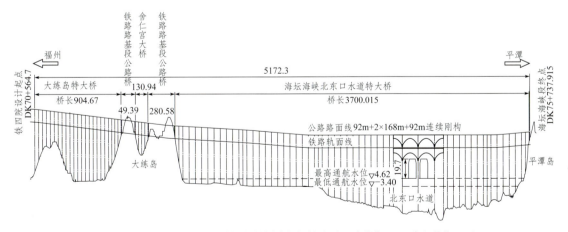

图 1-1-1-1 桥式概略图（平潭海峡公铁大桥平潭段）（尺寸单位：m；高程单位：m）

图 1-1-1-2　平潭海峡公铁大桥平潭段全貌

桥跨布置一览表　　　　　　　　　　　　　　　　　　　表 1-1-1-1

桥梁分段	跨度布置		通航等级	桥梁类型
大练岛陆地部分	铁路桥：19×40m+4×32m 简支梁		—	简支梁
	公路桥：4×40m 连续梁+4×40m 连续梁+6×40m 连续梁+5×40m 连续梁+4×32m 连续梁		—	连续梁
铁路路基段公路桥	公路高架桥：4×37.38m 预应力混凝土连续箱梁		—	连续梁
北东口水道部分	通航孔	公铁 92m+2×168m+92m 预应力混凝土连续刚构	满足 500 吨级航道单孔双向通航	预应力混凝土连续刚构桥
	大练岛侧非通航孔	铁路：2×40m+9×64m+2×40m+11×64m+1×40m 简支梁	—	简支梁
		公路：40m 简支梁+40m+9×64m+40m 连续梁+40m+11×64m+40m 连续梁	—	简支梁+连续梁
	平潭岛侧非通航孔	铁路：40m+6×64m+2×40m+5×64m+2×40m 简支梁	—	简支梁
		公路：40m+6×64m+40m 连续梁+40m+5×64m+40m 连续梁+40m 简支梁	—	简支梁+连续梁
舍仁宫陆地部分	铁路：4×32m 简支梁		—	简支梁
	公路：4×32m 连续梁		—	连续梁
铁路路基段公路桥	公路高架桥：2×40.21m+2×40m+3×40m 预应力混凝土连续箱梁		—	连续梁

平潭海峡公铁大桥跨越北东口水道部分全长 3712m，主跨采用 92m+2×168m+92m 预应力混凝土连续刚构，其余孔跨铁路桥分别为 64m、40m 简支箱梁，公路桥左右幅各 5 联连续箱梁，其孔跨与铁路桥简支梁跨度相对应。该段桥梁共 59 个墩（台），其中引桥 B2～B25 及 B56 号墩（共 25 个墩）位于浅水区，B26～B55 号墩位于深水区（共 30 个墩），桥台、B1、B57 号墩（共 4 个）位于陆地上，如图 1-1-1-3 所示。其中上部结构：铁路桥为简支箱梁位于下层，公路桥按两幅设置位于上层，形成倒"品"字结构。下部结构：铁路桥为门式空心墩，最高可达 35.5m；花瓶状公路桥墩最高可达 20.8m，其墩身修筑于铁路墩身之上，如图 1-1-1-4 所示。墩下基础均为桩基础，桩径分别为 2m、2.5m、2.8m、3.0m，设计最大桩长 90m；高桩承台最大尺寸为 23.9m×36.5m×6m。

图 1-1-1-3　平潭海峡公铁大桥（B0～B58）效果图

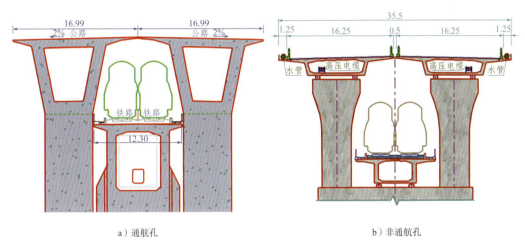

a）通航孔　　　　　　　　　　　　　　　b）非通航孔

图 1-1-1-4　通航孔／非通航孔断面图（尺寸单位：m）

1.2　自然条件

由于平潭海峡公铁大桥是我国公铁两用桥梁在跨海峡领域的首次尝试，在建设过程中会面临海峡地区所特有的自然条件，主要表现在以下几个方面：

（1）气象条件差、大风频次高、台风频繁、有效作业天数少。

平潭海峡公铁大桥桥址区为典型的海洋性季风气候，由于处于东亚季风区，且同时位于海坛海峡和台湾海峡之间，受大陆与台湾岛之间海峡上的"穿堂风"增强效应的影响，因此风速大、风向稳定，夏季盛行西南风，其余季节多为东北风。根据福建省气候中心统计分析结果（表 1-1-2-1）显示，全年6 级以上大风超过 309d，7 级以上大风超过 234d，8 级以上 123d。平潭地处台湾海峡，濒临太平洋，每年都会遭受暴风潮不同程度的危害，登陆及影响区域的热带气旋年平均 3.8 次，主要出现在 6 月—9 月份。其中 8 级风速为 20.8m/s，14 级风速为 45.4m/s。

极大风天数统计对比表（单位：d）　　　　　　　　表 1-1-2-1

项　目	福建省气候中心（苏澳）	（1971—1996 年）平潭气象站统计	2014 年实测	2015 年实测	2016 年实测	2017 年实测	2018 年实测
＜6 级大风天数	56	111.4	27	21	13	16	29
≥6 级大风天数	309	253.6	338	344	310	349	336

续上表

项　目	福建省气候中心（苏澳）	（1971—1996年）平潭气象站统计	2014年实测	2015年实测	2016年实测	2017年实测	2018年实测
≥7级大风天数	234	152.4	239	300	238	283	287
≥8级大风天数	123	59	133	165	127	195	185
≥9级大风天数	35	16.9	38	69	44	81	71
≥10级大风天数	8	—	9	20	15	21	22

由于受地形影响，在大练岛和北东口水道形成了两个小型"风谷"和"沟谷"通道，风速进一步加强集中，海流流速加大，海床平潭侧受到的冲刷严重，其中大练岛"风谷"主风向如图1-1-2-1所示，北东口水道"沟谷"主风向如图1-1-2-2所示。

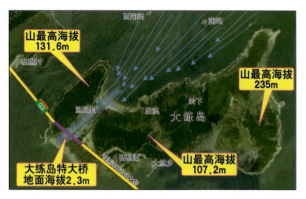

图1-1-2-1　大练岛"风谷"主风向示意图

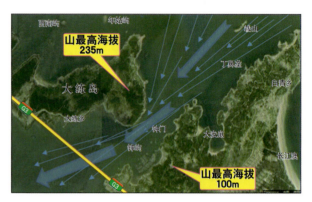

图1-1-2-2　北东口水道"沟谷"主风向示意图

2014年台风影响6次，2015年台风影响7次，2016年台风影响6次，2017年台风影响3次，2018年台风影响2次，其中2015年"苏迪罗""杜鹃"两次超强台风均正面袭击桥址区域，最大风速达到14级，见表1-1-2-2。

2014—2018年主要台风影响时间统计表　　表1-1-2-2

序号	台风名称	台风影响时间			影响跨海桥最大风力等级（级）
		开始时间	结束时间	影响时间（d）	
1	海贝思	2014-6-14	2014-6-18	5	10
2	麦德姆	2014-7-21	2014-7-25	7	12
3	凤凰	2014-9-19	2014-9-23	5	10
4	灿鸿	2015-7-4	2015-7-10	7	10
5	莲花	2015-7-7	2015-7-10	4	10
6	浪卡	2015-7-12	2015-7-16	5	10
7	苏迪罗	2015-8-5	2015-8-11	7	15
8	杜鹃	2015-9-26	2015-9-30	5	13
9	尼伯特	2016-7-6	2016-7-9	4	11
10	莫兰蒂	2016-9-12	2016-9-15	4	12
11	马勒卡	2016-9-15	2016-9-18	4	10
12	鲇鱼	2016-9-25	2016-9-28	4	10
13	纳沙	2017-7-25	2017-7-29	4	13

续上表

序号	台风名称	台风影响时间			影响跨海桥最大风力等级（级）
		开始时间	结束时间	影响时间（d）	
14	海棠	2017-7-29	2017-7-31	3	10
15	卡努	2017-10-12	2017-10-15	3	12
16	玛莉亚	2018-7-9	2018-7-11	3	13
17	13号热带低压	2018-8-23	2018-8-25	3	

（2）水深、浪高、涌急、潮汐明显，海况恶劣。

海峡和海湾是完全不同的两种地形，海峡是两个水域之间的海上通道，是由海水通过地峡的裂缝经长期侵蚀，或海水淹没下沉的陆地低凹处而形成的。一般水较深，水流较急且多涡流。海峡内的海水温度、盐度、水色、透明度等水文要素的垂直和水平方向的变化较大。因此在海峡环境修建超长桥梁与海湾区相比，深水、急流、强涌、强波浪力、潮汐等的影响更为显著。

设计水文资料显示，由于平潭海峡独特的"狭管效应"，工程海域海流速度远超内河和海湾，最大流速达3m/s，桥址海域最大水深达42m，最大潮差达7.09m，最大浪高9m，波流力大，相当于内河同等规模受力的10多倍。

（3）海床起伏大、岩面倾斜裸露、高强度孤石密集，地质条件复杂。

平潭海峡独特的地理形成过程决定了其底部海床高低起伏大、岩面倾斜大的特点；加之海峡区域海流湍急，长时间的剧烈冲刷使得海床岩面覆盖层浅薄甚至裸露；桥址区基岩主要为白垩系石帽山群下组凝灰岩、燕山晚期侵入花岗岩，强风化层厚度大，极易形成强度较高的球状风化残留体（孤石），通过前期地质勘探资料及施工期间地质补钻发现，桥址区海床分布有大量直径2~12m的孤石及"孤石串"。且桥址地质为苏澳背斜褶皱构造，桥位处岩石产状和形态多样，岩层倾斜度大。通过浅地层剖面测量和地质取芯、水下探摸，全桥共计5个墩浅覆盖层、12个墩基岩裸露、17个墩位于倾斜岩面上，桩位地质情况如图1-1-2-3所示。

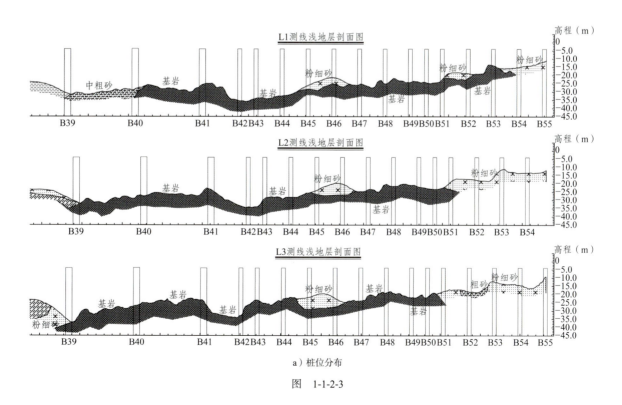

a）桩位分布

图 1-1-2-3

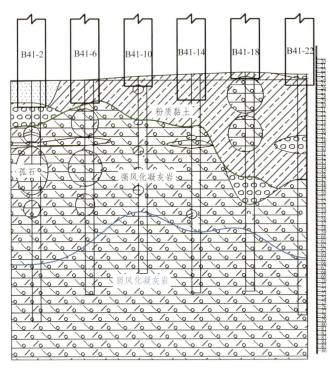

b）地质资料

图 1-1-2-3 桩位地质资料

表层基岩：风化程度低，完整性好、强度高，管桩插打难以入岩；深层基岩：桩位处深层基岩为凝灰岩和花岗岩，岩石极其坚硬，钻芯取样测定的抗压强度达到 210.0MPa，现场管桩插打弯皱、锤头断裂严重，破损情况如图 1-1-2-4 所示。

a）管桩弯皱

b）锤头断裂

图 1-1-2-4 施工现场破损情况

为了进一步了解平潭海峡公铁大桥建设所面临的自然条件特点，将其与东海大桥、杭州湾跨海大桥和港珠澳大桥（桥梁部分）进行了对比，见表 1-1-2-3。

与国内已建成跨海大桥对比表   表 1-1-2-3

项　　目		东海大桥	杭州湾跨海大桥	港珠澳大桥（桥梁部分）	平潭海峡公铁大桥
	桥址海域	东海	东海	南海	东海
自然条件	每年≥6级大风天数（d）	30	17	200	314
	每年≥7级大风天数（d）	22.4	17	100	210
	每年≥8级大风天数（d）	19.25	11	30	115

续上表

	项　　目	东海大桥	杭州湾跨海大桥	港珠澳大桥（桥梁部分）	平潭海峡公铁大桥
自然条件	平均风速（m/s）	3.3	3.0	3.0	9.0
	每年受台风影响次数（次）	2.4	2.6	3～5	6～7
	最大浪高（m）	5.72	6.31	3.64	9
	最大水深（m）	12	14	17	42
	最大潮差（m）	5.14	6.68	3.58	7.09
	最大流速（m/s）	2.41	5.16	2.0	3
	地质情况	覆盖层厚20～40m	覆盖层厚80～130m	覆盖层厚12～48m	79%为光板岩，大量的孤石和破碎岩

通过表1-1-2-3的数据对比可以看出，平潭海峡公铁大桥的建设自然条件比其他三座大桥建设环境恶劣，特别是在大风天数、平均风速、浪高、水深、地质条件方面差异十分明显。

1.3　工程特点

平潭海峡公铁大桥的工程区域具有大风、强涌浪、深水、重度海洋腐蚀和复杂地质条件等恶劣的自然环境，其建造过程具有以下几个方面的工程特点。

1.3.1　物流组织复杂

（1）海运不可控。施工材料需海运至物流码头中转存储，海运受制因素多，可控性差。

（2）资源稀缺。岛内山多地少，临时用地困难；码头资源稀缺；淡水严重缺乏，施工所需淡水需从岛外船运；碎石、河砂等原料来源受限较多，均需外运。

1.3.2　交叉作业干扰大

（1）公铁合建导致铁路桥梁、公路桥墩、公路桥梁立体交叉，铁路桥梁节段拼装、公路桥墩施工、公路桥梁左右幅挂篮施工相互制约，呈依次阶梯状平行施工，如图1-1-3-1所示。

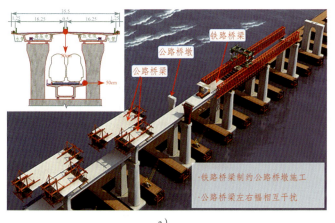

图1-1-3-1　上部结构施工示意图

（2）海上养殖区干扰。桥位轴线两侧广泛分布着海上养殖区，对施工船舶布置、通行干扰较大；施工船舶相互干扰、影响，如图1-1-3-2所示。

a）海上养殖区密集　　　　　b）海上施工船舶交织　　　　　c）海上施工设备林立

图 1-1-3-2　作业环境干扰

1.3.3　钢结构构件腐蚀严重

根据《港口工程桩基规范》（JTJ 167-4—2012），该海域钢材腐蚀速度为 0.5mm/ 年，经现场实测，腐蚀速度达 1mm/ 年，为规范规定速率的 2 倍。各类构件腐蚀、断裂如图 1-1-3-3 所示。

a）　　　　　　　　　　　　b）　　　　　　　　　　　　c）

图 1-1-3-3　各类构件腐蚀严重、断裂

平潭海峡公铁大桥
建造关键技术

KEY TECHNOLOGY FOR
THE CONSTRUCTION
OF PINGTAN STRAIT HIGHWAY AND RAILWAY BRIDGE

平潭海峡公铁大桥
建造关键技术

01

第 2 章
建设施工面临的挑战与创新

从 20 世纪 80 年代至今,我国在跨海湾桥梁建设方面积累了丰富的经验,但是在海峡环境下进行长大公铁两用桥梁建设,目前尚无先例。

平潭海峡公铁大桥是我国首座、世界最长的公铁两用跨海大桥。大桥工程规模大、科技含量高、结构类型新,为超大型跨海桥梁集群工程。所处的台湾海峡是世界著名三大风暴海域之一,建设条件十分恶劣,素有"建桥禁区"之称。平潭海峡公铁大桥是我国复杂海域跨海桥梁施工的开创性工程,其建设极具挑战性。

2.1 建设施工面临的挑战

恶劣的自然条件、庞大的建设规模以及桥梁的功能特点,使平潭海峡公铁大桥的建设施工面临极大的挑战,主要体现在以下几个方面。

2.1.1 施工技术挑战

(1)深水裸岩平台、栈桥搭建难。

栈桥、平台搭建是桥梁施工的先决条件,在 40 多米的水深、浪涌作用条件下单根钢护筒承受 600kN 波流力,同时在岩面倾斜、裸露的海床上,钢护筒、钢管桩定位、生根难度极大。

(2)钢吊箱下放、定位难。

承台施工的关键是在水中形成一个闭水结构——钢吊箱,大桥钢吊箱最大重 15000kN,下放过程中所受最大水平波流力 10000kN 以上,最大浮托力 78000kN,同时须接受台风考验,钢吊箱下放、定位难。

(3)钻孔桩漏浆普遍。

浅/无覆盖层区钢护筒入土深度不足,受每日 2 次 7m 潮差影响,护筒内外水头差时刻处于变化之中,极易发生渗流,桩基施工中漏浆现象极为普遍。

(4)工装设备等资源配置特殊。

施工平台、钢吊箱等结构以及施工船舶、起重吊装设备等海上工装均需特殊配备、专用设计;满足恶劣施工条件下使用的混凝土支架、挂篮、造桥机等特殊工装设备设计、施工难度大。

2.1.2 跨海桥梁耐久性挑战

平潭海峡公铁大桥位于典型海洋环境,海水具有硫酸盐侵蚀、镁盐侵蚀,环境作用等级为 H2;盐类结晶破坏作用等级为 Y3;氯盐环境作用等级为 L3;碳化环境作用等级为 T3。要实现工程结构在环境腐蚀严重尤其是环境腐蚀更为突出的浪溅区和潮差区 100 年的设计使用寿命,混凝土的耐久性能将面临更加严峻的挑战。

2.1.3 施工组织挑战

(1)项目位置及施工方式限制多。

一是地缺,平潭岛寸土寸金,临时设施征地困难;二是码头资源稀缺,无法满足施工需求;三是海上施工特种设备资源有限,如打桩船、大型起重船资源短缺;四是淡水缺,平潭是福建省干旱最严重的地区之一;五是地材资源缺,河砂受闽江限制开采影响,不能满足在建项目的需要;六是交通不便,大练岛为海上孤岛,无陆运条件,平潭岛也仅在 2011 年才结束轮渡历史,岛内交通极为不便;七是公铁合建模式,立体多层作业交叉干扰大。

(2)安全管控难。

集大风、海上、高空及交叉作业等安全风险于一体,55 个平台、79 对挂篮、65m 高墩支架分别批量同时施工,安全管控难度极大。

(3)施工工效低,工期保证难。

受恶劣的天气、复杂地质、立体交叉干扰及物流组织等影响,有效作业时间短(全年 120d),围堰吊装等工序利用"气象天窗时间",可连续作业时间短,施工工效低,工期压力巨大。

2.2 关键技术创新

为了应对恶劣的建设环境、庞大的建设规模以及结构耐久性等诸多挑战,保障大桥的安全、高效施工,建成优质工程,在施工组织设计、施工关键技术以及材料耐久性等多个领域开展了深入的探索、研究,形成了一系列创新性的成果。

2.2.1 施工组织方案创新

大型临时设施是物流组织、后勤补给、施工生产的保证,其位置选取直接影响施工组织,规模与标准直接影响施工成本;合理的主体工程变更是实现降低施工难度、减少施工成本的有效手段,该项目遵循"因地制宜,规模适度,标准合理、一次到位"的原则开展了一系列优化工作,首先对栈桥、码头等大型临时设施及梁场主体工程进行优化。

(1)调整梁场位置,改变运、架梁方式。

原设计两处梁场均设置在红线外,大练岛侧节段梁需陆运至桥下通过提升站提梁上桥;平潭岛侧节段梁需提升站装船海运,分发两处海中提升上桥,并须对航道炸礁疏浚。经优化,两处梁场均调整至台后路基上,对台后进行了桥改路变更,使梁从台后直接运梁上桥。研发了双孔连做节段拼装造桥机,将造桥机由 3 台优化为 2 台,避免了海运。

(2)合并码头功能,减少码头数量。

针对项目陆运不便、物流组织难的特点,对物流组织开展"海上临时码头与施工后场综合规划"研究,对码头设置进行了全面优化。原设计中设置 6 处码头,位置较为分散,多处需与地方共用。经优化,合并码头功能，泊位集中建设，在大练岛、平潭岛各设大型综合码头1处，泊位与施工后场相互配套、有机结合，形成加工生产、运输为一体的物流综合体，有效应对恶劣海况对物流的制约；码头集中建设，减少征地、租赁费用，降低管理成本。

（3）增加栈桥长度，降低海上施工风险。

原设计中栈桥只设置在浅水有覆盖层区，针对风、浪对船机设备影响大，海上设备有效作业时间短、工效低、费用高的实际情况，深水裸岩区新增栈桥，并对主通航孔设计通行索道桥，变海上施工为陆上施工，避免了恶劣海况对施工的影响，降低了海上施工风险，减少了海上施工船舶投入。

2.2.2 关键技术研究

（1）"埋置式"平台搭建技术研究。

针对深水涌急倾斜裸岩区，研发了"埋置式组合平台"。在天气窗口内，快速打设连接钢管形成"板凳"结构，护筒范围内抛垒水下模袋围堰，灌注不离散混凝土，使钢结构、混凝土与基岩固结形成能抗台风、抗浪涌的作业平台。

（2）深水裸岩区大跨度施工栈桥研究。

针对深水裸岩区受风大浪高影响，水上船舶施工有效作业时间短、工效低、安全风险大、工期不可控等难点，研发出一套适合台风深水裸岩区大跨度施工的栈桥，该栈桥选用新型组合杆件作为承重梁，使栈桥跨度加大、锚桩数量减少。管桩基础采用"先桥面后锚桩"施工，钢管桩采用钢筋混凝土灌注桩锚固，确保台风期间栈桥基础的稳定性，具有先成桥后锚固法快速拉通的特点。

（3）海上桩基施工技术研究。

受潮差、斜岩的影响，遇到了桩锤破碎、漏浆塌孔、进度缓慢等难题。通过漏浆机理、锤头结构及材料等方面的研究，改进锤头设计，采用帷幕注浆、模袋围堰、回填组合料等土体改良措施，攻克了大潮差复杂地质桩基施工技术难关。

（4）钢吊箱快速施工技术研究。

通过实测海中大尺度结构动水压力，优化钢吊箱结构设计，在天气窗口内，采用整体拼装，利用2000t大型起重船快速就位、快速封底，快速形成受力结构，研究出一种恶劣海况条件下钢吊箱快速施工技术。

（5）"双孔连做"节段拼装造桥技术。

为适应桥址区台风频繁、季风期长的恶劣大风环境，主导研制出首台高铁双孔连做节段拼装造桥机，达到过孔一次完成两孔梁的造桥任务，降低恶劣自然条件下造桥机过孔的安全风险，提高工效。

（6）大风区大跨高墩现浇梁施工技术。

针对处于大练岛上山凹之间形成的"穿堂风"影响，在大练岛施工现场不同高度设置风速仪，实时监测不同高度的风力，并对高墩公路桥梁现浇支架进行缩尺模型风洞试验——固定模型天平测力边界层风洞试验研究。通过试验对比，找出规律，用于指导结构设计和现场施工。

2.2.3 海工耐久性混凝土研发

针对河砂资源紧缺以及保证海工混凝土耐久性性能，研制出高性能机制砂海工耐久性混凝土并成功应用，绿色环保，节约资源。

Part Two
第 2 篇
平潭海峡公铁大桥设计

平潭海峡公铁大桥
建造关键技术

02

　　福平铁路地处我国东南沿海,濒临台湾海峡,是典型的海洋性季风气候。风向季节性变化明显,跨海段大风持续时间长,风力大。桥址处海域潮型属正规半日潮,海峡内海流呈往复流形态,最大水深42m,平均高潮位2.43m,平均低潮位-2.13m,极端高潮位4.65m。最大浪高9m,最大潮差7.09m,最大流速3m/s。地层主要为第四系全新统长乐组滨海相沉积(Q_4^{cm})淤泥(局部淤泥质亚黏土)、粉~中砂层;残积层(Q^{el})黏性土。基岩主要为火山岩、花岗岩,闪长玢岩岩脉,埋藏较浅,岩质坚硬。跨海段海底地形起伏大,覆盖层厚薄不均,下伏强度较高弱风化花岗岩,且伴随岩石球形风化。桥址区海水具有硫酸盐侵蚀、镁盐侵蚀,环境作用等级为H2。以上苛刻的建设条件对平潭海峡公铁大桥的设计提出了严峻的挑战。

第 1 章
设计方案概述

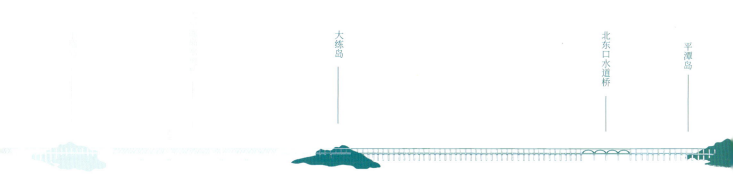

1.1 项目概况

福州至平潭铁路为国铁Ⅰ级双线电气化铁路[1],线路自福州站引出,穿鼓山、跨闽江后引入福州南站,再跨乌龙江至长乐区,在松下镇牛角山附近以公铁合建桥梁跨越长屿岛、小练岛、大练岛至平潭岛,线路全长88.43km,其中平潭海峡公铁大桥全长16.34km,与长乐至平潭高速公路公铁合建段范围长14.51km,其线路布置如图2-1-1-1所示,主要技术标准见表2-1-1-1。

图 2-1-1-1　福平铁路线路布置图

平潭海峡公铁大桥主要技术标准　　　　　　　　　　　表 2-1-1-1

铁　　　路	公　　　路
铁路等级：I 级	公路等级：高速公路
正线数目：双线	车道数：双向六车道
设计行车速度：200km/h	设计速度：100km/h
最大坡度：12‰	设计荷载：公路 I 级
牵引方式：电力	最大纵坡：12‰
牵引质量：3000t	设计横坡：2%

1.2 桥式方案

1.2.1 桥位研究

根据海坛海峡地形、地质、水文、气象及区域规划等因素，结合线路总体走向，对跨平潭海坛北口线位与南口线位两个线位方案进行比选，如图 2-1-2-1 所示。

图 2-1-2-1　线位布置图

南口线位方案平行于已建成通车的平潭海峡大桥（公路），采取与之相同的孔跨布置，主跨 180m 连续刚构，建设条件相对简单，跨海桥梁工程造价低于北口线位方案。但南口线位方案较北口线位方案线路长度增加了 7.28km，运营条件差，不能兼顾长乐副中心城市的发展，且南口方案线路走向造成福州枢纽布局不合理，通道服务功能与福厦铁路重叠，吸引客流条件有限，而且对生态环境影响也相对较大。综合比选，南口线位方案不及北口线位优越，尽管北口线位方案建设条件较差，跨海桥梁投资巨大，仍选定北口线位方案。

1.2.2 孔跨布置

平潭海峡公铁大桥全长 16.34km，其中大练岛至平潭段长 5.172km。北东口水道（通航孔）采用 92m+2×168m+92m 预应力混凝土连续刚构；非通航孔根据水深不同分别采用 64m、40m 混凝土简支梁（铁路）和连续梁（公路）结构。

北东口水道桥址处海域宽度约 3.7km，呈北东向狭长状，涨、落潮波流在桥中线处相对强劲，冲刷强烈，海底地形起伏大，最大海水深度 40m，桥位处受潮汐作用，冲刷严重。桥址处地质条件复杂，海床面极不平整，高差起伏大，覆盖层不均。持力层为强度较高弱风化花岗岩。

通航状况：北东口水道为 500 吨级双孔单向通航，通航尺度为 75 m×19.7m，最高通航水位取历史最高潮位为 +4.62m，最低通航水位为 −3.40m。

桥式布置：主桥采用 92m+2×168m+92m 预应力混凝土双层连续刚构桥，桥长 3712m；铁路单幅桥位于下层中间，公路桥位于上层，双幅设置分列铁路桥两侧；从横断面上看，公路桥梁和铁路桥梁呈一个倒写的"品"字形布置。两幅公路梁内侧限界满足铁路 200km/h 客货共线基本建筑限界要求。

1.2.3 结构体系设计

（1）梁部结构：孔跨布置满足水文条件及水利、航道、交通、管线等各部门的要求，铁路非通航孔采用整孔简支箱梁，公路桥采用与铁路桥等跨的连续梁，通航孔采用预应力混凝土连续刚构，全桥均采用混凝土梁结构。

（2）桥台及基础：桥台采用双线矩形空心桥台，除 B0、B58 采用明挖扩大基础外，其余均采用钻孔桩基础，根据地质条件分别采用 1.0m 桩径。

（3）桥墩及基础：根据墩高及公铁合建方式不同，铁路桥墩采用门式空心墩、实体墩，公路桥墩采用门式墩、板式花瓶状墩[2]；根据不同跨度和地质条件分别采用 2.0m、2.5m、2.8m、3.0m 桩径，公铁合建连续梁桥墩大样如图 2-1-2-2 所示。

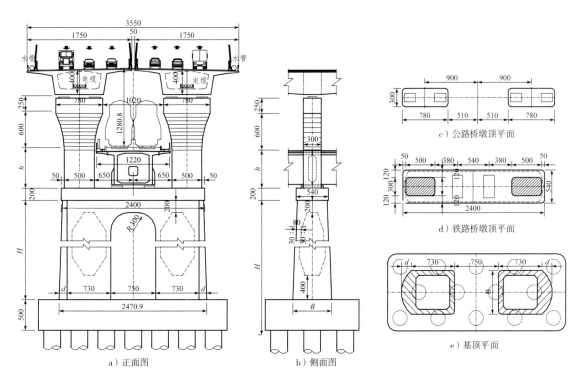

图 2-1-2-2　公铁合建连续梁桥墩大样图（尺寸单位：cm）

H、h- 墩高；B- 墩柱纵向长度；d- 墩柱圆弧横向长度

1.3 技术特点

平潭海峡公铁大桥是我国第一座公铁两用跨海大桥，也是目前国内合建长度最长的公铁两用大桥。

（1）桥式方案因地制宜。平潭海峡跨越北东口水道桥梁，三幅连续刚构桥巧妙地组合在一起，桥型简洁，经济性好，为公铁合建桥梁的设计提供了一种新的思路。

（2）桥梁结构简洁，耐久性能好。大跨度预应力混凝土连续刚构桥梁施工方便，维修养护容易，经济性好；该结构形式是墩梁固结的多次超静定结构，通过在中跨合龙时施加顶推力，减少混凝土梁的收缩、徐变和温度效应对结构受力的影响。

（3）公铁合建设计、结构功能多。公铁合建三幅桥有机结合，共用基础，上通公路，下通铁路，结构简洁、经济合理、耐久性好，在公铁合建桥梁建设史上属于首创，是世界上首座公铁合建连续刚构桥。大桥结构功能多，除满足双向六车道高速公路与双线Ⅰ级铁路通行外，还可满足过桥电力线路及水管线路搭载。搭载管线多且重，管线混合搭载在公铁桥梁中也属首次应用。

（4）平潭海峡公铁大桥是世界上第一次在复杂风浪涌环境下建设海峡大桥，全桥均设置风屏障，建成后满足海上公路桥面处风力在10级大风时、铁路桥面处风力在11级大风时车辆均能正常通行要求。

平潭海峡公铁大桥的建设是我国铁路建桥史上的一座新的里程碑，该桥的建设，使我国的桥梁建设从陆地真正迈向深海，为台海通道以及今后规划建设的跨海工程积累宝贵经验。

平潭海峡公铁大桥
建造关键技术

KEY TECHNOLOGY FOR
THE CONSTRUCTION
OF PINGTAN STRAIT HIGHWAY AND RAILWAY BRIDGE

平潭海峡公铁大桥
建造关键技术

02

第 2 章

结构设计

2.1 设计概述

平潭海峡公铁大桥平潭段跨越大练岛山凹，经过舍仁宫，跨越海坛海峡北东口水道，最后抵达平潭县苏澳镇的罗澳，全长 5.172km。全桥均为公铁合建结构，主要采用 92m+2×168m+92m 的预应力混凝土连续刚构和多孔 64m、40m 连续梁。北东口水道按 500 吨级通航标准设计。

就适用、合理、经济的原则，结合地方建设及规划要求，大桥采取公铁合建、上下分层的布置形式，铁路桥梁按一幅设置，位于下层；公路桥梁按双幅设置，位于上层。铁路桥梁和公路桥梁从横断面上看，组成倒"品"字形结构。

根据平潭海峡公铁大桥选用的航道桥及引桥的断面结构形式，综合公路交通功能和铁路运营需求，在公路外侧防撞墙的外侧悬臂板上面搭载直径 800mm 水管，并在公路箱梁内部搭载 2 根 220kV 通道电缆，桥梁搭载电缆及水管布置如图 2-2-1-1 所示。

跨海桥梁行车安全工程措施为：公路桥面标准段采用护栏上加设 2.5m 高（含栏杆全高 3.5m）的风屏障，风屏障的透风率 50%；铁路桥面设置 3.68m 高的风屏障，透风率 36.5%。

平潭海峡公铁大桥北东口水道部分结构设计

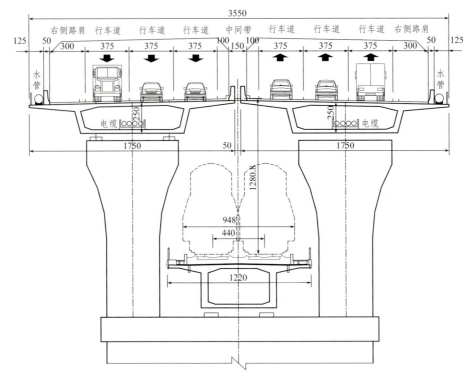

图 2-2-1-1　桥梁搭载电缆及水管布置示意图（尺寸单位：cm）

2.2　结构材料设计

全桥采用混凝土梁结构，因该海域具有硫酸盐、镁盐侵蚀，通过跨海桥结构专题研究，首先从结构体系研究、材料的选择上采取有利于耐久性的措施；设计中采用高性能混凝土，采取加大混凝土结构保护层厚度、控制裂缝宽度等措施。梁部设计采用C50、C55、C60混凝土，墩台设计采用C50混凝土，基础设计采用C40混凝土；构件主要受力钢筋设计采用HRB400钢筋，箍筋及构造钢筋设计采用HPB300钢筋；防水层设计采用高凝聚改性沥青卷材防水层；伸缩缝设计采用耐候钢伸缩缝。为了提高混凝土结构的耐久性，在混凝土梁表面采用氟碳漆涂装，特别在海洋环境腐蚀最厉害的墩身浪溅区采用烷浸渍涂装，这种涂装具有耐磨损、耐冲击和耐腐蚀的性能。另外，主墩上还采取了阴极保护措施[3]使钢筋免受海水中氯离子的侵蚀。通过多重防腐措施的使用，可以确保桥梁使用寿命达到100年。

2.3　主跨大跨度连续刚构设计

主跨采用92m+2×168m+92m连续刚构，其立面布置如图2-2-3-1所示。

铁路桥梁按一幅设置，位于下层；公路桥梁按双幅设置，位于铁路桥梁上层。铁路桥梁和公路桥梁从横断面上看，呈一个倒写的"品"字形。铁路桥梁顶面至公路桥梁顶面的高差满足铁路200km/h客货共线铁路的基本建筑限界，主桥横断面如图2-2-3-2所示。

铁路桥采用单箱单室直腹板变截面箱梁，两幅公路桥采用单箱单室斜腹板变截面箱梁。

2.3.1　铁路桥连续刚构构造

（1）铁路桥主梁

端支座处及边段和跨中处梁高为5.5m，梁高按圆曲线变化，圆曲线半径570.114m。中墩处梁高为11.6m，边墩直线段纵向长度为9.85m，中墩处直线段长8m。箱梁横截面为单箱单室直腹板截面，箱顶宽 12.2m（中墩顶顶宽为 11.7m），底宽 8.5，顶板厚 0.54m，腹板厚为 0.5~0.7~1.0~1.1m 渐变，底板厚由跨中的 0.5m 按圆曲线变化至中支点梁根部的 1.25m，中支点加厚到 2.4m。全桥共设 7 道横隔板，中墩处设置厚 2.2m 的横隔板，边支点处设置厚 1.6m 的横隔板，跨中合龙段设置厚 0.6m 的中横隔板。在横隔板上设置孔洞，供检查人员通过。

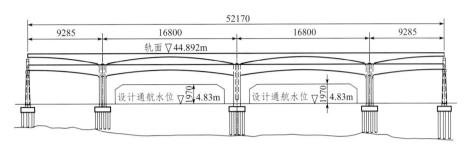

图 2-2-3-1　92m+2×168m+92m 连续刚构立面布置图（尺寸单位：cm）

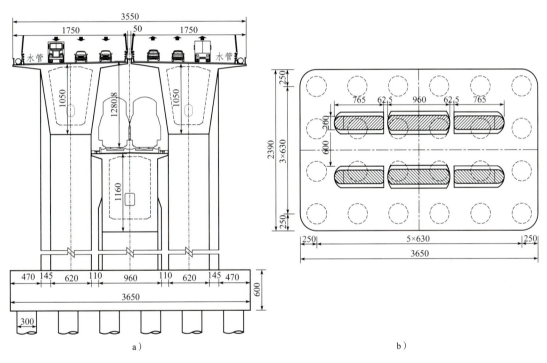

图 2-2-3-2　主跨主墩横断面及基顶平面图（尺寸单位：cm）

（2）铁路桥主墩

B39、B41 次中墩采用圆端形双壁墩，双柱中心距离 8.0m，净距 5.8m，墩身截面横向长 9.6m，纵向宽 2.2m，墩高 22m。40 号墩采用箱形截面，截面纵向长 10.2m，横向宽 8.5m，纵向壁厚 2.2m，横向壁厚 1.6m，墩高 22m。

2.3.2　公路桥连续刚构构造

（1）公路桥主梁

公路桥主梁截面采用单箱单室斜腹板变截面，箱顶宽 17.5m，箱底宽 6.2~8.272m，宽跨比 1/27.1~1/20.3，主墩附近梁高 10.5m，中跨中梁高 3.60m，分别为主跨的 1/16、1/44.2；梁底缘采用 1.8 次抛物线。箱梁顶板等厚 0.3m，底板厚 0.3~1.9m，腹板厚为 0.48~0.65~0.85~1.0m 渐变。梁体 0 号块长 13m，1~5 号梁段 2.5m，6~13 号梁段长 3m，14~23 号梁段长 4m，边合龙段和中合龙段长 2m，边跨直段长 7.85m，全梁共长 521.7m。全梁设置 10 道横隔板，并设置孔洞，供电缆和检查人员通过。

（2）公路桥主墩

B39、B41次中墩采用双薄壁墩，纵向壁厚2.0m，横向宽7.65m，其中6.65m的直段和1m的圆弧段，迎水面为圆弧，双薄壁墩净距为6m，中心距为8m。40号中墩采用空心矩形墩[4]，墩纵向长10m，壁厚1.5m，横向宽7.65m，靠线路外侧壁厚2.65m，内侧壁厚1.2m。边主墩和中墩高度均为35.904m（墩高是从10.5m的梁高底到承台顶）。

2.3.3 主桥基础

铁路桥单幅刚构和公路桥双幅刚构共用一个基础。承台长 × 宽 × 高为23.9m×36.5m×6.0m，桩基为24ϕ3.0m钻孔桩，按行列式布置，桩间距6.3m，均按柱桩设计。

平潭海峡公铁大桥
建造关键技术

KEY TECHNOLOGY FOR
THE CONSTRUCTION
OF PINGTAN STRAIT HIGHWAY AND RAILWAY BRIDGE

平潭海峡公铁大桥
建造关键技术

02

第 3 章
平潭海峡公铁大桥抗风性能研究

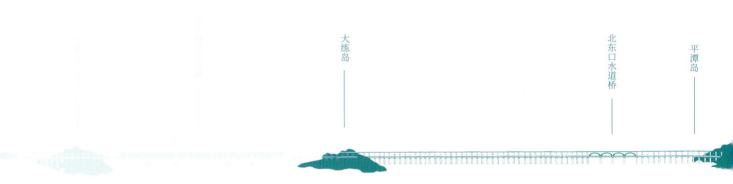

平潭海峡公铁大桥桥址处于东、西风带交替影响的东亚季风区，也是温带、副热带和热带各类天气系统频繁交替影响的区域，因而其大气环流特征、主要影响天气系统以及天气、气候表现为明显的季节性特征。由于桥址处于东南沿海地区，每年受到台风[5]的影响极大，抗风性能是桥梁设计及施工中需要考虑的重点问题之一。为保证大桥悬臂施工阶段和运营期间的抗风安全，需通过模型风洞试验及计算分析对大桥抗风性能进行检验及评估，并需为可能存在的抗风问题提出有效、经济的对策。

3.1 工程概况

北东口水道部分桥梁跨度较大，其结构形式为上下两层公铁两用连续刚构桥，由于其结构形式比较新颖，铁路桥和公路桥之间会存在十分复杂的气动耦合现象[6,7]，需要对抗风安全、运行舒适度以及风车桥耦合气动参数等进行相应的研究。一般来说施工悬臂状态是其抗风最不利的状态，因此只需要针对施工最不利状态进行全桥气动弹性模型试验[8]，成桥状态的抗风性能和风车桥计算参数等则通过节段模型风洞试验获取，并通过根据风洞试验和理论分析的结果，对该桥的成桥运营状态进行抗风性能评价。

北东口水道部分桥梁是福州至平潭铁路跨越北东口水道的重要工程，该桥为公铁两用，全长3713.47m，公路桥位于铁路桥上方，公路桥主桥以及铁路桥主桥均为92m+2×168m+92m四跨连续刚构桥，公路桥引桥为多跨连续梁，铁路桥引桥为简支梁段，跨度都较小。公路桥为双幅分离式桥面，桥面宽度为17.5m，双幅桥面之间间隙0.5m，桥面总宽35.5m。单幅箱梁采用单箱单室，梁高从跨中至支点逐渐增高，呈抛物线过渡。铁路桥桥面宽度为12.2m，梁高同样呈抛物线变化。大桥主桥布置、主梁断面、桥墩布置如图2-3-1-1～图2-3-1-4所示。

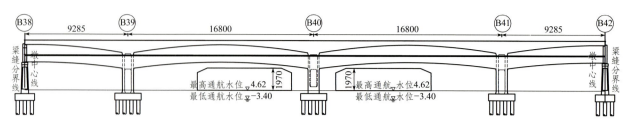

图 2-3-1-1 主桥主跨布置图（尺寸单位：cm；高程单位：m）

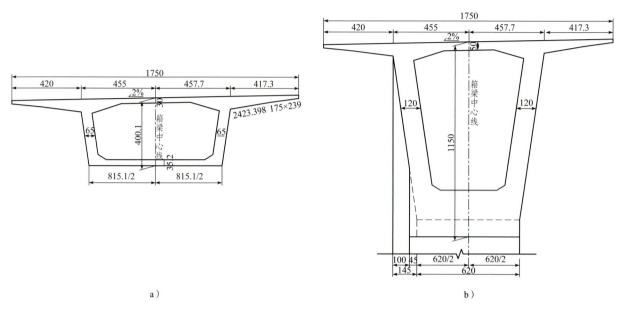

a) b)

图 2-3-1-2 公路桥主梁断面图（尺寸单位：cm）

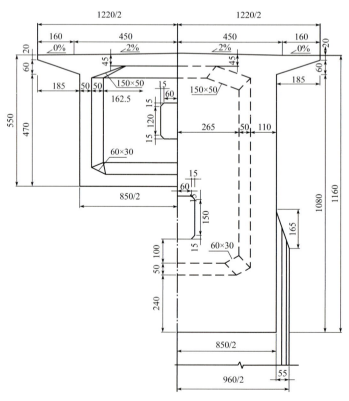

图 2-3-1-3 铁路桥主梁断面图（尺寸单位：cm）

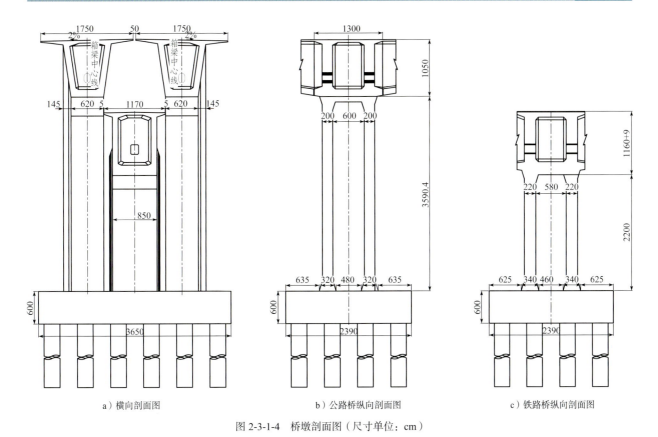

a）横向剖面图　　　　b）公路桥纵向剖面图　　　　c）铁路桥纵向剖面图

图 2-3-1-4　桥墩剖面图（尺寸单位：cm）

3.2　设计风速参数

对于北东口水道部分桥体，根据设计单位提供的气象专题报告可知，工程区域 100 年重现期 10m 高度处 10min 平均最大风速为 45.8m/s，工程区域地表分类建议取为 A 类，地表粗糙系数和粗糙高度可分别取为 $\alpha=0.12$，$z_0=0.01$，最低通航水位高程为 −3.4m，公路桥主梁高程为 48.658m，铁路桥主梁高程为 35.674m。根据上述数据，可计算出施工期在重现期为 30 年时 10m 高度处的设计风速为：

$$V_{sd1}=45.8\times 0.92=42.136\text{m/s} \quad (2\text{-}3\text{-}2\text{-}1)$$

公路桥主梁处的设计风速为：

$$V_g=\left(\frac{48.658+3.4}{10}\right)^{0.12}\times 42.136=51.4\text{m/s} \quad (2\text{-}3\text{-}2\text{-}2)$$

铁路桥主梁处的设计风速为：

$$V_t=\left(\frac{35.674+3.4}{10}\right)^{0.12}\times 42.136=49.62264\text{m/s} \quad (2\text{-}3\text{-}2\text{-}3)$$

根据《公路桥梁抗风设计规范》（JTG/T D60-01—2004）[9]❶ 的规定，桥梁的颤振检验风速为 $[V_{cr}]=1.2\mu_f V_d$，其中，1.2 为综合安全系数，μ_f 为考虑风的脉动特性以及空间相关特性影响的修正系数，其值可以根据跨度和地表粗糙度类别选取，这里对公路桥和铁路桥均取 1.28，所以公路桥施工状态的颤振检验风速为：

$$[V_{cr}]=1.2\times 1.28\times 51.4=78.87\text{m/s} \quad (2\text{-}3\text{-}2\text{-}4)$$

铁路桥施工状态的颤振检验风速为：

$$[V_{cr}]=1.2\times 1.28\times 49.6=76.20\text{m/s} \quad (2\text{-}3\text{-}2\text{-}5)$$

---

❶ 现行标准号为 JTG/T 3360-01—2018。

根据抗风设计要求，北东口水道部分施工状态的颤振临界风速必须大于或等于颤振检验风速。

3.3 结构动力特性计算分析

风的脉动作用会引起桥梁结构的动力响应，结构动力特性是进行结构动力响应分析的前提。通过结构动力特性分析，可了解结构的频率分布及振型特点，为节段模型和气动弹性模型模态试验提供校验数据。

3.3.1 结构有限元模型

在与桥跨垂直的横向风的作用下，桥梁结构会在横向、竖向、纵向及扭转等方向发生静力变形与动力响应，因此必须建立能反映结构动力效应的三维有限元模型。

由于北东口大桥采用的是箱形主梁断面，利用空间梁单元来模拟整个主梁；桥塔或桥墩各构件均采用空间梁单元，对于变截面的塔、墩部分应加密单元划分，且采用单元中央截面的几何特性。

根据设计部门提供的相关资料，北东口水道部分悬臂施工状态的边界约束条件为：

（1）桥墩底部均与承台顶面嵌固，即6个方向的自由度均约束，不考虑桩—水—土之间的相互作用。

（2）由于北东口水道部分桥梁主梁为连续刚构形式，主梁与桥墩均为固结，即6个方向的自由度均有约束。

（3）双幅公路桥面之间有一定间距，且没有结构性连接，二者之间不存在约束。同样公路桥与铁路桥之间不存在约束。

（4）公路桥墩与铁路桥墩之间相互是自由的，即二者之间也不存在约束。

该桥的计算利用美国ANSYS公司开发的大型通用有限元分析软件ANSYS，其中的结构分析模块可以进行时程分析、模态分析、谱分析、屈曲分析，完全可以满足北东口水道部分桥梁的计算分析需要。图2-3-3-1、图2-3-3-2分别为利用ANSYS建立的该桥成桥状态、施工状态的有限元模型。

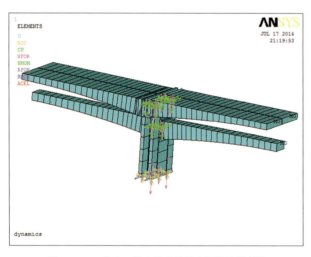

图2-3-3-1 北东口特大桥成桥状态有限元模型图

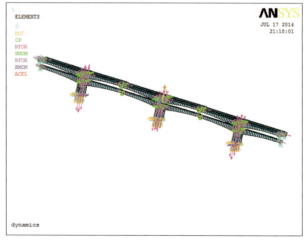

图2-3-3-2 北东口特大桥施工状态有限元模型图

3.3.2 模态分析结果

表2-3-3-1、表2-3-3-2列出了北东口水道部分桥梁成桥状态和施工状态的结构动力特性计算结果。表中的 M、I 为计入了全桥共同作用后的主梁单位长度等效质量和等效质量惯性矩，单位分别为t/m和$t \cdot m^2/m$；x、y 和 z 分别代表桥梁的纵向、竖向和横向。

北东口水道部分桥梁施工状态结构动力特性计算结果　　　　表 2-3-3-1

阶　次	频率（Hz）	主梁单位长度等效质量				振型特点
		M_x（t/m）	M_y（t/m）	M_z（t/m）	I_x（t·m²/m）	
1	0.1533	—	—	11.618	—	L-1
2	0.1533	—	—	17.878	—	L-2
3	0.2758	97.727	17.184	—	—	V-1
4	0.2758	115.954	22.205	—	—	V-2
5	0.3383	—	—	20.054	—	L-3
6	0.4826	—	21.338	—	—	V-3
7	0.5491	54.86	44.569	—	—	V-4+桥墩
8	0.5491	48.49	37.538	—	—	V-5+桥墩
9	0.6242	—	—	34.212	—	桥墩横弯
10	0.6242	—	—	21.977	—	桥墩横弯
11	1.0501	—	6.837	—	—	V-6
12	1.0501	—	14.519	—	—	V-7
13	1.2369	—	13.811	—	—	V-8
14	1.2817	—	—	16.554	—	L-4
15	1.399	57.136	111.297	—	—	桥墩纵弯
16	2.1927	—	—	9.411	—	L-5+桥墩
17	2.1927	—	—	18.708	—	L-6+桥墩
18	2.806	—	7.139	—	—	V-9
19	2.806	—	11.742	—	—	V-10
20	3.4898	—	16.398	—	—	V-11
21	3.6695	—	—	36.457	6992.284	L-7+桥墩
22	4.2573	—	16.461	—	—	V-12
23	4.2573	—	7.177	—	—	V-13
24	4.5061	—	—	16.93	—	L-8
25	4.7754	—	—	—	239.66	L-9+桥墩
26	4.7754	—	—	—	232.135	桥墩
27	5.1385	—	16.509	—	—	V-14
28	5.3867	—	—	14.278	—	L-10
29	5.3867	—	—	9.643	5599.068	L-11
30	6.0298	—	—	—	465.497	L-12+桥墩

注：L 代表横向，V 代表竖向，—表示数值极小。

北东口水道部分桥梁成桥状态结构动力特性计算结果　　　　表 2-3-3-2

阶　次	频率（Hz）	主梁单位长度等效质量				振型特点
		M_x（t/m）	M_y（t/m）	M_z（t/m）	I_x（t·m²/m）	
1	0.48710	—	—	5.466	—	L-1

续上表

阶 次	频率（Hz）	主梁单位长度等效质量				振型特点
		M_x（t/m）	M_y（t/m）	M_z（t/m）	I_x（t·m²/m）	
2	0.48710	—	—	5.466	—	L-2
3	0.49080	—	—	12.936	—	L-3
4	0.49080	—	—	7.253	—	L-4
5	0.53880	—	—	6.586	—	L-5
6	0.63480	—	—	5.279	—	L-6
7	0.64240	—	—	48.739	—	L-7
8	0.64240	—	—	47.486	—	L-8
9	0.66710	—	42.702	—	—	V-1
10	0.66710	—	42.683	—	—	V-2
11	0.70950	—	—	39.562	—	L-9
12	0.70950	—	—	45.978	—	L-10
13	0.99740	—	43.046	—	—	V-3
14	0.99740	—	43.016	—	—	V-4
15	1.01230	—	45.679	—	—	V-5
16	1.16730	—	—	11.298	—	L-11
17	1.36000	—	—	14.945	—	L-12
18	1.36000	—	—	19.186	—	L-13
19	1.36510	—	45.454	—	—	V-6
20	1.51450	—	46.425	—	—	V-7
21	1.51450	—	46.173	—	—	V-8
22	1.54310	—	—	18.218	—	L-14
23	1.91950	—	—	10.944	—	L-15
24	1.91950	—	—	10.154	—	L-16
25	1.92120	—	40.497	—	—	V-9
26	1.92120	—	40.799	—	—	V-10
27	2.05640	—	52.424	—	—	V-11
28	2.30120	—	47.627	—	—	V-12
29	2.30120	—	47.564	—	—	V-13
30	2.38150	—	46.895	—	—	V-14

注：L代表横向，V代表竖向，—表示数值极小。

3.4 节段模型静力风洞试验

静力三分力系数是表征各类结构断面在平均风作用下受力大小的无量纲系数，它反映了风对桥梁的定常气动作用。

该项试验的目的是通过主梁静力节段模型试验[10]，测试主梁在不同风攻角下的三分力系数，为静风响应计算、抖振响应计算、静风稳定性计算及施工监控分析等提供计算参数，并可初步评价主梁发生驰振的可能性。

3.4.1 模型及试验设备

该桥主梁沿桥跨方向为变截面梁，试验分别选取了主跨方向跨中截面、1/4截面以及梁墩固结处截面三个典型主梁截面进行节段模型制作及风洞试验，同时也对引桥主梁断面进行了节段模型风洞试验。主梁节段模型采用了1∶60的几何缩尺比，按照北东口水道部分桥梁主桥典型横断面图纸进行设计。首先严格模拟了主梁箱体的外形几何尺寸，模型长2.095m、模型高、宽分别按照实际尺寸进行相应的缩小。为控制模型的质量及质量惯矩，并保证模型自身具有足够刚度，模型采用优质木材制作。

因桥梁施工状态和成桥状态的附属构造有较大不同，成桥状态下轨道系统及公路桥面附属物等都对桥梁的抗风性能产生一定影响，同时桥面是否存在列车、列车所在位置及列车车数都会对主梁的静力系数产生较大的影响。所以，主梁节段模型应分别模拟北东口大桥施工状态、成桥状态两种施工工况，同时又需要考虑列车对主梁断面的影响。

该静力三分力试验在西南交通大学单回流串联双试验段工业风洞（XNJD-1）第二试验段中进行，该试验段断面为2.4m（宽）×2.0m（高）的矩形，最大来流风速为45m/s，最小来流风速为0.5m/s。试验段中设有专为桥梁节段模型静力三分力试验用的侧壁支撑及测力天平系统，由计算机控制的模型姿态角 α（来流相对于模型的攻角）调整机构角度变化的范围为20°，变化间隔最小为0.1°，并与数据采集系统相连。用于测量静力三分力的三分量应变式天平，其设计荷载为：阻力 F_D=490.33N，升力 F_L=1176.80N，俯仰力矩 M_Z=117.68N·m。该次三分力试验采用两个试验风速，分别为：v=10m/s 和 v=15m/s；试验攻角为：α=−12°～+12°，攻角差 $\triangle \alpha$=1°。

3.4.2 数据处理

作用于主梁断面上的静力三分力按所取坐标系不同，有两种表示方法，即按体轴坐标系（坐标系沿截面形心主轴建立）表示和按风轴坐标系（坐标系沿风向建立）表示，如图2-3-4-1所示。为了方便使用，同时按两种表示方法给出静力三分力系数曲线及数据列表。其中风轴坐标系下的静力三分力系数按下式定义：

阻力系数：
$$C_D(\alpha) = \frac{F_D(\alpha)}{\frac{1}{2}\rho V^2 HL}$$
（2-3-4-1）

升力系数：
$$C_L(\alpha) = \frac{F_L(\alpha)}{\frac{1}{2}\rho V^2 BL}$$
（2-3-4-2）

力矩系数：
$$C_M(\alpha) = \frac{M_Z(\alpha)}{\frac{1}{2}\rho V^2 B^2 L}$$
（2-3-4-3）

式中：　　　α——来流攻角；

　　　　　$1/2\rho V^2$——气流动压；

$F_D(\alpha)$、$F_L(\alpha)$、$M_Z(\alpha)$——攻角 α 情况下风轴坐标系的阻力、升力和力矩；

　　　H、B、L——节段模型的高度、宽度和长度。

将上式中 $F_D(\alpha)$ 和 $F_L(\alpha)$ 分别换成 $F_H(\alpha)$ 和 $F_V(\alpha)$，便可得体轴坐标系下的阻力系数和升力系数的计算式。两种坐标系下的 $M_Z(\alpha)$ 及 $C_M(\alpha)$ 完全相同,但阻力和升力系数需要按照图 2-3-4-1 所示关系进行坐标转换。

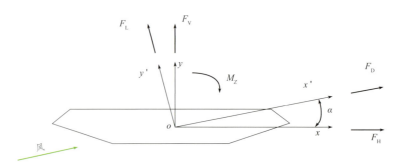

图 2-3-4-1　体轴坐标系和风轴坐标系

3.4.3　施工状态节段模型静力试验

由于公路桥面为双幅桥面,为充分考虑主梁间的气动干扰效应,更准确地预测各主梁的静力系数,试验中对每个典型截面均制作了两个对称节段,将两个节段同时置于风洞中,并根据设计图纸预留相应的主梁间隔,分别对前后梁(这里将迎风侧主梁称之为前梁,背风侧主梁称之为后梁)进行静力三分力的试验。试验结果分别利用体轴系和风轴系两种表示形式,以静力三分力系数曲线及数据列表的形式给出。

图 2-3-4-2 为施工状态根部截面三分力曲线图,图 2-3-4-3 ~ 图 2-3-4-8 分别给出了公路桥、铁路桥主梁根部截面、1/4 跨截面以及跨中截面在风洞中进行静力三分力试验的模型图。

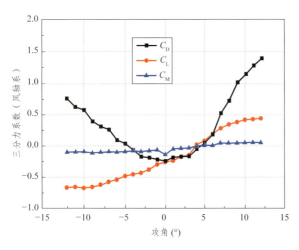

图 2-3-4-2　北东口水道部分铁路桥施工状态
根部截面三分力试验曲线

图 2-3-4-3　北东口水道部分铁路桥施工状态
1/4 截面三分力试验

图 2-3-4-4　北东口水道部分铁路桥施工状态
跨中截面三分力试验

图 2-3-4-5　北东口水道部分公路桥施工状态
根部截面三分力试验

图 2-3-4-6　北东口水道部分公路桥施工状态
1/4 截面三分力试验（后梁）

图 2-3-4-7　北东口水道部分公路桥施工状态
跨中截面三分力试验（前梁）

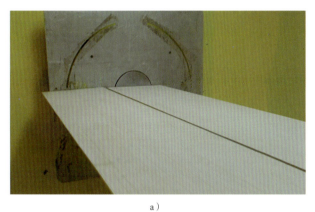
a）

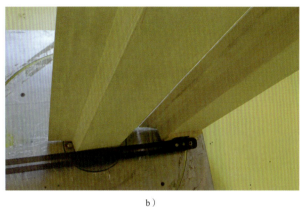
b）

图 2-3-4-8　北东口水道部分公路桥三分力试验局部图

3.4.4　施工状态节段模型静力试验结果

经过对试验数据进行处理，在 10m/s 和 15m/s 两种测试风速下的三分力试验结果接近，说明试验可靠度较高，试验结果取两次试验结果的平均值。表 2-3-4-1~ 表 2-3-4-9 给出了典型梁段施工状态、体轴系和风轴系下的静力三分力系数值，图 2-3-4-9~ 图 2-3-4-20 分别为体轴系和风轴系下三分力系数随风攻角变化的关系曲线。从试验数据可以看出，成桥状态和施工状态主梁升力系数斜率在 -6°~ +6°攻角范围内均为正值，因此，主梁发生驰振的概率较小。

铁路桥施工状态主跨根部截面静力三分力系数　　表 2-3-4-1

攻角（°）	C_H	C_V	C_M	C_D	C_L
−12	2.0785	1.0219	0.1900	1.7884	1.3747
−11	2.0141	0.9040	0.1624	1.7784	1.2210
−10	2.0463	0.8291	0.1515	1.8493	1.1250
−9	2.0923	0.8301	0.1501	1.9169	1.1040
−8	2.1405	0.8190	0.1475	1.9883	1.0697
−7	2.2080	0.8177	0.1456	2.0767	1.0453
−6	2.2582	0.8192	0.1418	2.1472	1.0197
−5	2.3107	0.8194	0.1370	2.2196	0.9911
−4	2.3493	0.8078	0.1349	2.2787	0.9481
−3	2.4072	0.8118	0.1336	2.3549	0.9200
−2	2.4439	0.7790	0.1304	2.4112	0.8526

续上表

攻角（°）	C_H	C_V	C_M	C_D	C_L
−1	2.4845	0.7579	0.1297	2.4688	0.7954
0	2.5189	0.7467	0.1256	2.5189	0.7467
1	2.5538	0.7038	0.1276	2.5676	0.6650
2	2.5826	0.6769	0.1255	2.6082	0.5983
3	2.5880	0.6582	0.1261	2.6241	0.5397
4	2.6176	0.6257	0.1290	2.6615	0.4657
5	2.6312	0.6061	0.1298	2.6821	0.4047
6	2.6191	0.5564	0.1268	2.6718	0.3157
7	2.6498	0.5299	0.1309	2.7044	0.2456
8	2.6226	0.5279	0.1267	2.6817	0.2059
9	2.6230	0.4899	0.1260	2.6790	0.1277
10	2.5720	0.4665	0.1194	2.6263	0.0717
11	2.5516	0.4313	0.1177	2.5995	0.0007
12	2.5028	0.4155	0.1138	2.5476	−0.0453

铁路桥施工状态主跨 1/4 截面跨静力三分力系数　　　　表 2-3-4-2

攻角（°）	C_H	C_V	C_M	C_D	C_L
−12	2.0465	0.0256	0.1878	1.9913	0.2418
−11	2.0237	0.1722	0.1997	1.9221	0.3658
−10	1.9691	0.3290	0.2064	1.8271	0.4982
−9	1.9395	0.4503	0.2068	1.7774	0.5994
−8	1.8345	0.6471	0.2027	1.6399	0.7709
−7	1.7336	0.8147	0.1859	1.5258	0.9163
−6	1.6810	0.8668	0.1527	1.4940	0.9516
−5	1.6855	0.8049	0.1333	1.5414	0.8767
−4	1.7041	0.6943	0.1165	1.6050	0.7532
−3	1.7332	0.6220	0.1063	1.6669	0.6674
−2	1.7883	0.5606	0.0984	1.7488	0.5921
−1	1.8131	0.5541	0.0975	1.7939	0.5701
0	1.8374	0.5798	0.1022	1.8374	0.5798
1	1.8844	0.5730	0.1044	1.9038	0.5562
2	1.8933	0.5446	0.1048	1.9294	0.5106
3	1.9314	0.4962	0.1029	1.9797	0.4440
4	1.9506	0.4504	0.0989	2.0075	0.3800
5	1.9554	0.4032	0.0970	2.0169	0.3149
6	1.9646	0.3530	0.0925	2.0262	0.2464
7	1.9658	0.3098	0.0876	2.0253	0.1854
8	1.9676	0.2570	0.0835	2.0187	0.1150

续上表

攻角（°）	C_H	C_V	C_M	C_D	C_L
9	1.9578	0.2057	0.0832	1.9968	0.0471
10	1.9352	0.1426	0.0806	1.9544	−0.0308
11	1.9089	0.0845	0.0769	1.9055	−0.1026
12	1.8796	0.0230	0.0719	1.8479	−0.1766

铁路桥施工状态主跨跨中截面静力三分力系数　　　　表 2-3-4-3

攻角（°）	C_H	C_V	C_M	C_D	C_L
−12	1.9137	−0.1303	0.1645	1.9439	0.0222
−11	1.9194	−0.0521	0.1809	1.9105	0.0867
−10	1.8743	0.0520	0.1955	1.8218	0.1737
−9	1.8376	0.1546	0.2054	1.7507	0.2609
−8	1.7828	0.2750	0.2146	1.6637	0.3657
−7	1.7189	0.4236	0.2196	1.5689	0.4993
−6	1.6327	0.5914	0.2187	1.4595	0.6524
−5	1.5454	0.7525	0.2104	1.3652	0.8004
−4	1.4885	0.8615	0.1969	1.3251	0.8984
−3	1.4802	0.8803	0.1804	1.3557	0.9083
−2	1.4750	0.8516	0.1629	1.3952	0.8705
−1	1.4748	0.8039	0.1529	1.4372	0.8134
0	1.4871	0.7357	0.1427	1.4871	0.7357
1	1.6221	0.5461	0.1192	1.6472	0.5353
2	1.6475	0.4762	0.1167	1.6906	0.4543
3	1.6823	0.4367	0.1148	1.7407	0.4030
4	1.6786	0.3941	0.1138	1.7475	0.3490
5	1.6856	0.3404	0.1092	1.7580	0.2838
6	1.7047	0.2791	0.1045	1.7729	0.2105
7	1.6919	0.2148	0.1005	1.7489	0.1357
8	1.6860	0.1525	0.0983	1.7260	0.0628
9	1.6672	0.0728	0.0912	1.6770	−0.0262
10	1.6554	−0.0049	0.0801	1.6280	−0.1130
11	1.6625	−0.0176	0.0705	1.6230	−0.1366
12	1.6679	0.0365	0.0674	1.6516	−0.0948

公路桥（前梁）施工状态主跨根部截面静力三分力系数　　　　表 2-3-4-4

攻角（°）	C_H	C_V	C_M	C_D	C_L
−12	2.0473	0.1214	0.3131	1.9583	0.3620
−11	2.0629	0.2010	0.3233	1.97925	0.4270
−10	2.0589	0.3030	0.3350	1.9356	0.5027

续上表

攻角（°）	C_H	C_V	C_M	C_D	C_L
−9	2.0579	0.5036	0.3398	1.9479	0.5790
−8	2.03659	0.6752	0.3409	1.8676	0.7519
−7	1.9479	0.7582	0.3154	1.7716	0.8882
−6	1.9196	0.8560	0.3030	1.7629	0.9366
−5	1.8625	0.9350	0.2903	1.7266	1.0236
−4	1.7852	1.1125	0.2667	1.6790	1.1810
−3	1.7902	1.1669	0.2604	1.6952	1.2219
−2	1.8037	1.2035	0.2394	1.7137	1.2523
−1	1.7898	1.2838	0.2297	1.7503	1.3015
0	1.8263	1.3243	0.2307	1.8263	1.3243
1	1.8216	1.2784	0.2252	1.8604	1.2600
2	1.9061	1.2203	0.2324	1.9846	1.1699
3	1.9374	1.1174	0.2272	2.0371	1.0580
4	1.9615	1.0945	0.2291	2.0903	1.0137
5	1.9756	1.0528	0.2271	2.1286	0.9504
6	2.05670	0.9065	0.24012	2.2552	0.7863
7	2.1255	0.8066	0.2404	2.2816	0.6525
8	2.1645	0.7776	0.2428	2.3328	0.5979
9	2.2328	0.6821	0.2479	2.3921	0.4741
10	2.2821	0.6787	0.2614	2.4360	0.4333
11	2.3106	0.6254	0.2533	2.4770	0.3620
12	2.4369	0.4604	0.2662	2.5511	0.1609

公路桥（前梁）施工状态主跨 1/4 截面静力三分力系数　　表 2-3-4-5

攻角（°）	C_H	C_V	C_M	C_D	C_L
−12	1.7582	−0.2477	0.1448	1.8941	−0.1343
−11	1.7602	−0.1025	0.1645	1.8256	−0.0015
−10	1.7690	0.0022	0.1830	1.7525	0.0932
−9	1.7746	0.1025	0.2051	1.6825	0.2216
−8	1.7810	0.1940	0.2242	1.6722	0.2653
−7	1.7923	0.2438	0.2423	1.6784	0.3065
−6	1.7683	0.2782	0.2551	1.6601	0.3313
−5	1.7946	0.3629	0.2706	1.6860	0.3898
−4	1.7894	0.4216	0.2828	1.6915	0.4319
−3	1.7889	0.4947	0.2866	1.6988	0.5216
−2	1.7266	0.6276	0.2868	1.6725	0.6120
−1	1.6852	0.7685	0.2760	1.6589	0.7315
0	1.6446	0.8513	0.2649	1.6446	0.8513

续上表

攻角（°）	C_H	C_V	C_M	C_D	C_L
1	1.6688	0.8639	0.2526	1.7052	0.8215
2	1.6958	0.8224	0.2418	1.7626	0.8042
3	1.7125	0.8349	0.2335	1.8581	0.8073
4	1.7543	0.7903	0.2266	1.9295	0.7221
5	1.7787	0.7713	0.2325	2.0219	0.7159
6	1.7819	0.7595	0.2163	2.0409	0.7003
7	1.7783	0.7412	0.2199	2.0945	0.6002
8	1.7703	0.7395	0.2149	2.1102	0.6279
9	1.7678	0.7309	0.1976	2.1330	0.6402
10	1.7703	0.6825	0.2009	2.1682	0.5540
11	1.7769	0.6625	0.2059	2.1741	0.5236
12	1.7878	0.6411	0.1971	2.2000	0.5173

公路桥（前梁）施工状态主跨跨中截面静力三分力系数　　表 2-3-4-6

攻角（°）	C_H	C_V	C_M	C_D	C_L
−12	1.5999	−0.7876	0.0385	2.3837	−0.7038
−11	1.7066	−0.7570	0.0595	2.3768	−0.6567
−10	1.8533	−0.7203	0.0799	2.3690	−0.6450
−9	1.8952	−0.6630	0.0996	2.28660	−0.5550
−8	1.9821	−0.6221	0.1166	2.2316	−0.4036
−7	2.0658	−0.5685	0.1373	2.1497	−0.2915
−6	2.0895	−0.4029	0.1863	2.0671	−0.1853
−5	2.1023	−0.3325	0.1994	2.0125	−0.0986
−4	2.1209	−0.1787	0.2112	1.9763	0.0012
−3	2.0922	0.0026	0.2370	1.9531	0.0897
−2	2.0365	0.0534	0.2501	1.9033	0.1466
−1	1.9313	0.1758	0.2645	1.8513	0.2319
0	1.8025	0.3685	0.2513	1.8025	0.3685
1	1.7563	0.4666	0.2554	1.7204	0.4606
2	1.6916	0.5016	0.2592	1.7059	0.4510
3	1.6288	0.5941	0.2473	1.7060	0.5245
4	1.5327	0.6581	0.2379	1.6995	0.5361
5	1.4325	0.7515	0.2056	1.6952	0.6575
6	1.3728	0.7465	0.1973	1.7554	0.7137
7	1.3357	0.7513	0.1912	1.8015	0.7153
8	1.2888	0.7692	0.1748	1.8115	0.7259
9	1.2533	0.7716	0.1705	1.8819	0.7426
10	1.2103	0.8013	0.1634	1.8879	0.7616

续上表

攻角（°）	C_H	C_V	C_M	C_D	C_L
11	1.1801	0.7803	0.1437	1.9100	0.7812
12	1.1528	0.7597	0.1372	1.9173	0.6951

公路桥（后梁）施工状态主跨根部截面静力三分力系数　　　　表 2-3-4-7

攻角（°）	C_H	C_V	C_M	C_D	C_L
−12	0.0062	−0.6386	−0.0713	0.2384	−0.6239
−11	−0.0190	−0.5091	−0.0457	0.1463	−0.4953
−10	−0.0441	−0.3795	−0.0245	0.0719	−0.3781
−9	−0.0628	−0.2506	−0.0165	0.03234	−0.2205
−8	−0.0855	−0.0235	−0.0167	−0.0313	−0.0651
−7	−0.1150	0.0797	0.0180	−0.1169	0.0721
−6	−0.1426	0.1237	0.0185	−0.1415	0.1153
−5	−0.1803	0.1520	0.0183	−0.1593	0.14203
−4	−0.2326	0.1701	0.0060	−0.2528	0.1604
−3	−0.2602	0.1818	0.0049	−0.2579	0.1743
−2	−0.2893	0.1826	0.0024	−0.2864	0.1779
−1	−0.3258	0.1703	0.0015	−0.3124	0.1820
0	−0.3626	0.1586	−0.0150	−0.3626	0.1586
1	−0.4103	0.1153	−0.0435	−0.4022	0.1198
2	−0.4621	0.0630	−0.0441	−0.4765	0.1152
3	−0.5077	−0.0106	−0.0662	−0.5080	0.0765
4	−0.5123	−0.0356	−0.0667	−0.5159	0.0256
5	−0.5154	−0.0426	−0.0623	−0.5369	0.0070
6	−0.5230	−0.0633	−0.0722	−0.5462	−0.0264
7	−0.5033	−0.0434	−0.0678	−0.5210	−0.0133
8	−0.4818	−0.0309	−0.0621	−0.4846	0.0078
9	−0.4325	0.0141	−0.0523	−0.4025	0.0507
10	−0.3840	0.0304	−0.0479	−0.3690	0.0680
11	−0.3470	0.0431	−0.0446	−0.3263	0.0801
12	−0.2911	0.0742	−0.0356	−0.2577	0.1071

公路桥（后梁）施工状态主跨 1/4 截面静力三分力系数　　　　表 2-3-4-8

攻角（°）	C_H	C_V	C_M	C_D	C_L
−12	−0.0001	−0.6114	−0.0726	0.4302	−0.5980
−11	0.0057	−0.5789	−0.0571	0.3873	−0.5624
−10	0.0076	−0.5426	−0.0532	0.3584	−0.5325
−9	0.0083	−0.5265	−0.0562	0.2870	−0.5197
−8	−0.0074	−0.4863	−0.0469	0.2106	−0.4986

续上表

攻角（°）	C_H	C_V	C_M	C_D	C_L
−7	−0.0325	−0.4798	−0.0455	0.1688	−0.4725
−6	−0.0579	−0.4669	−0.0532	0.1076	−0.4662
−5	−0.1085	−0.4426	−0.0449	0.0865	−0.4266
−4	−0.1758	−0.4216	−0.0381	0.0333	−0.3925
−3	−0.2378	−0.3852	−0.0321	−0.0825	−0.3513
−2	−0.2513	−0.3578	−0.0203	−0.13985	−0.3025
−1	−0.3055	−0.2815	−0.0207	−0.2235	−0.2726
0	−0.3476	−0.2359	−0.0305	−0.3476	−0.2359
1	−0.3517	−0.1993	−0.0275	−0.3845	−0.1523
2	−0.3822	−0.0859	−0.0236	−0.4256	−0.0842
3	−0.3966	0.0216	−0.0191	−0.4413	0.0013
4	−0.3759	0.1289	0.0037	−0.4124	0.1377
5	−0.3587	0.1789	0.0051	−0.3723	0.2025
6	−0.3054	0.2358	0.0076	−0.2626	0.2356
7	−0.2081	0.2824	0.0199	−0.0900	0.2878
8	−0.0860	0.2890	0.0206	0.1024	0.2976
9	0.1526	0.3090	0.0174	0.2952	0.3181
10	0.3015	0.3114	0.0286	0.5469	0.3125
11	0.3845	0.3283	0.03105	0.5826	0.3254
12	0.4690	0.3654	0.0374	0.6505	0.3327

公路桥（后梁）施工状态主跨跨中截面静力三分力系数　　表2-3-4-9

攻角（°）	C_H	C_V	C_M	C_D	C_L
−12	0.0525	−0.7215	−0.0992	0.7642	−0.6686
−11	0.0283	−0.7040	−0.0927	0.6331	−0.6613
−10	−0.0533	−0.6925	−0.0845	0.5839	−0.6726
−9	−0.0966	−0.6721	−0.1097	0.4056	−0.6632
−8	−0.1102	−0.6222	−0.0976	0.3239	−0.6192
−7	−0.1427	−0.5863	−0.0823	0.2729	−0.5789
−6	−0.1782	−0.5409	−0.0901	0.1055	−0.5417
−5	−0.1639	−0.4826	−0.0796	0.0470	−0.4837
−4	−0.2159	−0.4425	−0.0655	−0.0537	−0.4525
−3	−0.2457	−0.4267	−0.0811	−0.1675	−0.4290
−2	−0.2652	−0.3718	−0.0694	−0.1827	−0.3731
−1	−0.2563	−0.2880	−0.0507	−0.2136	−0.2883
0	−0.2236	−0.2356	−0.0426	−0.2370	−0.2457
1	−0.1966	−0.2265	−0.0357	−0.1761	−0.2259

续上表

攻角（°）	C_H	C_V	C_M	C_D	C_L
2	−0.1404	−0.1699	−0.0251	−0.1700	−0.1689
3	−0.1271	−0.1036	−0.0175	−0.1609	−0.1286
4	0.0012	0.0399	0.0115	−0.0351	0.0405
5	0.1326	0.1026	0.0195	0.0366	0.0997
6	0.2870	0.2357	0.0276	0.2016	0.2136
7	0.4033	0.3570	0.0669	0.5502	0.3060
8	0.6033	0.4033	0.0706	0.7570	0.3699
9	0.7216	0.4703	0.0726	1.0563	0.4126
10	0.8025	0.4851	0.0786	1.1925	0.4476
11	0.8679	0.5045	0.0817	1.3333	0.4621
12	0.9287	0.5259	0.0834	1.4552	0.4758

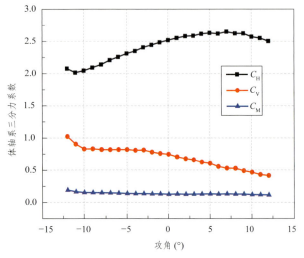

图 2-3-4-9 铁路桥主跨根部截面三分力系数（体轴系）   图 2-3-4-10 铁路桥主跨根部截面三分力系数（风轴系）

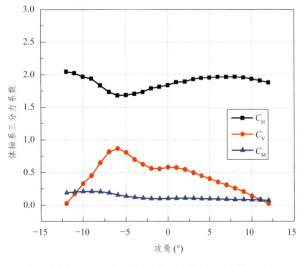
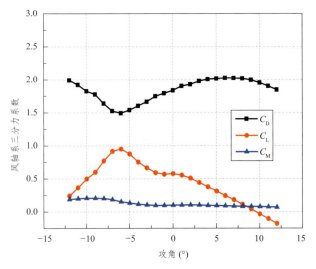

图 2-3-4-11 铁路桥主跨 1/4 截面三分力系数（体轴系）   图 2-3-4-12 铁路桥主跨 1/4 截面三分力系数（风轴系）

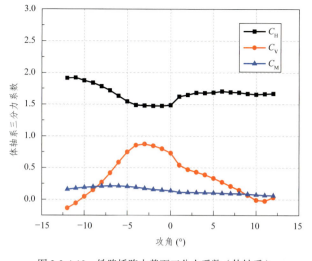

图 2-3-4-13 铁路桥跨中截面三分力系数（体轴系）

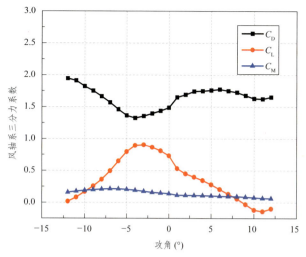

图 2-3-4-14 跨中截面三分力系数（风轴系）

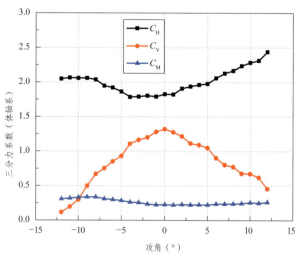

图 2-3-4-15 公路桥（前梁）根部截面三分力系数（体轴系）

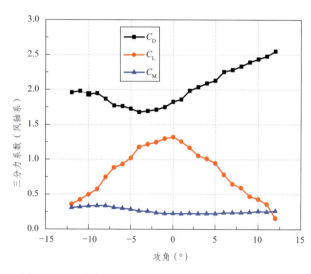

图 2-3-4-16 公路桥（前梁）根部截面三分力系数（风轴系）

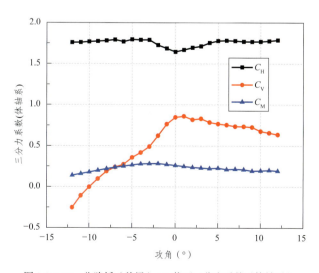

图 2-3-4-17 公路桥（前梁）1/4 截面三分力系数（体轴系）

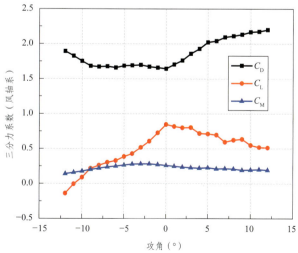

图 2-3-4-18 公路桥（前梁）1/4 截面三分力系数（风轴系）

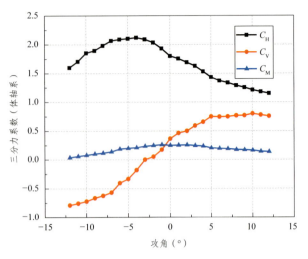

图 2-3-4-19　公路桥（前梁）跨中截面三分力系数（体轴系）　　图 2-3-4-20　公路桥（前梁）跨中截面三分力系数（风轴系）

3.4.5　成桥状态节段模型静力试验

成桥状态节段模型风洞试验既要考虑轨道系统、栏杆、风障等附属构件对节段主梁静力系数的影响，同时也需要考虑列车对主梁静力系数的影响，由于该公路桥及铁路桥风障设计高度较高，同时附属构件又相对较多，且公路桥面与铁路桥面高度间隔并未到可以忽略上下桥面气动干扰的程度，因此对于成桥状态节段模型风洞试验，需要同时将铁路桥面系公路桥面置于风洞中，同时分别测量每个节段主梁的静力系数，以充分考虑到各主梁由于气动干扰引起的静力系数变化。为了给车桥耦合计算提供参数参考，这里同时测量了火车模型位于不同位置时（单车背风侧、单车迎风侧、双车背风侧、双车迎风侧）各火车的静力系数。

图 2-3-4-21~ 图 2-3-4-32 分别列出了公路桥、铁路桥主梁各截面及火车模型在风洞中进行静力三分力试验时，三分力随攻角变化的关系曲线和模型图。

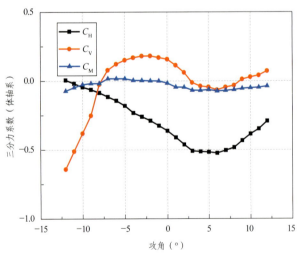 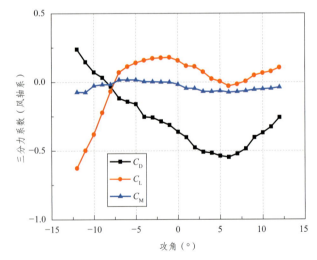

图 2-3-4-21　公路桥（后梁）根部截面三分力系数（体轴系）　　图 2-3-4-22　公路桥（后梁）根部截面三分力系数（风轴系）

3.4.6　成桥状态节段模型静力试验结果

经过对实验数据进行处理，在 10m/s 和 13m/s 两种测试风速下的三分力试验结果接近，说明试验可靠度较高，可以采用该试验结果来进行静风计算。表 2-3-4-10~ 表 2-3-4-14 分别列出了各截面主梁、火车在不同风速下的静力系数。需要注意，表中各阻力系数的计算，均以主梁高度 H 为标准，并未考虑风障高度在内。

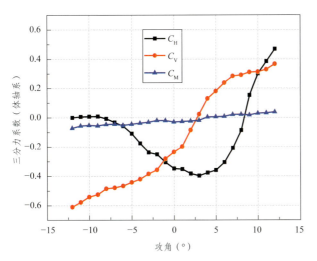

图 2-3-4-23　公路桥（后梁）1/4 截面三分力系数（体轴系）

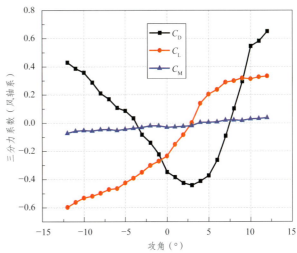

图 2-3-4-24　公路桥（后梁）1/4 截面三分力系数（风轴系）

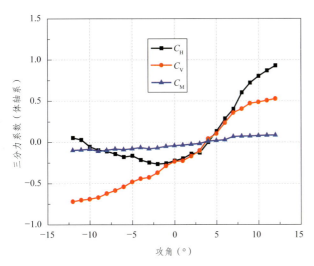

图 2-3-4-25　公路桥（后梁）跨中截面三分力系数（体轴系）

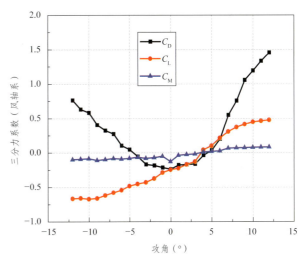

图 2-3-4-26　公路桥（后梁）跨中截面三分力系数（风轴系）

图 2-3-4-27　北东口水道部分跨中截面铁路桥三分力试验模型图（无列车）

图 2-3-4-28　北东口水道部分跨中截面铁路桥三分力试验模型图（单列车迎风侧）

图 2-3-4-29　北东口水道部分跨中截面铁路桥三分力试验模型图（双列车）

图 2-3-4-30　北东口水道部分跨中截面火车三分力试验模型图（背风侧列车）

图 2-3-4-31　北东口水道部分跨中截面公路桥迎风侧梁三分力试验模型图

图 2-3-4-32　北东口水道部分跨中截面公路桥背风侧梁三分力试验模型图

北东口水道部分跨中截面主梁三分力结果　　　　表 2-3-4-10

主梁类型	工况	攻角（°）	风速（m/s）	轴系	阻力系数	升力系数	力矩系数
铁路桥	单车背风侧	0	10	风轴	2.5841	0.3797	0.6988
		0		体轴	2.5841	0.3797	0.6988
		0	13	风轴	2.5217	0.3571	0.6816
		0		体轴	2.5217	0.3571	0.6816
	单车迎风侧	0	10	风轴	2.5237	0.5537	0.6918
		0		体轴	2.5237	0.5537	0.6918
		0	13	风轴	2.4789	0.5339	0.6773
		0		体轴	2.4789	0.5339	0.6773
	双火车	0	10	风轴	2.4984	0.4098	0.6699
		0		体轴	2.4984	0.4098	0.6699
		0	13	风轴	2.4909	0.3882	0.6659
		0		体轴	2.4909	0.3882	0.6659
	无火车	0	10	风轴	2.5713	0.5363	0.7299
		0		体轴	2.5713	0.5363	0.7299
		0	13	风轴	2.5306	0.4863	0.7056
		0		体轴	2.5306	0.4863	0.7056

续上表

主梁类型	工况	攻角（°）	风速（m/s）	轴系	阻力系数	升力系数	力矩系数
公路桥背风侧主梁	单车背风侧	0	10	风轴	0.9505	0.2460	0.1198
		0		体轴	0.9505	0.2460	0.1198
		0	13	风轴	0.9456	0.2458	0.1195
		0		体轴	0.9456	0.2458	0.1195
	单车迎风侧	0	10	风轴	0.8837	0.1825	0.1011
		0		体轴	0.8837	0.1825	0.1011
		0	13	风轴	0.8422	0.1601	0.0949
		0		体轴	0.8422	0.1601	0.0949
	双火车	0	10	风轴	0.8340	0.1580	0.0950
		0		体轴	0.8340	0.1580	0.0950
		0	13	风轴	0.8376	0.1714	0.0965
		0		体轴	0.8376	0.1714	0.0965
	无火车	0	10	风轴	1.0732	0.4632	0.1579
		0		体轴	1.0732	0.4632	0.1579
		0	13	风轴	1.0363	0.4383	0.1525
		0		体轴	1.0363	0.4383	0.1525
公路桥迎风侧主梁	单车背风侧	0	10	风轴	1.6168	1.5972	0.2813
		0		体轴	1.6168	1.5972	0.2813
		0	13	风轴	1.5802	1.6243	0.2819
		0		体轴	1.5802	1.6243	0.2819
	单车迎风侧	0	10	风轴	1.9016	1.5090	0.3413
		0		体轴	1.9016	1.5090	0.3413
		0	13	风轴	1.8647	1.4871	0.3341
		0		体轴	1.8647	1.4871	0.3341
	双火车	0	10	风轴	1.6472	1.5267	0.2920
		0		体轴	1.6472	1.5267	0.2920
		0	13	风轴	1.6310	1.4773	0.2884
		0		体轴	1.6310	1.4773	0.2884
	无火车	0	10	风轴	1.5749	1.7081	0.2877
		0		体轴	1.5749	1.7081	0.2877
		0	13	风轴	1.5671	1.6435	0.2841
		0		体轴	1.5671	1.6435	0.2841

北东口水道部分 1/4 截面主梁三分力结果　　表 2-3-4-11

主梁类型	工况	攻角（°）	风速（m/s）	轴系	阻力系数	升力系数	力矩系数
铁路桥	单车背风侧	0	10	风轴	2.3928	0.1908	0.7633
		0		体轴	2.3928	0.1908	0.7633
		0	13	风轴	2.3596	0.1684	0.7517

续上表

主梁类型	工　况	攻角（°）	风速（m/s）	轴　系	阻力系数	升力系数	力矩系数
铁路桥	单车背风侧	0	13	体轴	2.3596	0.1684	0.7517
	单车迎风侧	0	10	风轴	2.3051	0.4703	0.7515
		0		体轴	2.3051	0.4703	0.7515
		0	13	风轴	2.2576	0.4576	0.7284
		0		体轴	2.2576	0.4576	0.7284
	双火车	0	10	风轴	2.3142	0.3064	0.7231
		0		体轴	2.3142	0.3064	0.7231
		0	13	风轴	2.2768	0.2914	0.7104
		0		体轴	2.2768	0.2914	0.7104
	无火车	0	10	风轴	2.5644	0.3699	0.8994
		0		体轴	2.5644	0.3699	0.8994
		0	13	风轴	2.5116	0.3487	0.8822
		0		体轴	2.5116	0.3487	0.8822
公路桥背风侧主梁	单车背风侧	0	10	风轴	1.0627	0.4650	0.1750
		0		体轴	1.0627	0.4650	0.1750
		0	13	风轴	1.0776	0.4807	0.1807
		0		体轴	1.0776	0.4807	0.1807
	单车迎风侧	0	10	风轴	0.9818	0.4044	0.1556
		0		体轴	0.9818	0.4044	0.1556
		0	13	风轴	0.9746	0.4026	0.1561
		0		体轴	0.9746	0.4026	0.1561
	双火车	0	10	风轴	1.0936	0.4439	0.1877
		0		体轴	1.0936	0.4439	0.1877
		0	13	风轴	1.0629	0.4371	0.1857
		0		体轴	1.0629	0.4371	0.1857
	无火车	0	10	风轴	0.8042	0.4411	0.1354
		0		体轴	0.8042	0.4411	0.1354
		0	13	风轴	0.7887	0.4238	0.1330
		0		体轴	0.7887	0.4238	0.1330
公路桥迎风侧主梁	单车背风侧	0	10	风轴	1.4475	1.7630	0.3530
		0		体轴	1.4475	1.7630	0.3530
		0	13	风轴	1.4363	1.7364	0.3455
		0		体轴	1.4363	1.7364	0.3455
	单车迎风侧	0	10	风轴	1.5484	1.7289	0.3702
		0		体轴	1.5484	1.7289	0.3702
		0	13	风轴	1.4778	1.7234	0.3513
		0		体轴	1.4778	1.7234	0.3513

续上表

续上表

主梁类型	工 况	攻角（°）	风速（m/s）	轴 系	阻力系数	升力系数	力矩系数
公路桥迎风侧主梁	双火车	0	10	风轴	1.6838	1.7114	0.4042
		0		体轴	1.6838	1.7114	0.4042
		0	13	风轴	1.5984	1.7404	0.3799
		0		体轴	1.5984	1.7404	0.3799
	无火车	0	10	风轴	1.4835	1.6882	0.3577
		0		体轴	1.4835	1.6882	0.3577
		0	13	风轴	1.4709	1.6719	0.3491
		0		体轴	1.4709	1.6719	0.3491

北东口水道部分根部截面主梁三分力结果　　　　表 2-3-4-12

主梁类型	工 况	攻角（°）	风速（m/s）	轴 系	阻力系数	升力系数	力矩系数
铁路桥	单车背风侧	0	10	风轴	3.2296	0.2422	1.8947
		0		体轴	3.2296	0.2422	1.8947
		0	13	风轴	3.0514	0.1890	1.7872
		0		体轴	3.0514	0.1890	1.7872
	单车迎风侧	0	10	风轴	3.0666	0.3899	1.7352
		0		体轴	3.0666	0.3899	1.7352
		0	13	风轴	2.9234	0.3662	1.7598
		0		体轴	2.9234	0.3662	1.7598
	双火车	0	10	风轴	3.0272	0.3546	1.7164
		0		体轴	3.0272	0.3546	1.7164
		0	13	风轴	2.9114	0.3069	1.6468
		0		体轴	2.9114	0.3069	1.6468
	无火车	0	10	风轴	3.2178	0.5649	2.0329
		0		体轴	3.2178	0.5649	2.0329
		0	13	风轴	3.1439	0.5041	1.9780
		0		体轴	3.1439	0.5041	1.9780
公路桥背风侧主梁	单车背风侧	0	10	风轴	1.3839	0.9261	0.3745
		0		体轴	1.3839	0.9261	0.3745
		0	13	风轴	1.3480	0.9198	0.3645
		0		体轴	1.3480	0.9198	0.3645
	单车迎风侧	0	10	风轴	1.3555	1.0099	0.3680
		0		体轴	1.3555	1.0099	0.3680
		0	13	风轴	1.3308	0.9907	0.3577
		0		体轴	1.3308	0.9907	0.3577
	双火车	0	10	风轴	1.4953	1.0392	0.4410
		0		体轴	1.4953	1.0392	0.4410

续上表

主梁类型	工 况	攻角（°）	风速（m/s）	轴 系	阻力系数	升力系数	力矩系数
公路桥背风侧主梁	双火车	0	13	风轴	1.4884	1.0064	0.4369
		0		体轴	1.4884	1.0064	0.4369
	无火车	0	10	风轴	0.9551	0.5404	0.2117
		0		体轴	0.9551	0.5404	0.2117
		0	13	风轴	0.9074	0.4823	0.1954
		0		体轴	0.9074	0.4823	0.1954
公路桥迎风侧主梁	单车背风侧	0	10	风轴	1.3295	3.4791	0.4573
		0		体轴	1.3295	3.4791	0.4573
		0	13	风轴	1.2658	3.3917	0.4364
		0		体轴	1.2658	3.3917	0.4364
	单车迎风侧	0	10	风轴	1.3324	3.4654	0.4786
		0		体轴	1.3324	3.4654	0.4786
		0	13	风轴	1.2987	3.3675	0.4534
		0		体轴	1.2987	3.3675	0.4534
	双火车	0	10	风轴	1.3417	3.5462	0.4546
		0		体轴	1.3417	3.5462	0.4546
		0	13	风轴	1.2789	3.4663	0.4350
		0		体轴	1.2789	3.4663	0.4350
	无火车	0	10	风轴	1.3675	3.5576	0.4321
		0		体轴	1.3675	3.5576	0.4321
		0	13	风轴	1.2976	3.4535	0.4437
		0		体轴	1.2976	3.4535	0.4437

北东口水道部分引桥截面主梁三分力结果　　表2-3-4-13

主梁类型	工 况	攻角（°）	风速（m/s）	轴 系	阻力系数	升力系数	力矩系数
铁路桥	单车背风侧	0	10	风轴	2.6358	0.0739	0.5976
		0		体轴	2.6358	0.0739	0.5976
		0	13	风轴	2.6117	0.0644	0.5873
		0		体轴	2.6117	0.0644	0.5873
	单车迎风侧	0	10	风轴	2.7305	0.3734	0.6493
		0		体轴	2.7305	0.3734	0.6493
		0	13	风轴	2.7148	0.3506	0.6379
		0		体轴	2.7148	0.3506	0.6379
	双火车	0	10	风轴	2.5627	0.1135	0.5796
		0		体轴	2.5627	0.1135	0.5796
		0	13	风轴	2.5422	0.1065	0.5699
		0		体轴	2.5422	0.1065	0.5699

续上表

续上表

主梁类型	工况	攻角（°）	风速（m/s）	轴系	阻力系数	升力系数	力矩系数
铁路桥	无火车	0	10	风轴	2.8434	0.3502	0.7152
		0		体轴	2.8434	0.3502	0.7152
		0	13	风轴	2.7736	0.3248	0.6909
		0		体轴	2.7736	0.3248	0.6909
公路桥背风侧主梁	单车背风侧	0	10	风轴	1.1324	0.3467	0.1833
		0		体轴	1.1324	0.3467	0.1833
		0	13	风轴	1.0983	0.3111	0.1766
		0		体轴	1.0983	0.3111	0.1766
	单车迎风侧	0	10	风轴	1.0501	0.1891	0.1591
		0		体轴	1.0501	0.1891	0.1591
		0	13	风轴	1.0466	0.1889	0.1578
		0		体轴	1.0466	0.1889	0.1578
	双火车	0	10	风轴	0.9244	0.0883	0.1389
		0		体轴	0.9244	0.0883	0.1389
		0	13	风轴	0.9742	0.1191	0.1464
		0		体轴	0.9742	0.1191	0.1464
	无火车	0	10	风轴	1.0796	0.3525	0.1703
		0		体轴	1.0796	0.3525	0.1703
		0	13	风轴	0.9987	0.3332	0.1648
		0		体轴	0.9987	0.3332	0.1648
公路桥迎风侧主梁	单车背风侧	0	10	风轴	2.3091	1.1459	0.2829
		0		体轴	2.3091	1.1459	0.2829
		0	13	风轴	2.2328	1.0925	0.2748
		0		体轴	2.2328	1.0925	0.2748
	单车迎风侧	0	10	风轴	2.4180	1.1120	0.3011
		0		体轴	2.4180	1.1120	0.3011
		0	13	风轴	2.3449	1.0737	0.2918
		0		体轴	2.3449	1.0737	0.2918
	双火车	0	10	风轴	2.4382	1.0958	0.3049
		0		体轴	2.4382	1.0958	0.3049
		0	13	风轴	2.3435	1.0862	0.2948
		0		体轴	2.3435	1.0862	0.2948
	无火车	0	10	风轴	2.2773	1.2545	0.2801
		0		体轴	2.2773	1.2545	0.2801
		0	13	风轴	2.2289	1.2319	0.2756
		0		体轴	2.2289	1.2319	0.2756

北东口水道部分火车三分力结果　　　　　表 2-3-4-14

火车位置	攻角（°）	风速（m/s）	轴　系	阻力系数	升力系数	力矩系数
火车位于背风侧轨道	0	10	风轴	0.3355	0.5275	0.2592
	0		体轴	0.3355	0.5275	0.2592
	0	13	风轴	0.3337	0.5145	0.2620
	0		体轴	0.3337	0.5145	0.2620
火车位于迎风侧轨道	0	10	风轴	0.3908	0.7467	0.3050
	0		体轴	0.3908	0.7467	0.3050
	0	13	风轴	0.3663	0.7162	0.2854
	0		体轴	0.3663	0.7162	0.2854
双火车测背风侧火车	0	10	风轴	0.2066	0.4515	0.1338
	0		体轴	0.2066	0.4515	0.1338
	0	13	风轴	0.1891	0.4258	0.1198
	0		体轴	0.1891	0.4258	0.1198
双火车测迎风侧火车	0	10	风轴	0.3789	0.7462	0.2899
	0		体轴	0.3789	0.7462	0.2899
	0	13	风轴	0.4348	1.3355	0.7126
	0		体轴	0.4348	1.3355	0.7126

3.5　全桥气动弹性模型试验

全桥气动弹性模型能较真实地模拟结构的动力特性，较准确地反映出结构与空气的动力相互作用，主要用于检验桥梁结构在均匀来流情况下的静风稳定、涡振、颤振、驰振等气动性能，以及在紊流条件下的抖振性能等。为了详细地研究北东口水道部分的抗风性能，设计制作了 1∶60 全桥气弹模型，对最大双悬臂施工状态进行了风洞试验研究。

全桥气动弹性试验所用的风洞是西南交通大学大型低速风洞（XNJD-3）。该风洞为回流式，试验段长 36m、宽 22.5m、高 4.5m，空风洞试验风速范围为 1～16.5m/s，紊流度为 1.0%。该试验段配备了由尖塔、锯齿挡板和粗糙元组成的大气边界层模拟装置。粗糙元在风洞底部覆盖长度约为 25m（通常为保证产生合理的紊流区域，覆盖长度为尖塔高度的 6 倍），可以模拟出《公路桥梁抗风设计规范》（JTG/T D60-01—2004）所要求的风速剖面、湍流度、风速谱。

风速测量采用丹麦 DANTEC 公司生产的 Stream Line 四通道热线风速仪；风洞试验时，在模型前方桥面高度处安放有一个热丝探头，用以测量桥面高度处的试验风速。位移采用的测量仪器为激光位移测量传感器（型号：Micro-Epsilon optoNCDT1401）和加速度传感器（型号：8303A1M1SP）。内力的测量则采用传统的电阻式应变片实现。

3.5.1　气动弹性模型设计与制作

考虑到北东口水道部分主桥全长以及 XNJD-3 大型低速风洞试验段的尺寸及桥梁结构的规模，将模型的几何缩尺比定为 C_L=1/60。安装模型后模型在风洞中的空气阻塞度小于 3%（一般情况，风洞试验模型在风洞中的空气阻塞度应小于 5%），符合全桥气弹试验要求。

按照风洞试验中气弹模型设计的一般方法，结构的刚度由金属芯梁来提供，利用外模来提供气动外形，不足的重量由铅块等重物配在外模内。在试验中，利用加速度计或者位移计来测量模型的位移响应。

根据空气动力学[11]相似理论，气动弹性模型试验除要求模型与原型气动外形相似及大气流场相似外，还要求其与原型动力特性相似，气弹模型应满足相似准则的无量纲参数。

（1）重力参数：$\frac{gB}{V^2}$。

（2）弹性参数：$\frac{EA}{\rho V^2 B^2}$ $\frac{EI}{\rho V^2 B^4}$ $\frac{GK}{\rho V^2 B^4}$。

（3）惯性参数：$\frac{m}{\rho B^2}$ $\frac{I_m}{\rho B^4}$。

（4）黏性参数：$\frac{\rho BV}{\mu}$。

（5）阻尼参数：ξ。

其中，V 为风速；B 为结构特征尺度；g 为重力加速度，m 为单位长度质量；I_m 为单位长度质量惯矩；ρ 为空气密度，μ 为空气动黏性系数，EA、EI 和 GK 分别为拉压刚度、弯曲刚度和自由扭转刚度，ξ 为结构阻尼比。

在全桥气动弹性模型设计中，弹性参数、质量参数和重力参数一致性条件均需严格满足，这样才能保证模型的结构动力特性与原型相似，以及模型的位移、加速度、内力等力学参量与原型相似。同其他风洞试验一样，目前还没有办法在模型试验中精确模拟雷诺数，然而对于桥梁断面这样的钝体，雷诺数的影响较小，不会显著影响试验结果。

风速比（模型试验风速与原型实际风速之比）$C_V=1/m$，加速度比 $C_a = 1/1$，频率比 $C_f=n/m$。其中，n 为模型几何缩尺比，对于北东口特大桥，$n=60$；m 为风速比，其值可在符合风洞条件的可能范围内选取，也可以根据模型实际振动模态计算求得。

全桥气动弹性模型由主梁、桥墩等构成，施工状态没有栏杆。其中：主梁和桥塔模型由内部的芯梁和外部的气动外模组成；主梁模型的芯梁采用钢材制作，外模由轻质木材制作；桥墩也采用钢质芯梁提供刚度，木质外模提供气动外形的方式。根据相似准则，各主要部件的设计参数列于表 2-3-5-1 中。

主梁及桥塔主要设计参数（单位：m） 表2-3-5-1

参 数 名 称		相 似 比	实 桥 值	模 型 值
尺度	双悬臂总长	C_L	166	2.767
	公路桥面宽		17.5（单幅）	0.292（单幅）
	铁路桥面宽		12.2	0.203
	主梁高度		H	$H/60$
	墩高（公路桥墩）		36.65	0.610
	墩高（铁路桥墩）		22.5	0.375

气动弹性模型各部分的构造如下所述。

1）主梁

该桥主梁为变截面变高度混凝土主梁，为了满足几何相似和竖向、横向、扭转刚度相似条件，采用优质轻木模拟主梁的几何外形，在主梁的扭转中心用变截面矩形钢芯梁模拟加劲梁的竖向、横向和扭转刚度，钢芯梁的制作需满足每个不同的截面的刚度要求，钢芯梁全长 2.767m。主梁模型的质量由钢芯梁、外模及配重组成。根据相似关系，确定芯梁和外模后，通过调整配重质量及位置以使模型满足质量及质量惯矩参数的要求。为了消除实木外形对刚度的影响，并能准确模拟结构的振动振型，将全桥划分为有限个节段，每段之间留有 2mm 的缝隙。模型梁段分布图、梁段横截面及模型实际效果如图 2-3-5-1~ 图 2-3-5-5 所示。

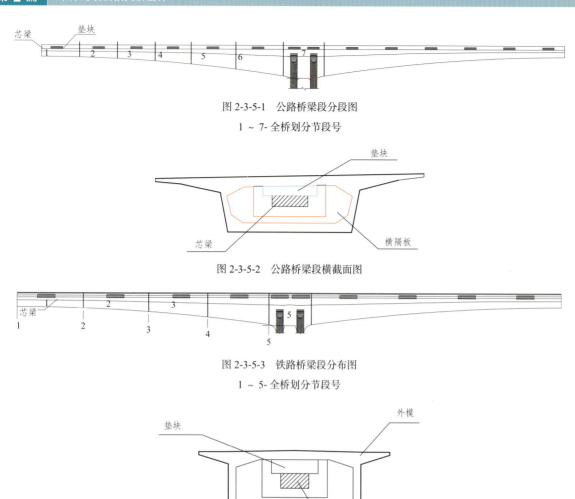

图 2-3-5-1　公路桥梁段分段图

1～7-全桥划分节段号

图 2-3-5-2　公路桥梁段横截面图

图 2-3-5-3　铁路桥梁段分布图

1～5-全桥划分节段号

图 2-3-5-4　铁路桥梁段横截面图

a)　　　　　　　　　　　　　　　　　b)

图 2-3-5-5　模型实际效果图

2）桥墩

桥塔和主梁的模拟方法类似。桥塔是由矩形钢芯梁提供其刚度，优质木材提供气动外形。不足的质量由铅块提供，固定于外模内侧。为避免桥墩外模对桥梁提供整体的额外刚度，仅将外模固定于支座底部，上部不与主梁外模进行固结，如图 2-3-5-6 所示。

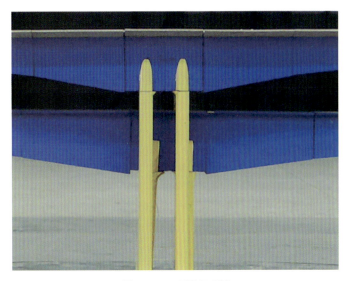

图 2-3-5-6　桥墩构造图

3.5.2　测量仪器布置

北东口水道部分全桥气动弹性模型试验主要为了考察桥梁在悬臂施工阶段的抗风性能。对于每一状态，桥梁静风稳定性、涡激振动和颤振的检验在均匀流条件下进行，抖振试验在紊流条件下进行。由前面对该桥的动力特性分析结果可知，该桥前30阶振型中都未出现扭转振型，可见该桥发生扭转涡振及弯扭颤振的概率较小，试验可以忽略扭转位移。对于每个主梁梁段，可只考虑横向位移及竖向位移，于是在每个梁段的悬臂端部均布置一个竖向位移计、一个横向位移计，以测量相应方向上的位移。试验风速用热线风速仪[12]监测，风速仪探头置于模型前方相当于桥面高度位置。各种工况下风洞中的试验模型如图 2-3-5-7~图 2-3-5-11 所示。

图 2-3-5-7　均匀流中的气弹模型（0° 攻角，30° 偏角）

图 2-3-5-8　均匀流中的气弹模型（0° 攻角，45° 偏角）

图 2-3-5-9　紊流中的气弹模型（0° 攻角，0° 偏角）

图 2-3-5-10　紊流中的气弹模型（0° 攻角，30° 偏角）

图 2-3-5-11　紊流中的气弹模型（0°攻角，90°偏角）

3.5.3　模态测试

模态测试的目的是检验全桥模型的结构动力特性是否与原型理论计算值之间满足相似关系。模型的动力特性（振型、频率、阻尼）采用用强迫振动法[13]测量。利用激光位移传感器来获取模型的振动信号。

对于一个给定模态，其频率和阻尼可以从输入的振动信号和结构反应的振动信号之间的机械导纳计算出来。在测试模型的振型时，试验过程中必须由两个激光位移传感器，其中一个保持不动，而另外一个传感器按照一定的间隔连续地从主梁的一端移动到另外一端，从而得到两个传感器的相对振幅和相位，最终得到模型的前几阶模态。

模态测试所得成桥状态和各施工状态气动弹性模型的模态测试结果列于表 2-3-5-2 中。从北东口特大桥的动力分析结果中可以知道，结构前 30 阶并未出现扭转振型，由于其扭转振型阶数过高，试验中可以忽略扭转振型的影响。从表 2-3-5-2 中可以看出，模型重要模态的频率测试值符合试验要求，结构阻尼比也在合理范围内，从而保证了模型结构动力特性与原型相似。

施工状态桥梁气动弹性模型模态测试结果　　表 2-3-5-2

项　目	频率（Hz）		风　速　比	结构阻尼比（%）	振　型　特　点
	实桥频率	模型实测			
公路桥	0.1533	1.36	6.70	0.92	L-1
铁路桥	0.3383	2.74	7.35	0.98	L-3

注：L 代表竖向。

3.5.4　试验工况及流程

全桥气弹模型试验分别在均匀流场和模拟大气边界层的紊流流场中进行，均匀流场试验主要考查桥梁的静风稳定性、颤振及涡激振动特性，紊流流场试验主要考查桥梁的抖振响应。

考虑到实际桥梁在悬臂施工中可能承受不同方向的来流风，而在悬臂施工过程中，风偏角（来流风向与横桥向的夹角）的影响尤为显著，该桥最大双悬臂状态下，左右梁段基本对称，所以试验分别进行了 0°、15°、30° 和 45° 来流风偏角下的试验，图 2-3-5-12 为试验中风偏角正负的定义方式，且于 0° 风偏角时还进行了 +3° 风攻角（来流风向与主流平面的夹角）下的试验。表 2-3-5-3 列出了悬臂施工状态气弹模型风洞试验所进行的主要试验工况。各工况的最大试验风速为 12.1m/s，换算成实桥风速约大于 81.07m/s，高于公路桥的设计基准风速 51.36m/s，铁路桥设计基准风速 49.62m/s、公路桥颤振检验风速 78.87m/s，铁路桥颤振检验风速 76.20m/s，因而试验所设定的风速范围满足各项抗风安全性能检验的要求。

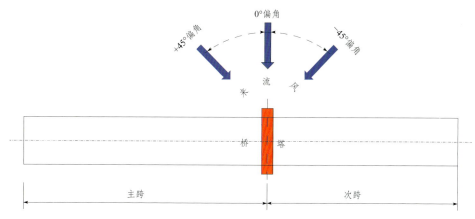

图 2-3-5-12　风偏角定义方式示意图

施工状态气动弹性模型风洞试验主要试验工况　　　　　　　表 2-3-5-3

流　场	风偏角(°)	风攻角(°)	测试内容	流　场	风偏角(°)	风攻角(°)	测试内容
均匀流	0	0	静力失稳、颤振和驰振临界风速、涡振特性	紊流	0	0	抖振响应
	0	3			0	3	
	15	0			15	0	
	30	0			30	0	
	45	0			45	0	
	90	0			90	0	

3.5.5　试验结果

经对各工况试验数据进行分析处理，得到模型施工状态在不同流场（即均匀流场或紊流流场）和不同风攻角、偏角中的气动响应（风速及响应均已换算至实桥）。

表 2-3-5-4、表 2-3-5-5 中列出了均匀流、紊流条件下悬臂施工状态主跨悬臂边缘段和在不同风攻角（0°、+3°）和不同风偏角（0°、15°、30°、45°）下的横向、竖向位移响应均值、均方根值与风速的关系曲线。表 2-3-5-6 列出了设计风速（42.2m/s）下主梁的位移响应结果。

模型在均匀流场下的试验结果　　　　　　　表 2-3-5-4

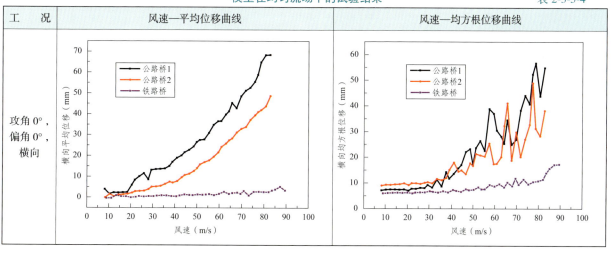

续上表

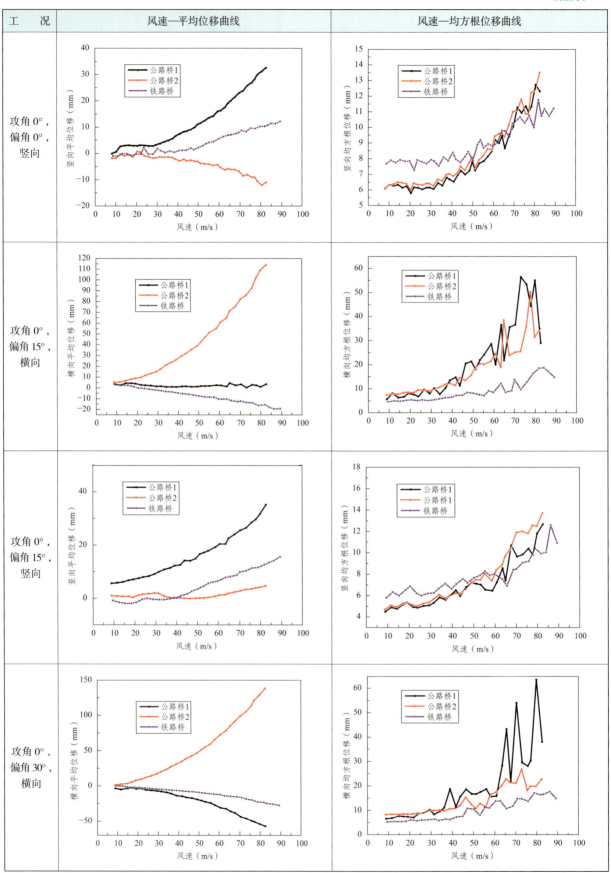

续上表

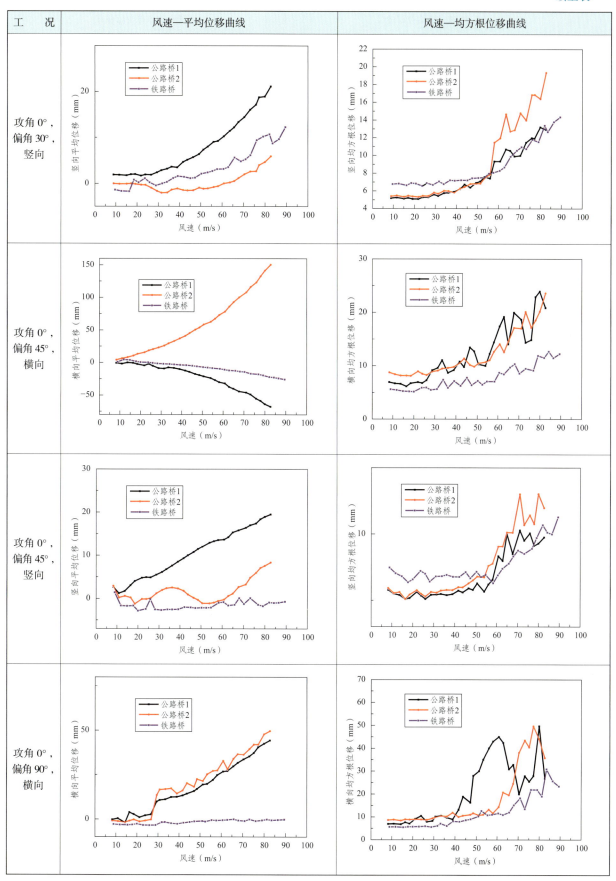

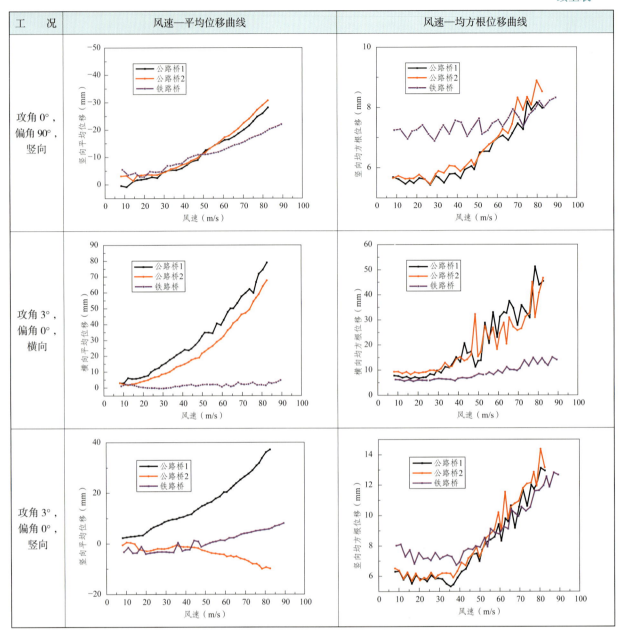

模型在紊流场下的试验结果   表 2-3-5-5

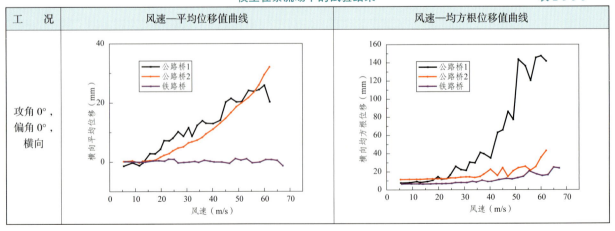

续上表

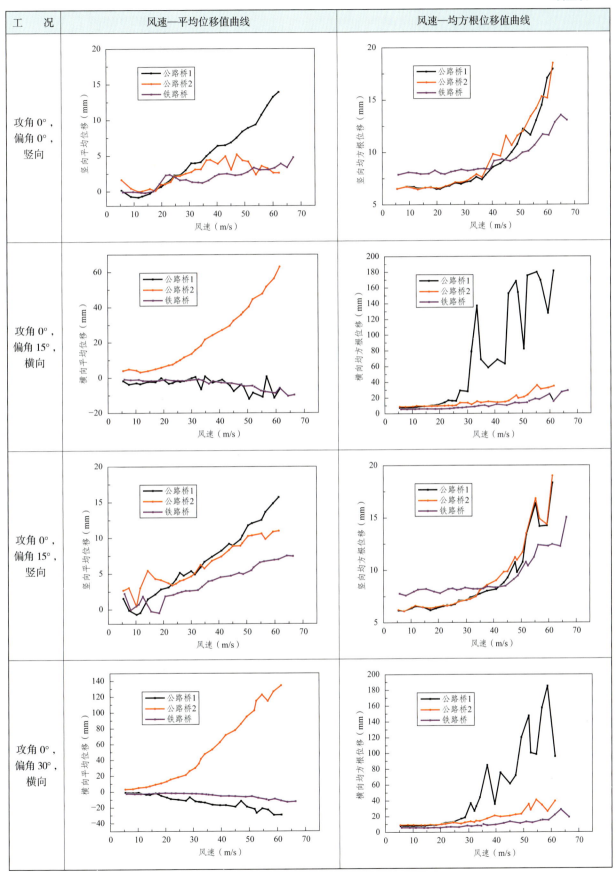

续上表

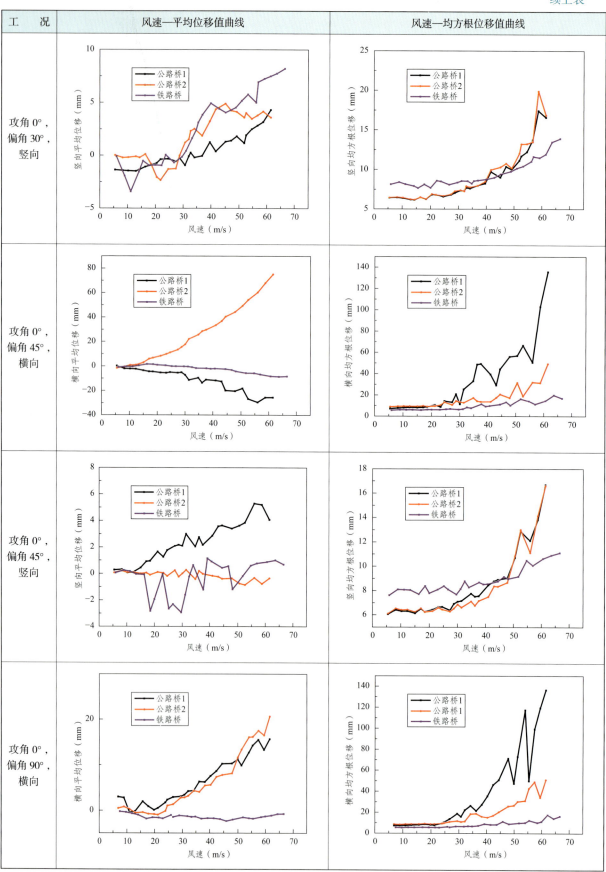

续上表

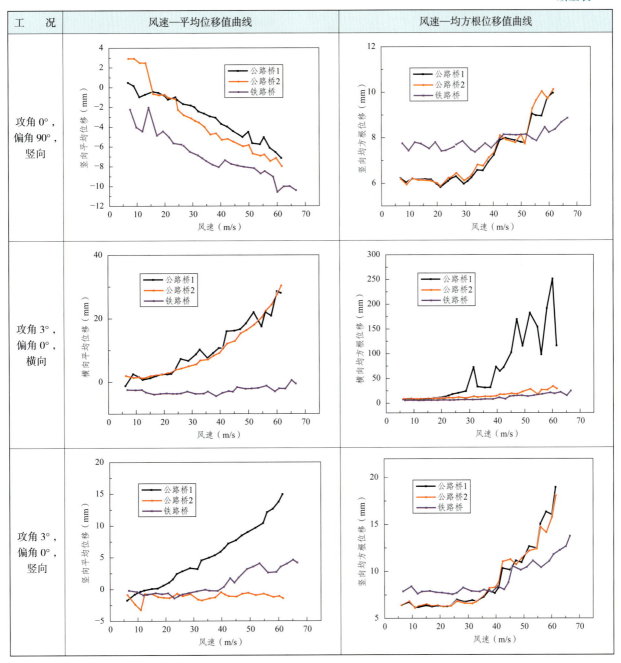

施工状态主梁在设计风速下的位移响应　　　　表 2-3-5-6

流　场	位　置	工　况		位移响应 RMS 值		位移响应均值	
		攻角（°）	偏角（°）	横向（mm）	竖向（mm）	横向（mm）	竖向（mm）
紊流风场	公路桥前梁	0	0	77.2989	10.7634	20.3079	8.3767
		3	0	169.4848	10.1545	18.4571	8.9951
		0	15	168.5291	10.7471	3.8118	8.9567
		0	30	71.8331	10.369	11.6185	1.3925
		0	45	56.0654	9.0425	20.3535	3.4031
		0	90	71.2880	7.8772	10.3059	5.0229

续上表

流 场	位 置	工 况		位移响应 RMS 值		位移响应均值	
		攻角（°）	偏角（°）	横向（mm）	竖向（mm）	横向（mm）	竖向（mm）
紊流风场	公路桥后梁	0	0	20.8465	11.6084	18.6827	4.3901
		3	0	19.1833	11.3146	16.4082	0.5120
		0	15	23.4688	11.2547	35.9930	8.9143
		0	30	22.9347	10.8041	86.2277	4.2808
		0	45	17.7209	8.7007	44.5945	0.3313
		0	90	26.1905	7.7953	8.2287	5.9456
	铁路桥主梁	0	0	14.8264	10.1461	1.0411	3.3693
		3	0	14.2749	10.1756	1.8133	4.0833
		0	15	14.4408	10.8036	4.3894	4.9999
		0	30	13.6466	10.1924	5.2379	5.2006
		0	45	16.7367	9.1910	5.3815	0.1693
		0	90	10.0832	8.1575	1.4119	8.1587
均匀流场	公路桥前梁	0	0	22.109	6.9833	22.7564	9.1074
		3	0	16.6581	7.0811	20.6287	7.3477
		0	15	17.9912	7.1013	1.7104	16.5882
		0	30	16.6581	7.0811	20.6287	7.3477
		0	45	9.9899	5.6513	23.7828	12.9373
		0	90	64.4616	6.5345	24.7303	13.0436
	公路桥后梁	0	0	13.4958	7.2246	11.3736	2.7468
		3	0	10.6337	6.7915	50.5973	1.2450
		0	15	18.5742	7.4512	42.0159	0.0210
		0	30	10.6337	6.7915	50.5973	1.2450
		0	45	10.6054	6.6964	62.1062	1.1914
		0	90	10.5717	6.5771	22.1249	13.0719
	铁路桥主梁	0	0	7.4615	7.8676	1.4634	2.0208
		3	0	11.0547	7.9129	11.3537	2.6196
		0	15	7.0377	8.2319	8.8095	5.4382
		0	30	11.0547	7.9129	11.3537	2.6196
		0	45	6.9950	6.2613	10.0942	1.0305
		0	90	10.6236	7.4620	0.5422	11.8075

3.6 工程应用

为了确定北东口水道部分抗风稳定性，结合以上研究成果，对其进行了设计风荷载作用下的静风荷载计算和最大悬臂状态下的内力计算。

3.6.1 结构静风荷载计算

在静风作用下，对于主梁按下列公式计算出作用于桥梁结构上的静风荷载。

阻力：
$$F_\mathrm{H} = \frac{1}{2}\rho V^2 HLC_\mathrm{H} \quad (2\text{-}3\text{-}6\text{-}1)$$

升力：
$$F_V = \frac{1}{2}\rho V^2 BLC_V \quad (2\text{-}3\text{-}6\text{-}2)$$

力矩：
$$M = \frac{1}{2}\rho V^2 B^2 LC_\mathrm{M} \quad (2\text{-}3\text{-}6\text{-}3)$$

式中：ρ——空气密度；
H——梁高；
B——主梁宽；
L——长度；

C_H、C_V、C_M——分别为主梁的阻力系数、升力系数、力矩系数，由静力节段模型试验提供；
其余符号意义同前。

自然风场对结构的风荷载由三部分组成：一是平均风的作用产生的平均风荷载；二是脉动风的背景脉动；三是由脉动风诱发的抖振而产生的惯性力作用，它是脉动风谱中和结构自振频率相近部分诱使结构发生振动的共振响应。《公路桥梁抗风设计规范》（JTG/T D60-01—2004）将平均风作用及脉动风的背景脉动两部分合并，总的结构响应和平均风响应之比称为静阵风系数 G_V，它与地面粗糙度，离地高度以及水平加载长度相关。其所对应的风荷载称为静阵风荷载，在横桥向风作用下，主梁单位长度上所受到的静阵风荷载由式（2-3-6-4）确定。

$$F_\mathrm{H} = \frac{1}{2}\rho V_\mathrm{g}^2 C_\mathrm{H} H \quad (2\text{-}3\text{-}6\text{-}4)$$

式中：V_g——静阵风风速，其值由式（2-3-6-5）确定；
其余符号意义同前。

$$V_\mathrm{g} = G_V V_Z \quad (2\text{-}3\text{-}6\text{-}5)$$

式中：G_V——静阵风系数；
V_Z——主梁基准高度处的设计风速。

静阵风系数的取值参照《公路桥梁抗风设计规范》（JTG/T D60-01—2004）表 4.2.1。

3.6.2 最大悬臂状态静风内力计算

一般来说，连续刚构桥在悬臂施工状态为其最不利的抗风状态，这里对悬臂状态的静风内力计算分别考虑了悬臂端部位移、悬臂根部弯矩、悬臂根部剪力、墩底扭矩、墩底横桥向弯矩、墩底剪力等不同的结构响应，按照上述规范静阵风荷载的计算方法得到各结构静力响应的结果见表 2-3-6-1。

最大悬臂施工状态静风内力 表 2-3-6-1

桥梁构件		响应					
		悬臂端部位移（m）	悬臂根部剪力（kN）	悬臂根部弯矩（kN·m）	墩底扭矩（kN·m）	墩底横向弯矩（kN·m）	墩底剪力（kN）
主梁	迎风侧梁	0.35371	2025.2	62733	—	—	—
	背风侧梁	0.07646	421.45	13682	—	—	—
	铁路桥	0.08382	2572.7	74506	—	—	—

续上表

桥梁构件		响应					
		悬臂端部位移（m）	悬臂根部剪力（kN）	悬臂根部弯矩（kN·m）	墩底扭矩（kN·m）	墩底横向弯矩（kN·m）	墩底剪力（kN）
桥墩	迎风侧墩	—	—	—	59255	169636	4540.8
	背风侧墩	—	—	—	12886	32302	811.3
	铁路桥墩	—	—	—	44214	130916	5364.2

3.6.3 成桥状态静风内力计算

对于成桥状态的静风内力，表2-3-6-2列出了成桥状态各桥墩的静风内力（桥墩横桥向弯矩、桥墩墩底剪力等）。

最大悬臂施工状态静风内力　　　　表2-3-6-2

桥墩编号		响应		备注
		横桥向弯矩（kN·m）	墩底剪力（kN）	
1号桥墩	迎风侧墩	175653	4702.1	1、3号桥墩分别表示北东口水道部分全桥左右桥墩，2号桥墩表示全桥中间的桥墩
	背风侧墩	104870	2766	
	铁路桥墩	211311	8563	
2号桥墩	迎风侧墩	140153	3693.5	
	背风侧墩	82451	2127	
	铁路桥墩	166829	6788.8	
3号桥墩	迎风侧墩	173902	4656.9	
	背风侧墩	104058	2745.1	
	铁路桥墩	92747	8554.4	

3.6.4 结论

通过结构动力特性计算分析、节段模型静力风洞试验和全桥气动弹性模型试验，分析了北东口水道部分主梁在不同攻角下的三分力系数的变化规律，形成以下主要结论：

（1）北东口水道部分施工状态主梁升力系数曲线和力矩系数曲线的斜率在较大的攻角范围内均为正，说明该桥截面在较大的风攻角范围内均具备气动力稳定的必要条件。

（2）北东口水道部分在成桥状态，公路桥前后梁阻力系数均为正，需要引起注意；其次，由于公路桥主梁与铁路桥主梁之间复杂的气动干扰效应，导致迎风侧公路桥主梁的升力系数均大于1，根部截面主梁升力系数最大，在设计方面需要引起注意。

（3）全桥气动弹性模型风洞试表明：紊流条件下，北东口水道部分悬臂施工状态的主跨，在各试验风偏角下均出现了比较一定的抖振现象，在施工期间应注意强风下的梁段安全，尤其是公路桥迎风侧的主梁安全；均匀流条件下，在大于北东口水道部分施工状态颤振检验风速及静风失稳检验风速的试验风速时，该桥在各种工况下，均未发生颤振失稳，驰振失稳以及横向屈曲、扭转发散等静风失稳现象。

平潭海峡公铁大桥
建造关键技术

KEY TECHNOLOGY FOR
THE CONSTRUCTION
OF PINGTAN STRAIT HIGHWAY AND RAILWAY BRIDGE

Part Three

第 3 篇

平潭海峡公铁大桥施工关键技术

平潭海峡公铁大桥
建造关键技术

03

第 1 章
施工组织设计

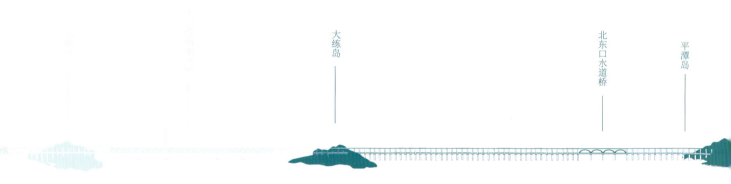

平潭海峡公铁大桥位于海坛海峡和台湾海峡之间,所处区域具有风大、浪高、水深、重度海洋腐蚀和地质条件复杂等恶劣的自然条件,致使桥梁建设施工干扰大、自然资源匮乏、物流组织复杂。

在恶劣的环境条件和复杂的工程特点下如何坚持并遵循"既认识规律,又尊重规律的工作态度;既要系统全面,又要抓主要矛盾的工作方法;既能战斗,又要严谨的工作作风"的施工组织原则开展项目策划与管理等方针政策,成为施工组织设计[14]面临的重要考验。

1.1 目标策划

面对如此复杂的环境条件,围绕工程及环境特点,以工期为主线,以安全、质量、环保等为目标,以重难点工程技术方案为核心,以资源配置为保障,均衡有序组织施工。项目部确立了建设"一流大桥、品牌大桥、示范大桥",争创"中国建设工程鲁班奖"(以下简称:鲁班奖)的目标。

施工组织是围绕工程目标开展的各项活动统称,工程特点决定了工程目标实现的特殊性,进而决定了施工组织的特殊性。为实现工程目标既要掌控系统全面,对工程全盘把握,又要重点突出,着重解决主要矛盾,这样才能保证施工组织科学、可行。

1.1.1 影响工程目标的因素

1)安全目标的影响因素

(1)安全目标

杜绝安全生产一般及以上责任事故,预防和减少台风、洪水等自然灾害损失。

(2)影响因素

①环境恶劣:该海域风大、水深、浪高、流急,海上施工环境恶劣。

②施工船舶密集:40余艘施工船舶密集分布在2km的海域内,锚缆交织,船舶通行、使用存在较

大的安全隐患。

③海上交通繁忙：过往船只对施工船舶，栈桥、平台、围堰等临时设施及主体工程的安全易造成威胁。

④作业立体交叉：公铁合建结构，作业立体交叉，安全风险高。

⑤特殊作业多：水下作业、造桥机节段拼装、挂篮悬臂施工等作业具有一定特殊性，施工安全控制难度大。

2）质量目标的影响因素

（1）质量目标

争创"鲁班奖"。

（2）影响因素

①大风环境下简支箱梁节段拼装施工、大跨度连续刚构梁挂篮悬灌施工，梁体线形控制难度大。

②特殊水文、地质条件下，桩基、承台位置精度难以保证。

③高腐蚀性海洋环境下混凝土的耐久性较难控制。

④大风、浪条件下海上测量精度控制难度大。

3）环水保目标的影响因素

（1）环水保目标

海洋环境得到有效保护，创建绿色工程。

（2）影响因素

①要求高：此海域石斑鱼、丁香鱼等海洋生物繁多，桥址附近分布着鲍鱼、海参等养殖区，对海洋环境要求高。

②污染源多：海上钻孔桩基施工产生的泥浆、弃渣，钻孔平台及施工船舶上的生活垃圾，施工船舶的油料泄漏等都会对海洋环境造成威胁。

③海上临时结构的影响：栈桥、平台、码头等临时结构施工无法避免影响海洋环境。

4）工期目标的影响因素

（1）工期目标

实现合同工期。

（2）影响因素

①风、浪影响：受风、浪影响，施工工效低，有效作业时间短，年有效作业时间仅为180d，线下工程工期为54个月，有效施工时间不足27个月，工期压力巨大。

②平台工期可控性差：深水、裸岩、陡坡区段钻孔平台施工工艺复杂，施工时间无法准确预测，工期可控性差。

③施工干扰：本桥采用公铁合建结构，铁路梁、公路墩、公路梁施工相互制约；海上繁忙的交通及密集的养殖区，对施工干扰较大。

④设备、物资保障影响：大型打桩船、起重船等船机设备稀缺，非常规钢构件生产厂家少，海上运输受自然条件制约大。

5）效益目标的影响因素

（1）效益目标

实现集团公司评估目标。

（2）影响因素

①目前铁路桥梁工程缺少外海施工、深水基础、大型临时工程、新工艺、新机械应用方面的定额。

②受海上恶劣自然环境影响，施工工效较低。

③施工措施及大型临时设施工程费用严重不足。

1.1.2 工程目标的实现措施

工程目标实现措施及其重要性见表 3-1-1-1。

工程目标实现措施　　　　　　　　　　　表 3-1-1-1

序号	工程目标	系统全面		主要矛盾				
		体系	制度	技术方案	关键线路	资源配置	大临工程	设计变更
1	安全目标	★★	★★	★★★	★	★★	★★	★★
2	质量目标	★★	★★	★★★	★	★★	★★	★★
3	环水保目标	★★	★★	★★★	—	★	★	—
4	工期目标	★★	★★	★★★	★★★	★★★	★★	★★
5	效益目标	★★	★★	★★★	★★	★★★	★★	★★★

注："★★★"代表重要措施，"★★"代表次重要措施，"★"代表一般措施。

1.2 施工组织研究

在桥梁建设过程中，组织设计工作和施工管理工作具有十分重要的作用。科学合理的组织设计和施工管理不仅能够有效的控制资本成本，提高经济效益，还可以从根本上保障桥梁工程的施工质量，确保工程如期、保质竣工。所以，在桥梁施工尤其是超级工程施工过程中，开展施工组织研究，做好施工组织设计以及施工管理工作具有重要的工程意义。

1.2.1 施工组织机构

施工组织机构采用两级管理模式，即项目经理部→分部→架子队。针对施工技术难、船机设备工效低、海上测控及混凝土耐久性控制难等特点，项目部设六部、一室、一组、一中心，跨海桥部分设3个土建分部，1个专业化分部，组织机构如图 3-1-2-1 所示。

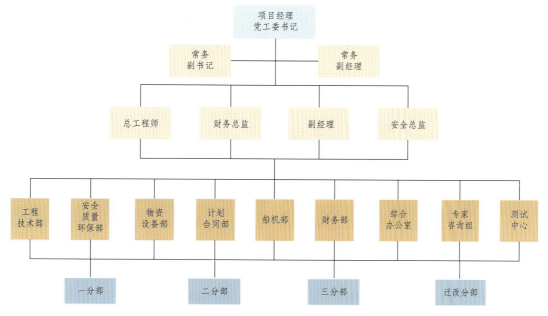

图 3-1-2-1　组织机构图

1.2.2 总体施工顺序

根据桥梁结构、水深、覆盖层情况，跨越北东口水道部分施工分为大练岛侧引桥 B0～B38、主桥 B39～B41、平潭岛侧引桥 B42～B58 三个区段，各区段施工工期接近，都作为关键线路进行管控。

（1）栈桥施工顺序

大练岛侧钢栈桥从浅水区向深水区施工；平潭岛侧栈桥主要通过单个钻孔平台搭设完成进行扩展，将单个平台通过扩展连接、串联形成栈桥。

（2）下部结构顺序

B0～B38 基础分别由 B0→B25、B26→B38 每 3 个桥墩循环推进；主桥 B39～B41 共 3 个桥墩同步推进；B42～B58 基础由 B58→B42 每 4 个桥墩循环推进。

墩身施工顺序为先铁路桥墩身施工，待铁路上部结构施工时再施工公路桥墩身，且不得影响铁路桥施工。

（3）上部结构施工

铁路桥梁采用大练岛侧、平潭岛侧同时施工，大练岛侧由 B0→B38 架设，平潭岛侧由 B58→B42 架设；主桥施工顺序为先铁路桥梁、后公路桥梁。

大练岛侧公路引桥连续梁悬灌孔跨布置：A 联（40m+9×64m+40m）+B 联（40m+11×64m+40m）+C 联（40m+11×64m+40m）；施工顺序为 A 联→B 联→C 联。

平潭岛侧公路引桥连续梁悬灌孔跨布置：D 联（40m+6×64m+40m）+E 联（40m+5×64m+40m）。施工顺序为 E 联→D 联。

跨越大练岛部分施工依次为：桩基→承台→铁路桥墩身及梁→公路桥墩身及梁。与北东口水道部分同步施工。

1.2.3 大型临时设施布置

针对恶劣海洋环境和大临规模大、标准要求高的特点，大型临时设施按主体工程进行设计，遵循"因地制宜，规模适度，标准合理、一次到位"的原则。大型临时工程设置如下：

（1）新建大型综合码头 2 处（图 3-1-2-2、图 3-1-2-3）；泊位与施工后场形成加工生产运输为一体的物流综合体；码头集中建设便于管理，利于施工组织。

图 3-1-2-2　新建大练岛侧渔限码头

图 3-1-2-3　新建平潭岛侧和平村码头

（2）浅水区和深水区分别设置栈桥（图 3-1-2-4、图 3-1-2-5），受海上施工制约，深水裸岩区研究采用大跨度栈桥，将独立平台串联，变海为陆，解决了海洋环境对物资运输、设备的限制。

（3）通过方案比选，充分利用施工场地，2 处梁场均设在台后（图 3-1-2-6、图 3-1-2-7），从台后直接运梁上桥。研发双孔连做节段拼装造桥机，将造桥机由3台优化为2台，避免了海运。

图 3-1-2-4　浅水区施工栈桥布置

图 3-1-2-5　深水区施工栈桥布置

图 3-1-2-6　大练岛梁场布置　　　　　　　图 3-1-2-7　苏澳梁场布置

（4）搅拌站4个（其中，海上搅拌船2个，陆上搅拌站2个）；钢筋加工场4个。

1.2.4　适应性生产组织

1）制度设计

针对该项目特点，进行了全方位的管理体系和制度建设的设计，制定了《临时结构设计标准》《船舶管理办法》《安全隐患排查分级管理制度》《复杂海域环境施工工序作业条件》等特殊制度条例，以及安全、质量、进度、物资、设备、资金等125项制度、办法，并严格执行。

2）工装设备适应性配置

（1）起重吊装设备。现场起重吊装设备的选型根据不同的吊物进行选择，起重船、履带式起重机及塔式起重机的适应性配置经过计算满足7级风的工作状态。共计投入履带式起重机45台、塔式起重机 45 台。

（2）海上吊装设备。针对海上恶劣施工环境条件，选择抗风能力强、稳定性满足 7 级风工作状态的搅拌船、起重船、打桩船等船舶设备。共投入打桩船 3 艘、搅拌船 2 艘等施工船舶 50 余艘。

（3）大型工装设备。造桥机[15, 16]、移动模架、挂篮等大型工装设备结构设计均进行专项抗风设计计算，满足 7 级风作业工况，抗 14 级台风需求。铁路节段拼装采用 2 台造桥机，其中 1 号双孔连做造桥机由 B0→B38 架设，2 号造桥机由 B58→B42 架设；公路梁及铁路主桥投入 79 对挂篮；铁路简支梁投入移动模架 1 套。

3）物流组织

针对该项目材料需求大、现场连续作业窗口时间短的特点，就近新建渔限码头、和平村码头 2 座大型综合物流码头，设置大型中转储料罐及材料堆放、加工、制作场地，加大物资存储能力，提高海运物资可控性。

4）现场作业管控

针对现场作业，建立作业条件实施分级管理制度，全过程适时控制。由项目部、分部、施工班组按照作业条件适时发布施工、停工指令，合理安排现场施工，确保安全。

项目部：界定作业条件、制订办法、过程监管；分部：现场安装风速仪、显示屏，对照作业条件适时发布施 / 停工指令；架子队：执行发布的施工指令，合理安排现场施工。

5）均衡性资源配置

针对该桥混凝土、钢筋、临时用钢量大的特点，配置、特种设备施工船舶 50 余艘、履带式起重机 45 台、塔式起重机 45 台，配置专用设备器具 55 个钻孔作业平台、30 个钢吊箱、79 对挂篮等，分别同时进行批量规模化施工。

本着抓主要矛盾的原则，确定了主通航孔、B0～B38、B58～B42 号墩 3 条关键线路，作为施工管控重点。基础 16 个工作段、铁路桥梁 2 台造桥机、公路桥梁 79 对挂篮形成流水作业，有效配置资源，形成均衡生产能力。

6）专业化施工组织

综合考虑该桥的规模、进度安排、结构特点，针对超大规模挂篮群、节段梁预制架设等施工按照"架子队"模式组建专业化班组，合理配置资源，实现工序作业专业化、规模化，形成流水作业，均衡生产。

1.2.5 海上施工安全

通过对桥址处通航环境分析、工程碍航性分析，委托武汉理工大学对施工期通航安全进行分析评估。根据评估报告及综合现场实际条件采取相应措施，确保施工安全。

（1）配布航标，引导过往船舶通航。
（2）划定大桥水域界线、施工作业区域、通航区域，发布桥址区水域交通管制通知。
（3）大型钢吊箱海上吊装作业与海事部门建立有效联动机制，对过往船舶管控。
（4）设置警戒船舶，配备应急拖轮，编制应急预案，确保过往船舶和施工安全。

1.3　科技创新管理

面对诸多困难和技术难题，没有成熟的施工经验可借鉴。遵循"吃技术饭，打设备仗""既要重视理论又要结合实践，既要重视经验又要开拓创新"的指导思想，开展一系列的技术创新攻关，确保技术方案的科学性、合理性。

1.3.1 技术方案特点

（1）多样性。海床高差大、覆盖层不均，必须针对每个墩位的不同情况专门设计钻孔平台，采用钓鱼法、打桩船直接插打法、埋置式组合平台法等不同施工方法以适应多样的海床条件。

（2）复杂性。受浪高、流急影响，钢吊箱围堰下放过程中将承受10000kN的波浪力，单根钢护筒下放过程中承受600kN波浪力，钢吊箱、钢护筒及钢管桩下放定位困难，较常规水中作业难度剧增；深水、裸岩、陡坡地段采用的水下炸礁、锚桩、铁围裙+水下混凝土、模袋+水下混凝土、人造覆盖层等施工工艺复杂。

（3）特殊性。临时结构设计、施工及主体工程施工都要考虑季风及台风影响，进行专项研究，增加了设计、施工难度。

（4）新颖性。铁路梁节段梁架设采用双孔连做造桥机，该技术为国内首例。

1.3.2 科研技术措施

1）采取多样技术措施，以确保施工方案的科学性与可实施性

（1）专项科研基金投入到位：投入千万元专项资金用于技术方案研究及科研创新。

（2）技术研究平台搭建：由项目部、集团博士后工作站、设计院、专家办共同搭建技术研究平台，对风、浪、流等进行专题研究，并进行不定期现场研讨。

（3）产学研联合攻克技术难题：与西南交通大学、石家庄铁道大学、哈尔滨工业大学、武汉理工大学、中铁第五勘察设计院等院校联合进行专项研究。

（4）试验先行理论结合实践：开展钢管桩插打、深水裸岩区钢管桩锚桩等试验，通过现场试验验证及优化技术方案。

（5）技术方案分级有序开展：栈桥、平台、码头、围堰、双孔连做造桥机等重难点方案由项目部组织编制、论证，常规方案由分部编制实施。

2）成立科研团队进行技术攻关

面对诸多技术难题，没有成熟施工经验可供借鉴，成立科研攻关团队，联合院校对五大系列专题进行科技攻关。

（1）针对桥梁施工所处复杂的地质、水文、气象条件，重点开展了以下研究。

①对海上风浪流等施工参数监测，研究界定工序作业条件。

②海上桥梁临时工程设计标准的研究。

③大倾斜裸岩区钻孔平台、栈桥设计及搭建研究。

④复杂地质大直径钻孔桩成孔工艺研究。

⑤强风、浪、涌大型钢吊箱内支撑设计及快速施工研究。

（2）针对工装设备开展适应性配置研究。

①起重吊装设备。现场起重吊装设备的选型根据不同吊物进行选择，起重船、履带式起重机及塔式起重机的适应性配置，并经过计算满足7级风的工作状态要求。

②海上船舶设备。针对海上恶劣施工环境条件，选择抗风能力强、稳定性可满足7级风工作状态要求的搅拌船、起重船、打桩船等船舶设备。

③大型工装设备。造桥机、移动模架、挂篮等大型工装设备结构设计均进行专项抗风设计；研发双孔连做节段拼装造桥机，一次过孔完成两孔，大大降低了安全隐患，提高了工效。

（3）针对物流组织开展研究：海上临时码头与施工后场综合规划。

（4）针对主体工程耐久性要求高及地材资源紧缺特点，开展材料研究：机制砂海工混凝体配合比

设计以及耐久性研究。

（5）针对施工安全管理开展研究。

①安全隐患排查分级及信息化管理。

②大型机械设备、船舶的施工安全；复杂海洋环境下波流力对施工结构的风险。

③在大风环境中保证施工结构及施工装备的安全。

④大型结构物的运输和吊装风险。

⑤防台、防季风、防洪管理。

平潭海峡公铁大桥
建造关键技术

KEY TECHNOLOGY FOR
THE CONSTRUCTION
OF PINGTAN STRAIT HIGHWAY AND RAILWAY BRIDGE

平潭海峡公铁大桥
建造关键技术

03

第 2 章
大型临时设施规划与设计

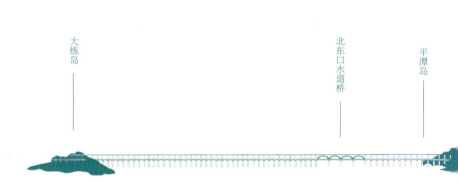

大型临时设施简称"大临设施",是保证桥梁建设的重要组成部分,其规划设计的合理与否,直接影响到桥梁建设的施工质量和施工效率。

2.1 大型临时设施总体规划

在充分考虑桥址处地形、地貌、水文、道路交通等自然条件的基础上,结合该工程施工方案及工期安排。大临设施以遵循"因地制宜,规模适度,标准合理、一次到位"的原则进行设置。主要新建综合性码头2个;浅水区和深水区分别设置栈桥;搅拌设施4个(其中,海上搅拌船2个,陆上搅拌站2个);在平潭岛侧和大练岛侧分别设置预制梁场;钢筋加工场4个,如图3-2-1-1所示。

图 3-2-1-1 大临设施布置图

针对海上大临规模大、影响大的特点，编制了《大临设施管理制度》，要求"大临设施按主体工程"进行管理，从设计、施工、验收、日常维护等方面进行全方位管理；并以系统规划、规模合理、一次到位，完善基础资料为管理目标。

2.2 码头规划与设计

为保证大桥按期建成，综合考虑安全、质量、资源配置、施工工效等因素，对码头进行了系统的规划设置，码头设计标准满足8级大风条件下作业、14级台风条件下结构安全、风雨天气连续作业等。

2.2.1 施工租赁码头

由于平潭岛特殊的海岛地理特色，可以征拆利用的场地十分有限，根据实际情况规划码头位置。项目建设初期，因征海、征地困难，新建码头建设周期长，为保障现场施工，满足前期临时工程、新建码头的物资存储及转运以及满足主体工程尽早开工建设，进行码头租赁。

大桥水中基础多，承台施工围堰数量多，而黄金施工时间较为集中，根据现场施工组织采用临时增加租赁码头以达到短期内完成物资转运工作。

2.2.2 特殊的海岛环境，新建综合码头

平潭海峡公铁大桥设计全部采用混凝土结构，海中墩台多达55个，混凝土量多达107万 m^3。各类物资材料、半成品等工程数量巨大。前期租赁的码头水深较浅，仅高潮位能满足船舶停泊2h，难以满足施工停靠2000t散货船进出码头吃水要求，以及小型散货船运输难以满足大规模混凝土原材料施工需求，混凝土供应不足将严重制约施工进度。为确保泊位停靠时间，船舶供应物资连续，工程进度正常，海上工程必须新建综合码头。

平潭海峡公铁大桥风大、浪高、涌急，频率高，时常导致船舶出航困难。为减少浪涌流影响，降低安全、质量风险，利用时间窗口风浪较好时段，将各类资源先集中供应到陆地和岛屿生产区域存放，因此在各生产区域需配置具有起重吊装、混凝土原材料装卸料、人员交通等功能的综合性码头，以提高可施工作业时间。

由于可吊装作业时间少，造成原料储备量加大，钢结构半成品积压增多，集中出海工程量大，对码头规模的要求相应加大。桥址处山多地狭，无合适的大型综合性码头以供长期租赁，采用前期租赁，施工期新建大型综合码头来满足施工需要。

2.2.3 应对气象条件，专项结构设计

平潭地区气候为典型海洋性季风气候，受风、浪、潮汐等自然条件影响较大，码头各泊位结构设计须满足特殊海洋孤岛环境下的设计标准：8级风正常施工，14级台风码头结构不被破坏，且满足100t/150t履带式起重机等设备施工荷载等要求。

2.2.4 码头规划

1）新建鱼限码头

新建鱼限码头位于大练岛渔限村（图3-2-2-1），占陆地面积、海上面积总计31.5亩（1亩=666.67m^2），此处海陆交通方便，距施工线路大桥约1.0km，主要负责平潭海峡公铁大桥D0～D37段、B0～B25段桥梁全部及B25～B38段桥梁上部结构所需的混凝土原材料、钢筋及型钢等物资的运输及中转任务。设有起重泊位1个、砂石料泊位1个、粉料泊位1个、滚装泊位1个。

a)　　　　　　　　　　　　　　　　b)

图 3-2-2-1　新建渔限码头

2）新建和平村码头

新建和平村码头位于苏澳镇和平村（图 3-2-2-2），总占地面积 59.0 余亩，此处海陆交通方便，距施工线路大桥约 2.5km，主要负责平潭海峡公铁大桥 B26～B38 号墩下部工程混凝土搅拌船供应混凝土原材料及平潭海峡公铁大桥 B39～B58 号墩桥梁全部钢筋、钢构件、混凝土及其原材料的倒运、存储。码头建有靠船泊位、碎石储存区、混凝土拌和区、钢筋钢构件加工区、试验区、生活区 6 大功能区，由北至南依次为散货、大型钢构港池、滚装、粉煤灰及砂石 5 大泊位。

图 3-2-2-2　新建和平村码头

3）租赁＋扩建码头

（1）看澳码头

看澳码头位于看澳村（图 3-2-2-3），设计为重力式码头，总占地面积约 13.7 亩。主要承担 B26～B38 钢吊箱 0.9 万 t 钢材的加工及其转运任务，同时作为 B26～B38 号墩海上平台大直径钢护筒及钢吊箱等拆除材料的存储转运场地。设有起重泊位 1 处，设有钢吊箱拼装区、生活区、半成品及钢材堆放区、回收材料堆放区。

（2）猫子山码头

猫子山码头位于苏澳镇猫子山附近（图 3-2-2-4），距离施工线路大桥约 2km，设计为重力式码头，总占地面积约 28.5 亩。建有靠船泊位 1 处，设有材料堆放区、试验区、生活办公区等功能区。主要用于B26~B38海上钢平台施工所需的型钢、主体工程钢筋、临时周转材料等钢材的转运。

图3-2-2-3 看澳码头

图3-2-2-4 猫子山码头

2.2.5 新建码头设计

1）设计准则

（1）设计条件

①设计年限：码头设计使用年限使用5年。

②设计水位及码头顶面高程见表3-2-2-1。

设计水位及码头顶面高程（单位：m） 表3-2-2-1

项目	极端高水位	设计高水位	设计低水位	极端低水位	码头顶面高程
数值（m）	4.50	2.80	−3.49	−4.59	+6.00

③自然条件：

流速：2.0m/s；

正常工作波高：H=3.6m，t=6.28s；

正常工作风速：20.0m/s，抗台风速：45.6m/s。

④设计船型见表3-2-2-2。

设 计 船 型 表3-2-2-2

船 型	主尺度（m）			
	长度（L）	型宽（B）	型深（H）	满载吃水（T）
2000DWT 散货船	85.0	15.5	3.6	2.3
1000DWT 大件杂货	75.5	13.2	3.8	3.0
720DWT 罐装/散装水泥船	53.2	8.25	4.1	3.5

（2）设计依据

①《高桩码头设计与施工规范》（JTS 167-1—2010）；

②《重力式码头设计与施工规范》（JTS 167-2—2009）；

③《港口工程荷载规范》（JTS 144-1—2010）[17]；

④《港口工程桩基规范》（JTS 167-4—2012）；

⑤《海港水文规范》(JTS 145-2—2013);
⑥《水运工程钢结构设计规范》(JTS 152—2012)[18];
⑦《装配式公路钢桥使用手册》[19]。

（3）设计方法

高桩码头结构应根据使用和施工条件，按下列4种状况设计。

①持久状况：结构使用时期应分别按承载能力极限状态和正常使用极限状态设计。

②短暂状况：结构施工时期，短期特殊使用时期或维修可能出现的作用，应按承载能力极限状态设计，必要时同时按正常使用极限状态设计。

③偶然状况：有特殊要求时进行承载能力极限状态设计或防护设计。

④地震状况：使用时期遭受地震作用时仅按承载能力极限状态设计。

重力式码头应按持久状况、短暂状况和地震状况设计。

①持久状况：结构使用时期应分别按承载能力极限状态和正常使用极限状态设计。

②短暂状况：结构施工时期，短期特殊使用时期承受某特殊荷载时，应按承载能力极限状态设计，必要时尚应按正常使用极限状态设计。

③地震状况：使用时期遭受地震作用时仅按承载能力极限状态设计。

（4）设计荷载

码头设计承受的荷载分为下列4类：

①永久作用。包括结构自重力、固定设备自重力、预加应力、土重、永久作用引起的土压力等。

②可变作用。包括堆载，流动起重运输机械、船舶、风、浪、水流和冰荷载，可变作用引起的土压力，温度作用，施工荷载和打桩应力等。

③偶然作用。包括非正常撞击、火灾和爆炸等。

④地震作用。

码头结构上的作用效应应按极限状态和设计状况进行组合（表3-2-2-3）。

效应组合情况　　　　　　　　　　　表3-2-2-3

设计状态	设计情况
承载能力极限状态设计	（1）结构的整体稳定、岸坡稳定、挡土结构抗倾和抗滑移等； （2）构件的受弯、受剪、受冲切、受压、受拉和受扭等； （3）桩和柱的压屈稳定； （4）桩的承载力
正常使用极限状态设计	（1）混凝土构件的抗裂或限裂； （2）装卸机械有控制变形要求时梁的挠度； （3）码头结构的水平位移； （4）装卸机械作业引起振动等

2）码头构造设计

（1）和平村码头

和平村码头占地面积59.05亩，设有港池、砂石料、粉料、滚装4个泊位以及码头陆地综合配套场地。主要负责平潭海峡公铁大桥B26～B38号墩下部工程混凝土搅拌船供应混凝土原材料及B39～B58号墩段桥梁的全部钢筋、钢构件、混凝土及其原材料的倒运、存储，其中钢筋4.47万t、碎石54.76万t、砂子33.19万t、粉料20.68万t、用钢量5.06万t，周转材料2.1万t，具体见表3-2-2-4和图3-2-2-5。

和平村码头各泊位承担任务　　　　　　　　表3-2-2-4

序号	泊位	任务总量	码头日均吞吐量（t）	日高峰吞吐量（t）	备注
1	港池泊位	钢筋和钢结构原材料、成品、半成品，总量约26.23万t	159.74	1732	原材料10.43万t，钢构件9.53万t，拆卸废品6.27万t
2	砂石料泊位	碎石、砂子合计155.5万t	947.02	2000	B26~B38号墩部分混凝土及B39~B54号墩全部混凝土原材料装卸船
3	粉料泊位	散装水泥、粉煤灰、矿粉合计35.96万t	219	2000	B26~B38号墩部分混凝土及B39~B54号墩全部混凝土原材料装卸船

图3-2-2-5　和平村码头功能分区图

码头泊位均为钢管桩贝雷梁组合高桩钢平台泊位。粉煤灰泊位及砂石泊位采用"Z"形连片式布置，每个泊位长90m，砂石泊位码头平台宽28.8m与后方砂石堆放场地顺接；粉煤灰泊位码头平台宽19.8m与后方砂石堆放场地顺接；大型钢构港池泊位采用突堤式布置，港池两侧为长90.06m、宽8m码头平台，岸侧与陆域顺接。港池宽24.7m，净宽21m。码头上设30m跨距门式起重机。滚装泊位宽21m、长18.6m，布置在陆域中段最西侧；散货泊位顺岸布置，长102.3m、宽19.8m，与后方陆域堆场顺接。

码头排架间距6m，砂石泊位每榀排架下设φ600×14mm钢管桩（端承桩），间距4.5m，全部采用直桩，桩端持力层为微风化基岩面。靠船桩和固定吊基础桩基需根据现场钻探资料确定。上部结构采用型钢结构，下横梁选用型钢2×I56a，纵梁选用321高抗剪热浸锌贝雷片间距0.9m，码头选用0.25m厚钢筋混凝土预制面板（钢筋件杂货泊位为0.35m厚面板）。码头结构立面布置如图3-2-2-6所示。

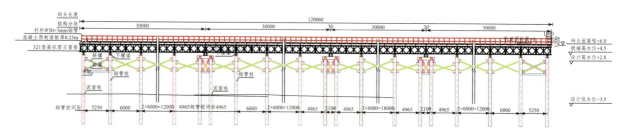

图3-2-2-6　码头结构立面图（尺寸单位：mm；高程单位：m）

（2）滚装码头

滚装码头采用固定岸坡道结构形式，长18.6m、宽21m。坡顶高程6.0m，坡底高程3.8m。岸坡分为3段，坡度分别为1∶10、1∶8、1∶6。船舶停靠距离为3.5m（与辅助靠船墩平齐），以保证跳板坡度及搭岸区域坡度为1∶8，靠泊水位范围1.6～2.8m。滚装码头立面如图3-2-2-7所示。

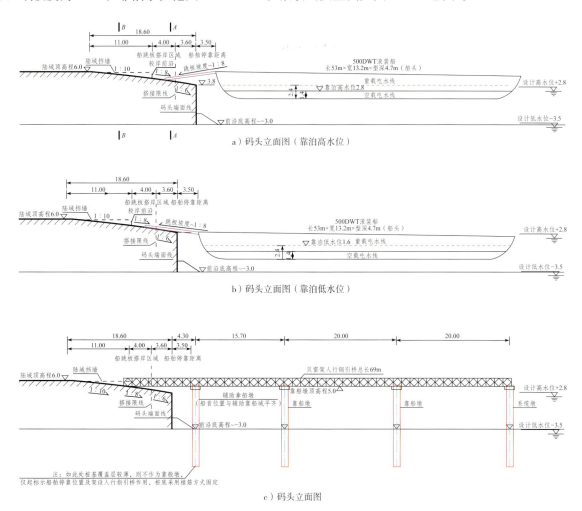

图3-2-2-7　滚装码头立面图（尺寸单位：m）

滚装泊位码头结构形式采用混凝土实心方块+现浇混凝土胸墙方案，方块基础需开挖至基岩面后抛填块石及二片石整平，外侧抛填100～150kg护底块石厚度0.8m。墙后回填块石。面层采用C30现浇混凝土路面厚250mm，水泥稳定碎石层厚200mm，级配碎石层厚150mm。滚装码头断面如图3-2-2-8所示。

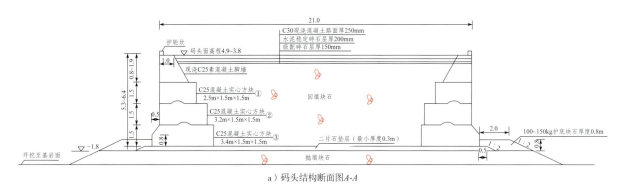

a）码头结构断面图A-A

图　3-2-2-8

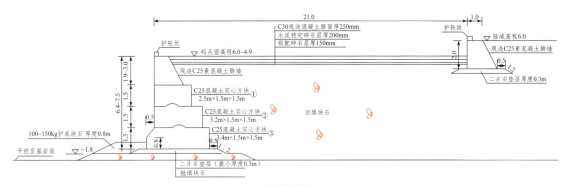

b) 断面图

图3-2-2-8 滚装码头断面图（尺寸单位：m）

和平村码头前沿设计水深 D= 设计船型满载吃水 T（5.0m）+ 龙骨下富裕 [Z_1（0.3m）+Z_3（0.15m）+ Z_4（0.4m）] =5.85m。

该工程乘潮水位取平均潮位约0.27m，作业时间约12h；码头前沿设计底高程 = 乘潮水位 − 码头前沿设计水深 =−5.58m，取 −5.6m，故和平村码头前沿疏浚底高程为 −5.6m。

3）渔限码头

新建码头位于大练岛渔限村，主要负责平潭海峡公铁大桥中的大练岛特大桥D0～D37、B0～B25号墩桥梁全部及B25～B38号墩桥梁上部结构所需的混凝土原材料、钢筋及型钢等物资的运输及中转任务，设有起重泊位1个、砂石料泊位1个、粉料泊位1个、滚装泊位1个，具体见表3-2-2-5和图3-2-2-9。

渔限码头各泊位任务一览表　　　　　　　　表3-2-2-5

序号	泊　位	任　务　总　量	码头日均吞吐量（t）	日高峰吞吐量（t）
1	起重泊位	钢筋等原材的进场总量约8万t，模板、钢结构等材料的转场总量约3.2万t	68.2	1000
2	粉料泊位	散装水泥、粉煤灰合计25万t	152	2000
3	滚装泊位	模板、钢结构等材料的进场总量约3.2万t	24	400
4	砂石料泊位	碎石、砂子合计104万t	630	1400

图3-2-2-9 渔限码头分布图

码头平台平面主尺寸为156m×49.5m，码头面顶高程6.0m，采用高桩梁板结构。码头排架共27排，全部采用直桩，除靠船桩和固定吊基础桩基采用ϕ1200×25mm钢管桩外（桩端持力层需根据现场钻探确定），其他桩基采用ϕ600×14mm钢管桩（桩端持力层需进入中风化岩层）；上部结构采用型钢结构，下横梁选用型钢2×I56a，主纵梁选用321高抗剪热浸锌贝雷片，码头面板为250mm预制混凝土面板。

4）码头引桥

码头引桥长144m，宽10.8m，顶高程6.0m。引桥排架共17排，间距9m，每排3根桩，间距4.5m，全部采用直桩，桩基采用ϕ600×14mm钢管桩，上部结构与码头结构相同。

2.3 施工栈桥的规划设计

2.3.1 应对恶劣海况变海上为陆上施工

桥址处气象、水文条件恶劣，对海上施工影响巨大，严重制约着海上物资供应，工期难以保证，安全风险较高。为应对特殊的海岛气象条件，水中基础采用栈桥+钻孔平台法施工，在大桥两侧将岛屿和海上平台分别修建施工栈桥连通至各墩位，将海上施工转化为栈桥及平台陆上施工，降低安全风险，减少浪、涌对施工的影响。

2.3.2 应对气象条件专项结构设计

考虑施工栈桥抗台、防腐要求，减少恶劣海况对施工的影响，降低安全风险，保证栈桥在8级风以下安全使用，14级台风不被破坏，及现场施工需求，对栈桥结构进行抗风特殊设计；管桩壁厚必须满足规范要求并预留加厚量；考虑承台围堰、墩身模板起重吊装的要求，栈桥宽度需满足100～150t履带式起重机通行，栈桥有效通行宽度设计为8m。

1）浅水区有覆盖层栈桥

浅水区有覆盖层（大练岛侧）施工栈桥长1516m（图3-2-3-1），满足罐车双向及100t履带式起重机通行。设计标准跨度12m，采用3m+5×12m一联的"321"型贝雷梁，每联之间设立双排墩作为制动墩，采用桩基础作为支撑体系，横向布置3根ϕ720×14mm螺旋管桩间距3.15m，管桩之间采用联结系连接成整体，桩顶设置双拼工字钢横梁，横梁上布置12片贝雷梁作为承重梁，其间距采用0.9m标准花窗连接，桥面板采用预制钢筋混凝土板；钢管桩采用环氧富锌底漆+中间漆环氧云铁+聚氨酯面漆防腐；其他钢结构采用红丹油一度、浅灰丹油二度防腐的5年防腐标准进行防腐涂装；采用"钓鱼法"常规施工工艺施工。

图3-2-3-1 浅水区施工栈桥

2）深水区浅/无覆盖层栈桥

深水区浅/无覆盖层（平潭岛侧）施工栈桥长1088m（图3-2-3-2），满足罐车双向及150t履带式起重机通行。为了减少裸岩区钢管桩的根数选用新型组合杆件加大栈桥跨度,最大达到28m。施工栈桥采用钢管桩基础作为支撑体系,单个支撑体系为4根钢管桩,纵横向间距8m布置,钢管桩纵横之间均通过联结系连接成整体,根部采用钢筋混凝土灌注桩锚固,确保台风期间栈桥基础的稳定性;桩顶设置双拼H型钢作为横梁,横梁上布置12片新型组合杆件作为承重梁,其间距采用0.9m、0.45m标准花窗连接,桥面板采用预制钢筋混凝土板;钢管桩采用环氧富锌底漆+中间漆环氧云铁+聚氨酯面漆防腐;其他钢结构采用红丹油一度、浅灰丹油二度防腐的5年防腐标准进行防腐涂装;采用打桩船插打+锚桩桩底加固方法:利用时间窗口期低平潮水位采用打桩船直接插打快速搭设4根钢管桩,迅速形成稳定单元体,临时联结系快速连接,并安装永久联结系、横梁、纵梁、面板,最后在钢管桩内施工锚桩,形成稳固的栈桥。

图 3-2-3-2　深水裸岩区大跨度栈桥

2.4　混凝土搅拌站规划

平潭海峡公铁大桥设计全部采用混凝土结构,工程量巨大,混凝土多达107万 m^3,大桥受风大、浪高、涌急,频率高,时常导致船舶出航困难。为减少浪涌流影响,降低安全、质量风险,需利用时间窗口风浪较好时段,将各类资源先集中供应到陆地和岛屿生产区域存放,因此需在各生产区域储备大量原材料,导致占地面积增大,考虑到特殊的海岛地理特色,可以征拆利用的场地十分有限,根据实际情况在陆上新建2座搅拌站(图3-2-4-1),海上设置2艘搅拌船(图3-2-4-2)。由于特殊的海工耐久性混凝土要求,2座搅拌站的设计搅拌能力为 $2 \times 180 m^3/h$。

图 3-2-4-1　陆上搅拌站

其中在大练岛鱼限村新建的搅拌站主要负责供应平潭海峡公铁大桥D0~D37、B0~B25号墩桥梁全部结构及B25~B38号墩桥梁上部结构混凝土,共计54万 m^3 混凝土;在和平村新建的搅拌站主要负责供应B39~B58号墩桥梁全部结构混凝土,共计39万 m^3 混凝土;海上搅拌船主要供应B26~B38号墩桥梁下部结构混凝土,共计14万 m^3 混凝土。

图 3-2-4-2　海上搅拌船

2.5　节段预制梁场的规划

节段预制梁场[20]原指导性施工组织中设计 2 处梁场均设置在红线外，分别是大练岛侧节段梁预制场和苏澳侧节段梁预制场，其布置如图 3-2-5-1、图 3-2-5-2 所示。大练岛侧节段梁需陆运至 B2 号桥墩，再通过提升站提梁上桥；平潭岛侧节段梁需通过码头装船海运，B2 号墩造桥机需海上安拆，需对航道炸礁清理；采用 3 台架桥机同时架设。

图 3-2-5-1　大练岛侧节段梁预制场布置

图 3-2-5-2　苏澳侧节段梁预制场布置

考虑海上风、浪、潮流对梁段运输影响以及梁场占用耕地，船舶运梁航线及码头运船回转区占用大量养殖区域，征地费用昂贵、补偿费用较高等问题，经分析论证研究将预制节段梁场设置在大桥两侧桥台后路基上，台后直接运梁上桥。大练岛侧研制双孔连做节段拼装造桥机施工，平潭侧采用单孔节段拼装造桥机施工。减少海上运输，变海上为陆上；减少船舶、起重船、提梁机等设备；减少了临时征地，有效降低了施工安全风险，提高了施工工效，节约了施工成本。

2.6　钢结构加工场规划

平潭海峡公铁大桥施工平台、栈桥、钢围堰施工用钢量巨大，加上桥梁钢筋，用量达 28 万 t。因施工工期安排的 3 条关键线路为平行作业、同时施工，钢材供应集中；再加上大桥受风大、浪高、涌急且出现频率高的影响，时常会导致船舶出航困难，为减少浪、涌、流的影响，降低安全及质量风险，提高可施工作业时间，需利用时间窗口有限的风浪条件较好时段，将各类资源先集中供应到陆地和岛屿生产区域进行统一加工、存放；由此需建设大型的钢结构加工场满足加工及储存需求。

由于平潭地区山多地狭，尤其大练岛为海上孤岛，岛上地势复杂、道路蜿蜒崎岖，大型车辆运输困难，没有合适的场地新建大型钢结构加工场。考虑现场地形及交通等实际情况，结合施工组织设计，通过新建多个钢结构加工场来满足施工需要，在大练岛规划设置三处钢结构加工场（图 3-2-6-1），平潭岛侧规划设置两处钢结构加工场。

其中大练岛上线路 DK72+200 左侧设置一处，主要负责栈桥、平台、钢围堰、模板等钢结构的加工以及平潭海峡公铁大桥 B0～B25 号墩桥梁下部、B0～B38 号墩上部结构的钢筋加工；大练岛上 DK71+150 处线路左侧设置一处，主要负责 D0～D23 号墩桥梁下部结构所需钢筋加工及模板、支架等钢结构制作；大练岛上 DK71+800 处线路左侧设置一处，主要负责 D23～D31 号墩桥梁及大练岛梁场所需钢筋、钢结构制作；在和平村码头场内设置一处（图 3-2-6-2），主要负责 B39～B58 号墩桩基墩台等主体结构、海上平台及栈桥等型钢的加工，以及海上临时周转材料和项目建设初期各类钢材成品、半成品等材料的加工；在紧临猫子山码头设置一处满足 B26～B38 号墩下部结构桩基、承台、墩身钢筋以及平台型钢、平联管等钢材成品、半成品的加工需求，同时满足海上临时周转钢材的加工需求。

图 3-2-6-1　大练岛钢结构加工场

图 3-2-6-2　和平村钢结构加工场

平潭海峡公铁大桥
建造关键技术

KEY TECHNOLOGY FOR
THE CONSTRUCTION
OF PINGTAN STRAIT HIGHWAY AND RAILWAY BRIDGE

平潭海峡公铁大桥
建造关键技术

03

第 3 章
复杂海域施工栈桥设计与施工

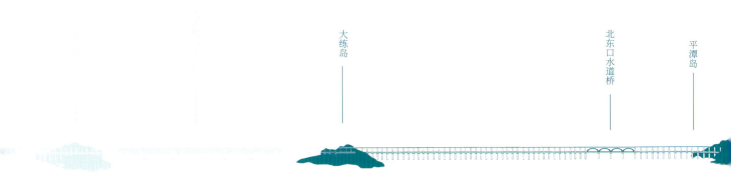

3.1 概述

新建福州至平潭铁路平潭海峡公铁大桥（B0～B58）全长 3712.06m，主跨均采用 92m+2×168m+92m 预应力混凝土连续刚构，其余桥跨铁路为 64m、40m 简支梁。全桥共设置 59 个墩台，其中 B0（福州台）、B1、B57、B58（平潭台）号墩位于陆地上，B2～B25 号墩及 B56 号墩（共 25 个墩）位于浅水区，B26～B55 号墩位于深水区（共 30 个墩），其中 B39～B41 号墩为主跨墩，如图 3-3-1-1 所示。

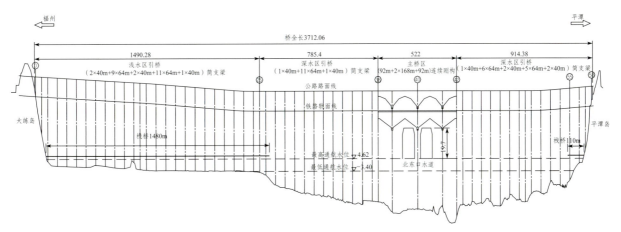

图 3-3-1-1　平潭海峡公铁大桥（B0～B58）桥式概略图（尺寸单位：m；高程单位：m）

新建福州至平潭铁路平潭海峡公铁大桥 B2～B25 号墩基础施工采用栈桥+钻孔平台+钢板桩围堰方法；B26～B41 号墩基础施工采用独立钻孔平台+钢吊箱方法；B42～B55 号墩基础施工采用栈桥+钻孔平台+钢吊箱方法。

栈桥施工环境条件如下所述。

1）气候条件

该工程区域为典型的海洋性季风气候，由于处于东亚季风区，同时位于海坛海峡和台湾海峡之间，受大陆与台湾岛之间海峡上的"穿堂风"增强效应的影响，因此，风速大，风向稳定，夏季盛行西南风，其余季节盛行东北风。根据福建省气候中心统计分析结果，全年6级以上大风超过309d，7级以上大风超过234d，8级以上123d。平潭地处台湾海峡，濒临太平洋，每年都遭受暴风潮不同程度的危害，登陆及影响区域的热带气旋年平均3.8次，主要出现在6—9月份。8级风风速20.8m/s，14级风风速45.4m/s。

2014年台风影响6次，2015年台风影响7次，2016年台风影响6次，其中2015年苏迪罗、杜鹃两次超强台风均正面袭击桥址区域，最大风速达到14级。

2）水文条件

与以往建设的海湾桥不同，在海峡环境修建超长桥梁，外海深水、急流、强涌、强波浪力、潮汐等的影响更为显著。设计水文资料显示，桥址海域最大水深达42m（各墩位水深情况统计见表3-3-1-1），水深超过18m区域长达4.2km。

各墩位水深情况一览表 表3-3-1-1

序号	水深	墩位
1	40m以上	B39、B42
2	35～40m	B43、B44
3	30～35m	B40、B41、B45
4	25～30m	B35、B36、B37、B38、B46、B47、B48、B49、B50、B51
5	20～25m	B30、B31、B32、B33、B34、B52
6	15～20m	B27、B28、B29、B53、B54、B55
7	15m以下	B2～B26、B56

（1）潮差大：平潭海潮属正规半日潮，每个潮汐日（约24.8h）有两次高潮和两次低潮，潮流变化较复杂，浅海的涨潮由东向西，或东北向西南，落潮相反。两次高潮和两次低潮的最大高差为7.09m，基础施工受波浪力作用大，如主墩承台钢吊箱围堰在施工期间受波浪力1000多吨（相当于内河同等规模围堰受力的10多倍）。

（2）浪高、流急：平潭海峡独特的"狭管效应"，使得工程海域海流速度远超内河和海湾，最大流速达3m/s，一般流速为1.03m/s。

3）地质条件

该桥址区岩土层按其成因分类主要有：第四系坡积层（Q_4^{dl}）块石土，第四系全新统冲海积层（Q_4^{al+m}）淤泥质黏土、粉质黏土、细砂、粗砂、砾砂、块石土等土层，第四系残坡积层（Q^{el+dl}）粉质黏土夹碎石，白垩系下统石帽山组（K_1sh）凝灰岩，燕山晚期（γ_5^3）花岗岩。

B2墩至B25墩，水深4～13m，覆盖层主要土层为粉细砂，覆盖层厚从0～18m不等，海床面较平坦，如图3-3-1-2所示。

B26～B41墩水深13～42.5m，覆盖层主要土层为淤泥质黏土（基本承载力60kPa）、粉质黏土（基本承载力150kPa）、中砂（基本承载力100kPa）、中粗砂（基本承载力200kPa），覆盖层厚从4～12m不等，海床面高差起伏约5m，如图3-3-1-3所示。

B42~B56墩水深18~40m,浅(无)覆盖层,少许覆盖层土层主要为粉细砂,覆盖层厚仅有0.5~4m,海床面高差起伏最大达近11m,如图3-3-1-4所示。

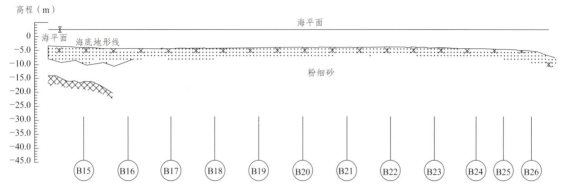

图3-3-1-2 B15~B25号桥墩地质资料

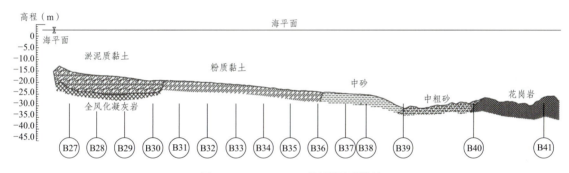

图3-3-1-3 B26~B41号桥墩地质资料

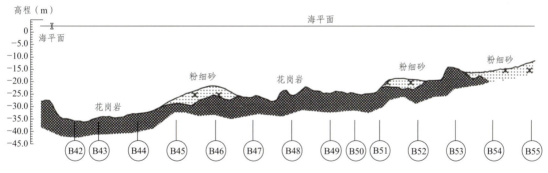

图3-3-1-4 B42~B56号桥墩地质资料

3.2 栈桥方案优化

3.2.1 指导性施工组织方案

平潭海峡公铁大桥指导性施工方案总体平面布置中平潭海峡公铁大桥北东口水道浅水区设置施工栈桥,其中大练岛侧栈桥长1464m,平潭岛侧栈桥长110m。

无覆盖层区施工栈桥跨径为6~12m,采用8~11孔一联的贝雷桁架,联间设置制动墩,制动墩墩顶布置200mm伸缩缝;有覆盖层区域标准跨径为12m,采用8~11孔一联贝雷桁架,联间设置制动墩,制动墩墩顶布置200mm伸缩缝栈桥布置如图3-3-2-1、图3-3-2-2所示。

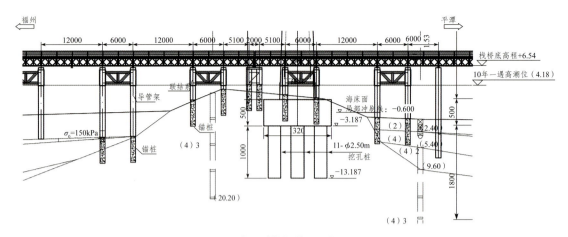

a) 无覆盖层区域立面图

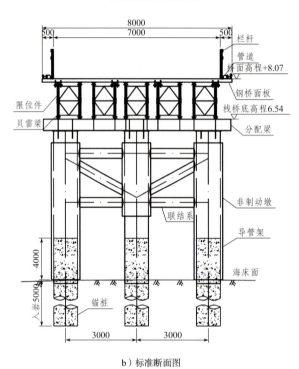

b) 标准断面图

图 3-3-2-1 无覆盖层区施工栈桥布置示意图（尺寸单位：mm；高程单位：m）

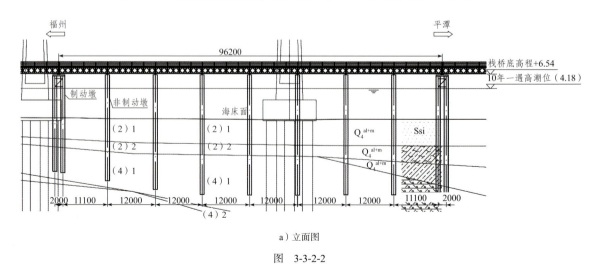

a) 立面图

图 3-3-2-2

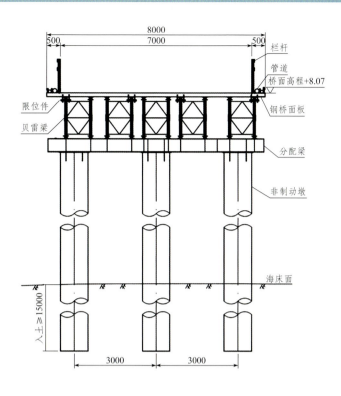

b）标准断面图

图 3-3-2-2　有覆盖层区施工栈桥布置示意图（尺寸单位：mm；高程单位：m）

3.2.2　现场实施方案

大练岛侧栈桥长 1516m，设于线路左侧，距承台中心线 28.65m 处，纵向设计为平坡。栈桥按双向行车道设计，桥面宽 12.0m/8.0m，车辆在墩位施工平台处掉头。B2～B5 号墩施工独立平台之间栈桥和栈桥入口引桥处桥面设置为 12m 宽（施工车辆在栈桥小里程尽头范围掉头和满足进入栈桥车辆转弯），B5～B25 号墩施工独立平台之间栈桥桥面设置为 8m 宽，采用基本桥垮单元为 3m+5×12m 一联的"321"型贝雷桁架的组合进行拉通使栈桥与陆地连通，栈桥结构由钢管桩组成支撑体系，钢管桩之间采用联结系纵横连接，最终形成整体栈桥结构，如图 3-3-2-3 所示。

图 3-3-2-3　浅水区栈桥设计布置（尺寸单位：mm）

平潭岛侧栈桥长1090.6m，栈桥位于桥位左侧，栈桥中心至桥中心线距离30m，栈桥跨度最大28m，栈桥宽度主要为8m，在连通过程中主跨和陆地交界处为方便车辆通行有适当加宽。施工独立平台之间通过桁架和面板组合进行拉通形成栈桥与陆地连通，栈桥结构由钢管桩组成支撑体系，钢管桩之间采用联结系纵横连接，最终形成整体栈桥结构。钢管桩设计4根钢管桩横向侧向布置均为8m，根据水深选用$\phi 1800 \times 22mm$、$\phi 1420 \times 16mm$钢管桩。施工栈桥采用钢管桩基础作为支撑体系，钢管桩之间采用$\phi 630 \times 10mm$连接成整体，桩顶设置双拼$HN900 \times 300mm$型钢作为横梁，横梁上布置新型组合杆件作为承重主梁，横向布置12片。横梁上布置新型组合杆件作为承重主梁，设计将新型组合杆件之间及底面增加支撑架进行加固相连，桥面板采用预制混凝土面板，如图3-3-2-4所示。

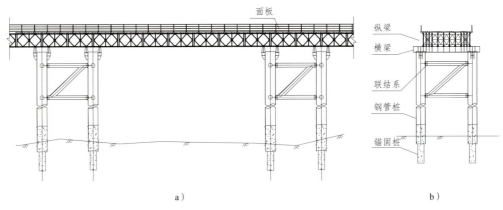

图3-3-2-4 平潭岛侧栈桥结构布置图（一孔）

3.2.3 方案优化分析

因桥址处气象、水文条件恶劣，对海上施工影响巨大，严重制约着海上物资供应，工期难以保证，安全风险较高。为应对特殊的海岛气象条件，栈桥设计需要结构可承受台风及引起的波流力、大吨位起重设备荷载，保障施工安全。通过调整海上栈桥结构，可满足栈桥抗台、防腐要求，减少恶劣海况对施工的影响，降低安全风险。具体如下：

（1）为保证栈桥在季风期（8级风以下）安全使用，台风期（14级台风）不被破坏，以及现场施工需求，对栈桥结构进行特殊设计。

（2）根据《港口工程桩基规范》（JTS 167-4—2012）第6.2.4条指出：管桩的外径与厚度之比不宜大于100，钢管桩沉桩困难时，抗锤击要求的最小壁厚 = 管桩外径/100+6.35mm；根据《钢结构设计规范》（GB 50017—2003）第10.1.2条也指出：圆钢管的外径与壁厚之比不应超过100（$235/f_y$）=100（235/205）=114.6；由于栈桥使用年限在6年以上，为保证结构的安全，管桩壁厚必须满足规范要求并预留加厚量。

（3）根据《海港工程钢结构腐蚀技术规范》（JTS 153-3—2007）中表3.10表明，钢结构单面腐蚀速度：浪溅区（有养护条件）平均腐蚀速度0.2～0.3mm/a；浪溅区（无养护条件）平均腐蚀速度0.4～0.5mm/a，需对栈桥按照规范规定6年防腐标准进行防腐涂装。

（4）为考虑承台围堰、墩身模板起重吊装的要求，栈桥宽度需满足150t履带式起重机通行，故有效通行宽度由7m调整为8m。

（5）指导性施组中平潭岛侧栈桥110m，其余墩位均为独立平台施工，材料设备及施工人员通过船舶运输。由于没有施工经验可循，前期施工均按独立平台施工，在施工过程中受风、浪等自然因素影响十分严重，海上施工效率极低，安全难以保证。风大浪高天气船舶经常难以出航，施工作业、管理等人员来往困难，后考虑将各独立平台通过新型桁梁连通栈桥，以应对施工困难。将栈桥由B56号墩直接连通至B40号墩，将各个独立平台串联成整体。

3.3 栈桥设计

3.3.1 设计准则

1）栈桥与平台平面位置

考虑靠船及墩身施工时栈桥[21]上行人及车辆安全，将栈桥布置于线路前进方向左侧。为了满足钢围堰下放要求和钻孔平台的布置，栈桥中心线与主桥中心线路中心距离设为30m。

2）流向与桥位的关系

根据现场实际测量结果，水流流向与桥位的关系如图3-3-3-1所示。

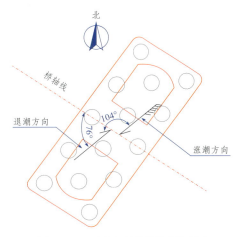

图3-3-3-1 流向与桥轴线关系示意图

3）高程的确定

顶面高程 $H=h_1+0.5\times h_2+h_3+h_4$，如图3-3-3-2所示。

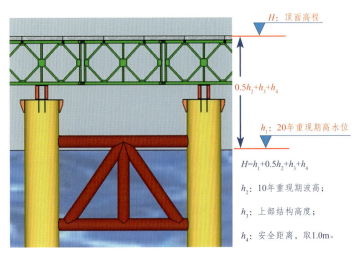

图3-3-3-2 高程确定示意图

施工栈桥顶高程：$H=h_1+0.5h_2+h_3+h_4=4.33+0.5\times 2.71+2.31/1.81+1.0=9.0/8.5\mathrm{m}$；
其中：$h_3=2.14/1.6$（桁梁）$+0.01$（胶皮厚度）$+0.2$（桥面板厚）$=2.35/1.81\mathrm{m}$。

4）钢管桩计算厚度

钢管桩管壁的厚度应包括有效厚度和预留腐蚀厚度[22]。有效厚度为管壁在外力作用下所需要的厚度，满足强度计算和稳定性验算；预留腐蚀厚度为建筑物在使用年限内管壁腐蚀所需要的厚度。钢管桩计算时，使用期管壁计算厚度应取有效厚度，根据现场实际考虑计算厚度 = 设计壁厚 −2mm。

5）设计准则

（1）设计年限

根据工期安排，施工栈桥设计使用年限为 6 年。

（2）设计要点

施工栈桥结构应根据施工环境、荷载和施工条件等因素合理选用，其结构形式应简单，便于制作、安装和拆除，均应采用常用器材。

栈桥设计满足罐车双向及 150t 履带式起重机通行（总重 ≤ 150t），禁止罐车和履带式起重机同时在一跨通行。

（3）设计状态

设计状态见表 3-3-3-1。

设 计 状 态　　　　　　　　　　　　　表 3-3-3-1

序号	状 态	风力	状 态 描 述
1	施工状态	≤ 7 级风	结构自身施工
2	工作状态	≤ 8 级风	结构处于正常工作状态
3	非工作状态	≤ 13 级风	在风荷载、水流及波浪力等荷载作用下，主体结构具有可靠的安全度
4	极限非工作状态	≤ 14 级风	在风荷载、水流力及波浪力等荷载作用下，主体结构不被破坏

（4）设计方法

栈桥结构采用以概率理论为基础的极限状态设计法，用分项系数的设计表达式进行设计。

6）荷载种类及组合

作用在结构上的荷载分为恒载和活荷载。对恒载应采用标准值作为代表值，极限状态设计法设计时，对活荷载采用标准值或组合值为代表值。

（1）荷载种类

荷载具体内容见表 3-3-3-2。

荷 载 类 型　　　　　　　　　　　　　表 3-3-3-2

部位	恒 载	活 载
栈桥	结构自重：按实际自重取值（荷载代号①）	（1）汽车荷载：公路 I 级，车辆限速 10km/h，不计冲击作用（荷载代号②）； （2）150t 履带式起重机：接触面积 2-7200mm × 1100mm（荷载代号③）； （3）管线荷载：2.0kN/m（荷载代号④）； （4）行人荷载：2.5kN/m²（荷载代号⑤）； （5）风荷载（荷载代号⑥）； （6）水流力（荷载代号⑦）； （7）波浪力（荷载代号⑧）； （8）船舶及漂浮物冲击荷载（荷载代号⑨）

（2）荷载计算

在结构设计中，荷载取值标准及计算公式见表 3-3-3-3。

荷 载 取 值 标 准

表 3-3-3-3

荷载种类		取值标准及计算公式	
恒载	①	根据结构设计方案确定	
活载	②	汽车荷载：公路Ⅰ级，车辆限速 10km/h，不计冲击作用	
	③	150t 履带式起重机通行：接触面积 2-7200mm×1100mm	
	④	管线荷载：2.0kN/m	
	⑤	施工人员、施工机具荷载：2.5kN/m²	
	⑥	风荷载： 根据《港口工程荷载规范》(JTS144-1—2010) 第 11.0.1 条规定"风荷载"作用于港口工程结构上的风荷载标准值： $$\omega_k = \mu_s \mu_z \omega_0$$	式中：ω_k——风荷载标准值（kPa）； μ_s——风荷载体型系数； μ_z——风压高度变化系数； ω_0——基本风压：$\omega_0 = \frac{1}{1600} v_2^2$； v_2——流速（m/s）
	⑦	水流力： 根据《港口工程荷载规范》(JTS144-1—2010) 第 13.0.1 条规定"水流力"作用于港口工程结构上的水流力标准值： $$F_w = C_w A \frac{\gamma v^2}{2g}$$	式中：F_w——水流力标准值（kN）； C_w——水流阻力系数；查表 13.0.3-1 得 0.73（圆形）； γ——水密度（kN/m³），海水取 10.25kN/m³； v——水流流速（m/s）； g——重力加速度（m/s²），取 10m/s²； A——计算构件在水流垂直面上的投影。 合力作用在水面以下 1/3 水深处
	⑧	波浪力： 钢管桩波浪力按《海港水文规范》(JTS 145-2—2013) 第 8.3.2.1 条"波浪对桩基和墩柱的作用"来计算；$H/d \leq 0.2$（d：墩柱的直径）且 d/L（L：跨度）≥ 0.2，按《海港水文规范》(JTS 145-2—2013) 第 8.3.2.2 条计算。 $$P_{1max} = C_M \frac{\gamma A H}{2} K_2$$	式中：C_M——惯性力系数，对于圆形断面取 2.0； γ——水的重度，海水取 10.25kN/m³； H——建筑物所处进行波波高； K_2——系数； 其他符号意义同前
	⑨	船舶及漂浮物冲击荷载	栈桥设计应按规定设置临时防撞结构，结构本身不考虑承受撞击力

（3）荷载工况

结构设计计算时，应考虑以下状态及各种状态下参数的取值见表 3-3-3-4。

荷 载 参 数 取 值

表 3-3-3-4

设计状态	风 级	风速（m/s）	水流流速（m/s）	浪高（m）	周期（s）
施工状态	7 级	17.1	1.1（实测）	1.3（实测）	5.4
工作状态	8 级	20.7	1.62	1.6	5.4
非工作状态	13 级	39.8	2.23	2.71	6
极限非工作状态	14 级	45.4	2.23	4.65	7.1

（4）荷载组合

对于栈桥结构的极限状态，按荷载效应的基本组合进行荷载（效应）组合，基本组合下结构的荷载分项系数，按表 3-3-3-5 采用。

栈 桥 荷 载 组 合　　　　　　　表 3-3-3-5

设计状态	栈桥荷载组合	
	计算强度	计算刚度
施工状态	1.2×①+1.4×（⑥+⑦+⑧）	①+⑥+⑦+⑧
工作状态	1.2×（①+④）+1.4×（②+③+⑤+⑥+⑦+⑧）	①+④+②+③+⑤+⑥+⑦+⑧
非工作状态	1.2×（①+④）+1.4×（⑥+⑦+⑧）	—
极限非工作状态	①+④+⑥+⑦+⑧	—

（5）验算准则

施工状态下，结构应满足自身施工过程中的安全。

在工作状态下，栈桥应满足正常车辆通行的安全和适用性的要求，并具良好的安全储备；7级风以上应停止栈桥上的吊装施工作业，8级风以上栈桥禁止通行。

在正常非工作状态下，栈桥应能满足整体安全性的要求，在极限非工作状态下，栈桥主体结构不被破坏，控制指标见表 3-3-3-6。

控 制 指 标　　　　　　　表 3-3-3-6

设计状态	控制指标	
	强度	刚度
施工状态	≤强度设计值	≤$H/400$（H：高度）；≤$L/400$（L：跨度）
工作状态	≤强度设计值	≤$H/400$（H：高度）；≤$L/400$（L：跨度）
非工作状态	≤强度设计值	—
极限非工作状态	≤强度设计值	—

3.3.2 栈桥设计分析

1）功能分析

（1）强栈桥

栈桥具有足够的强度和刚度，桥梁基础及上部结构施工的各种材料、设备（包括履带式起重机、混凝土搅拌车等）均通过栈桥运输到墩位，栈桥梁部结构刚度大，材料用量大，如图 3-3-3-3 所示。

a）　　　　　　　　　　　　　　　　　　　b）

图 3-3-3-3　强栈桥

强栈桥的特点：混凝土搅拌车直接将混凝土运至桥墩附近，减小混凝土泵送距离，可极大地避免断桩风险；履带式起重机等大型吊装设备及材料可通过栈桥自由转场，提高设备的利用率。

（2）弱栈桥

桥梁施工的各种材料、设备均通过船运至墩位，栈桥仅作为人行通道及混凝土输送泵管通道，栈桥刚度小，材料用量小，如图3-3-3-4所示。

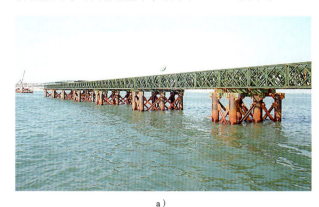

图3-3-3-4 弱栈桥

弱栈桥的特点：长距离泵送混凝土，容易泵管堵塞，影响桩基混凝土的连续浇筑，甚至造成断桩；设备及材料转场采用船运，效率低下。

（3）功能确定

根据强栈桥与弱栈桥的功能分析对比，综合考虑施工现场工期安排、经济性、安全保障等多方面考虑采用强栈桥方案，可确保混凝土的顺利运输，混凝土的连续浇筑极大地避免断桩的风险，提高设备利用率，降低基础施工成本，具有极大优势。

2）结构形式分析

施工栈桥采用钢管桩基础作为支撑体系，上部结构采用拆装式常备构件，以钻孔平台为基础结合栈桥进行布置，两个相邻钻孔平台以栈桥连成整体。拟采用普通的321型贝雷梁或新型组合杆件作为承重主梁。

（1）管桩结构分析

施工栈桥均采用钢管桩基础作为支撑体系，深水区采用4根钢管桩通过联结系组焊成整体，下面通过对联结系的设置高度及数量进行分析设计。通过设置桩顶一道及跨中一道共计两道联结系、跨中一道、桩顶一道、桩顶（-1～-5m）一道进行建模分析，如图3-3-3-5所示。

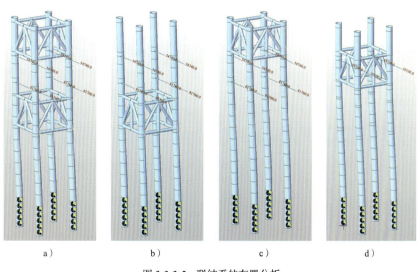

图3-3-3-5 联结系的布置分析

通过对管桩结构设置联结系的不同进行建模分析，分析结果见表3-3-3-7。

分析结果（40m水深） 表3-3-3-7

项 目	两道	跨中一道	桩顶一道	桩顶 –1m	桩顶 –2m	桩顶 –3m	桩顶 –4m	桩顶 –5m
应力（MPa）	53.6	63.1	101	99.9	97.9	95.6	93.3	90.9
桩顶位移（mm）	44.3	58.7	150	141.1	131.9	123.0	114.3	105.8

通过分析结果数据显示，在管桩桩顶、跨中各设置一道及在跨中设置一道联结系即减小管桩的自由长度时，管桩应力及桩顶偏移较小，在桩顶设置联结系时桩顶偏移较大；根据数据分析，联结系高程下降1m，桩顶偏移减小9mm左右。

根据桥址处涨落潮联结系海上焊接安装时间的长短、水中联结系安装施工难度以及水深等多方面综合考虑，在非通航孔墩施工栈桥、钻孔平台管桩在桩顶设置一道联结系，联结系下平联高程控制在 –0.5m处，通航孔墩钻孔平台管桩设置两道，桩顶设置一道，跨中为了增强抗台能力设置一道水下联结系。

（2）承重梁选择

①贝雷梁

贝雷梁标准节段长3m，桁高1.5m，其弦杆采用2][10型钢，竖杆及斜杆采用I8型钢，结构形式如图3-3-3-6所示。贝雷梁作为常用杆件，普遍用于施工现场，易于在市场上租赁、购买，但采用贝雷梁作为承重梁，其跨度受贝雷梁限制，钢管桩数量大，对于在浅/无覆盖层（裸岩区）钢管桩插打施工及锚桩施工难度大，施工时间长。

②新型组合杆件

新型组合杆件结构与贝雷梁类似，标准节段长4m，桁高2m。新型组合杆件弦杆采用2][14a，竖杆计斜杆采用方钢管□80mm×80mm×5mm，结构形式如图3-3-3-7所示，其截面、梁高等均大于贝雷梁，受力特性也优于贝雷梁，受力性能见表3-3-3-8。

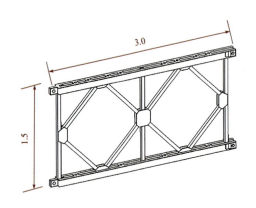 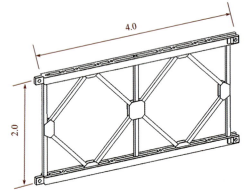

图3-3-3-6 贝雷梁（尺寸单位：m）　　图3-3-3-7 新型组合杆件（尺寸单位：m）

受力性能对比 表3-3-3-8

名 称	新型组合杆件		贝 雷 梁	
	截面（mm）	理论容许承载力（kN）	截面（mm）	理论容许承载力（kN）
弦杆	][14a	734	][10	560
竖杆	□80×80×5	327	I8	210
斜杆	□80×80×5	343	I8	171.5

采用新型组合杆件作为承重梁，跨度可加大，钢管桩数量减少，在浅/无覆盖层（裸岩区）钢管桩

插打及锚桩施工数量可减少,缩短了管桩施工时间。其缺点是目前市场上生产量少,不易于租赁、购买。

③承重梁选定

由于桥址处恶劣的水文、地质、气象及海况条件,单根钢桩的材料用量很大,而且施工栈桥的施工难点及主要施工时间也集中在钢管桩及其锚固桩的施工上。综合比较,对于浅水区 B2~B25 号墩、深水区 B26~B41 号墩有覆盖层采用贝雷梁作为承重梁;深水区 B42~B55 号墩浅/无覆盖层(裸岩区)采用新型组合杆件作为承重主梁加大施工栈桥跨度,减少钢管桩的施工数量。

3.3.3 大跨度栈桥结构设计

1)构造设计

B42~B55 号墩栈桥设于桥位左侧,栈桥中心至桥中心线距离为 30m,为增强栈桥的横向稳定性,设计将栈桥桩和钻孔平台桩相连。栈桥钢管桩与平台支栈桥钢管桩布置对应,栈桥跨度最大采用 28m,采用 8+28/24m 的孔跨布置,4 根钢管桩横向侧向布置均为 8m,根据水深不同的情况采用不同直径的钢管桩,分别选用 $\phi 2000 \times 22mm$、$\phi 1700 \times 18 mm$、$\phi 1420 \times 16 mm$、$\phi 1200 \times 14 mm$ 四种不同直径钢管桩。

施工栈桥采用钢管桩基础作为支撑体系,钢管桩之间采用 $\phi 630 \times 10mm$ 连接成整体,桩顶设置双拼 H900×300 型钢作为横梁,横梁上布置新型组合杆件作为承重主梁,横向布置 12 片,间距为 3×0.45m+5×0.9m+3×0.45m=7.2m,为增强栈桥的横向稳定性,设计将栈桥桩和平台相连,如图 3-3-3-8 所示。

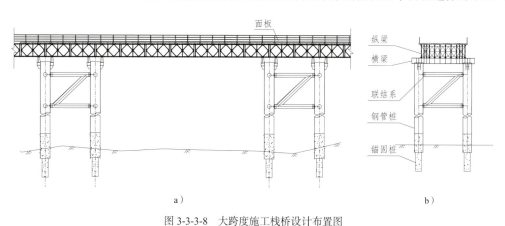

图 3-3-3-8 大跨度施工栈桥设计布置图

2)结构计算

施工栈桥布置跨度最大跨度为 28m,按多跨一联的连续梁布置,采用 Midas Civil 建立计算模型,如图 3-3-3-9 所示。

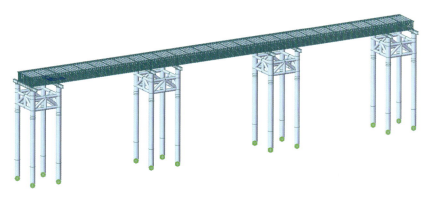

图 3-3-3-9 计算模型

（1）上部结构计算

施工栈桥在工作状态下不同工况下受力。

①工况一：公路 I 级车辆荷载 + 结构自重 + 人行荷载 + 管道荷载 + 风载 + 水流力 + 波浪力，公路 I 级车辆荷载按移动荷载布置，如图 3-3-3-10 所示。

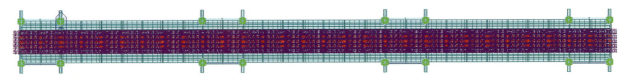

图 3-3-3-10　工况一加载图

②工况二：150t 履带式起重机 + 结构自重 + 人行荷载 + 管道荷载 + 风载 + 水流力 + 波浪力，150t 履带式起重机走行跨中时最为不利，如图 3-3-3-11 所示。

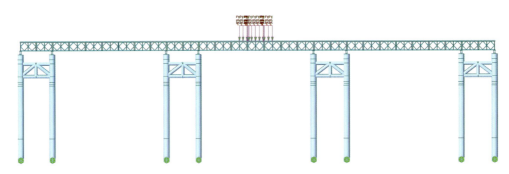

图 3-3-3-11　150t 履带式起重机跨中走行加载示意图

③工况三：150t 履带式起重机 + 侧吊 20t + 结构自重 + 人行荷载 + 管道荷载 + 风载 + 水流力 + 波浪力，150t 履带式起重机墩顶侧吊，侧吊吊重设计容许值为 20t。履带荷载按单侧分别为 127.5t、42.5t 布置，如图 3-3-3-12 所示。

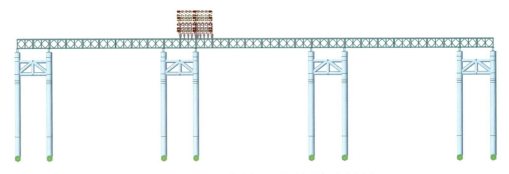

图 3-3-3-12　150t 履带式起重机墩顶侧吊加载示意图

通过 Midas Civil 建模计算分析上部结构最不利受力是履带式起重机及汽车荷载，各工况计算结果见表 3-3-3-9。

上部结构计算结果　　　　　　　　　　　　　　　　表 3-3-3-9

计 算 工 况	弦杆内力（kN）	竖杆内力（kN）	斜杆内力（kN）	变形（mm）
工况一	324	172	137	29
工况二	575	247	189	42
工况三	273	323	203	24
受力允许值	734	327	343	$L/400=70$mm

经计算，施工栈桥上部结构受力满足要求。

（2）下部结构计算

下部结构的计算重点在于钢管桩在水流力及波浪力作用下横向位移的控制，影响横向位移的因素主要是钢管桩的横向刚度、锚固桩在不同地质的锚固深度。

①锚固桩计算

a. 地质情况的确定

锚桩在全风化层和强风化层中。

全风化凝灰岩：灰黄、灰白色；岩石受风化影响严重，岩体结构、构造基本破坏，岩芯以硬塑～坚硬状黏性土为主，局部夹少量砂砾、碎石，碎石块质软。

碎块状强风化凝灰岩：灰黄、褐黄色为主；岩石风化剧烈，原岩矿物大部分风化蚀变，岩体结构大部分破坏，岩芯呈碎石土状，碎石块径一般3～8cm，块质软～较软，局部夹少量稍硬弱风化块。

全风化花岗岩：褐黄、灰黄、灰白等颜色；岩体风化严重，除石英外其余矿物均已风化成黏土矿物，岩芯呈黏性土混砂砾状，手搓易散。

砂砾状强风化花岗岩：灰黄色～灰褐色；岩体风化严重，除石英外大部分矿物风化变异，岩芯呈密实含黏粒砂砾状，局部夹有少量强风化残块，块质极软，手可掰断。

碎块状强风化花岗岩：灰黄、褐黄色；岩体风化较严重，风化裂隙极发育，大部分矿物风化变异，岩质软硬不均；大部分岩质软的在钻进中被搅散，岩芯呈少量原岩风化残块，块质较软～硬，锤击不易碎。

岩土施工工程分级见表3-3-3-10。

岩土施工工程分级　　　　　　　　　　　表3-3-3-10

时代成因	地层代号	岩土名称	状态	液性指数	标准贯入度（平均）	动力触探（标准值）	桥梁钻孔地层分类	岩土施工工程分级
Q_4^{dl}	①$_1$	块石土	松散				软石	Ⅳ
Q_4^{al+m}	①$_2$	淤泥质黏土	流塑				土	Ⅱ
	②$_0$	粗砂	松散		5.22		砂砾石	Ⅰ
	②$_1$	粉砂	松散		11.29	5.18	土	Ⅰ
	②$_2$	淤泥质黏土	流～软塑	1.08	4.17		土	Ⅱ
	②$_5$	粉质黏土	硬塑	0.47	16.24	12.77	土	Ⅱ
	②$_6$	砾砂	中密		46.33		砂砾石	Ⅰ
	②$_7$	块石土	中密		50.50	22.18	软石	Ⅳ
	②$_8$	粗砂	中密			13.10	砂砾石	Ⅰ
	②$_9$	粉细砂	中密		16.79		土	Ⅰ
Q^{el+dl}	③$_1$	粉质黏土	硬塑		11.50		土	Ⅲ
K_1sh	④$_1$	凝灰岩	全风化		36.25	12.29	土	Ⅲ
	④$_2$	凝灰岩	强风化			14.06	软石	Ⅳ
	④$_3$	凝灰岩	弱风化				次坚石	Ⅴ
γ_5^3	⑤$_1$	花岗岩	全风化		39.20	29.72	土	Ⅲ
	⑤$_2$	花岗岩	强风化			34.95	软石	Ⅳ
	⑤$_3$	花岗岩	弱风化				坚石	Ⅵ

从地质描述及表中可以看出，全风化层与硬塑黏土类似，强风化层归类为软岩。与《公路桥涵地基与基础设计规范》（JTG D63—2007）[27]中岩石分类条例吻合，岩石分类见表3-3-3-11。

岩 石 分 类   表 3-3-3-11

软质岩	较软岩	锤击声不清脆，无回弹，极易击碎，浸水后指甲可刻出印痕	（1）中风化至强风化的坚硬岩或较硬岩； （2）未风化至微风化的凝灰岩、千枚岩、泥灰岩、砂质泥岩等
	软岩	锤击声哑，无回弹，有凹痕，易击碎，浸水后手可掰开	（1）强风化的坚硬岩或较硬岩； （2）中风化至强风化的较软岩； （3）未风化至微风化的页岩、泥岩、泥质砂岩等
	极软岩	锤击声哑，无回弹，有较深凹痕，手可捏碎，浸水后可捏成团	（1）全风化的各种岩石； （2）各种半成岩

根据上面的描述，在计算时考虑未深入强风化层内锚桩按入土桩计算，深入强风化层内锚桩按嵌岩桩计算。

b. 计算锚固桩长度

《港口工程桩基规范》（JTS 167-4—2012）第 4.3.1 条：承受水平力或力矩作用的单桩，其入土深度宜满足弹性长桩的条件。当采用 m 值法时，弹性长桩、中长桩和刚性桩的划分标准可按表 3-3-3-12 确定。

桩 基 分 类   表 3-3-3-12

弹 性 长 桩	中 长 桩	刚 性 桩
$L_t \geq 4.0T$	$4.0T > L_t \geq 2.5T$	$L_t < 2.5T$

注：L_t— 桩的入土深度（m）；T— 桩的相对刚度系数（m）。

根据《港口工程桩基规范》（JTS 167-4—2012）第 4.3.3 条确定弹性长桩的锚固点。弹性长桩的锚固点计算公式为：

$$T = \sqrt[5]{\frac{E_p I_p}{m b_0}} \qquad (3\text{-}3\text{-}3\text{-}1)$$

式中：T——桩的相对刚度系数（m），为变形系数 α 的倒数；

b_0——桩的换算宽度（m），b_0 取 $2d$，d 为桩径；

m——桩侧地基土的水平抗力系数随深度增长的比例系数（kN/m⁴），m 值宜通过单桩水平静载试验确定，当无试桩资料时，可按规范表 C.2.1 采用。

考虑到部分桩位处锚固深度以进入强风化层内，根据《公路桥涵地基与基础设计规范》（JTG D63—2007）[23]，确定锚桩嵌岩深度，其中考虑软岩饱和抗压强度 $f_{rk}=5\text{MPa}$。

$$h \geq \sqrt{\frac{M_H}{0.0655 \beta f_{rk} d}} \qquad (3\text{-}3\text{-}3\text{-}2)$$

式中：h——桩嵌入基岩中（不计强风化层和全风化层）的有效深度（m），不应小于 0.5m；

M_H——在基岩顶面处的弯矩（kN·m）；

f_{rk}——岩石饱和单轴抗压强度标准值（kPa），黏土质岩取天然湿度单轴抗压强度标准值；

β——系数，$\beta=0.5 \sim 1.0$，根据岩层侧面构造而定，节理发育的取小值；节理不发育的取大值；

d——桩身直径（m）。

以浅/无覆盖层最深的 B43 墩位计算 T 值及锚固深度情况如式（3-3-3-3）所示。

$$T = \sqrt[5]{\frac{E_p I_p}{m b_0}} = \sqrt[5]{\frac{2.6 \times 10^7 \times 0.199}{30000 \times 2.178}} = 2.40\text{m} \qquad (3\text{-}3\text{-}3\text{-}3)$$

锚固深度：$4T=4 \times 2.4=9.6\text{m}$；$2.5T=2.5 \times 2.4=6.0\text{m}$。

考虑到桩位处锚固深度已进入强风化层内，按嵌岩桩计算 B43 墩位处锚固深度如下：

根据《公路桥涵地基与基础设计规范》（JTG D63—2007），确定锚桩嵌岩深度。

$$h \geq \sqrt{\frac{M_H}{0.0655\beta f_{rk}d}} = \sqrt{\frac{4060.2}{0.0655 \times 0.5 \times 5000 \times 1.42}} = 4.18 \text{ m} \quad (3\text{-}3\text{-}3\text{-}4)$$

根据《港口工程桩基规范》（JTS 167-4—2012）嵌岩深度宜取 $3d \sim 5d$，故取嵌岩深度为5m，B43墩全风化层及强风化层厚度为2m，嵌岩深度为5m，所以锚固深度为7m，为中长桩。在上述计算过程中，因钢管插打直接穿过覆盖层，未计入覆盖层对锚固深度的影响。

②钢管桩计算

单根钢管桩承载力及桩内混凝土高度按式（3-3-3-5）计算。

单根钢管桩承载力：

$$[R_a] = c_1 A_p f_{rk} + u \sum_{i=1}^{m} c_{2i} h_i f_{rki} + \frac{1}{2}\zeta_s u \sum_{i=1}^{m} l_i q_{ik} \quad (3\text{-}3\text{-}3\text{-}5)$$

式中：ζ_s——覆盖层土的侧阻力发挥系数，根据桩端 f_{rk} 确定：当 $2\text{MPa} \leq f_{rk} < 15\text{MPa}$ 时，$\zeta_s=0.8$；当 $15\text{MPa} \leq f_{rk} < 30\text{MPa}$ 时，$\zeta_s=0.5$；当 $f_{rk} > 30\text{MPa}$ 时，$\zeta_s=0.2$；

u——各土层或各岩层部分的桩身周长（m）；

c_{2i}——根据清孔情况、岩石破碎程度等因素而定的第 i 层岩层的侧阻发挥系数；

其余符号含义同前。

计算钢管桩内混凝土高度：

$$L = \frac{aN}{\tau_0 \pi d} \quad (3\text{-}3\text{-}3\text{-}6)$$

式中：L——芯柱传递轴向力所需最小长度（m）；

α——系数，取 1.2；

N——桩在岩面处轴向力设计值（kN）；

τ_0——芯柱与桩内壁结合面的抗剪强度设计值（kN/m³），无经验时可取 $270 \sim 370\text{kN/m}^3$，验算极端荷载时取最大值，其他情况取小值；

d——桩的内径（m）；

其余符号含义同前。

钢管内混凝土高度见表3-3-3-13。

钢管内混凝土高度　　　　表3-3-3-13

墩　位	钢管直径（m）	钢管支点反力（kN） 最大	钢管支点反力（kN） 最小	混凝土高度 L（m）
B41～B44	2	2683	282	5.0
B45～B51	1.7	1583	391	3.6
B52～B54	1.42	1091	254	3.2
B55～B56	1.2	885	217	3.1

3.4　施工关键技术

3.4.1　工装设备的选型确定

1）成桩设备选用

管桩沉桩需要的船机设备及设施主要有：

(1)桩锤：振动锤（含夹具）、柴油打桩锤（含替打）、液压打桩锤（含替打）。
(2)沉桩设备：履带式起重机、打桩船。
(3)配套施工船舶：运桩船、抛锚艇、拖轮及交通船。
(4)测量设备：GPS定位系统、激光垂准仪、超声波探孔仪。

2）桩锤选定

（1）选锤基本原则

打桩锤的选择是个复杂的问题，需要考虑桩的形状、尺寸、质量、埋入长度、结构形式以及地质、气象等多方面的因素，打桩锤选择的合理性，应遵循以下原则：

①保证桩的承载力满足设计要求。
②桩锤应当有足够的冲击能力，能穿过较厚的土层，并进入持力层，确保能顺利将桩打入到设计深度。
③在打桩过程中，桩身产生的拉应力和压应力应当小于桩身材料的允许应力，保证桩身不受到破坏。

（2）桩锤优缺点

目前，施工生产使用最多的桩锤为振动锤、柴油打桩锤、液压打桩锤。

振动锤是利用振动能量沉桩和拔桩。其特点是用途广、可沉可拔、施工效率较高、使用方便，但对地基土的适应性较差，不能打斜桩。

筒式柴油锤是利用柴油燃烧释放的能量提升冲击体进行打桩，与落锤、蒸汽锤相比，具有自带动力、使用方便、能耗低、生产效率高、能根据沉桩阻力的大小自动调节冲击力的优点；缺点是噪声大、废弃污染严重，不能长时间持续工作。

液压锤是利用液体压力能驱动冲击体升降进行打桩。其优点是沉桩力作用时间长，有效贯入能量大，冲击力的大小可调节，能适应各种土壤，无废弃污染和噪声；不足之处是结构复杂、价格昂贵。

（3）桩锤选定

根据现场地质条件及施工环境，大跨度施工栈桥管桩沉桩采用打桩船配柴油打桩锤直接采用插打法施工。

柴油打桩锤的工作原理是依靠上活塞的往复运动产生冲击来进行沉桩作业。当上活塞从锤顶端自由落体下降时，压缩缸体内的气体，适时燃油泵喷油，发生爆燃，加大锤击能量，直至上活塞撞击下活塞，将冲击能再传递至砧与桩顶使桩下沉，成桩同时又反作用于下活塞，其反弹力再传递至上活塞，使之升高至锤顶端，然后又可继续循环作业。

根据柴油锤的工作原理以及能量守恒定律上活塞势能转换成桩下沉吸收的能量、上下活塞运动摩阻力及反弹动能。由此可见，真正使桩下沉的有效能量所占比例较小，根据经验柴油锤的打桩能量的有效率为30%～45%。

根据海利打桩公式计算柴油锤的打桩能力从而对柴油锤进行选取：

$$W = \frac{E}{S+k(C_1+C_2+C_3)} \times \frac{R+Qk^2}{R+Q} \quad (3\text{-}3\text{-}4\text{-}1)$$

式中：W——桩的承载力（kN）；

E——柴油锤的有效打桩能量（N·m）；

S——最后收锤贯入度（mm）；

R——冲击活塞质量（kg）；

Q——桩的质量（kg）；

C_1——桩帽的因素影响的位移（mm）；

C_2——钢桩的因素影响的位移（mm）；

C_3——土层的因素影响的位移（mm）；

k——打桩锤的效率因数。

深水区大跨度施工栈桥管桩选取的柴油打桩锤插打钢管桩 $\phi 1420 \times 16mm$，钢护筒 $\phi 3300 \times 24mm$、$\phi 3100 \times 20mm$ 提供的有效打击能量须大于海利打桩公式计算中锤的有效打击能量。

打桩锤技术参数见表3-3-4-1，打桩机如图3-3-4-1所示。

德尔玛克 D260-32 柴油打桩锤技术参数　　表 3-3-4-1

序号	项目	参数值
1	上活塞质量（kg）	26000
2	每次打击能量（kJ）	556
3	打击次数（次/min）	36～45
4	油耗（柴油+润滑油）（L/h）	72+6.1
5	油箱容量（柴油+润滑油）（L）	430+80
6	柴油锤锤体外形尺寸（mm×mm×mm）	7890×1300×1400
7	总质量（起落架+柴油锤）（kg）	2450+53500

图 3-3-4-1　D260-32 柴油打桩锤

现场采用雄程1号打桩船配德尔玛克D260-32柴油打桩锤插打管桩，根据海利打桩公式计算插打管桩的最大有效能量均小于德尔玛克D260-32柴油打桩锤提供的有效打击能量（166.8～250.2kJ）。经现场统计主墩39号平台支栈桥钢管桩打入深度最深为12.5m，最浅为4.5m，平均深度为9.6m；钢护筒的打入深度最深为14.17m，最浅为4.5m，平均深度为8.6m。根据钻孔平台设计单位对平台管桩、钢护筒的插打深度进行复核满足钻孔平台整体稳定性要求。

（4）替打选择

替打为锤击沉桩能量传递设备，兼有保护桩头的作用。替打也是沉桩中造成能量大幅损失的设备之一。因此，合理的替打结构能大大地提高锤击能量利用率。为保证施工连续性，应配备一个备用替打。"雄程1号"打桩船上配置的替打（套筒替打）实物如图3-3-4-2所示。

a）锤击沉桩仰视

b）锤击沉桩侧视

图 3-3-4-2　套筒替打实物

替打选用吊钟式，为整体浇铸，刚度强，能满足反复锤击要求。伸入桩头的筒体深度为40cm，其外径比钢桩内径小8cm，替打上部的锤垫采用15cm厚的钢丝绳垫，替打下部不设桩垫。替打与钢管桩的接触面在适当位置开个小孔，以避免锤击时的气锤、水锤现象。

3）打桩船选定

为了满足钻孔平台沉桩的需要，目前国内的打桩船主要有固定桩架和全旋转桩架式两种。该工程选定的打桩船为"雄程1号"，其主要由以下几部分组成：船体系统，桩架及其吊桩系统，锤击沉桩系统，海上沉桩 GPS 测量定位系统，如图 3-3-4-3 所示。

a）打桩船沉桩系统实物

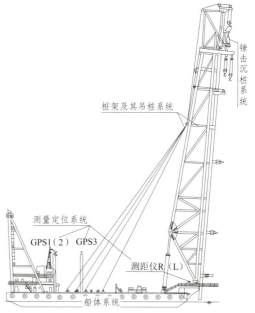
b）打桩船沉桩系统示意图

图 3-3-4-3　打桩船沉桩系统

雄程 1 号主要技术数据见表 3-3-4-2。

雄程 1 号主要技术参数　　　　　　　　表 3-3-4-2

序　号	项　目		参　数　值
1	尺度尺数（m）	船长	88
		型宽	36
		型深	6.2
2	水线长（m）		78
3	最大吃水（m）		4
4	定位锚机		16t、8 台
5	定位锚		12t、8 个
6	油舱（t）		250
7	桩架高度（水线至桩架大平台顶）（m）		128
8	桩架最大安全工作负荷（0°~9°前倾时）（kN）		5000
9	最大起升速度（m/min）		3.4
10	最大起升高度（m）		距水面 100
11	桩架打桩作业范围（m）		±12.5
12	桩架起重作业范围（m）		0~9
13	可作业最大桩重（t）		500
14	沉桩能力（m）		100+ 水深
15	可施工最大桩径（mm）		φ1500

打桩船具有以下优势：

（1）驻位稳定性较好。打桩船锚碇系统配备锚机和相应的铁锚，抗风浪能力大、适应深水急流等特点，驻位稳定性较好，移船便捷。

（2）吊桩便利。打桩船抛锚驻位后，运桩船抛锚就位，吊桩时，需要打桩船移位至运桩船吊桩，然后再移位至桩位。

（3）沉桩垂直度高。打桩船对打桩先后顺序、桩间距离、桩的斜率及桩位平面扭角等条件要求较高。

（4）定位系统。配备 GPS 定位系统，定位准确，满足外海施工精度要求。

4）配套施工船舶选定

选择运桩船时，首先根据运输路径和工程海域的风浪条件，选择适航性能、稳定性好的船舶。船舶要求甲板平整，舱口长度宽度满足装载钢管桩要求。船舶运桩能力按额定墩位的 70% 配载。钢管桩堆放层数以 2～3 层为宜。

锚船主要为运桩船靠泊，要求锚船适合当地水域水文气象条件，锚机墩位满足靠泊要求，具有自航能力。为此，选择 50t 多功能船作为锚船。起锚船要求起重吨位大于打桩船的总锚吨位，并满足水域自然条件。

3.4.2 主要施工要点

根据时间窗口将栈桥施工分为两个阶段：第一阶段在非台风期施工，浅覆盖层钢管桩不能打入基岩，钢管桩只考虑竖向受力，满足基本受力；第二阶段为抵抗台风，在台风期前完成锚桩施工，栈桥整体稳定，结构安全可靠，可抵抗台风。采用打桩船直接插打和采用锚桩施工方案。利用打桩船插打钢管桩进行栈桥建造，充分利用打桩船的定位精度高、施工速度快、无需对导管架进行拉锚等特点，快速建造施工栈桥。

1）施工工艺流程

打桩船直接插打法施工工艺流程如图 3-3-4-4 所示。

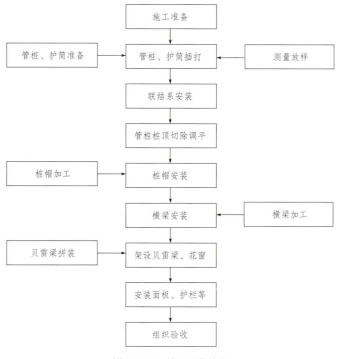

图 3-3-4-4　施工工艺流程

2）主要施工方法

（1）施工准备

管桩、钢护筒统一在厂内加工制作而成，采用海驳船运输至相应墩位处，管桩、护筒堆放形式应使驳船在装卸、运输、起吊时保持平稳，同时避免产生轴向变形和局部压曲变形。

插打管桩、护筒前充分了解打桩墩位的海床冲刷、流速和潮汐变化情况，并认真复核管桩、护筒中心坐标。每次管桩、护筒插打开工前一周，必须充分了解本海域的海洋海况及气候情况。

（2）钢管桩的插打

①施工步骤

钢管桩插打采用打桩船插打，其主要施工步骤如下：

a. 利用打桩船自带GPS系统对管桩进行桩位及垂直度调整，再用全站仪复核管桩的位置及垂直度，调整精确定位。

b. 缓慢下放钢丝绳，利用桩锤自重将管桩下压迅速着床至管桩不再下滑为止。记录管桩的桩顶高程，以确定管桩在桩锤自压下插入的深度以及管桩的垂直度复核。

c. 管桩在压锤稳定后，松开抱桩器，启动打桩锤锤击沉桩。锤击沉桩时，桩锤、桩帽、管桩应保持在同一轴线上，避免产生偏心锤击，在沉桩过程中，如发现贯入的异常，应立即停止成桩，及时查明原因，采取有效措施解决。管桩插打以贯入度和高程来控制，以高程控制为主，贯入度控制为辅。

②插打注意事项

a. 打桩船利用船载GPS定位测量系统测量进行初步定位，启动调平系统调平船体，然后通过调整锚定系统，将打桩船船桩架精确定位在桩位上。

b. 当打桩船将管桩竖起后，利用GPS定位系统调整船位，使管桩的平面位置到达设计桩位处，满足设计要求后下桩、稳桩、压锤，调整船位，满足设计及规范要求后，开始沉桩。

c. 在沉桩过程中要进行测量监控，并做好沉桩记录。钢管桩沉放以高程控制为主，贯入度控制为辅。打桩过程应根据不同地质层的贯入度控制锤的力度，防止将钢管顶部打卷。

d. 管桩须定位及调整好垂直度后才可开始打入下沉，贯入过程中，通过不同地质层时要对桩的垂直度进行复测，避免出现斜桩。

（3）临时联结系安装

深水裸岩区钢管桩打入深度浅，稳定性差，尽量在一个工班内完成一个墩位的4根钢管桩的插打，并利用型钢迅速将其连接成为整体结构，以避免风、浪、水流的作用使钢管桩产生过大位移甚至倾倒。临时联结系安装精度要求不必过于严格，但必须快速完成，并在永久联结系安装完成后拆除。

（4）永久接联结系安装

为保证联结系的施工质量及速度，永久联结系在加工场加工成Z形架，其加工前要准确测量各钢管桩间距，根据实际测量数据加工。联结系的安装采用了"双块弧形板拼装式"快速联结接头，将两端下弧形板与管桩焊接好后，利用起重船起吊联结系，将联结系两端挂在下弧形板上进行焊接，联结接头与联结系之间的环向焊缝及纵向焊缝均要求满焊，严格控制焊缝质量。

（5）横梁安装

横梁采用2HN900×300型钢组拼，以及牛腿在加工厂内组拼焊接运至桩位处。钢管桩安装联结系稳定后，根据桩顶设计高程切除多余的钢管并调平，安装整体桩帽，在桩帽上标识横梁的设计位置，采用起重船将横梁吊至设计位置处进行焊接固定。

（6）纵梁安装

横梁安装完毕，可在横梁上标识出纵向桁梁位置。为吊装方便，根据实际需要在码头上将多片桁梁拼接在一起，采用起重船整体安装就位。桁梁节点应放置在横梁顶面，各组桁梁之间应连接成整体，并用连接件与横梁连接牢固。

（7）锚固桩施工

在纵梁上布置钻机进行钢筋混凝土锚固桩施工。钻机采用冲击钻机，相邻管桩作为泥浆池，反循环法钻孔。施工流程为：钻机就位→成孔→检孔→安放钢筋笼→二次清孔→下放导管→浇筑混凝土→钻机移位。在裸岩区钻孔易发生泥浆泄漏问题，必须采用小冲程开孔，适当增大泥浆稠度，必要时投放片石、木屑、水泥等材料，当钻过钢管桩底一定距离后正常钻进。

（8）桥面板安装

在纵梁上铺设厚度10mm、宽度20cm的橡胶垫，用扎丝每5m与纵梁上弦杆绑扎固定。利用起重船将预制桥面板吊放至纵梁上并摆放整齐，面板之间通过预埋件焊接联结，面板与纵梁上弦杆用U形卡进行固定。

3.4.3 结语

大跨度施工栈桥于2014年9月开始施工，2015年4月完工，其中10月份至次年2月份为季风期，海上大风、大浪天数极多，栈桥施工有效作业时间为105d，钢材用量5100t，锚固桩混凝土用量1300m³。较常规跨度、吊打钢管桩、先锚桩后桥面等常用施工方法节约工期45d；与常规跨度栈桥相比节约钢材580t；与水下围堰灌注混凝土稳桩相比减少混凝土用量2400m³；运输船、起重船、水上搅拌船的使用时间至少减少60d，总计节约成本约900万元。

大跨度施工栈桥安全顺利度过了2014年"海鸥""凤凰"及2015年"灿鸿""莲花""苏迪罗"台风的考验，验证其安全稳定。

针对深水裸岩区受风大浪高影响，水上船舶施工有效作业时间短、工效低、安全风险大、工期不可控、费用极高等难点。深水裸岩区栈桥管桩基础采用"先桥面后锚桩"施工，钢管桩采用钢筋混凝土灌注桩锚固，承重梁选用新型组合杆件，使跨度加大（150t履带式起重机荷载跨度28m）。确保台风期间栈桥稳定，具有快速拉通的特点。

平潭海峡公铁大桥
建造关键技术

03

第 4 章

复杂海域施工平台设计与施工

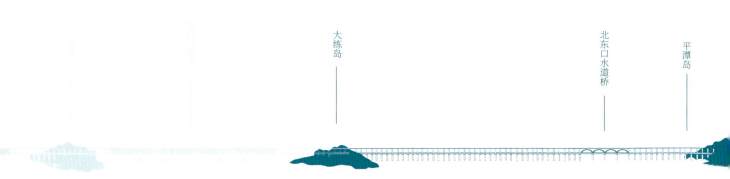

4.1 概述

4.1.1 施工简介

平潭海峡公铁大桥北东口水道部分全长 3712.06m。全桥共设置 59 个墩台，其中 B0（福州台）、B1、B57、B58（平潭台）号墩位于陆地上，B2～B25 及 B56 号墩（共 25 个墩）位于浅水区，B26～B55 号墩（共 30 个墩）位于深水区，其中 B39～B41 号为主跨墩；根据施组安排及现场实际需要，大桥 B2～B25 号墩基础施工采用栈桥+钻孔平台方法；B26～B41 号墩基础施工采用独立钻孔平台方法；B42～B55 号墩基础施工采用栈桥+钻孔平台方法。

4.1.2 施工特点

（1）海况恶劣，安全风险大。

受桥位区风大、水深、浪高、流急等条件影响，管桩沉桩的安全风险较高。

（2）地质、地貌复杂，沉桩困难。

工程地质复杂，持力层高程变化大，桩基为端承桩和锚岩桩，对桩的锤击数和停锤标准要求高。根据管桩试打资料，在全风化花岗岩和全风化凝灰岩仅能入岩 1m 左右，无法进入强风化花岗岩和强风化凝灰岩层。同一墩位，海底起伏变化大，最大高差达 11m 左右，管桩底部须置于倾斜岩面上，沉桩易出现单侧卷边及滑移现象。

（3）相对位置控制难。

沉桩定位使用传统测量手段无法满足精度要求，且沉放过程受较大水平力，将单桩的相对平面位置精确控制在规范允许偏差 10cm 以内，垂直度控制在 $L/100$ 范围内非常困难，如 $\phi 3.3$m 桩径单桩受力最大达 113.8kN。

（4）水域空间狭小，沉桩设备布置困难。

施工区域高峰时需投入大型水上设备布满海面，缆绳、锚碇交织分布，航道繁忙，沉桩施工需频繁下锚移船、调向，布设困难。

4.2 施工平台方案优化

4.2.1 指导性施工组织方案

指导性施工组织方案中的施工平台采用的设计原则为：有栈桥浅水区按承台外缘加宽5m考虑；深水区有覆盖层按承台外缘加宽10m、5m考虑；深水区无覆盖层按承台外缘加宽14m考虑。

（1）浅水区有覆盖层平台（B2～B25号墩、B56号墩）

施工平台采用套筒联结系导向直接插打法施工，平台按承台纵横向两侧分别加宽2.8m、2.3m。采用钢管桩及钢护筒共同受力，浅水区施工平台施工采用搭设单侧施工栈桥作为施工便道，从栈桥向墩位处横向延伸做墩位施工平台，逐根插打钢护筒。平台建立完成，钢护筒就位后，利用钻机进行钻孔桩施工。

（2）深水区有覆盖层平台（B26～B37号墩）

深水有覆盖层平台采用打桩船直接插打法施工。平台按承台纵横向两侧分别加宽5m、2.5m。施工平台支撑钢管桩主要以打桩船插打，然后吊装此部分平台桁架，形成小型施工平台，抛锚固定，接着以起始段向两边逐渐插打钢管桩、钢护筒并扩展平台上部桁架结构，最终形成完整施工平台。

（3）通航孔主墩（B38～B42号墩）

主通航孔：B38～B42号墩共计5个平台，均为行列式桩基础平台。B40墩平台按承台纵横向两侧分别加宽7m；其他平台按承台纵横向两侧分别加宽5m、2.5m。B40号墩基础下海床无覆盖层外，其他海床有覆盖层。无覆盖层平台四周均采用导管架搭建平台，有覆盖层平台仅一侧采用导管架形成施工平台。有覆盖层区段（B38号、B39号、B41号、B42号）施工平台支撑钢管桩主要以打桩船插打，起始段支撑钢管桩需辅以导管架迅速形成稳定单元，然后吊装此部分平台桁架，形成小型施工平台，然后以起始段向两边逐渐插打钢管桩、钢护筒并扩展平台上部桁架结构，最终形成完整的施工平台。

（4）深水区无覆盖层平台（B43～B55号墩）

共计13个平台，其中B43号、B49号、B52号墩平台为行列式桩基础平台，B44～B48号、B50号、B51号、B53～B55号墩平台为梅花式桩基础平台。裸岩区平台按承台纵横向两侧分别加宽7m；浅覆盖层区平台按承台纵横向两侧分别加宽5m、2.5m。深水浅覆盖层区施工方法为：插打平台钢管桩→分单元安装平台桁架并焊接成整体，吊挂在钢管桩上→安装钢护筒导向架，插打钢护筒→将钢护筒与平台桁架临时连接。深水无覆盖层施工顺序为：导管架制作后由起重船整体下放至海床→插打平台定位桩→定位桩内钻孔，安装桩底锚固钢筋，灌注锚固混凝土→分单元安装平台桁架并焊接成整体，吊挂在定位桩上→安装钢护筒导向架，插打钢护筒→将钢护筒与平台桁架临时连接。

4.2.2 现场实施方案

根据大桥所处的特殊气象、水文、地质海洋环境，系统考虑安全、质量、资源配置、施工工效等综合因素，对原指导性施工组织进行了较大的调整和变更。①浅水区有覆盖层基础（B2～B25号墩）共计24个墩，平台形式为钢管桩受力结构，平台按承台纵横向两侧分别加宽9.6m、6.5m。②深水区有覆盖层基础（B26～B37号墩）共计12个墩，平台桩位按承台纵向两侧各加宽9.8～10.1m，横向两侧分别加宽9.6～9.7m及1.5m。③深水区无覆盖层：通航孔主墩（B38～B42号墩）共计5个桥墩，平台按承台顺桥向两侧加宽12.35m，横桥向两侧加宽16.746m和1.454m；深水区无覆盖层基础（B43～B55号墩）共计13个墩，平台按承台顺桥向两侧加宽11.9m和12.1m，横桥向两侧加宽14.5m和3.5m。具体情况如下：

（1）浅水区有覆盖层平台（B2～B25号墩、B56号墩）

B2～B25号墩共计24个墩，平台形式为钢管桩受力结构，采用钓鱼法施工。从施工栈桥向墩位处横向延伸两个支栈桥组建平台，支栈桥钢管桩与钢护筒通过联结系联结成整体组成支撑体系，在承台外侧为贝雷片结构的"U"形平台，中间承台施工区域为工字钢分配梁结构的施工平台。钢管桩采用φ720×14mm钢管，钢管桩之间联结系采用双拼I6a工字钢、双拼I25a工字钢、单拼I16a工字钢、单拼I25a工字钢，呈X形连接。桩顶设置横梁，中部横向主横梁采用三拼I40a工字钢，纵向主横梁双拼I40a工字钢，采用10mm厚钢板作为加强板，横梁上铺设承重梁，各片桁梁之间采用45cm花窗和90cm花窗连接成整体。承重梁上铺设分配梁，最后铺设厚花纹钢板。平台中间区域采用钢板、I28b工字钢以及[16b槽钢组合而成的钢模块作为面板，其余部分采用4m×1.5m的预制混凝土面板。

U形平台主要用于桥梁基础、下部及上部工程施工机械作业，模板、小型材料存放等。中间承台区域内平台主要用于桩基施工阶段钻孔桩施工设备（钻机、泥沙分离器及泥浆池等）的作业及相关施工材料的摆放，U形平台两侧用于其他机械设备作业和物资材料的存放。

具体结构形式如图3-4-2-1所示。

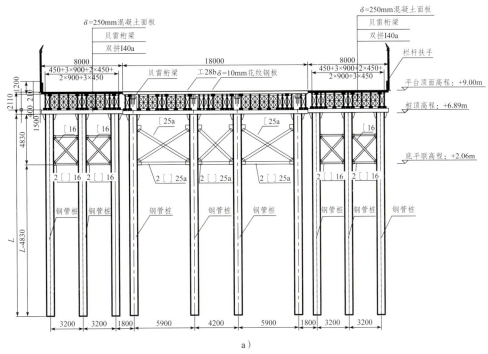

a)

b)

图3-4-2-1　非通航孔浅水区基础平台现场实施布置图（尺寸单位：mm）

（2）深水区有覆盖层平台（B26～B37号墩）

B26～B37号共计12个墩，平台为钢管桩和钢护筒组合受力结构，其钢管桩与钢护筒通过联结系纵横连接组成支撑体系的独立U形施工平台，采用打桩船直接插打法施工。钢管桩采用 $\phi 1020\times12mm$ 和 $\phi 1200\times14mm$ 钢管，对于钢管桩无法打入设计深度的平台，钢管桩采用钢筋混凝土灌注桩锚固。$\phi 2.5m$、$\phi 2.8m$ 和 $\phi 3.0m$ 钻孔桩钢护筒分别采用 $\phi 2820\times20mm$、$\phi 3120\times25mm$ 和 $\phi 3320\times25mm$ 规格。桩顶上设置 HM588×300mm 横梁，横梁上铺设新型桁梁作为承重梁，承重梁上铺设 I25b 工字钢分配梁，最后在分配梁上倒扣 [28a 槽钢作为平台面板。

平台主要用于桥梁基础、下部及上部工程施工机械作业，模板、小型材料存放等。中间承台区域内平台主要用于桩基施工阶段钻孔桩施工设备（如钻机、泥砂分离器及泥浆池等）的作业及相关施工材料的摆放，U形平台两侧用于其他机械设备作业和物资材料的存放。当桩基施工完成后拆除中间平台，详细图如图 3-4-2-2 所示。

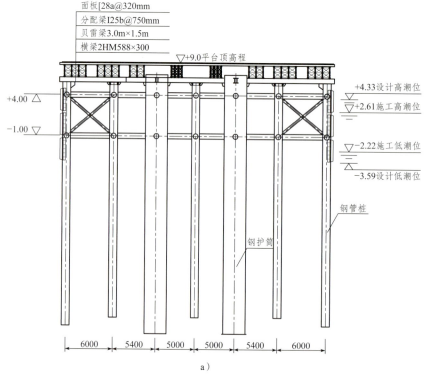

a）

b）

图 3-4-2-2 非通航孔深水区基础平台现场实施布置图（尺寸单位：mm，高程单位：m）

（3）通航孔主墩（B38～B42号墩）

B38～B42号墩共计5个墩，钢管桩与钢护筒通过联结系纵横连接组成支撑体系，承台横桥向两侧设置支栈桥形成的U形施工平台。桩顶上设置横梁，横梁上铺设新型桁梁作为承重梁，承重梁上铺设分配梁，最后在分配梁上铺设花纹钢板。根据覆盖层薄厚选用3种方案：打桩船插打+锚桩+埋置式施工平台（B41号、B42号墩）、打桩船插打+锚桩施工平台（B40号墩）及打桩船直接插打（B38号、B39号墩）。以下以打桩船插打+锚桩+埋置式施工平台为例。

施工平台为钢管桩与钢护筒共同受力结构，钢管桩采用钢筋混凝土灌注桩锚固，钢护筒利用"模袋围堰+水下不离散混凝土"基础稳固，平台与混凝土基础形成一个整体，共同抵抗波流作用。平台桩采用$\phi1800$钢管桩在承台两侧沿桥横向布置，联结系采用$\phi630\times10mm$钢管。护筒直径为$\phi3300\times28mm$，参与平台共同受力，护筒间连接采用双拼HN900×300型钢和$\phi630\times10mm$钢管平联。上部结构采用新型桁梁（4×2m），横向间距90cm，加密区间距45cm，桥面板采用整体制式型钢桥面板。

（4）深水区无覆盖层平台（B43～B55号墩）

B43～B55号共计13个墩，钢管桩与钢护筒通过联结系纵横连接组成支撑体系，承台横桥向两侧设置支栈桥形成的U形施工平台，桩顶上设置横梁，横梁上铺设新型桁梁作为承重梁，承重梁上铺设分配梁，最后在分配梁上铺设花纹钢板，钢管桩采用打桩船插打+锚桩、承台区域内抛填模袋形成围堰，浇筑水下不离散混凝土稳固根部形成"埋置式组合平台"（图3-4-2-3）。

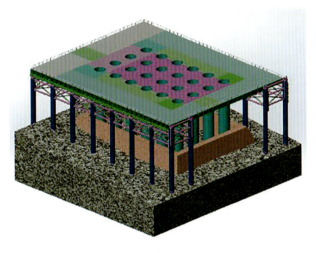 

a) b)

图3-4-2-3 埋置式组合平台现场实施布置图

施工平台为钢管桩与钢护筒共同受力结构，钢管桩采用钢筋混凝土灌注桩锚固，钢护筒利用"模袋围堰+水下不离散混凝土"基础稳固，平台与混凝土基础形成一个整体，共同抵抗波流作用。根据水深平台桩采用$\phi1800/\phi1420mm$钢管桩在承台两侧沿桥横向布置，联结系采用$\phi630\times10mm$钢管。护筒直径为$\phi3300\times28mm$、$\phi3100\times26mm$、$\phi2800\times24mm$，参与平台共同受力，护筒间连接采用双拼HN900×300型钢和$\phi630\times10mm$钢管平联。上部结构采用新型桁梁（4×2m），横向间距90cm，加密区间距45cm，桥面板采用整体制式型钢桥面板。

4.2.3 方案优化分析

1）工作功能需求

海上施工条件恶劣，风大、浪高、涌急等对平台影响巨大，原设计不能满足施工需求，且原设计平台面积不足，难以满足钻孔桩施工功能分区需求，钻机循环布置也不能满足工期需求，同时无法满足桩基、承台、墩身等工程施工起重吊装的要求；考虑上述要求，平台纵横向分别加宽6~12.35m不等。

（1）安全需求

一是考虑8级风和10年一遇波浪作用，二是考虑抗台风需要。将8级风和10年一遇波浪荷载和正常施工荷载组合作为正常工作状态工况；将14级台风状态波浪荷载和风荷载作为极限非工作状态，保证台风工况平台自身安全，主体结构不被破坏。

①采用原指导性施工组织方案中的单侧操作平台，则起始平台与施工平台连接拆除后，起始平台结构晃动较大，平台稳定性不强，在履带式起重机的施工作用下，起始平台结构存在极大安全隐患，难以抵抗台风侵袭。

②水深40m单根钢护筒承受的波流力达600kN，在台风等极端天气下，平台未成钻孔桩时，不能保证平台结构安全，且波流力+台风极端天气下组合荷载将导致钢护筒发生倾斜。采用钢结构+模袋围堰+水下不离散混凝土结构组成组合平台，充分发挥模袋对地形的适应性、水下混凝土与海床面的黏结力和与钢护筒的握裹力，增加平台结构的安全性；另外在跨海大桥钻孔桩施工中漏浆现象普遍，采用钢结构+模袋围堰+水下不离散混凝土结构组成组合平台还可有效防止钻孔桩在裸岩区钻孔桩漏浆。

（2）起重施工需要

根据施工构件质量，设置100t履带式起重机（浅水区）、130t履带式起重机（深水区）、150t履带式起重机（主墩/无覆盖层区）进行全区域行走起重作业，因此需加强施工平台设计的同时增大尺寸以满足起重机移动通道畅通的施工要求。

（3）面积需要

施工平台最小面积按设起重设备走行区、钻机配套设备安放区、钻渣存储区、材料临时存放区等功能区以及预留承台吊箱下放区（预留宽度不小于2m）。

（4）防腐需求

特殊的海洋环境，钢结构腐蚀速度达1mm/年，为了确保平台在施工期的安全，平台结构按6年施工期防腐标准进行涂装，钢管桩设计预留2mm腐蚀厚度。

（5）受力构造需求

因桥址处地质条件复杂，基岩强度高，对海上施工影响巨大，严重制约着钢管桩、钢板桩插打，故需对钢管桩进行专项设计，对钢板桩方案进行调整。

①根据《港口工程桩基规范》（JTS 167-4—2012）第6.2.4条规定：管桩的外径与厚度之比不宜大于100，钢管桩沉桩困难时，抗锤击要求的最小壁厚=管桩外径/100+6.35mm；根据《钢结构设计规范》（GB 50017—2003）第10.1.2条规定：圆钢管的外径与壁厚之比不应超过100（235/f_y）=100（235/205）=114.6；为施工需要，管桩壁厚必须满足规范要求并预留加厚量。

② B56号墩处于岸边，墩位区域均为礁石，低洼处原地面高程 −1m 左右。按原设计施工施工平台，钢管桩入岩深度无法满足要求，施工平台搭设难度大；承台施工时钢板桩无法插打。考虑此处水深较浅、基岩坚硬，采用筑岛围堰进行施工钻孔桩。

2）码头资源制约

由于浅覆盖层和裸岩平台数量多达17个，沿海没有那么多可供同时加工导管架的码头，且护筒范围内抗台受力问题难以解决，设计采用"埋置式组合平台"。

4.3 施工平台设计

4.3.1 设计准则

1）设计要点

钻孔平台结构应根据施工环境、荷载和施工条件等因素合理选用，其结构形式应简单，便于制作、安装和拆除，均应采用常用器材。

钻孔平台根据钢护筒自身质量，选择100t或150t履带式起重机进行通行、吊装作业。

2）高程的确定

钻孔平台顶高程 H：

$$H = 20年重现期高水位 + 10年重现期波高一半 + 上部结构高度 + 安全距离$$
$$= 4.33 + 0.5 \times 2.71 + 2.31/1.81 + 1.0 = 9.0/8.5 \text{m}$$

平台上部结构高度 h：

$$h = 2.14/1.6（桁梁）+ 0.2（分配梁高）+ 0.01（面板厚）= 2.35/1.81 \text{m}$$

高程确定如图3-3-3-2所示。

3）钢管桩的计算厚度

钢管桩管壁的厚度应包括有效厚度和预留腐蚀厚度。有效厚度为管壁在外力作用下所需要的厚度，满足强度计算和稳定性验算；预留腐蚀厚度为建筑物在使用年限内管壁腐蚀所需要的厚度。钢管桩计算时，使用期管壁计算厚度应取有效厚度，根据现场实际考虑，计算厚度 = 设计壁厚 −2mm。

4）设计状态

设计状态见表3-4-3-1。

设计状态　　　　　　　　　　　　　　　　　　　　　　　表3-4-3-1

序号	状　态	风　级	状　态　描　述
1	施工状态	≤7级	结构自身施工
2	工作状态	≤8级	结构处于正常工作状态
3	非工作状态	≤13级	在风荷载、水流力及波浪力等荷载作用下，主体结构具有可靠的安全度
4	极限非工作状态	≤14级	在风荷载、水流力及波浪力等荷载作用下，主体结构不被破坏

5）设计方法

钻孔平台结构采用以概率理论为基础的极限状态设计法，用分项系数的设计表达式进行设计。

6）荷载种类及组合

作用在结构上的荷载分为恒载和活荷载。对恒载应采用标准值作为代表值，极限状态设计法设计时，对活荷载采用标准值或组合值为代表值。荷载种类及取值按相关规范执行[《水运工程钢结构设计规范》（JTS 152—2012）、《混凝土结构设计原理》（GB50010—2010）[24]]。

7）设计工况

结构设计计算时应考虑表3-4-3-2所列各种状态及各种状态下参数的取值。

荷 载 参 数 取 值　　　　表 3-4-3-2

设 计 状 态	风 级	风速（m/s）	水流流速（m/s）	浪高（m）	周期（s）
施工状态	7级	17.1	1.1（实测）	1.3（实测）	5.4
工作状态	8级	20.7	1.62	1.6	5.4
非工作状态	13级	39.8	2.23	2.71	6
极限非工作状态	14级	45.4	2.23	4.65	7.1

8）验算准则

施工状态下，结构应满足自身施工过程中的安全。

在工作状态下，钻孔平台满足正常车辆通行的安全和适用性的要求，并具有良好的安全储备；7级风以上应停止钻孔平台上的吊装施工作业，8级风以上钻孔平台应禁止通行。

在正常非工作状态下，钻孔平台应能满足整体安全性的要求，在极限非工作状态下，钻孔平台主体结构不被破坏。具体控制指标见表 3-4-3-3。

控 制 指 标　　　　表 3-4-3-3

设 计 状 态	强 度	刚 度
施工状态	≤强度设计值	≤$H/400$（H：高度）；≤$L/400$（L：跨度）
工作状态	≤强度设计值	≤$H/400$（H：高度）；≤$L/400$（L：跨度）
非工作状态	≤强度设计值	—
极限非工作状态	≤强度设计值	—

4.3.2 深水区施工平台设计

平潭海峡公铁大桥施工期需满足500t级航道单孔双向通航要求，根据航道选线利用天然水深、满足船舶航行安全等航道规划布置原则以及既有航道的规划，主墩（通航孔）B39号、非通航孔B26~B38号墩基础施工采用独立钻孔平台施工，通航孔B40~B41号墩、非通航孔B42~B55号墩基础施工采用施工栈桥+钻孔平台。

钻孔平台需满足冲击钻成孔、吊放钢筋笼、桩基混凝土灌注、材料堆放等功能施工作业，为了满足围绕承台边线形成作业平台供150t履带式起重机行驶及工作，考虑在承台横桥向两侧分别设置两排钢管桩形成支栈桥，两侧支栈桥之间通过贝雷梁连接形成整体施工平台结构。

1）平台结构确定

钻孔平台结构由钢管桩组成支撑体系，钢管桩之间采用联结系纵横连接，在钢管桩顶设置横梁，横梁上放置承重梁，主梁铺设分配梁，顶面铺设花纹钢板形成整体平台结构。根据现场实际情况钻孔平台考虑两种受力结构：一种是钢护筒参与受力结构（图3-4-3-1），另一种是钢护筒不参与受力结构（图3-4-3-2）。

采用钢护筒参与受力结构形式施工进度快，不必等平台搭设完成后再沉放钢护筒，节省约1个月工期；不用在承台区域范围内插打钢管桩，节省钢材近100t；减少了承台区域范围内插打和拔出钢管桩的工序，施工效率高，降低海上施工安全风险。不足之处钢护筒插打深度要求较深，需嵌入岩层一定深度。

钢护筒不参与受力，结构为了承受钢护筒本身受到的风、浪、流等荷载需在承台区域范围内增加插打钢管桩、加密贝雷梁增加平台的整体稳定性，导致整个平台的材料增加、工期加长，施工效率低。

通过采用Midas Civil建模对两种结构形式计算分析研究：结构各构件应力偏小，平台顶位移较小，平台结构整体稳定性好；钢护筒不参与受力结构在钢护筒本身受到的风、浪、流等荷载全部传到钻孔平台加大平台的受力，平台整体结构偏不稳定，为了满足平台受力要求需加密贝雷梁，在承台区域内增加钢管桩等措施。

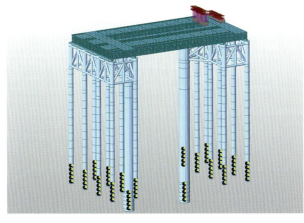
图 3-4-3-1　钢护筒参与受力结构形式

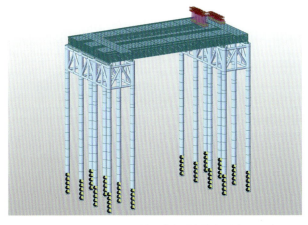
图 3-4-3-2　钢护筒不参与受力结构形式

综合考虑两种结构的模拟计算结果及施工的经济性、施工效率、工期、安全等因素，并通过现场钢管桩插打试验情况，最终确定钻孔平台采用钢护筒参与受力的结构。

2）施工平台构造设计

钻孔平台主要由平台钢管桩、管桩联结系、桩顶横梁、贝雷梁、平台面板等组成。在承台横轴线两侧设置两排钢管桩，形成工作平台，两侧工作平台之间采用贝雷梁连接，形成整体 U 形平台。U 形两侧工作平台跨越间距根据承台顺桥向的宽度控制，两侧钢管桩中侧内排中心与承台边缘线的间距不小于 2000mm，便于安装钢吊箱。

钢管桩采用 $\phi1420\times16$mm 钢管，钢管桩之间纵横向间距为 8000mm，钢管桩纵横向之间采用 $\phi630\times10$mm 钢管连接形成支撑体系；桩顶设置横梁，横梁采用 2 拼 HN900×300mm 型钢；上部结构梁部采用承重梁，承重梁间距为 90cm，并采用花窗连接成整体，分配梁采用 I20b 工字钢，面板采用厚度为 10mm 的花纹钢板。考虑现场吊装、减小海上施工时间、缩短工期、提高施工效率，平台面板采用制式板结构，即分配梁和面板设计成统一尺寸的平台板，并统一在加工厂加工制作后运输至现场吊装，具体如图 3-4-3-3 所示。

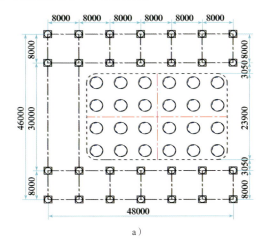
a)

b)

图 3-4-3-3　钻孔平台布置图（尺寸单位：mm）

3）结构强度与刚度计算

钻孔平台结构计算采用 Midas Civil 有限元分析软件进行，建立平台结构整体模型（图 3-4-3-4）。

其中横梁、贝雷梁、新型杆件、管桩等结构内力及稳定性采用空间有限元计算分析，根据弹性理论，采用有限元对平台板进行应力分析，按两轮荷载作用下连续板计算；管桩根部采用弹簧单元模拟土对桩的作用，其作用通过各种不同刚度的弹簧单元来模拟，计算结果见表3-4-3-4。

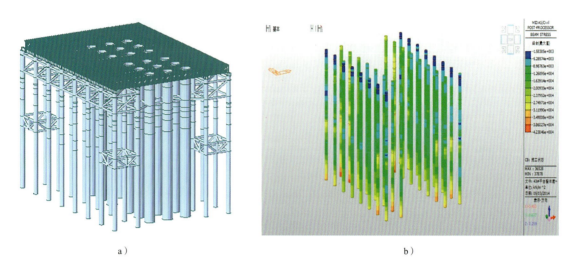

图3-4-3-4 计算模型图

计 算 结 果　　　　　表3-4-3-4

工 况	应力（MPa）		桩反力（kN）		贝雷梁（kN）			分配梁（MPa）	
	钢管桩	联结系	最大	最小	竖杆内力	弦杆内力	斜杆内力	剪应力	组合应力
施工状态（Ⅰ）	42	39	1020	270	76	103	46	71	73
工作状态（Ⅱ）	59	62	1350	160	276	127	113	88	112

由计算结果可知施工平台各构件强度、刚度满足施工要求。

4）锚固桩计算

《港口工程桩基规范》（JTS 167-4—2012）第4.3.1条规定：承受水平力或力矩作用的单桩，其入土深度宜满足弹性长桩的条件。当采用m值法时，弹性长桩、中长桩和刚性桩的划分标准可按表3-4-3-5确定。

弹性长桩、中长桩和刚性桩的划分标准　　　　　表3-4-3-5

划分类型	弹性长桩	中长桩	刚性桩
划分标准	$L_t \geq 4.0T$	$4.0T > L_t \geq 2.5T$	$L_t < 2.5T$

注：L_t—桩的入土深度（m）；T—桩的相对刚度系数（m）。

根据《港口工程桩基规范》（JTS 167-4—2012）第D.3.3.1条确定桩的相对刚度特征值。桩的相对刚度特征值的计算公式为：

$$T = \sqrt[5]{\frac{E_p I_p}{m b_0}} \qquad (3\text{-}4\text{-}3\text{-}1)$$

以浅/无覆盖层最深的B43墩位计算T值及锚固深度如下所示。

$$T = \sqrt[5]{\frac{E_p I_p}{m b_0}} = \sqrt[5]{\frac{2.6 \times 10^7 \times 0.199}{30000 \times 2.178}} = 2.40 \text{m}$$

锚固深度：$4T = 4 \times 2.4 = 9.6\text{m}$；$2.5T = 2.5 \times 2.4 = 6.0\text{m}$。

考虑到桩位处锚固深度已进入强风化层内，按嵌岩桩计算 B43 墩位处锚固深度如下所述。

根据《公路桥涵地基与基础设计规范》（JTG D63—2007），确定锚桩嵌岩深度。

$$h \geqslant \sqrt{\frac{M_\mathrm{H}}{0.0655\beta f_\mathrm{rk}d}} = \sqrt{\frac{4060.2}{0.0655 \times 0.5 \times 5000 \times 1.42}} = 4.18\,\mathrm{m} \tag{3-4-3-2}$$

根据《港口工程桩基规范》（JTS 167-4—2012）规定：嵌岩深度宜取 3～5d（d：桩径）。故取嵌岩深度为 5m，B43 号墩全风化层及强风化层厚度为 2m，嵌岩深度为 5m，所以锚固深度为 7m，为中长桩。在上述计算过程中，因钢管插打直接穿过覆盖层，未计入覆盖层对锚固深度的影响。

5）安全稳定性分析计算

（1）有覆盖层区分析

对于在厚覆盖层区，先对管桩在插打过程及整体稳定性进行建模分析，如图 3-4-3-5、图 3-4-3-6 所示。

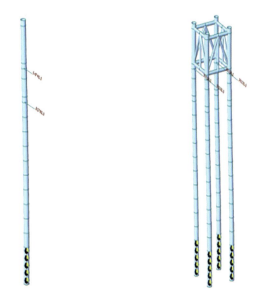

图 3-4-3-5 单根桩稳定分析　　图 3-4-3-6 4 根桩稳定分析

计算结果显示：单根桩在插打过程中风力达到 8 级时钢管应力较大，桩顶偏移距离很大，并随着风力加大钢管很可能发生较大变形，因此打桩船在插打管桩过程中，尤其是在季风期施工期间，随时进行管桩之间的连接，使管桩连接成整体，增强其稳定性；形成四根桩结构、整体平台结构在稳定性在各工况下能满足要求。

（2）裸岩区分析

按照工序分两种工况及结构进行受力分析：第一种是支栈桥完成锚桩后与钢护筒共同受季风期 9 级风的作用结构受力分析；第二种是完成模袋混凝土围堰及水下不离散混凝土基础后受 14 级台风的作用结构受力分析和平台的稳定性受力分析。

①平台受季风期 9 级风的作用结构受力分析

通过采用 Midas Civil 建模（图 3-4-3-7）计算分析第一种工况结构形式，计算结果见表 3-4-3-6。

计算结果一览表　　　　　　　　　　　　　表3-4-3-6

结构形式	钢管桩			新型组合杆件	
	应力（MPa）	反力（kN）	桩顶位移（mm）	应力（MPa）	挠度（mm）
第一种工况	172	920	228	280	20.6

②平台受台风14级风的作用结构受力分析和平台的稳定性受力分析

针对混凝土与海底基岩胶结面实际情况，通过现场和室内试验研究，根据试验研究成果及现场实际情况，综合对各种影响因素分析，得到水下不离散混凝土与岩面胶结面的整体抗剪强度参数值，确定平台设计参数和平台的整体稳定性。

基底摩阻力试验分两部分进行：一是水下不离散混凝土与强弱风化花岗岩接触面摩阻力室内试验研究；二是现场浇筑水下不离散混凝土与强弱风化花岗岩接触面现场剪切试验研究。充分考虑胶结面基岩面和水下不离散混凝土的性质，法向应力状态，基岩表面清洁度，水的弱化作用，胶结面的粗糙程度及基础尺寸效应等因素影响，以现场原位试验为基准，结合室内试验数据，综合考虑以上影响因素，总结出基岩面与混凝土胶结面摩擦系数和整体黏聚力公式为：

$$f = \frac{1}{A} K_s K_d \sum K_y K_h K_c K_f f_0 \quad (3\text{-}4\text{-}3\text{-}3)$$

$$c = \frac{1}{A} K_s K_d \sum K_y K_h K_c K_f c_0 \quad (3\text{-}4\text{-}3\text{-}4)$$

式中：f——基岩与混凝土胶结面的整体抗剪断摩擦因数；

f_0——现场试验所得的基岩与混凝土胶结面的抗剪摩擦因数；

c——基岩与混凝土胶结面的整体黏聚力；

c_0——现场试验所得基岩与混凝土胶结面的黏聚力；

K_s——水的软化影响系数；

K_d——尺寸效应影响系数；

K_y——岩石性质影响系数，根据各区岩性、风化程度、完整性确定；

K_h——各区混凝土的性质影响系数；

K_c——各分区粗糙度大小确定；

K_f——各区法向应力影响系数；

A——基础基岩面总面积（m^2）。

将各个影响因素系数代入上述公式中，计算得到水下不离散混凝土与基岩胶结面的整体抗剪强度参数值：f=0.49~0.58，c=69~98kPa。以此为依据对平台整体的受力及稳定性进行检算。稳定性分析如图3-4-3-7所示。

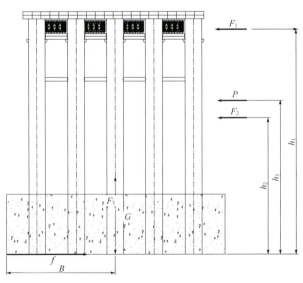

图3-4-3-7　14级风作用平台稳定性受力分析图

F_1-风荷载；F_2-水流力；F_3-浮力；P-波浪力；G-基底整体混凝土自重；f-混凝土与岩面的摩阻力

通过计算分析，在完成模袋混凝土围堰及水下不离散混凝土基础后受 14 级台风的风、浪、流等荷载作用下，平台整体结构稳定，能满足受力要求。

6）平台建造过程模拟分析

深水区钻孔平台管桩采用打桩船直接插打法施工工艺，沉桩采用雄程 1 号打桩船配德尔玛克 D260-32 柴油打桩锤插打管桩。根据设计图纸、前期海洋扫测资料及现场试桩情况，采用打桩船直接插打法施工，打桩利用低平潮水位快速搭设 4 根钢管桩，迅速形成稳定单元体，临时联结系快速连接。并安装永久联结系、横梁、纵梁、面板，最后在钢管桩内施工锚桩，形成稳固的钻孔平台。

对于桥墩处于裸岩区钻孔平台管桩插打深度较浅、满足不了设计插打深度时，为了抵抗波浪力、流水压力、风力的荷载，保持钻孔平台稳定，采用锚桩方案，即在钢管桩内设置锚固桩。当 U 形平台两侧工作平台施工完成后插打钢护筒，并与钻孔平台中的钢管桩利用平联连接稳固；在全部钢护筒沉放完成后再在承台区域四周抛填模袋形成一定高度的模袋围堰，在模袋围堰内采用气举法清理海床面后浇筑水下不离散混凝土，使钢护筒底、水下不离散混凝土及海床面固结在一起，达到钢护筒底部稳固以及钢护筒底与海床面间隙堵漏。

（1）施工原则

在整个 U 形钻孔平台[25]建造过程中，要突出一个"稳"字，以起始工作平台为起点，步步为营，稳步推进，直至整个钻孔平台形成。

起始工作平台锚桩施工时，要突出一个"快"字，尽快稳固钢管桩，使平台尽早具备一定的承载能力，能安全度过台风的冲刷。

（2）施工过程模拟分析

采用 Midas Civil 进行建模进行模拟分析钻孔平台施工过程中遭遇不同状态的受力和稳定性。模型中管桩、联结系、钢护筒等结构内力及稳定性采用空间有限元计算分析，管桩根部采用弹簧单元模拟土对桩的作用，其作用通过各种不同刚度的弹簧单元来模拟，不同状态工况计算参数见表 3-4-3-7。

不同状态工况计算参数一览表　　表 3-4-3-7

状　态	浪高（m）	涨落潮流速（m/s）	风　级	风速（m/s）
状态一	2.71	大潮涨潮：2.23	14	45.4
状态二	2.71	大潮落潮：1.03	14	45.4
状态三	1.6	1.03	8	20.7
状态四	1.0	1.03	8	20.7
状态五	1.0	0.6	8	20.7

①三根桩不锚固受力分析

三根桩插打后临时用型钢连接建模分析状态一～状态五的受力情况如图 3-4-3-8 所示。

计算结果表明，虽然尚有钢管桩与岩石摩阻力，但插打深度较浅，从结果看，3 根 1 组的钢管桩，在状态四和大潮的组合下，自身不能保持稳定，须四根以上形成稳固体且避开大潮施工，并应继续插打及早进行锚固桩施工，稳固钢管桩。

②起始工作平台钢管桩锚固一半分析

单侧工作平台钢管桩插打完成，钢管桩锚固桩按梅花形布置一半计算分析，如图 3-4-3-9 所示。

经建模分析计算，在状态一情况下单侧工作平台施工完一半的锚桩的情况下：钢管桩及联结系最大应力为 96MPa，满足要求，但锚桩应力不满足要求，施工过程中在大潮来临之前应尽快施工锚桩。

③起始工作平台钢管桩全部锚固分析

单侧工作平台钢管桩插打完成，钢管桩锚固桩全部完成计算分析如图 3-4-3-10 所示。

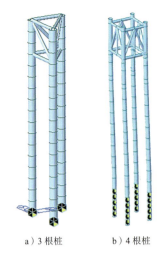

a) 3根桩　　　b) 4根桩

图 3-4-3-8　3 根桩、4 根桩不锚固分析

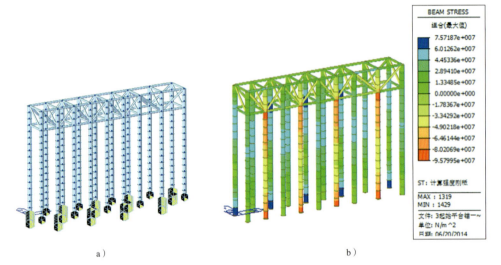

a)　　　　　　　　　b)

图 3-4-3-9　单侧工作平台管桩插打完成阶段建模分析

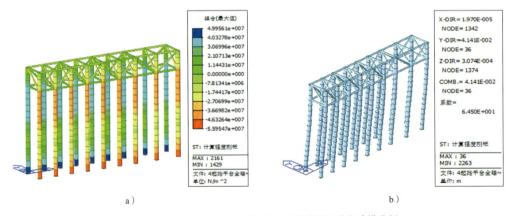

a)　　　　　　　　　b)

图 3-4-3-10　单侧工作平台管桩插打完成并锚固阶段建模分析

经建模分析计算，在状态一情况下单侧工作平台插打完成并完成锚固桩的施工，钢管桩及联结系最大应力为 56MPa，锚桩应力为 200MPa，桩顶位移为 42mm，满足抗台的要求。

④起始工作平台锚固完成打入第一排 5 根护筒

单侧工作平台建造完成后，插打第一排 5 根钢护筒计算分析如图 3-4-3-11 所示。计算结果见表 3-4-3-8。

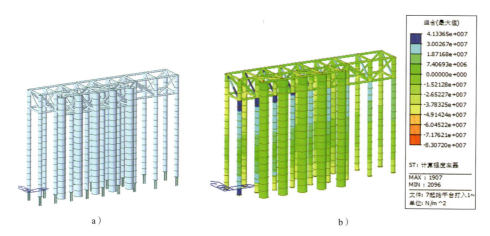

图 3-4-3-11 单侧工作平台完成并插打 5 根钢护筒阶段建模分析

计算结果一览表　　　　　　　　　　　　　　　　表 3-4-3-8

状　态	X 方向应力（MPa）		Y 方向应力（MPa）	
	管桩及联结系	锚桩	管桩及联结系	锚桩
状态一	171	356	172	359
状态二	83	166	83	172

从表 3-4-3-8 计算结果可看出，在起始工作平台锚固完成后，直接开始插打 5 根钢护筒，锚桩受到的应力超标，不满足要求，表明单侧工作平台建造完成后直接插打钢护筒不合理。

⑤L 形平台锚固完成打入第一排 5 根护筒分析

单侧工作平台建造完成后，在插打两侧工作平台支架的钢管桩，形成 L 形平台，接着进行插打 5 根钢护筒进行受力分析如图 3-4-3-12 所示，计算结果见表 3-4-3-9。

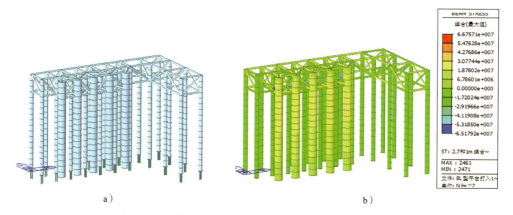

图 3-4-3-12 单侧 L 形平台完成并插打 5 根钢护筒阶段建模分析

计算结果一览表　　　　　　　　　　　　　　　　表 3-4-3-9

状　态	X 方向应力（MPa）		Y 方向应力（MPa）	
	管桩及联结系	锚桩	管桩及联结系	锚桩
状态一	112	201	152	212
状态二	67	99	91	165

从表3-4-3-9计算结果可看出，在起始工作平台锚固完成后，继续插打两侧平台之间的钢管桩形成L形平台，再开始插打5根钢护筒，平台及联结系、锚桩应力在允许范围内，满足要求。

⑥插打第二排钢护筒分析

第一排钢护筒插打完成后，继续插打第二排钢护筒，并进行建模分析，如图3-4-3-13所示。

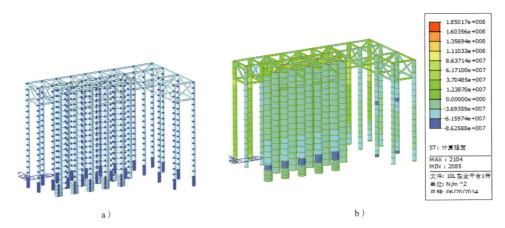

图3-4-3-13　插打第二排钢护筒阶段建模分析

经建模分析计算，在状态一组合受力情况下，平台管桩和钢护筒最大应力为185MPa，锚桩最大应力为198MPa，桩顶位移100mm，均在允许范围内。表明在L形平台下，第一排护筒插打完成，继续插打第二排5根护筒时，平台管桩、钢护筒、锚桩受力较大，但均满足施工要求，但不满足抗台要求。

⑦插打剩余钢护筒[26]分析

采用同样的方法分析，插打第三排钢护筒以及钻孔平台全部建造完成后行程整体钻孔平台在状态一组合受力情况下进行分析计算。计算结果见表3-4-3-10。

计算结果一览表　　　　　　　　　　　　　　表3-4-3-10

工　况	管桩及护筒（MPa）	锚桩（MPa）	桩顶位移（mm）
插打第三排钢护筒	112	201	94
平台建造完成	67	99	75

从表3-4-3-10可看出插打第三排钢护筒以及平台建造完成后受力均满足施工要求，但不满足抗台风要求，需尽快在台风来临之前进行模袋围堰+水下不离散混凝土浇筑。

（3）分析结论

从上述不同施工过程进行建模分析计算，钻孔平台钢管桩插打前期应力较大，施工时应合理安排，避开大潮，且及时锚固桩施工；钻孔平台形成L形平台之后方可插打钢护筒。

①插打设起始工作平台时3根钢管桩时，在8级风和大潮的情况下，自身不能保持稳定，所以尽量避开大潮施工，8级风的情况下停止插打，季风期施工时钢管桩之间及时连接成整体，并应及时施工锚固桩，稳固钢管桩。

②经分析计算起始工作平台在锚固桩完成一半且梅花形布置，方能满足自身稳定要求，所以钢管桩插打完后，先按梅花形布置施工锚固桩，最后再进行其他锚固桩施工。

③起始工作平台形成L形平台且锚固桩施工完成后方可插打钢护筒。

④根据建模计算分析裸岩区钻孔平台建造施工不能图快，必须关注现场气象情况下合理安排、稳妥推进，插打完成后及时进行锚固，尽早完成平台钢管桩锚固，并进行模袋围堰+水下不离散混凝土浇筑共同抵抗台风。

4.3.3 施工平台施工关键技术

1)建造方法的比选

经过对目前海上平台施工常用的几种方法的优缺点比较,从成本、工期、安全、质量等多方面比选,根据不同水深及不同覆盖层情况,浅水区 B2～B25 号墩钻孔平台采用钓鱼直接插打法;深水区 B26～B41 号墩独立钻孔平台采用打桩船直接插打法;深水区浅/无覆盖层 B42～B55 号墩采用打桩船插打＋模袋围堰、灌注水下混凝土桩底加固方法,此方法属于该工程首创。常见施工方法特点比较见表 3-4-3-11。

平台栈桥搭建施工工艺

施工方法特点比较表　　　　表 3-4-3-11

比选方法	优 点	缺 点	备 注
钓鱼法	减少施工作业环境的依赖,降低了大型水上起重船的使用率	对于裸岩区无法形成起始平台	履带式起重机悬臂架设新型组合桁梁作为导向结构,振动锤配合插打钢桩以形成平台
工具架法	工具架自稳性好	工具架内插打斜桩困难,须配置斜桩锤	整体沉放工具架,利用工具架形成临时平台插打钢管桩以形成平台
起始导管架	起点稳固,控制性强,操作比较简易;桩基施工可随同跟进;联结系下,钢护筒定位较易	起始导管架调直较难,平台形成速度较慢,需要局部海底地形平坦。施作锚桩前需要拉锚稳定起始架	整体沉放起始导管架,悬臂插打其余钢管桩以形成钻孔平台
四角导管架支撑整体平联	沉放在四角导管架上的三角斜桩导管架自稳性好,联结系快速形成,施工速度相对较快	四角导管架调平、调直难度较大,波流力影响导管架变位使整体平联的安装和固定困难,联结系偏上(高水位上),需要相对较大的吊运设备(500～600t 的起重船),对海底平整度要求相对高	四角沉放三角斜桩导管架,安放整体平联(包括护筒定位架),插打平台桩形成钻孔平台
打桩船直接插打法	平台桩形成快速,简便易行,操作性强,对海底地形适应性好	单桩打入后受波流影响顶端位移变动不定,使联结系安装困难,单桩打入深度不可控	使用打桩船直接插打平台桩,快速联结,先成栈桥,再横向扩展成钻孔平台
整体浮运平联	平联形成快速,施工速度较快,海底地形适应性好	浮运平联位移控制困难,四角插桩后和平联紧固工序衔接时间紧迫,实施困难。需要相对大型的吊运设备	平联整体制作后浮运到位,插打平台桩形成板凳保持稳后,打入其余平台桩形成钻孔平台
模袋围堰灌注水下混凝土	大直径管桩快速沉放,同时解决桩底漏浆	模袋、水下混凝土工程量较大	管桩沉放快速完成,解决桩底漏浆问题
模袋围堰灌注水下混凝土	大直径管桩快速沉放,同时解决桩底漏浆	模袋、水下混凝土工程量较大	管桩沉放快速完成,解决桩底漏浆问题

2)浅水区施工平台施工

浅水区施工平台管桩采用钓鱼法施工工法,沉桩采用 100t 履带式起重机配永安 DJZ-90 振动锤。振动锤采用液压夹具,通过液压缸的进油和回油实现迅速夹紧钢管和放松钢管。利用夹具夹住钢管桩,同时用履带式起重机通过备用钢丝绳吊住钢管桩顶。准备好后,履带式起重机通过振动锤及备用钢丝绳直接起吊钢管桩,在测量引导下调整钢管桩到测量标定的桩位后快速下钩,钢管桩靠自重入土稳定后,开启振动锤振动下沉钢管桩。后两排桩先起吊钢管下放通过临时支撑固定,再起吊振动锤振动下沉。振动时每次振动持续时间不宜超过 10～15min,过长则振动锤易遭到破坏,太短则难以下沉。每根桩的下沉应一气呵成,不可中途停顿或有较长时间的间隔,以免桩周土恢复造成继续下沉困难。振动下沉过程中用测量仪器随时监控垂直度。

(1)施工工艺流程

浅水区钻孔平台施工工艺流程如图 3-4-3-14 所示。

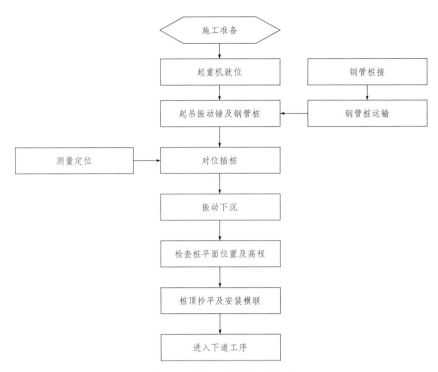

图 3-4-3-14　振动锤沉桩工艺流程

（2）施工工艺步骤

浅水区施工平台采用钓鱼法施工，首先施工承台外侧 U 形平台，然后施工承台区域内平台，最后在平台上插打钢护筒，施工工艺及施工步骤如下。

步骤一：采用钓鱼法施工，利用履带式起重机及 DZJ-120 振动锤插打 U 形平台钢管桩，如图 3-4-3-15 所示。

图 3-4-3-15　插打钢管桩

步骤二：插打完一排钢管桩后，焊接联结系，安装贝雷片，由栈桥向外侧横向延伸，逐孔施工，如图 3-4-3-16 所示。

步骤三：继续重复步骤一和步骤二，完成 U 形平台施工，如图 3-4-3-17 所示。

步骤四：插打承台区域内的钢管桩、安装联结系及桥面板，如图 3-4-3-18 所示。

a)

b)

图 3-4-3-16　安装联结系、新型桁梁

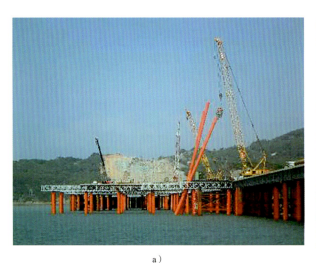
a)

b)

图 3-4-3-17　U 形平台完成施工

a)

b)

图 3-4-3-18　承台区域内管钢桩施工、桥面板安装

步骤五：在平台上放样钢护筒位置，设置导向装置，利用履带式起重机及 DZJ-120 型振动锤插打钢护筒，如图 3-4-3-19 所示。

平台搭设完成情况如图 3-4-3-20 所示。

图 3-4-3-19 钢护筒插打施工图

图 3-4-3-20 浅水区有覆盖层平台搭设完成

3）深水区施工平台施工

（1）施工工艺流程

打桩船直接插打法施工工艺流程如图 3-4-3-21 所示。

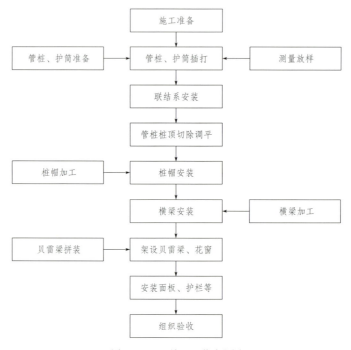

图 3-4-3-21 施工工艺流程图

（2）深水区有覆盖层施工工艺步骤

深水覆盖层区，采用独立施工平台方案，基础由 B26 号墩向 B38 号墩推进。

步骤一：采用打桩船直接进行钢管桩、钢护筒的插打如图 3-4-3-22 所示。钢管桩插打采用打桩船插打，其主要施工工艺流程如图 3-4-3-23 所示。

步骤二：待单个平台所有钢管桩、钢护筒插打结束后，立即用联结系进行永久连接，如图 3-4-3-24 所示。

步骤三：横梁、垫梁以及牛腿在加工厂内组拼焊接运至桩位处。管桩安装联结系稳定后，根据桩顶设计高程切除多余的钢管并调平，安装整体桩帽，在桩帽上标识横梁的设计位置，采用起重船将横梁吊至设计位置处进行焊接固定，如图 3-4-3-25 所示。

a)　　　　　　　　　　　　　　　b)

图 3-4-3-22　钢管桩、钢护筒打桩船直接插打施工　　　　图 3-4-3-23　施工工艺流程

a)　　　　　　　　　　　　　　　b)

图 3-4-3-24　平联联结系安装

垫梁安装之前在护筒相应高程处焊接牛腿，在牛腿上标识垫梁的设计位置，采用起重船将垫梁吊至设计位置处进行焊接固定。

步骤四：横梁、垫梁安装完毕，可在横梁上标识出纵向承重梁位置。为吊装方便，根据实际需要在加工场将多片承重梁拼接在一起，采用起重船整体安装就位。承重梁节点应放置在横梁顶面，各组承重梁之间应连接成整体，并用连接件与横梁连接牢固，如图 3-4-3-26 所示。

步骤五：在承重梁上铺设 I25b 工字钢以及倒扣 [28 槽钢形成面板，完成平台面层搭设。

（3）深水裸岩区施工工艺步骤

深水浅/无覆盖层平台采用"埋置式组合平台"暨打桩船插打+锚桩+埋置式施工平台方案。

步骤一：按设计桩长在工厂加工制造钢管桩，由运输驳船运到墩位处，通过对扫海资料选择海床面较平缓处，利用低平潮期，通过打桩船吊装插打 4~6 根钢管桩快速建立起始"板凳"桩，钢管桩之间利用起重船配合焊接双拼槽钢临时连接，形成临时稳定体系，陆续展开，最终形成单墩单面平台桩，如图 3-4-3-27、图 3-4-3-28 所示。

a)   b)

图 3-4-3-25 横梁、垫梁安装

图 3-4-3-26 承重梁安装

图 3-4-3-27 起始平台   图 3-4-3-28 扩展平台

  步骤二：单墩单面平台形成后，快速利用起重船配合进行永久联结系与临时联结系的过渡受力转换，最终形成基本稳定平台桩体系，如图 3-4-3-29 所示。

  步骤三：单墩单面平台桩完成永久联结系安装后，开始利用起重船搭设临时锚桩平台，进行锚固桩施工，如图 3-4-3-30 所示。利用纵横向型钢直接铺设在牛腿上，快速搭设临时平台。在施工平台面板施工完，利用其作为施工平台进行锚固桩施工（图 3-4-3-31），锚固桩采用冲击钻成孔、下放钢筋笼、灌注混凝土。

  步骤四：锚固桩完成后,打桩船利用单墩单面稳定平台为依托进行桩基钢护筒插打施工(图 3-4-3-32)，由于钢护筒质量太大,浅无覆盖层区无法站立,只能利用打桩船临时抱住,起重船快速吊装联结系和支撑梁进行焊接加固。

a)

b)

图 3-4-3-29 "Z"字形联结系整体吊装、哈弗接头焊接连接

a)

b)

图 3-4-3-30 锚固桩施工临时平台搭设

a)

b)

图 3-4-3-31 锚固桩施工

a)　　　　　　　　　　　　　　　b)

图 3-4-3-32　钢护筒插打及联结系、支撑梁安装

步骤五：打桩船插打钢护筒完成后，同理利用钢护筒结构为依托进行U形平台另一侧平台施工，重复步骤二到步骤四行程另一侧平台施工，如图3-4-3-33所示。

a)　　　　　　　　　　　　　　　b)

图 3-4-3-33　U形平台另一侧搭设

步骤六：拆除锚桩临时平台后，起重船吊装桩帽、横梁、桁架、制式面板进行U形平台上部结构搭设施工，如图3-4-3-34所示。

步骤七：模袋在陆地码头装填干拌混凝土完成后利用驳船运至墩位处，沿钢护筒外围4m为边线抛投水下模袋混凝土，抛投完成后潜水员进行水下探摸检查，对偏移较大或存在缺口位置继续抛投补漏，如图3-4-3-35所示。

步骤八：模袋围堰施工完成后，起重船、驳船配合进行承台区施工平台上部结构施工，形成完成封闭平台，如图3-4-3-36所示。

步骤九：利用气举法对模袋围堰区域内海床表面泥沙、贝壳类进行清理，清理杂物排放到泥浆船内运至指定弃渣场排放，完成后利用搅拌船进行模袋围堰内灌注水下不离散混凝土。

水下不离散混凝土灌注主要施工工艺流程如图3-4-3-37所示。

步骤十：平台面层及防护栏施工完成后，对钢管桩、钢护筒打设不到位的平台进行锚固桩施工。锚固桩采用冲击钻成孔、下放钢筋笼、灌注混凝土，完成锚固桩施工，如图 3-4-3-38～图 3-4-3-41 所示。

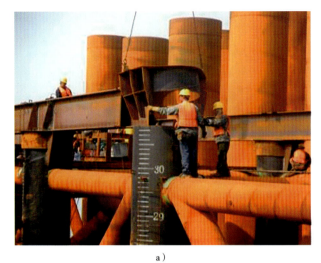

a)

b)

c)

d)

图 3-4-3-34　单面平台桩帽、横梁、承重梁、制式面板安装

a)

b)

图 3-4-3-35　模袋抛垒形成围堰

a)

b)

图 3-4-3-36　承台区域内平台上部结构安装形成封闭平台

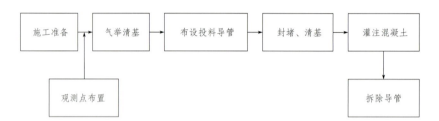

图 3-4-3-37　主要施工工艺流程图

a)

b)

图 3-4-3-38　模袋围堰内清基

a)

b)

图 3-4-3-39　模袋围堰内灌注水下不离散混凝土

图 3-4-3-40　面层安装

图 3-4-3-41　平台搭设完成

4.3.4　结语

针对 40 多米的深海，600kN 波流力，在倾斜裸岩的海床上，如何生根的难题，通过多方案比选，研发确定了埋置式组合平台。钢管桩采用钢筋混凝土灌注桩锚固，钢护筒利用"模袋围堰 + 水下不离散混凝土"基础稳固，钢管桩与钢护筒组成空间群桩共同受力结构，平台与混凝土基础形成一个整体，共同抵抗波流作用，解决了在岩面倾覆高差大裸岩区搭设钻孔平台的难题。

平潭海峡公铁大桥
建造关键技术

03

第5章
大倾斜裸露条件大直径钻孔桩施工技术

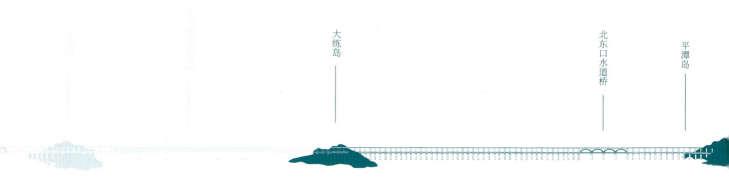

大直径钻孔桩是桥梁工程中较为常用的一种桩基础形式。桩基础施工的质量对于整个高速公路桥梁工程的建设质量与使用安全具有重要的影响,这就决定了施工单位必须要明确大直径钻孔桩施工技术的要点,落实好各环节施工操作。大直径钻孔桩施工相较于常规的钻孔桩而言,其对于技术水平提出了更高的要求,需从实际情况出发,确定合适的技术方案,从而确保施工质量,完成新建与加固目标。而大倾斜裸露条件下的大直径钻孔桩施工对技术水平提出了更加苛刻的要求。

5.1 施工概况

5.1.1 工程简介

平潭海峡公铁大桥(B0~B58)全长3712.06m,公铁主跨均采用92m+2×168m+92m预应力混凝土连续刚构,其余孔跨铁路为64m及40m简支箱梁,公路左右幅各5联连续箱梁,孔跨与铁路简支梁跨度相对应。该段桥梁共59个墩台,其中引桥B2~B25号墩及B56号墩(共25个墩)位于浅水区,B26~B55号墩位于深水区(共30个墩),桥台、B1号、B57号墩(共4个)位于陆地上,概略图如图3-5-1-1所示,基础数量见表3-5-1-1。

基 础 工 程 数 量   表3-5-1-1

区域	墩号	桩径(m)	桩数(根)	设计平均桩长(m)	区域	墩号	桩径(m)	桩数(根)	设计平均桩长(m)
陆地上	B1	2.0	14	12		B6	2.5	14	27
浅水区非通航孔	B2	2.5	14	47.5	浅水区非通航孔	B7	2.5	15	15
	B3	2.5	14	25.5		B8	2.5	14	15
	B4	2.5	14	25.5		B9	2.5	14	31.5
	B5	2.5	14	15		B10	2.5	14	19

续上表

区域	墩号	桩径（m）	桩数（根）	设计平均桩长（m）	区域	墩号	桩径（m）	桩数（根）	设计平均桩长（m）
浅水区非通航孔	B11	2.5	11	15	深水区非通航孔	B34	2.8	17	47
	B12	2.5	12	15		B35	3.0	17	70.5
	B13	2.5	12	15		B36	3.0	17	78.5
	B14	2.5	14	36.5		B37	3.0	17	80.5
	B15	2.5	15	50.7		B38	3.0	18	77
	B16	2.5	15	50.7	深水区通航孔	B39	3.0	24	71
	B17	2.5	15	49.1		B40	3.0	24	90
	B18	2.5	15	37		B41	3.0	24	53
	B19	2.8	14	30.5	深水区非通航孔	B42	3.0	18	53
	B20	2.5	15	25		B43	3.0	18	37
	B21	2.5	15	48.7		B44	2.8	17	45.0
	B22	2.5	15	46.5		B45	2.8	17	38.5
	B23	2.5	15	45		B46	2.8	17	40
	B24	2.5	14	38.0		B47	2.8	15	38
	B25	2.5	16	48.5		B48	2.8	14	34
深水区非通航孔	B26	2.5	14	49.5		B49	2.5	15	32
	B27	2.5	15	40		B50	2.5	15	37
	B28	2.8	14	44.5		B51	2.5	14	32
	B29	2.8	15	53		B52	2.5	15	37
	B30	2.8	15	57.2		B53	2.5	14	19.5
	B31	2.8	17	61.5		B54	2.5	14	30.5
	B32	3.0	17	64		B55	2.5	14	46
	B33	2.8	17	50	浅水区非通航孔	B56	2.5	14	21.0

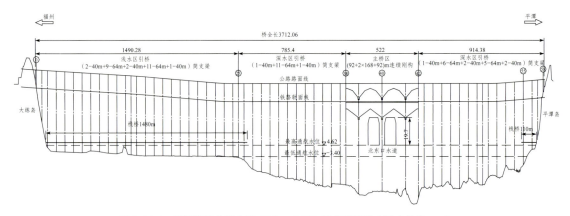

图 3-5-1-1　平潭海峡公铁大桥（B0～B58）桥式概略图（尺寸单位：m）

5.1.2　施工环境条件

该桥桥位处于典型的海洋环境，在施工过程中受大风、台风、季风以及潮汐、特殊地质等复杂施工环境条件的影响，导致施工现场的安全风险高、年平均有效施工作业天数少、施工工效低、施工工期不可控。主要具有以下明显特点：

（1）风大，季风期长。
（2）浪高、涌急。
（3）水深、流急、潮汐明显。
（4）海床起伏、覆盖层浅薄不均、岩面倾斜大、裸露，地质情况复杂。
（5）台风频繁，登陆强度大，影响周期长。
（6）岛内淡水严重缺乏，施工所需淡水均采取岛外采购，船只运输至码头，水运倒运至现场。

5.1.3 气候条件

该地区属于亚热带海洋性季风气候，指导性施工组织中表明平潭地区6级以上大风年日数309d，7级以上234d，8级以上123d，各级大风时间主要集中在10月—次年2月，占全年的50%左右，年登陆台风次数3.8次。自开工以来，经统计桥址处2013年12月—2014年12月极大风达到6级以上338d，7级以上239d，8级以上133d。2014年影响较大的台风3次，分别出现在6月、7月、9月。2015年1月—2015年12月极大风达到6级以上344d，7级以上300d，8级以上166d；2015年影响较大的台风5次，7月连续出现3次，8月、9月各出现1次。

5.1.4 水文条件

桥址条件具有典型跨海桥梁特征，全桥共计59个墩台，其中55个墩处于水中，最大水深42m。

平潭海潮属正规半日潮，每个潮汐日（约24.8h）有两次高潮和两次低潮，潮流变化较复杂，浅海的涨潮由东向西，或东北向西南，落潮相反。两次高潮和两次低潮的最大高差为7.0m。

经现场2015年全年浪高统计，最大浪高出现在2015年8月8日为6.3m，水流速快，最大流速为3m/s，一般流速为1.03m/s。

5.1.5 地质条件

桥址区的岩土层按其成因分类主要有：第四系坡积层（Q_4^{dl}）块石土，第四系全新统冲海积层（Q_4^{al+m}）淤泥质黏土、粉质黏土、细砂、粗砂、砾砂、块石土等土层，第四系残坡积层（Q^{el+dl}）粉质黏土夹碎石，白垩系下统石帽山组（K_1sh）凝灰岩，燕山晚期（γ_5^3）花岗岩。通过现场对海床面扫海、地质钻取芯等手段探明以下特点：

（1）岩层倾斜严重

桥址处于苏澳背斜褶皱构造区域，分别在B41和B55位置形成断层构造，桥位处岩石产状和形态多样，岩层倾斜度大。强风化岩层顶面单个承台范围高差最大达14.6m，单根护筒（直径5~3~1m）范围高差最大达2.9m；弱风化岩层顶面单桩（直径3.0m）范围高差最大达3.7m，倾角达到51°。

（2）覆盖层薄厚不均，部分墩位无覆盖层

沿桥位中轴线及左右两侧各20m处纵轴线布置测线3条，对桥址处进行浅地层剖面测量。浅剖显示：B39号、B40号、B44号、B52~B53号墩局部有覆盖层，覆盖层厚度0~5m，其余B41~B43号、B45~B51号共计10个墩位基岩裸露。

（3）表层基岩强度高，深层基岩极其坚硬

根据设计图纸桩位处表层为全风化凝灰岩和花岗岩，岩芯风化呈土柱状，局部夹风化残余碎块；现场经钻芯取样表层基岩风化程度低，完整性好、强度高，管桩插打过程中桩尖极易出现弯皱。

桩位处深层基岩为凝灰岩和花岗岩，岩石极其坚硬，钻芯取样测定的轴压强度达到210MPa，造成钻孔锤头磨损严重，多个锤头出现受力裂纹、断裂报废。

5.2 施工面对的困难点

5.2.1 大风频繁

桥址区6级风为常态，风的影响贯穿施工全过程，该桥为控制性工程，部分工序必须在小于8级风时正常施工。大风的影响导致：施工安全风险增大；有效作业天数减少，施工工效降低，工期压力巨大；窝工严重，管理费、设备租赁费、人工费等工程成本倍增；台风登陆前，必须将海上船舶转移至避风锚地，管理协调难度增大；台风导致钻孔桩停止钻进施工，极易造成塌孔。

根据钻孔桩记录的开孔时间、终孔时间和灌注时间分析，正常情况下钻孔桩终孔时间与灌注时间之间间隔2d，用于检孔、清孔、下钢筋笼，由于气象、水文影响，钢筋笼安装及混凝土灌注时间受制约，导致钻孔桩与灌注时间间隔增大，对现已完成的桩进行统计，剔除材料供应及设备故障影响，单根桩平均间隔时间10d，仅为正常工效的20%，间隔天数对比如图3-5-2-1所示。

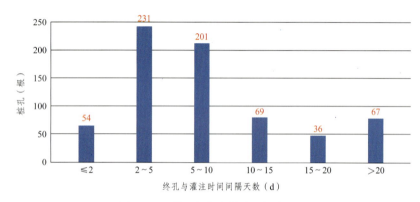

图3-5-2-1 终孔与灌注时间间隔天数对比

5.2.2 地质条件特殊

由于桥址区位于苏澳背斜地质构造，斜岩面普遍存在，以及受覆盖层薄、球状凸起、岩石坚硬等因素影响，导致钢护筒精确定位困难、护筒底弯皱变形、斜岩面处理效率低、漏浆严重处理复杂、弱风化岩钻进速度慢，钻头破裂严重等问题。

5.2.3 护筒精确定位困难

在浅/无覆盖层区钻孔平台采用打桩船及导向架法施工，由于岩面倾斜、坚硬，护筒受到的波流力大，再加上护筒自由长度大、覆盖层薄，在插打过程中其根部极易出现滑移现象，打桩船及导向架的限位装置不能完全控制，导致部分护筒平面位置及倾斜度偏差较大，根据规范及设计要求须对其进行顶推纠偏。

5.2.4 护筒底弯皱变形

钢护筒在插打过程中，遇到坚硬的斜岩面或球状凸起，其底部易发生弯皱变形，在施工过程中通过控制贯入度、增加护筒壁厚以及对护筒底部进行加强等措施减少此问题，但仍有部分钢护筒底部发生弯皱变形问题，导致钻孔桩无法施工，通过潜水员水下切除钢护筒变形部分。管桩弯皱变形情况如图3-5-2-2所示。

图3-5-2-2 管桩弯皱变形情况

5.2.5 斜岩面处理效率低

桩基设计为嵌岩桩，当钻进至强度较高的斜岩面时，需向孔内反复回填片石、冲砸，钻进速度缓慢；当遇到大孤石或岩面倾斜严重的地质，采用水下爆破进行处理。

大直径钻孔桩钻进施工孤石处理施工

大直径钻孔桩钻进施工斜岩面处理

5.2.6 漏浆处理普遍

钢护筒打入深度浅，岩石裂隙的存在，海床面下夹杂大孤石下存在软弱地层及潮差大等因素导致钻孔桩施工过程中漏浆、塌孔现象普遍。

5.2.7 钻进速度慢、钻头破裂严重

桩位处深层基岩为凝灰岩和花岗岩，岩石极其坚硬，钻芯取样测定的抗压强度达到210.0MPa，锤牙磨损速度快，基本钻孔2d更换一次锤牙，且多个锤头出现裂纹、断裂报废（图3-5-2-3），弱风化岩层钻孔24h进尺为20~30cm/d，部分墩位24h进尺仅为10cm/d。

a) b)

图 3-5-2-3 锤头破坏情况

5.2.8 地质复杂，终孔高程不确定

地质复杂，设计无法及时确定终孔高程，基本上边钻边现场判定入岩情况，终孔高程存在诸多不确定因素，钻孔深度边钻边加深，须多次调整，由此造成钢筋笼无法同步加工制造，待最终高程确定后方可制造，工序间断，时间拖长。

5.3 特制钻头的研制

5.3.1 特制钻头的数学建模

针对施工桥址处岩石坚硬，钻进速度慢的特点，采用有限元软件对不同规格的钻头进行建模分析。

（1）规格一钻头

规格一钻头为中间圆柱，直径600mm，锤高度1700mm，无圆弧过渡，自重约11.9t。建立模型、单翼平均及头部应力云图如图3-5-3-1所示。

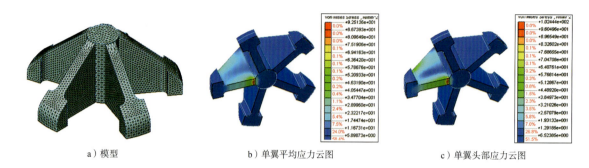

a）模型　　　　　　　　b）单翼平均应力云图　　　　　　　　c）单翼头部应力云图

图3-5-3-1　规格一钻头

（2）规格二钻头

规格二钻头为中间圆柱，直径600mm，锤高度2000mm，无圆弧过渡，自重约14t。建立模型、单翼平均及头部应力云图如图3-5-3-2所示。

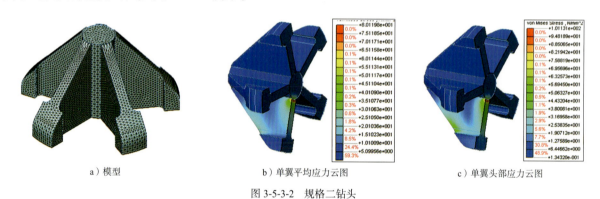

a）模型　　　　　　　　b）单翼平均应力云图　　　　　　　　c）单翼头部应力云图

图3-5-3-2　规格二钻头

（3）规格三钻头

规格三钻头为中间圆柱，直径600mm，锤高度1700mm，有圆弧过渡，自重约12.1t。建立模型、单翼平均及头部应力云图如图3-5-3-3所示。

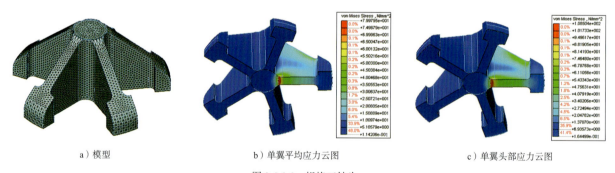

a）模型　　　　　　　　b）单翼平均应力云图　　　　　　　　c）单翼头部应力云图

图3-5-3-3　规格三钻头

（4）规格四钻头

规格四钻头为中间圆柱，直径600mm，锤高度2000mm，有圆弧过渡，自重约14.4t。建立模型、单翼平均及头部应力云图如图3-5-3-4所示。

（5）规格五钻头

规格五钻头为中间圆柱，直径700mm，锤高度1700mm，无圆弧过渡，自重约12.6t。建立模型、单翼平均及头部应力云图如图 3-5-3-5 所示。

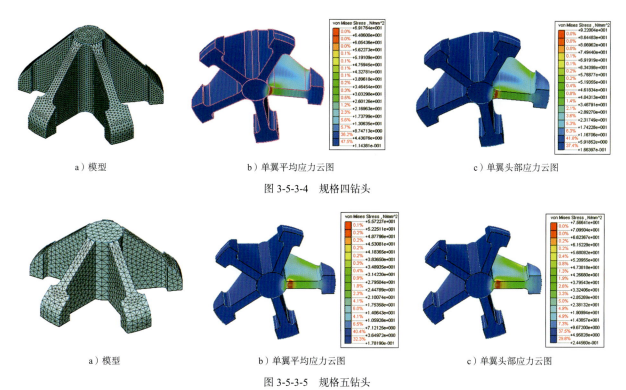

a) 模型　　　　　　　　b) 单翼平均应力云图　　　　　　　c) 单翼头部应力云图

图 3-5-3-4　规格四钻头

a) 模型　　　　　　　　b) 单翼平均应力云图　　　　　　　c) 单翼头部应力云图

图 3-5-3-5　规格五钻头

（6）规格六钻头

规格六钻头为中间圆柱，直径 700mm，锤高度 2000mm，无圆弧过渡，自重约 15.0t。建立模型、单翼平均及头部应力云图如图 3-5-3-6 所示。

a) 模型　　　　　　　　b) 单翼平均应力云图　　　　　　　c) 单翼头部应力云图

图 3-5-3-6　规格六钻头

（7）规格七钻头

规格七钻头为中间圆柱，直径 700mm，锤高度 1700mm，有圆弧过渡，自重约 12.97t。建立模型、单翼平均及头部应力云图如图 3-5-3-7 所示。

（8）规格八钻头

规格八钻头为中间圆柱，直径 700mm，锤高度 2000mm，有圆弧过渡，自重约 15.5t。建立模型、单翼平均及头部应力云图如图 3-5-3-8 所示。

（9）规格九钻头

规格九钻头为中间圆柱，直径 800mm，锤高度 1700mm，无圆弧过渡，自重约 13.5t。建立模型及单翼平均及头部应力云图如图 3-5-3-9 所示。

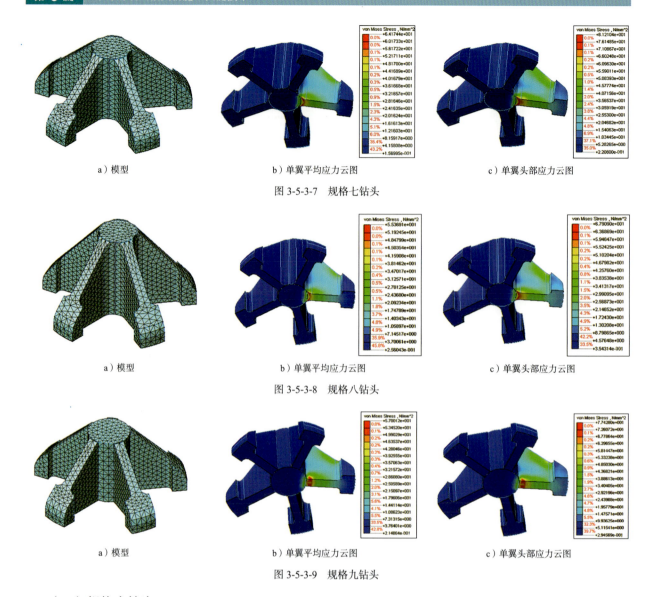

图 3-5-3-7　规格七钻头

图 3-5-3-8　规格八钻头

图 3-5-3-9　规格九钻头

（10）规格十钻头

规格十钻头为中间圆柱，直径 800mm，锤高度 2000mm，无圆弧过渡，自重约 15.47t。建立模型、单翼平均及头部应力云图如图 3-5-3-10 所示。

（11）规格十一钻头

规格十一钻头为中间圆柱，直径 800mm，锤高度 1700mm，有圆弧过渡，自重约 14t。建立模型、单翼平均及头部应力云图如图 3-5-3-11 所示。

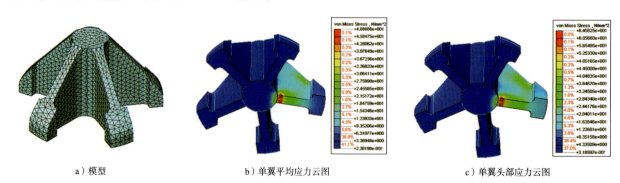

图 3-5-3-10　规格十钻头

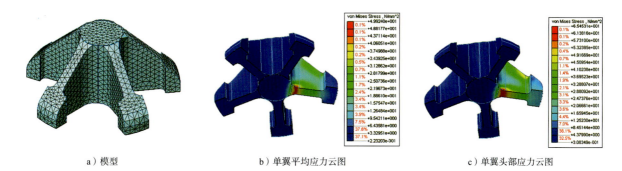

a) 模型　　　　　　　　b) 单翼平均应力云图　　　　　c) 单翼头部应力云图

图 3-5-3-11　规格十一钻头

（12）规格十二钻头

规格十二钻头为中间圆柱，直径 800mm，锤高度 1600mm，有圆弧过渡，自重约 16.1t。建立模型、单翼平均及头部应力云图如图 3-5-3-12 所示。

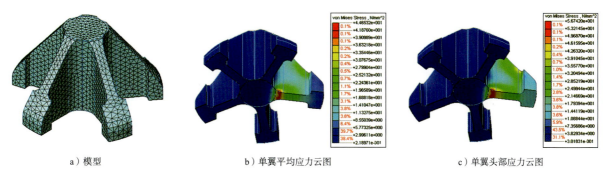

a) 模型　　　　　　　　b) 单翼平均应力云图　　　　　c) 单翼头部应力云图

图 3-5-3-12　规格十二钻头

5.3.2　计算结果

通过建模对比分析计算，结果见表 3-5-3-1。

计算结果　　　　　　　　　　　　　　　　　　　表 3-5-3-1

圆柱直径（mm）	锤高度（mm）	是否圆弧过渡	锤重（t）	单翼平均应力（MPa）	单翼头部应力（MPa）
600	1700	否	11.9	92.5	11.9
		是	12.1	80	12.1
	2000	否	14	80.1	14
		是	14.4	69.1	14.4
700	1700	否	12.6	55.7	12.6
		是	12.97	64.2	12.97
	2000	否	15	47.7	15
		是	15.5	55.4	15.5
800	1700	否	13.5	57	13.5
		是	14	49.9	14
	2000	否	15.47	55.4	15.47
		是	16.1	44.7	16.1

对表中数据分析得出：一是加高钻头高度可有一定程度减少钻头应力，建议采用锤高度 1.9～2m 的钻头；二是圆弧过渡并不是十分重要，因为有些圆弧过渡后，在钻头底面圆弧部位会产生较大应力，

最好是钻头底面不加圆弧过渡;三是钻头中间的圆柱部分,在直径从600mm加到700mm时,钻头应力减少很大,再加到800mm时,应力减少有限,而且钻头超重,建议采用直径700mm;四是钻头材质不需要太高强度的钢材,加入适量微量元素,适当提高强度即可。

5.3.3 特制钻头的应用

经建立模型研究分析,采用钻头总高度2m,钻头底面不加圆弧过渡,钻头中间圆柱部分直径选取700mm,钻头材质掺入微量元素锰,并采用大功率110kW以上的钻机。经现场使用有力地克服了岩层坚硬难以钻进的困难,钻头破裂程度降低50%,钻进的效率大大提高,其中弱风化岩层钻孔进尺达到50~60cm/d,最少进尺达到30cm/d,现场情况如图3-5-3-13所示。

a)　　　　　　　　　　　　　　　　　b)

图3-5-3-13　锤牙及钻头现场情况

5.4 "改良桩周土体"处理漏浆技术

5.4.1 典型漏浆问题分析

桩基施工在海上钻孔平台上进行,采用冲击钻反循环法成孔,海水造浆,护筒作为泥浆循环池。由于桥址所在位置地质条件复杂,岩层倾斜度大、覆盖层厚度不均、高强度孤石(多为凝灰岩)较多,因此钢护筒打进难度较大。此外,该海域最大潮差达7m,导致护壁泥浆与外部水、土压差极难控制,进而出现由于多种原因导致的泥浆渗漏甚至塌孔问题,严重影响了施工速度和效率。上述问题导致该工程的钻孔灌注桩在施工过程中遭遇较多的困难。

1)泥浆渗流(破坏)问题

在泥浆工程中,泥浆护壁作用的本质是泥浆压力与地层土水压力的平衡问题。泥浆压力是由其自重或者附加应力提供,理论上只要泥浆压力等于地层土水压力,即可保持开挖面的稳定。然而,泥浆压力是以孔压的形式作用在地层上,平衡地层水压力没有问题,平衡地层土压力则需要将部分泥浆压力转化为有效应力才能实现。

该工程的地质条件较为复杂,覆盖层薄厚不均且内部无规律地填充有大直径孤石(凝灰岩),导致钢护筒往往无法达到理想深度。同时,由于海水最大潮差达到7m,造浆时内外水头差可能达到10m,这将造成泥浆渗流速度的加快,甚至导致外部土体的整体破坏而出现流土或管涌。根据现场工程实践表明,出现漏浆的情况多种多样,在同一根钻孔桩的施工过程中往往存在因不同原因导致的多处漏点。具体由渗流导致的漏浆现象如下:

（1）钢护筒底部漏浆

当覆盖层厚度较浅，基岩表面较为倾斜时，钢护筒入土深度不足，且在钢护筒底部与基岩表面存在较大缝隙，造成漏浆的发生，如图 3-5-4-1 所示。

（2）孤石下方土层漏浆

以 B41 墩为典型代表，由于孤石的存在，钢护筒无法打入合理深度，在钻孔穿过孤石后再次进入土层造成泥浆渗漏，如图 3-5-4-2 所示。

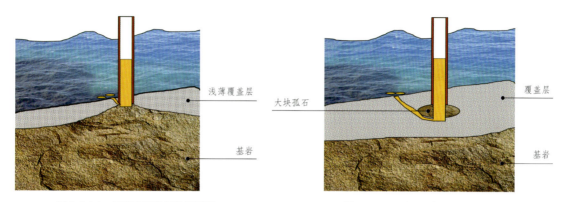

图 3-5-4-1　斜岩面钢护筒底部漏浆　　　　　　图 3-5-4-2　孤石下方土层漏浆

2）倾斜裸岩钢护筒锚固困难及底口漏浆问题

该工程的 B43～B55 号墩，基本属于无覆盖层的裸岩地质条件，且裸岩倾斜角度较大（图 3-5-4-3），导致钢护筒不但无法在裸岩上"生根立足"，且钢护筒底口与裸岩存在较大缝隙，在成孔过程中极易发生大量漏浆的现象。

3）软弱土层塌孔问题

在黏聚力较差的砂层或黏土层内，尤其是几乎没有自稳能力的淤泥质土层中，如果钢护筒不能达到该层，仅靠泥浆无法实现护壁的作用，导致钻孔至该层后立即出现塌孔，造成淤泥入孔、泥浆渗漏问题，如图 3-5-4-4 所示。

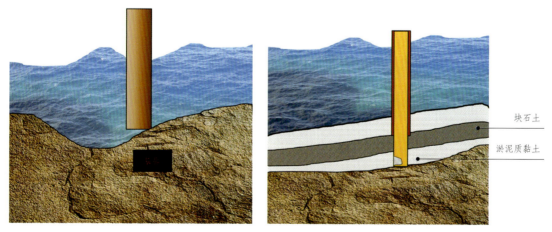

图 3-5-4-3　倾斜裸岩钢护筒锚固困难及底口漏浆　　　　图 3-5-4-4　软弱土层塌孔问题

4）软硬岩层倾斜岩面钻进问题

在整个施工场址内广泛存在多种岩层共存的情况，当钢护筒已经进入上层软岩，进行冲击锤冲孔施工时，如若下层岩层强度较高且岩面倾斜，可能会使冲击锤在软硬岩交界面位置出现倾斜。冲击锤

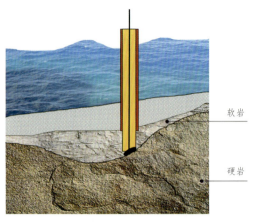

图 3-5-4-5 软硬岩层倾斜岩面钻进问题

的倾斜将导致冲孔的垂直度受到严重影响,甚至出现卡钻问题,如图 3-5-4-5 所示。

5)钢护筒底部变形问题

钢护筒在下沉过程中,将受到轴向力和环向力的共同作用。轴向力是由于钢护筒在重达百吨的锤击作用下,底部与覆盖层或基岩发生碰撞,产生对钢护筒底部的轴向反作用力;环向应力是由于在钢护筒下沉过程中钢护筒底口土体只有少部分挤入护筒内,大部分挤出护筒外,较大的土压力在成孔后将导致钢护筒承受显著的环向应力作用。该工程中,在浅薄覆盖层区域,钢护筒下沉过程中进入表层基岩时将承受较大的轴向力,且由于岩面倾斜严重,钢护筒与岩面接触面积较小,导致局部应力较大,进而发生轴向屈曲问题。

5.4.2 漏浆机理的理论与数值模拟分析

以 B41 号墩为例,探讨该工程钻孔桩施工过程中的漏浆机理和主要特征,并通过理论分析和数值模拟等方法计算钻孔桩成孔过程中的渗流场分布情况,研究钢护筒的理论埋入深度,提出漏浆处理的技术措施。

1)漏浆特征分析

钻孔桩漏浆是工程中常见的施工技术问题,但在不同水文、地质条件下,各种工程漏浆特征并不相同,如在贵广高铁施工过程中,曾因为溶洞出现大量钻孔桩漏浆问题,其典型的漏浆现象为遇到溶洞后泥浆迅速全部流失;在一些存在卵石层的地质条件下也会出现施工的钻孔桩漏浆问题,典型现象是遇到卵石层后容易发生急性漏浆。

而在该工程钻孔桩在成孔过程中的漏浆现象与上述情况均不相同,且具有如下特点:

(1)漏浆在钻进过程中突然发生,钢护筒内部的浆液液面下降速度较快,可以达到 400~600mm/min。

(2)钢护筒内部泥浆液面下降到一定位置处就不再变化,在某一高度处保持稳定,一般下降深度为 4~6m,如图 3-5-4-6 所示。

(3)泥浆从海床面渗漏出来,可以在海床面看到渗漏的泥浆痕迹,如图 3-5-4-7 所示。

(4)经堵漏处理后漏浆停止,但继续钻进一定深度后可能在其他位置再次出现漏浆。

图 3-5-4-6 钢护筒内部的泥浆液面

图 3-5-4-7 钢护筒外部渗出的泥浆

基于上述特征，初步判断漏浆原因是因为钢护筒内外水头差变化导致的渗流问题。桥址处潮汐水位变化快（半日潮），且最高水位和最低水位高差达到7m，当海平面下降时，钢护筒内泥浆压力较大，将显著增加泥浆的渗透压力。此外，由于泥浆渗漏速度较快，且在海床面可以看到大量残留的泥浆，因此初步分析该渗透问题应属于渗透变形破坏问题。为了从理论上解释该工程泥浆渗漏的机理，将通过理论分析与数值模拟的方法对渗透变形破坏问题进行深入的研究，分析钢护筒周边的渗流场分布情况，研究钢护筒的理论埋入深度，提出漏浆处理的技术措施。

2）漏浆机理分析

（1）渗透变形破坏机理

根据上述分析，将该工程中的泥浆护壁钻孔灌注桩在钻进过程中的漏浆现象归结于土体渗透变形问题。实际上，土的渗透变形破坏是岩土工程中的三大重要问题之一，渗透变形直接关系到建筑物的安全，它是建筑物地基（图3-5-4-8所示的建筑基坑）和水工建筑物（图3-5-4-9所示的土石坝）发生破坏的重要原因之一。在土石坝失事总数中，由于各种形式的渗透变形破坏而导致失事的占25%~30%。不过，这种渗透破坏问题多出现在基坑支护或土石坝结构中，在钻孔桩施工中很少出现。

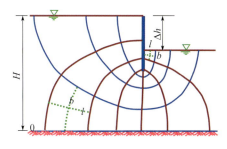
图3-5-4-8　基坑的渗流场
H- 基坑外水位高度；$\triangle h$- 基坑内外水位差；
b- 流网的密度；l- 流网的长度

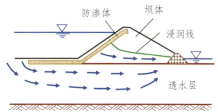
图3-5-4-9　土石坝的渗流场

土是固体、液体和气体组成的三相松散的多孔介质。当饱和土中的两点存在能量差，并且孔隙相互连通时，水会在土的孔隙中从能量高的点向能量低的点流动。水在土体孔隙中流动的现象称为渗流；土具有被水等液体通过的性质称为土的渗透性；流经土体的水流会对土颗粒和土体施加作用力，称为渗透力。当渗透力过大时会引起土颗粒或土体的移动，从而造成土工建筑及地基产生渗透变形，如地面隆起（图3-5-4-10a）、细颗粒被水带出（图3-5-4-10b）等现象，这种现象与该工程钻孔桩漏浆的现象非常相似。

a）基坑底部隆起

b）砂层浮起

图3-5-4-10　渗透破坏的典型图例

在渗流场内，土颗粒对水的流动产生阻碍，这种效应的反力表现为水对土颗粒的作用力，称为渗透力 $j=\gamma_w i$（γ_w 为水的重度，i 为水力坡降），渗透力的方向与渗流场内水流方向相同，如图 3-5-4-11 所示。当渗流场内的水力坡降随水头差逐渐增加，渗透力也逐渐增加。当渗透力等于土体的有效重度时，渗流场外边对土体的支持力 R 变为 0，表现为土体在渗流场内部处于"悬浮"状态，此时的水力坡降称为临界水力坡降，可以表示为：

$$i_{cr}=\frac{\gamma'}{\gamma_w}=\frac{G_s-1}{1+e}=(G_s-1)(1-n) \tag{3-5-4-1}$$

式中：γ'——土的有效重度（kN/m³）；

γ_w——水的重度（kN/m³）；

G_s——土颗粒的相对密度；

e——土的孔隙比；

n——土的孔隙率（%）。

当渗流场内的水力坡降达到临界水力坡降时，土体可能发生渗透破坏。

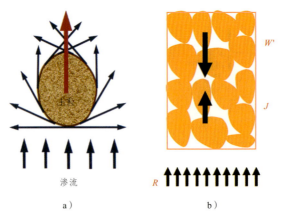

图 3-5-4-11　渗流场内土颗粒及土体受力情况

（2）渗透变形的破坏模式

土体在渗流作用下发生破坏，由于土体颗粒级配和土体结构的不同，可能存在流土（流砂）、管涌、接触流失等不同的破坏模式。将根据该工程的水文地质条件和现场实际情况确定泥浆渗漏的主要模式。

①流土（流砂）

在上升的渗流作用下局部土体表面隆起、顶穿，或者粗细颗粒群同时浮动而流失的现象。前者多发生于表层为黏性土与其他细粒土组成的土体或较均匀的粉细砂层中，后者多发生在不均匀的砂土层中（在粉细砂层中发生的流土现象有时也称为流砂）。任何类型的土，只要水力坡降达到一定的程度，都会发生流土（流砂）破坏。流土（流砂）破坏形式如图 3-5-4-12 所示。图 3-5-4-12 表示一座建筑在双层地基上的堤坝，地基表层为渗透系数较小的黏性土层，且较薄；下层为渗透性较大的无黏性土层，且 $k_1 \ll k_2$（k 为渗透系数）。当渗流经过双层地基时，水头将主要损失在上游水流渗入和下游水流渗出薄黏性土层的流程中，在砂层的流程损失很小，因此造成下游逸出处渗透坡降 i 较大。当 $i > i_{cr}$ 时就会在下游坝脚处出现土表面隆起，裂缝逐渐展开，砂粒涌出，以致整块土体被渗透水流抬起的现象，即为典型的流土破坏。若地基为比较均匀的砂层（不均匀系数 $C_u < 10$），当水位差较大，且渗透路径不够长时，下游渗流逸出处 $i > i_{cr}$。此时地表将普遍出现小泉眼、冒气泡，继而土颗粒群向上鼓起，发生浮动、跳跃，称为砂沸，砂沸是流土（流砂）的一种形式。

②管涌

土体中的细颗粒在渗流作用下，由骨架孔隙通道流失称为管涌，主要发生在砂砾石地基中。管涌破坏形式如图 3-5-4-13 所示。图 3-5-4-13 表示在渗透水流作用下，土中的细颗粒在粗颗粒形成的孔隙中移动，以致流失；随着土的孔隙不断扩大，渗透速度不断增加，较粗的颗粒也相继被水流逐渐带走，最终导致土体内形成贯通的渗流管道，造成土体塌陷，这种现象称为管涌。管涌一般有一定的时间发展过程，是一种渐进性破坏，且通常发生在一定级配的无黏性土中，发生的部位可以在渗流逸出处，也可能出现在土体内部。

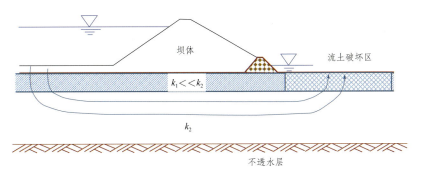

图 3-5-4-12　土层中的流土（流砂）破坏示意图

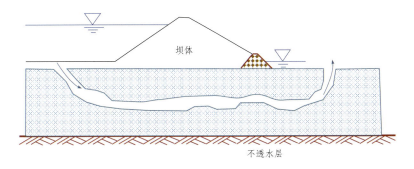

图 3-5-4-13　土层中的管涌破坏示意图

③接触流失

在层次分明、渗透系数相差悬殊的两土层中，当渗流垂直于层面将渗透系数小的一层中的细颗粒带到渗透系数大的一层中的现象称为接触流失。

流体和管涌主要出现在单一土层中，接触流失多出现在多层结构土层中。除分散性黏土外，黏性土的渗透变形破坏形式主要是流土。

④分散性黏土的冲蚀

分散性黏土在缓慢水流甚至是静水中，土结构迅速崩解，土颗粒被冲蚀进入水中形成悬浊液，进而形成泥浆，且范围不断扩大，发生类似于管涌的冲蚀性破坏。

通过对上述 4 种典型渗透变形破坏模式的讨论可知，该工程钻孔桩在成孔过程中的漏浆现象可以排除接触流失和分散性黏土的冲蚀两种类型，最有可能的原因是流土（流砂）问题或管涌问题。下面将对这两类渗透破坏的发生条件进行讨论，以最终确定导致该工程钻孔桩漏浆的根本原因。

（3）渗透破坏类型的判别

土的渗透表现的发生和发展过程主要取决于水力条件（即作用于土体的渗透力的大小）和几何条件（即土的颗粒组成和结构）。

①流土（流砂）可能性的判别

在自下而上的渗流逸出处，任何土体只要满足渗透坡降大于临界水力坡降，均可能发生流土。通常按下列条件判断流土可能性：

$i < i_{cr}$，土体处于稳定状态；

$i = i_{cr}$，土体处于临界状态；

$i > i_{cr}$，土体发生流土（流砂）破坏。

由于流土会直接造成地基破坏、建筑物倒塌等工程事故，设计时通常要保证有一定的安全系数，把逸出段的水力坡降限制在允许水力坡降 $[i]$ 以内，即：

$$i<[i]=\frac{i_{cr}}{K} \qquad (3\text{-}5\text{-}4\text{-}2)$$

式中：K——流土安全系数。

由上可见，对于流土（流砂）破坏，只要钢护筒周围水力坡降超过土体的临界水力坡降就有可能发生。相反，如果钢护筒进入覆盖层足够深度，即增加泥浆渗透至海床面的渗透路径长度，便可以降低泥浆渗透的水力坡降，使其小于临界水力坡降 i_{cr}，避免发生流土（流砂）破坏。

按照土颗粒受力的平衡方程得到的临界水力坡降 $i_{cr}=(G_s-1)/(1+e)$，可以计算出不发生流土（流砂）时钢护筒最小埋入深度为：

$$L=\frac{K\cdot(H+H_1)\cdot\gamma_m}{\gamma'} \qquad (3\text{-}5\text{-}4\text{-}3)$$

式中：H——潮差（m），取 7m；

H_1——护筒内泥浆高程至高潮水位距离（m），取 2.0m；

γ_m——泥浆重度（kN/m³），取 13kN/m³；

γ'——护筒外土体的有效重度（kN/m³），对于多层土按土层厚度加权平均，取 9kN/m³；

K——临界水力坡降安全系数，考虑到钢护筒为临时结构，取安全系数 $K=1.25$。

将上述参数代入公式中，计算得到满足允许水力坡降的钢护筒最小埋入深度 L 为 16.3m。

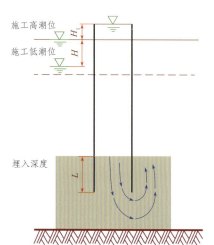

图 3-5-4-14 钻孔灌注桩的渗透路径示意图

钻孔灌注桩的渗透路径如图 3-5-4-14 所示。

由于地层内孤石和岩层的影响，B41 号墩钢护筒的实际埋入深度远远小于按照允许水力坡降得到的最小埋入深度，此时的工况满足发生流土（流砂）的水力条件，因此在成孔过程中极易产生漏浆。可见，流土（流砂）破坏是本工程钻孔桩漏浆的一个典型原因。

②管涌可能性判别

土是否会发生管涌，取决于土的性质。一般黏性土只会发生流土而不会发生管涌，属于非管涌土；无黏性土中产生管涌需满足以下两个条件：

a. 几何条件

《水利水电工程地质勘察规范》（GB 50487—1999）中对于无黏性土发生管涌时细颗粒含量 P_c 应满足：

$$P_c<\frac{1}{4(1-n)}\times 100 \qquad (3\text{-}5\text{-}4\text{-}4)$$

式中：n——孔隙率（%）。

《水利水电工程地质勘察规范》（GB 50487—2008）[27] 认为采用上述公式作为流土（流砂）和管涌的判别标准在实际应用中存在一定的不确定性，应采用最优细粒含量判别渗透破坏形式的标准。由多种粒径组成的天然不均匀土层，可视为由粗、细两部分组成，粗粒为骨架，细粒为填料，混合料的渗流特性决定于占质量 30% 的细粒的渗透性质，因此对土的孔隙大小起决定作用的是细颗粒。粗粒孔隙全被细粒料充满时的细料颗粒含量为最优细粒含量，相应级配称为最优级配。

最优细粒含量定义为：

$$P_{cp}=\frac{0.30+3n^2-n}{1-n} \qquad (3\text{-}5\text{-}4\text{-}5)$$

式中：P_{cp}——最优细粒颗粒含量（%）；

n——孔隙率（%）。

《水利水电工程地质勘察规范》（GB 50487—2008）认为：当细粒颗粒含量小于30%时，无法填满粗粒的孔隙，对渗透系数起控制作用的是粗粒的渗透性，混合料中的细粒均处于不稳定状态，渗透破坏属于管涌形式；当细粒颗粒含量大于30%时，表明细粒土全部填满了粗粒孔隙，渗透破坏形式变为流土（流砂）型。可以用几何平均粒径$d=\sqrt{d_{70}\cdot d_{10}}$作为区分粒径。

b. 水力条件

渗透力能够带动细颗粒在孔隙间滚动或移动是发生管涌的水力条件，可用管涌的水力坡降表示。《水利水电工程地质勘察规范》（GB 50487—2008）中管涌的临界水力坡降可以表示为：

$$i_{cr}=2.2(G_s-1)(1-n)^2\frac{d_5}{d_{20}} \qquad (3\text{-}5\text{-}4\text{-}6)$$

式中：G_s——土颗粒相对密度；

n——土的孔隙率（%）；

d_5和d_{20}——分别为占土总重5%和20%对应的粒径（mm）。

在该工程中，通过数值模拟计算得到的海床地基渗流场中的压力水头较大处位于细砂层中，水力坡降i约为1.2。根据图3-5-4-15所示的B41号墩下地基内细砂的级配曲线，可以得到$d_5=0.06$ mm，$d_{10}=0.11$ mm。细砂的孔隙率$n=0.48$，颗粒相对密度$G_s=2.70$。由上述公式得到的最优细颗粒含量$P_{cp}=98\%>30\%$；管涌发生时的临界水力坡降为$i_{cr}=0.57<i$。此时细砂土层满足管涌产生的水力条件，但不满足管涌产生的几何条件。因此，根据《水利水电工程地质勘查规范》（GB 50487—2008）细砂层渗透破坏的模式为流土（流砂）破坏。

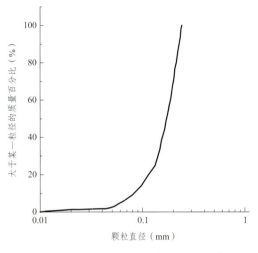

图3-5-4-15　B41号墩下地基内细砂的级配曲线

3）钢护筒附近土体渗流场数值模拟

通过理论分析得到了该工程漏浆发生的主要机理，确定了不发生流土（流砂）破坏的钢护筒理论埋入深度。在该计算中假设土层为均匀分布，且钢护筒之间的水头互不干扰。然而，在实际工程中，土层的分布并不均匀，且相邻钻孔桩之间的渗流场存在相互影响，因此仅凭借理论分析并不能十分准确的判断钢护筒周围的水力条件，需要通过仿真数值模拟分析进行更为深入的研究。

以B41号墩为例，采用流体分析软件Comsol Multiphysics模拟钢护筒周围土体随海水潮汐变化而不断发生变化的渗流场，得到关键位置的水力坡降，确定可能发生漏浆的部位。为简化计算，对钢护筒底部渗流场的模拟采用二维平面渗流理论。基于土体稳定渗流的达西定律，在单一土层二维渗流场内的水头h的控制方程可以表示为：

$$k\left(\frac{\partial^2 h}{\partial x^2}+\frac{\partial^2 h}{\partial z^2}\right)=0 \qquad (3\text{-}5\text{-}4\text{-}7)$$

式中：k——土体的渗透系数。

不考虑土体结构性和各向异性对渗透系数的影响，即水平方向和竖直方向具有相同的渗透系数k。

关于水头h的Laplace方程，描述了渗流场内部压力水头的分布规律。结合边界条件求解，对于在单一土层内的渗流场，边界条件有不透水边界（流线）和等水头边界（等势线）。当地基中存在多种土层时，由于各层土的渗透系数不同，在土层交界面处，流线会发生偏转（图3-5-4-16），此时会导致渗流场的方程难于求解。

当水穿越不同土层时，应满足连续性条件，由此可以得到流线在两土层分界面上产生折射且满足：

$$\frac{\tan\alpha_1}{\tan\alpha_2}=\frac{k_1}{k_2} \qquad(3\text{-}5\text{-}4\text{-}8)$$

式中：α_1 和 α_2——流线折射前、后与分界面法线间的夹角。

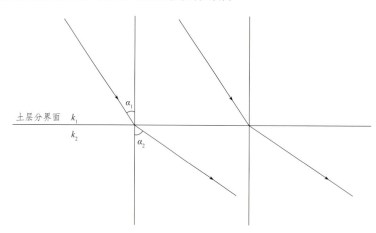

图 3-5-4-16　不同土层交界面处流线的折射

通过求解一定边界条件下的 Laplace 方程，即可求得该条件下的渗流场内的水头分布，并可以进一步计算渗流场内部的流速、水力坡降以及渗透力等。对方程式（3-5-4-7）的求解通常可以采用数学解析法、图解法、实验法以及数值解法等。

地基的变形计算基于二维状态下的 Biot 固结理论，控制方程可以表示为：

$$\frac{\partial}{\partial x}\left(c_1\frac{\partial u^s}{\partial x}+c_2\frac{\partial w^s}{\partial z}\right)+\frac{\partial}{\partial z}\left(c_3\frac{\partial u^s}{\partial z}+c_3\frac{\partial w^s}{\partial x}\right)=\gamma_w\frac{\partial H}{\partial x} \qquad(3\text{-}5\text{-}4\text{-}9)$$

$$\frac{\partial}{\partial x}\left(c_3\frac{\partial u^s}{\partial z}+c_3\frac{\partial w^s}{\partial x}\right)+\frac{\partial}{\partial z}\left(c_2\frac{\partial u^s}{\partial x}+c_1\frac{\partial w^s}{\partial z}\right)=\gamma_w\frac{\partial H}{\partial x}+\gamma' \qquad(3\text{-}5\text{-}4\text{-}10)$$

其中：

$$c_1=\frac{E(1-v)}{(1+v)(1-2v)}$$

$$c_2=\frac{Ev}{(1+v)(1-2v)}$$

$$c_3=\frac{E}{2(1+v)}$$

式中：E——杨氏模量（MPa）；

v——泊松比；

u^s、w^s——分别为水平和竖直方向的位移（m）；

H——总水头（m）；

γ' 和 γ_w——分别为土的有效重度和水的重度（kN/m³）。

（1）计算模型

本研究为二维平面轴对称渗流场，计算域宽度为 60m，高度为 17m（底部不透水边界至海床地基上表面）。海床地基包含粉质黏土层、粉细砂层、块石土层、淤泥质土层以及强风化凝灰岩层，同时地层中包含孤石，各层土厚度沿水平方向分布不均匀，基于地质勘查报告和补充勘探结果，各土层的性质见表 3-5-4-1，基于此建立的计算模型如图 3-5-4-17 所示。计算域采用三角形单元，单元总数 2390 个，单元最大尺寸 0.91m，单元最小尺寸 0.133m。

（2）计算参数

基于地质勘查报告及补充勘查报告，计算中采用的计算参数见表 3-5-4-2。

地 基 土 层 性 质　　　　　　　　　　　表 3-5-4-1

土层名称	性　质
粉质黏土	灰绿色、灰黄~褐黄色；硬塑；含少量角砾；中等强度
粉细砂	灰黄色、灰色；松散~稍密；饱和；局部含大量贝壳及中砂
块石土	青灰色；母岩为凝灰岩；饱和；中密
强风化凝灰岩	灰黄色~青灰色，局部见棕红色；凝灰质结构；块状构造；岩体较破碎，节理裂隙发育；岩面见铁锰质渲染；岩芯多成碎块状，局部短柱桩
弱风化凝灰岩	青灰色；凝灰质结构；块状构造；岩体较完整；局部裂隙稍发育；岩芯多成柱状、长柱状，局部夹少量碎块
淤泥质土	灰色；流塑；饱和；土质不均，含粗砂、贝壳等碎片

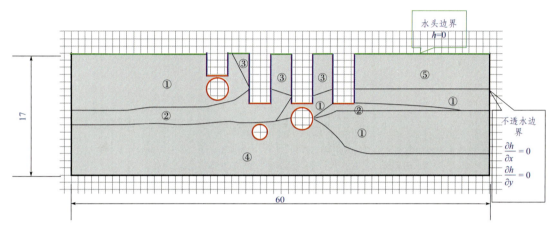

图 3-5-4-17　海床地基模型及边界条件（尺寸单位：m）
①－粉质黏土；②－块石土；③－粉细砂；④－强风化凝灰岩；⑤－淤泥质土

计 算 参 数　　　　　　　　　　　表 3-5-4-2

土　层	重度 γ（kN/m³）	孔隙率 n	渗透系数 k（mm/s）	杨氏模量 E（MPa）	泊松比 ν
粉质黏土	18	0.25	10^{-5}	5.88	0.3
淤泥质黏土	18	0.25	10^{-8}	2.47	0.3
粉细砂	18	0.2	10^{-4}	5	0.3
块石土	20	0.4	10^{-2}	20	0.3
强风化凝灰岩	20	0.1	10^{-2}	30	0.3

（3）边界条件

如图 3-5-4-18 所示，在计算域中，海床表面设为自由排水边界，并使表面的水头为 0m；两侧边界为非排水边界并约束水平方向位移；底部边界为非排水边界并约束竖直方向的位移。钢护筒底部土层表面采用的是自由排水边界，为了考虑潮汐作用产生的水头差，在该表面上施加的水头为周期荷载 $h=[4\sin(2\pi t)+6]$（m）。地基中的孤石和钢护筒简化为非排水边界条件。

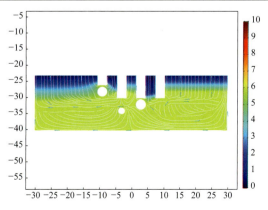

图 3-5-4-18　$t=0$ 时孔隙水压及渗流场

（4）计算结果

为了模拟海水半日潮导致的钢护筒内外水头差变化，在钢护筒底部土层表面施加的水头为周期荷载，$h=4\sin(2\pi t)+6$（m），即：初始时刻 $t=0$ 时，水头差为 6m；$t=3h$，水头差达到 10m；$t=9h$，水头差变为 2m。图 3-5-4-18~ 图 3-5-4-20 为不同时刻海床地基内的孔隙水压（用压力水头表示）及渗流场（用箭头表示渗流方向，箭头的长度与达西流速成正比）。

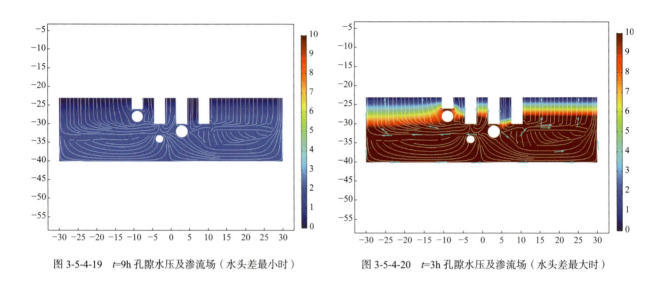

图 3-5-4-19　$t=9h$ 孔隙水压及渗流场（水头差最小时）　　　　图 3-5-4-20　$t=3h$ 孔隙水压及渗流场（水头差最大时）

钢护筒内部泥浆液面保持一定的情况下，潮汐作用会导致钢护筒内外液面压力的变化，进而导致泥浆在内外压力差的作用下向钢护筒外部产生渗流。由图 3-5-4-21~ 图 3-5-4-23 可知：当涨潮时，外部水位上升，钢护筒内外水头差减小，海床地基内的孔隙水压减小，渗流速度减慢；当退潮时，外部水位下降，钢护筒内外水头差增加，海床地基内的孔隙水压增加，渗流速度加快。此外，海床地基内的渗流场由于地基土层分布不均匀且交替分布并存在大量孤石，对土层内水的渗流产生影响，水的渗流方向在土层交界处以及孤石的边界上会产生偏转，进而导致渗透力的方向改变。只有在接近海床地基表面处时，渗透方向才逐渐偏转为竖直方向，此时渗透力的方向变为竖直向上。

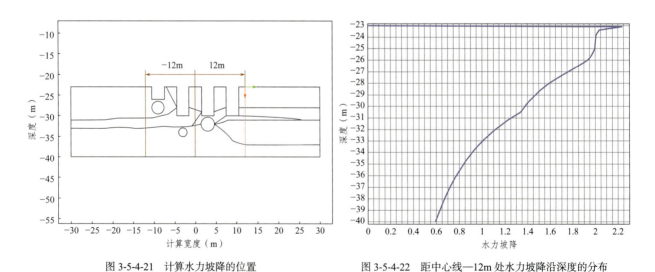

图 3-5-4-21　计算水力坡降的位置　　　　图 3-5-4-22　距中心线—12m 处水力坡降沿深度的分布

当内外水头差最大时，海床地基内的孔隙水压最大，且渗流速度最快。为研究渗透力的大小，取最不利渗流条件（水头差最大）时不同位置的孔隙水压作为研究对象。如图 3-5-4-21 所示，分别取距中心线-12m以及12m处在不同深度的孔隙水压，计算得到的水力坡降沿深度的分布如图3-5-4-22、图3-5-4-23所示。取距钢护筒底部2m处的孔隙水压，计算得到的水力坡降沿不同水平位置的分布如图3-5-4-24所示。

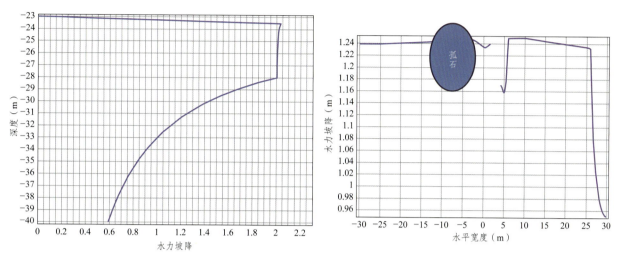

图3-5-4-23　距中心线12m处水力坡降沿深度的分布　　　　图3-5-4-24　距底部2m水平位置处水力坡降分布

根据表3-5-4-3所给出的不同土体临界水力坡降数值，表中针对不同土体给出了统计平均值，可以作为分析的依据。由表可见，工程中常见土体的临界水力坡降一般为0.8~0.9。如图3-5-4-23~图3-5-4-25所示，海床地基内大部分区域内的水力坡降大于临界的水力坡降，这表明覆盖层存在发生渗透变形破坏的条件。这主要是由于孤石或块石土的存在导致的钢护筒无法打入覆盖层足够深度，渗透路径较小而水力坡降较大引起的。图3-5-4-22和图3-5-4-23还表明，水力坡降在淤泥质黏土层和粉质黏土层中下降速度较快。由于块石土的渗透系数较大，块石层内孔隙水压变化不大，水力坡降的变化主要集中在水流通过上部的黏土层逸出时，反映了在低渗透性土层内水力坡降会快速下降这一规律。

将图3-5-4-25中计算的水力坡降绘制于图3-5-4-27a）中，可以得到可能发生漏浆的具体位置。与图3-5-4-26b）现场实际发生漏浆的位置对比可见，采用上述有限元模拟方法可以较为准确地预估漏浆发生的位置，也间接证明前文得到的漏浆破坏模式是正确的。

土体临界水力坡降统计表　　　　表3-5-4-3

岩性	数值类别	相对密度 G_s	孔隙比 e	孔隙率 n	临界比降 J_{cr1}	临界比降 J_{cr2}	差值百分比（%）
壤土	统计组数	90	90	90	90	90	90
	平均值	2.72	0.981	0.494	0.87	0.903	27
	大值平均值	2.75	1.068	0.516	0.91	1.32	44
	小值平均值	2.70	0.895	0.47	0.83	0.70	12
砂壤土/粉土	统计组数	29	29	29	29	29	29
	平均值	2.69	0.925	0.478	0.88	0.69	43
	大值平均值	2.70	1.022	0.505	0.94	0.86	75
	小值平均值	2.68	0.806	0.445	0.83	0.54	19
粉砂	统计组数	5	5	5	5	5	5
	平均值	2.68	0.91	0.47	0.88	0.61	48

续上表

岩性	数值类别	相对密度 G_s	孔隙比 e	孔隙率 n	临界比降 J_{cr1}	临界比降 J_{cr2}	差值百分比（%）
粉砂	大值平均值	2.69	0.981	0.494	0.94	0.67	60
	小值平均值	2.67	0.799	0.444	0.85	0.51	31

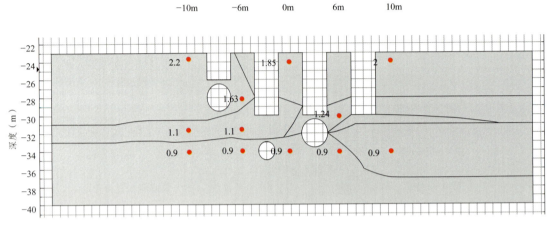

图 3-5-4-25 海床地基中不同位置的水力坡降

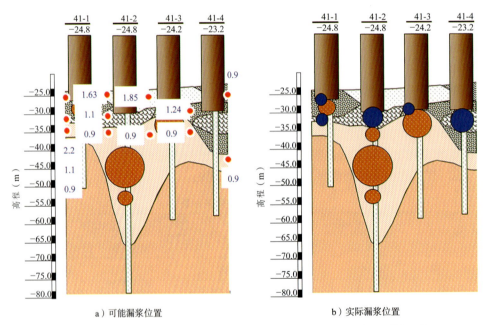

a) 可能漏浆位置　　　　　　　b) 实际漏浆位置

图 3-5-4-26 钢护筒周围水力坡降数值及实际漏浆位置对比（代表实际漏浆位置）

（5）变形场

图 3-5-4-27 所示为最大水头差时的变形场（$t=0.25d$）。水平方向和竖直方向的位移分别如图 3-5-4-28 和图 3-5-4-29 所示。

图 3-5-4-29 表明，渗流会导致在钢护筒底部的土层产生向两侧的位移，位移约为 0.35mm。图 3-5-4-30 表明，渗流会引起钢护筒底部的土层竖直向下的位移，最大位移约为 0.6mm；同时会引起钢护筒外侧的土体竖直向上的位移，最大位移约为 0.8mm。计算结果表明，在稳定渗流的条件下，潮汐的变化

引起的钢护筒附近的土体变形较小。在工程中，B41号墩下的海床地基中的黏土处于硬塑状态，粉细砂处于中等密实状态，强风化的凝灰岩也有较高的压缩模量，因此在未发生渗透破坏时，稳定渗流引起的土体变形可以忽略不计。

4）钻孔桩漏浆的总结分析

通过以上分析可以看出，桥址海水潮差的迅速变化是钻孔桩发生漏浆的水力条件，覆盖层浅薄或无覆盖层是发生漏浆的地质原因，两种原因综合导致了该项目出现了较为严重的钻孔桩泥浆渗漏问题。通过对漏浆现象的深入观察，并结合理论分析后可知，漏浆的本质原因

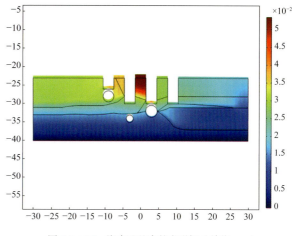

图 3-5-4-27　海床地基中的变形场（单位：m）

是渗透变形破坏导致的流土或流砂现象。这种漏浆现象的具体特征为漏浆速度快，泥浆到一定深度后停止渗漏，海床面上可以看到泥浆残留的痕迹。

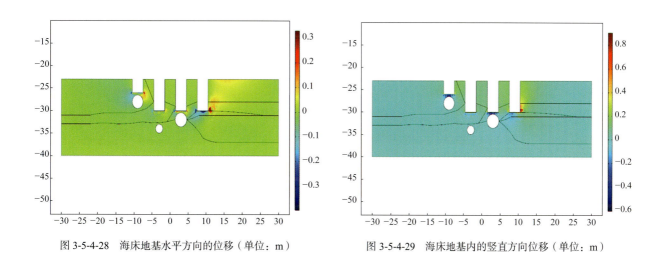

图 3-5-4-28　海床地基水平方向的位移（单位：m）　　　图 3-5-4-29　海床地基内的竖直方向位移（单位：m）

5）漏浆处理措施

根据对平潭海峡公铁大桥 B0～B58 号墩地质情况及工程问题的描述，针对不同的地质情况采取不同的处理措施，有针对性地解决整个施工桥址范围内的各种工程问题。具体思路为"二防一补"：二防分别指在浅覆盖层含孤石墩位采用提前设置止水帷幕的方法防止漏浆现象出现和在裸岩墩位采用提前设置模袋围堰+封底混凝土的方法固定钢护筒并防止管底漏浆；一补则是指不做提前处理，出现漏浆的问题后，采用回填片石+黏土或水泥的方法进行补漏。

（1）高压旋喷注浆止水帷幕法

①工艺原理

在钻孔桩周围吹填砂料进行人工填造覆盖层，接着利用高压旋喷钻机将带有喷嘴的注浆管钻进覆盖层内或深入到基岩裂隙中，通过高压设备将浆液成为高压射流从喷嘴中压入孔中，同时与高速旋转冲击破坏覆盖层结构并与覆盖层混合搅拌随着喷浆管的匀速提升与混合浆液的凝固，圆柱状的固结体逐渐成形并具有强度，随着施工进行相邻旋喷桩互相胶结，最终在钻孔桩周边形成一圈加固地质的帷幕，达到加固覆盖层或渗入到裂隙中堵塞的目的，防止后期钻孔桩施工中出现漏浆，方案如图 3-5-4-30 所示。

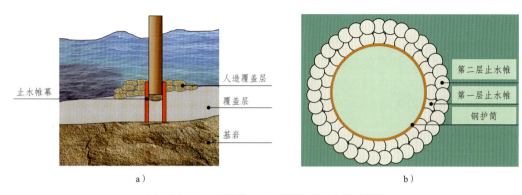

图 3-5-4-30　止水帷幕+人工覆盖层施工方案示意图

②浆液配制

高压旋喷桩施工采用单重管法,采用P.O 42.5级普通硅酸盐水泥,高压旋喷桩工艺参数见表3-5-4-4。高压旋喷桩直径不小于50cm,垂直度不大于1%。旋喷桩底高程为钢护筒底高程下10m,桩顶高程为人造覆盖层砂面高程,由测量人员在桩孔放样时实测确定。第一层旋喷桩设计根数共28根,第2层旋喷桩设计根数共35根。桩位应严格按照图纸设计定位,偏差不得大于50mm。旋喷桩之间相互胶结紧密。每米旋喷桩实桩水泥用量为350~400kg,若局部喷浆帷幕产生大量漏浆则下部5m水泥用量须大于400kg/m。

高压旋喷桩工艺参数　　　　　　　表 3-5-4-4

旋喷桩控制参数	参　数　值
水泥浆水灰比	1∶1
泵压（MPa）	26
水泥浆液流量（L/min）	70~90
旋喷提升速度（cm/min）	15~18
转速（r/min）	800

③实施效果

为检验单管高压旋喷体的成桩效果,在施工完成后第7天进行了现场取芯,如图3-5-4-31所示。取芯孔位离钢护筒边缘距离约45 cm,将所取芯样进行无侧限压力试验,所得芯柱抗压强度平均值约为5.3MPa。根据同济大学张雷教授的计算方法可知,水泥掺入比为30%的水泥土7d渗透系数约为10^{-8}cm/s 量级。该渗透系数远远小于普通黏土的渗透系数,因此具有较好的隔水作用。根据《建筑基坑支护技术规程》（JGJ 120—2012）规定,止水帷幕的渗透系数宜小于1.0×10^{-6}cm/s,可见,止水帷幕渗透系数满足该要求。

图 3-5-4-31　钻芯取样

高压旋喷施工完成后,对 B37-1 号桩进行了桩基成孔施工。施工过程中未出现漏浆、串孔以及塌孔现象。各项指标均符合设计要求之后顺利完成了桩基混凝土的灌注施工。单管高压旋喷地基加固处理方案,有效地解决了剩余桩基施工中漏浆、串孔或塌孔等问题,确保了主墩桩基的顺利完成。

（2）模袋围堰+封底混凝土法

①工艺原理

B42~B53 号墩处于深水无覆盖层区,基岩表面倾斜角度大,深层花岗岩强度极高,这导致钢管桩和钢护筒均存在"难以立足"的问题。为了解决该问题,项目部经过多种方案比选,采用模袋围堰+封底混凝土的方法为钢管桩和钢护筒"落地生根",同时防止钢护筒底口处泥浆渗漏。

钻孔平台范围内筑围堰,沿平台支栈桥以承台外 4m 为边线抛投水下尼龙模袋,手动对竖直下放的钢丝绳进行定位,保证下端携带的模袋能下放到指定位置,偏差控制在 50cm 内,抛投完成后潜水员进行水下探摸检查,对偏移较大或存在缺口位置继续抛投补漏。围堰内灌注水下不离散混凝土,平均高度 4m,且保证局部最小厚度不少于 3m。

气举法清理模袋围堰范围内及钢护筒内海床面,尤其要确保钢护筒内和护筒外 2m 范围清基质量,清理完毕后在模袋围堰灌注水下不离散混凝土,如图 3-5-4-32 所示。

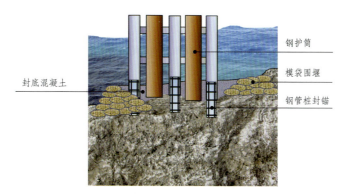

图 3-5-4-32　模袋围堰+封底混凝土方案示意图

水下不离散混凝土,灌注前必须检查混凝土性能指标（表 3-5-4-5、表 3-5-4-6）,按照规范控制其质量,为保证灌注质量,采用添加 UWB-II 型水下不分散混凝土絮凝剂,以便达到效果。

水下不离散混凝土配合比　　　　表 3-5-4-5

序号	材料名称	规格型号	材料用量（kg/m³）	配合比	备注
1	水泥	P·II 52.5	400	1	芜湖瑞信
2	细集料	中砂	681	1.7	闽江砂
3	粗集料	5~10mm	375	0.94	
		10~20mm	562	1.41	
4	絮凝剂	UWB-2	10	0.025	
5	水	饮用水	229	0.57	
6	外加剂	减水剂	4	0.01	奥莱特

絮凝剂性能指标　　　　表 3-5-4-6

名称	UWB-II	名称	UWB-II
掺量（占水泥量）	2.5%	混凝土抗渗标号	>W8
混凝土 pH 值	<12	混凝土坍落度	≥10cm
混凝土悬浮物	<150mg/L	混凝土初凝时间	>3h

续上表

名　称	UWB-Ⅱ	名　称	UWB-Ⅱ
混凝土含气量	<5.0%	混凝土终凝时间	<20h
混凝土冻融循环	≥D200	7d 抗压强度	≥20MPa
28d 抗压强度	≥30MPa	7d 水陆强度比	>70%
28d 水陆强度比	>75%		

②效果检验及建议

为了检验封底混凝土的灌注效果，对混凝土进行了取芯，如图 3-5-4-33 所示。

采用钢混组合式整体桥梁钻孔平台能快速有效解决台风区深水裸岩倾斜岩面平台的施工，但对个别墩位球状风化物高度大于 2m 以上，需做好爆破清除工作。由于组合基础厚度 4m 左右，不能 100% 有效保证钻孔漏浆问题，采取钻孔跟进措施解决漏浆问题。对护筒底孤石下夹杂砂泥层，采取注浆固结措施解决。

图 3-5-4-33　封底混凝土取芯照片

（3）回填片石 + 黏土（水泥）堵漏法（人工造壁法）

①工艺原理

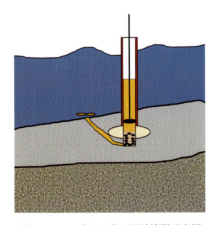

图 3-5-4-34　片石 + 黏土回填堵漏示意图

回填片石 + 黏土（水泥）是钻孔灌注桩施工中处理漏浆的最常用手段之一（图 3-5-4-34）。片石和黏土（水泥）根据漏浆速度按不同比例回填至漏浆位置，并通过冲击钻反复夯击，将漏浆位置的孔壁用夯实的碎石和黏土进行挤密与置换。在有效置换区域内，形成具有一定抗剪强度和较低渗透系数的人工造壁，因此该方法也称为人工造壁法。从加固机理而言，回填片石 + 黏土（水泥）进行漏浆处理的方法属于强夯置换地基加固的范畴，但又存在一定差异，即强夯置换地基加固关注的是加固后的竖向地基承载力，漏浆处理时关注的则是人工造壁后的孔壁强度和止漏效果。

发生漏浆现象时，投入的黏土和片石在钻头的冲击作用下，一部分挤入孔壁周围的土体中，减小了周围土体的孔隙率，提高了土体的承载能力；另一部分黏土和片石黏结成一体形成泥石护壁，使泥壁的密实度和强度都得到了显著的提高，共同起到堵漏作用。材料中黏土的作用不仅是增加泥浆浓度，更重要的是起到黏结和堵塞的效果。由于黏土的水化膨胀性质,黏土在孔隙中会吸水膨胀,能够较好地对孔隙进行封堵;另一方面黏土自身较强的黏性使得黏土与土体,片石与片石,片石与土体形成了一体。材料中的片石主要起到骨架作用。在锤击作用下,片石逐渐变碎,部分挤入空隙,部分形成孔壁。不论是挤入孔隙与黏土结合堵塞,或者形成泥石护壁,它对于强度的提高都起着重要作用。

此外,在堵漏过程中,不能有太大的冲击能量。发生漏浆情况时,土体本身比较薄弱,如果采用太大的冲击能量,很可能对于土体产生干扰,对土体产生二次破坏,使得发生塌孔,或者加剧漏浆等不利情况。但冲击能量也不能过小,能量太小无法保证片石被击碎,也无法保证黏土和片石压入孔隙足够深度。对于回填高度,并不需要太高,一般在漏浆处以上1~2m。因为当发生漏浆时,一般都是出现在此时的孔底周围,而其他地方并没有漏浆情况,过高的回填高度使得材料浪费,而回填过低,则泥壁质量和封堵孔隙的质量都会降低。

②现场试验

虽然回填片石+黏土处理钻孔桩漏浆属于常用的工程技术手段,但现有规范或技术规程针对该方法的规定并不十分完善,这是由于不同水文地质条件、施工方法和漏浆程度都会对回填比例、回填深度和回填次数有显著影响。另一方面,由于该方法在理论分析过程中涉及振动冲击、片石破碎、重新排列、坑壁挤密、渗透分析等多项技术难题,通过单纯的理论分析或有限元模拟均很难真实反映实际受力情况,必须通过现场试验的方法才能够得到最有效、最经济的处理措施。选取地质情况最具代表性的B41-1桩进行现场试验。

a. 试验墩位:B41-1;设计河床高程:-25.555m;设计桩底高程:-47.565m;设计桩顶高程:-4.065m,设计桩长:43.5m。

b. 试验目的:一是获得回填片石+黏土(水泥)的方法对于灌注桩漏浆问题的处理效果;二是根据不同地质情况确定合理的回填高度、回填次数和材料用量,为其他墩位回填处理提供指导。

c. 回填材料:水泥、优质黏土、直径15～25cm片石,如图3-5-4-35所示。

a)水泥　　　　　　　　　　b)优质黏土　　　　　　　　　　c)片石

图3-5-4-35　回填材料:水泥、优质黏土、片石

③试验结论

钢护筒底口(孤石上方)漏浆情况,一般漏浆速度非常快,根据试验效果可知,采用片石:黏土:水泥=2:1:1的比例回填,回填高度3~4m,回填3~4次,一般可以达到止漏效果。

孤石下方漏浆情况,一般漏浆速度相对缓慢一些,根据试验效果可知,采用片石:黏土=1:1的比例回填,回填高度1.5~2m,回填1~2次,一般可以达到止漏效果。

(4)二防一补措施的适用条件

"注浆帷幕"改良桩周土体适用于深水浅覆盖层区,墩位处存在球状风化物或大块孤石等导致钢护筒无法达到理论埋入深度条件时或岩层破碎裂隙发育，可以采用高压喷射注浆帷幕法对钢护筒周围砂土、块石土等加固处理，形成围绕钢护筒的止水帷幕，防止成孔过程中漏浆。

"模袋围堰+灌注水下混凝土"固定钢护筒适用于裸岩区：基岩裸露、海底高差起伏较大的区域时，可采用模袋围堰+封底混凝土施工方法，不仅防止钢护筒底部漏浆，也可用于钢护筒底部生根稳固。

回填片石+黏土（水泥）堵漏适用于浅水覆盖层区：钻孔桩施工时出现漏浆现象，可采用回填片石+黏土的方法堵漏，严重时可抛填一定量的袋装水泥，保证人工造壁的抗剪强度及渗透系数。

对于地质特别复杂的可将"二防一补"三种措施同时结合进行使用。

5.5 结语

受潮差、斜岩的影响，遇到了桩锤破碎、漏浆塌孔、进度缓慢等难题。通过漏浆机理、锤头结构及材料等方面的研究，改进锤头设计，采用帷幕注浆、模袋围堰、回填组合料等土体改良措施，攻克了大潮差复杂地质桩基施工技术。

平潭海峡公铁大桥
建造关键技术

KEY TECHNOLOGY FOR
THE CONSTRUCTION
OF PINGTAN STRAIT HIGHWAY AND RAILWAY BRIDGE

平潭海峡公铁大桥
建造关键技术

03

第 6 章

强波流力钢吊箱围堰安装关键技术

6.1 水文条件

（1）水深

平潭海峡独特的"狭管效应"，使得工程海域海流速度远超内河和海湾；在海峡环境修建超长桥梁，外海深水、急流、强涌、强波浪力、潮汐等的影响更为显著。设计水文资料（表 3-6-1-1、图 3-6-1-1）显示，桥址海域最大水深达 42m。

水深统计表　　　　　　　　　　　　　　　　　表 3-6-1-1

序号	水深（m）	墩　　位
1	40 以上	B39、B42
2	30～40	B43、B44、B40、B41、B45
3	20～30	B35、B36、B37、B38、B46、B47、B48、B49、B50、B51、B30、B31、B32、B33、B34、B52
4	20 以下	B2-B26、B27、B28、B29、B53、B54、B55、B56

（2）潮汐

桥址海域潮型属正规半日潮，海峡内海流呈往复流形态，每个潮汐日（约 24.8h）有 2 次高潮和 2 次低潮，最大潮差达 7.09m，一天 2 次的高潮差对施工船舶和结构定位、起吊安装均造成巨大影响；最大流速 3m/s，一般流速为 1.03m/s。

（3）浪涌

受外海强风、涌浪影响，桥址区波浪力巨大，基础施工受波浪力作用大，如施工过程中，单根钢护筒（直径 3.3m，水深 42m）受最大波流力达 600kN，在平台设计方面，必须考虑波浪力作用，以确保结构安全质量。

时区：-0800（东8区）潮高基准面：在平均海平面下403cm

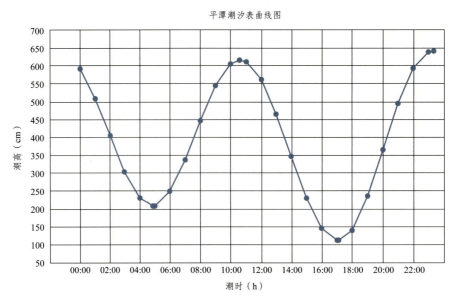

图 3-6-1-1　潮汐曲线图

6.2　围堰动水压力研究

6.2.1　研究内容

（1）针对钢吊箱围堰所在墩位处的实测波浪原始数据进行数据处理、统计与分析，得到钢吊箱围堰的实时波浪特征参数。

（2）建立波浪与钢吊箱围堰的三维数学模型。

（3）基于三维 Navier-Stokes 方程建立钢吊箱围堰的三维波浪数学模型，计算分析各种工况下，钢吊箱各面上的波、流压力分布规律。

（4）将通过数学模型计算得到的钢吊箱上的波浪压力和现场实际监测得到的动水压力进行对比分析，通过参数及方法调整得到一个跟实测结果吻合度较高的计算模型。

（5）将研究得到的成果与现有的计算大尺度结构物上波浪力的公式进行对比分析，修正计算公式，或建立一个更精确的计算公式。

6.2.2　计算方法

在模拟带自由面紊流与结构物相互作用过程中，不仅要考虑结构物所受到的波浪力，同时也要考虑带自由面紊流的水面变化过程。基于势流理论的方程无法准确得到结构物近场的流动状态，仅能得到在某些特殊的情况下的波面变化过程。因此，要全面了解带自由面紊流与结构物相互作用的过程，考虑流体的黏性作用，并采用适当的自由表面处理方法是模拟自由表面的运动的关键。

本项目通过建立三维波浪与结构物相互作用的数学模型来模拟围堰波浪力，该模型采用时均雷诺方程（Reynolds Averaged Navier-Stokes Equations）作为流体运动的控制方程，并采用标准的 $k\text{-}\varepsilon$ 模型来封闭雷诺方程，自由表面的跟踪采用流体体积函数（VOF）方法。该模型可用于模拟带自由面紊流与结果物的相互作用过程，包括模拟水面变形，计算作用在结构物上的水动力学载荷、局部流场结构等。三维波浪数学模型如图 3-6-2-1 所示。

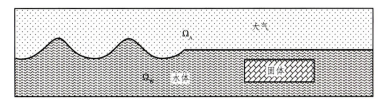

图 3-6-2-1 计算域示意图

6.2.3 钢吊箱实测波压力与数值模拟对比

1）钢吊箱围堰结构构造

选取主墩钢吊箱围堰进行模拟对比分析，主墩水深42m深，钢吊箱围堰长37.912m、宽25.4m；围堰底部高程为-6.065m；桩底高程取-28.0m，如图3-6-2-2所示。

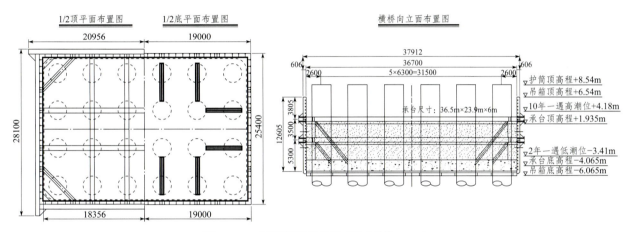

图 3-6-2-2 钢吊箱围堰构造图（尺寸单位：mm）

为研究围堰表面波压力分布情况，在围堰表面布置了32个波压力测点，安放动压力传感器，如图3-6-2-3所示。传感器编号1~9号布置在主迎浪面，其中1~3号布置在+1.84m高程处，4~6号布置在-2.16m高程处，7~9号布置在-5.36m高程处；传感器编号10~13号布置于围堰底面；传感器编号21~26号布置于左侧面；传感器编号27~32号布置于右侧面。波压力计通过防水电缆将信号传递至采集仪，数据保存在现场的工控机上。

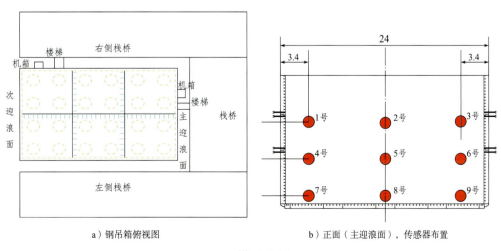

a）钢吊箱俯视图　　　　　　　　b）正面（主迎浪面）传感器布置

图 3-6-2-3

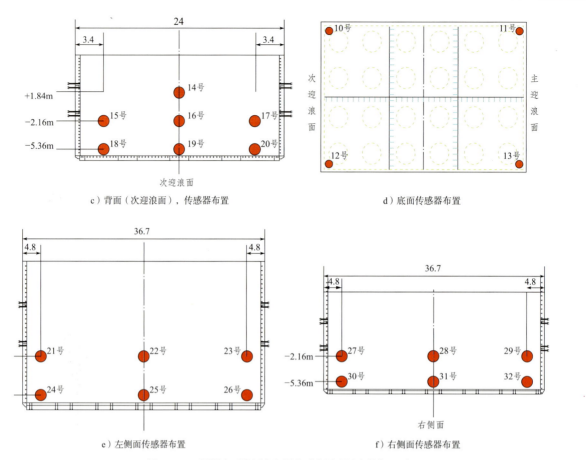

图 3-6-2-3 围堰表面波压力各测点示意图（尺寸单位：m）

2）波压力实测数据分析

（1）测点波压力时程曲线分析

以表 3-6-2-1 所示的 4 种典型工况为研究对象，实际波浪参数统计取前 1/3 峰值平均值作为特征值。分析各测点波压力的分布规律。截取 4 种工况条件下，各高程处 22s 内的波压力时程曲线如图 3-6-2-4 ~ 图 3-6-2-7 所示。

典型工况的波浪参数 表 3-6-2-1

工况	时间	波高（m）	周期（s）	潮位（m）	水深（m）
工况一	2016 年 9 月 27 日 20 时 30 分	0.85	3.18	3.73	31.8
工况二	2016 年 10 月 06 日 16 时 30 分	0.42	5.67	1.26	29.33
工况三	2017 年 1 月 15 日 16 时 30 分	0.29	4.18	−0.10	27.97
工况四	2017 年 1 月 16 日 15 时 30 分	0.32	5.11	1.99	30.05

图 3-6-2-4 ~ 图 3-6-2-7 给出了 4 种工况下各测点的实测时程曲线图，图中可观察到对于同一高程的 5 号，6 号测点波压力存在一定的相位差及数值差异。位于同一高程的 21 号、22 号、23 号测点波压力对比可见，23 号波压力相位最靠前，22 号波压力峰值较大。

从图 3-6-2-6、图 3-6-2-7 可观察到，当处于潮位增加阶段（工况三、四），主迎浪面测点压力略小于次迎浪面测点压力（5 号和 16 号）。主迎浪面测点并非总是大于次迎浪面测点压力，说明测点压力受到波浪方向、水流、水位变化等影响。这一特点对于数值模拟和实测的比较影响较大。

图 3-6-2-7 可以观察到对应工况四下，2 号测点波压力有些时候为 0 值，这是由于此时潮位 1.99m，

2号测点较为靠近波浪自由液面，自由液面上下移动使得2号测点传感器周期性的暴露空气中，并不能测到压力值。

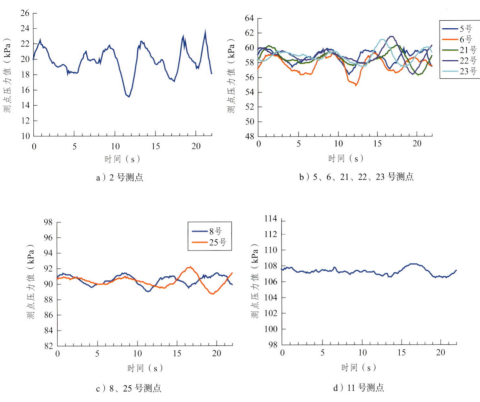

图 3-6-2-4　工况一：各测点波压力时程对比

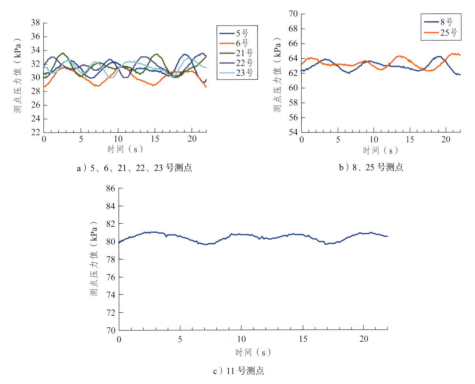

图 3-6-2-5　工况二：各测点波压力时程对比

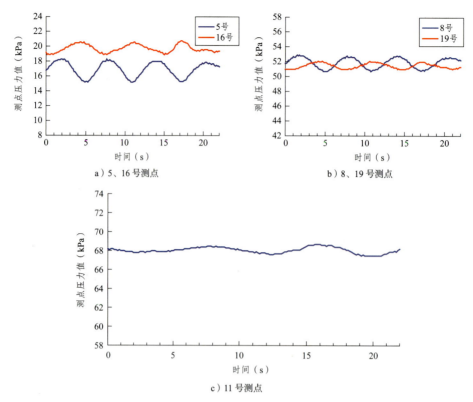

图 3-6-2-6 工况三：各测点波压力时程对比

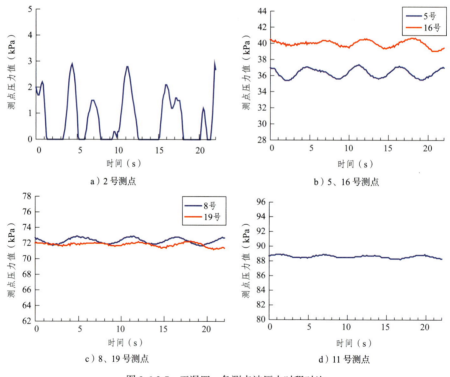

图 3-6-2-7 工况四：各测点波压力时程对比

（2）压力分布规律分析

表 3-6-2-2、表 3-6-2-3 给出了对应工况一～四，各测点波压力的统计峰值和谷值，即统计峰值为最大 1/3 峰值平均值，而谷值为最小 1/3 谷值平均值。

工况一、二：实测波压力统计（单位：Pa）　　　表 3-6-2-2

传感器编号	工况一			工况二		
	统计峰值	统计谷值	统计幅值	统计峰值	统计谷值	统计幅值
2	23662	15278	8383	1608	0	1608
5	60457	56142	4315	38123	33648	4475
6	59437	55300	4137	36670	32520	4150
8	91653	88625	3028	69148	65898	3250
11	60293	56892	3401	86035	83677	2358
21	60095	56363	3731	38473	33442	5032
22	60652	56695	3957	38747	33430	5317
23	60293	56892	3402	38090	33843	4247
25	91507	88627	2880	69763	65922	3842

工况三、四实测波压力统计值（单位：Pa）　　　表 3-6-2-3

传感器编号	工况三			工况四		
	统计峰值	统计谷值	统计幅值	统计峰值	统计谷值	统计幅值
2	208	0	208	2995	0	2995
5	18050	14560	3490	37303	34308	2995
8	52680	49862	2818	72933	70667	2267
11	68593	66523	2070	89000	87203	1797
16	20863	18032	2832	40743	38260	2483
19	52168	49898	2270	72263	70207	2056
22	22990	18703	4287	39413	34773	4640
25	52257	49043	3213	68657	65255	3402

为观察波压力随水深的变化关系，图 3-6-2-8 依据表 3-6-2-2、表 3-6-2-3 给出 2 号，5 号，8 号测点波压力统计值的对比。由 2 号、5 号、8 号测点（主迎浪面）数据可知，静水压力随水深成线性变化；波压力幅值随着水深的增加而减小，说明了波浪能量集中于液面附近，其影响随着水深而减弱。

由 21 号、22 号、23 号测点（侧面同高度）的数据可知，侧面沿传播方向的点压力值变化较小，前中部波压力峰值较大；相较于主迎浪数据的变化（5 号、6 号测点的差异 100MPa 左右）侧面的压力数值十分接近。结合时程曲线，说明沿围堰波浪行进方向，波

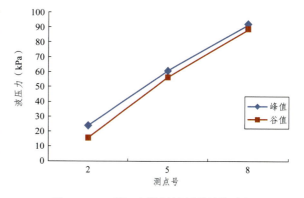

图 3-6-2-8　工况一各测点波压力统计值对比

压力分布具有相位差，工况一、工况二各测点波压力统计值对比如图 3-6-2-9 所示。

（3）波浪特征参数分布特点分析

为下一节即将进行的数值模拟与实测对比分析，这部分将统计下实测波浪参数（波高及波周期）的分布特点，选取典型波浪工况。施工方采用声学波浪仪来测量波面位移变化，通过上跨零点法对测得的实际波面位移序列，可获得统计波高及波周期参数。

统计 2016-9-26 迄今（wave1.txt;wave2.txt;tide.txt），有效波高、波周期和潮位的分布情况，如图 3-6-2-10 所示。波高多集中在 0.1~0.3m 范围；波周期多集中在 2~4s 范围，均属于短波。潮位变化集中在 −3~2m 范围。因此，根据统计的波浪参数（波高及周期）和潮位信息，以下选取了 2016 年 9 月迄今的 4 个典型工况进行数值模拟研究，工况见表 3-6-2-1。

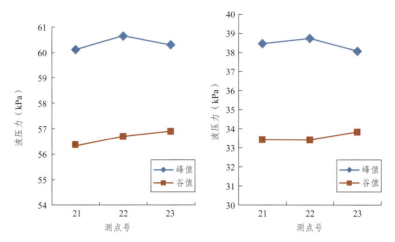

图 3-6-2-9　工况一、工况二各测点波压力统计值对比

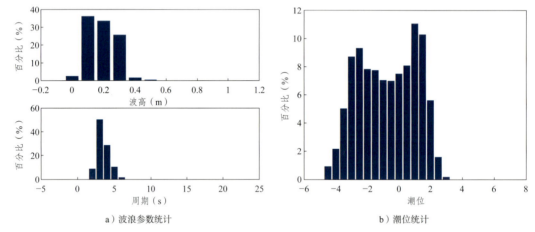

a）波浪参数统计　　　　　　　　　　b）潮位统计

图 3-6-2-10　波浪参数及潮位统计

3）围堰波压力数值模拟

（1）计算模型和网格划分

计算模型采用与实际比例一致的数值计算模型。为模拟围堰波浪力的作用，把围堰置于距离造波边界大于 3 倍波长位置处，以保证有足够的时间窗口提取围堰的波浪力，避免反射波浪的影响。围堰距离前后固壁边界大于 5 倍围堰特征尺度（垂直波浪传播方向的边长），以减小固壁边界的反射波浪影响，如图 3-6-2-11a）、b）所示。其中，围堰底部高程固定在 −6.065m，水深高程固定在 −28.0m。

通过网格测试和参数调整，该数学模型已达到可靠有效的计算精度及计算效率。计算域内采用结构网格，在围堰结构附近采用较密集的网格，最小网格间距 0.05m，计算域边界采用较稀疏的网格，总网格单元数为 1800687。为较好地模拟波浪自由液面，在自由液面附近的网格进行加密。图 3-6-2-11c）、d）为网格划分及流场作用下模型示意图。

（2）数值模拟与实测波压力对比

图 3-6-2-12 ~ 图 3-6-2-16 分别给出了对应工况一，1 号、5 号、7 号、11 号、23 号测点的实测波压力数据与数值模拟波压力结果（稳定后取 2 个波周期）。不难发现，实测波压力数据呈现较为明显的

随机性，数值模拟我们以有效波高的规则线性波浪理论来模拟。以下关注波压力的统计峰值和统计谷值两个特征参数，即统计峰值为最大 1/3 峰值平均值，而谷值为最小 1/3 谷值平均值。

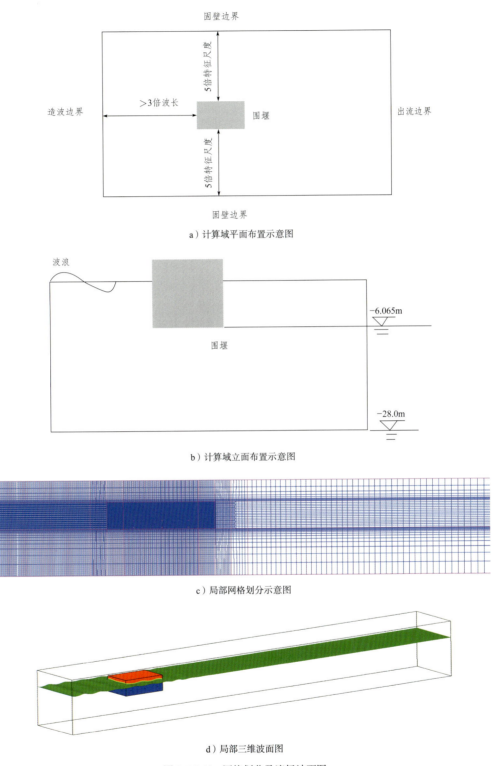

a）计算域平面布置示意图

b）计算域立面布置示意图

c）局部网格划分示意图

d）局部三维波面图

图 3-6-2-11　网格划分及流场波面图

图 3-6-2-12 给出了 1 号测点波压力的实测数据与数值模拟对比，经统计，1 号测点的波压力实测数据统计数据峰值为 22978Pa，谷值为 15315Pa；数值模拟平均峰值为 21607Pa，谷值为 13936Pa；峰值相差 6%，谷值相差约 9%。

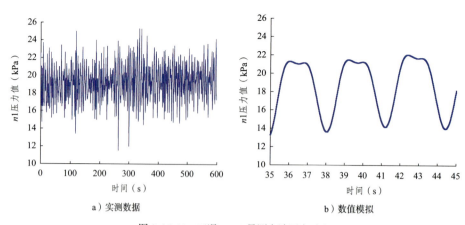

图 3-6-2-12 工况一：1 号测点波压力对比

图 3-6-2-13 给出了 5 号测点波压力的实测数据与数值模拟对比，经统计，5 号测点的波压力实测数据统计数据峰值为 60457Pa，谷值为 56142Pa；数值模拟平均峰值为 58193Pa，谷值为 56066Pa，峰值相差 3.7%，谷值相差 1%。

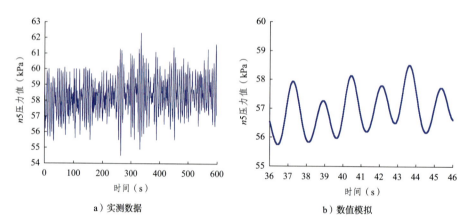

图 3-6-2-13 5 号测点波压力对比

图 3-6-2-14 给出了 7 号测点波压力的实测数据与数值模拟对比，经统计，7 号测点的波压力实测数据统计数据峰值为 91747Pa，谷值为 88877Pa；数值模拟平均峰值为 90240Pa，谷值为 88157Pa，峰值相差 1.6%，谷值相差 0.8%。

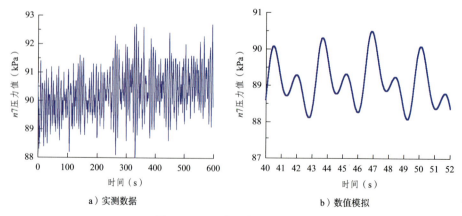

图 3-6-2-14 7 号测点波压力对比

图 3-6-2-15 给出了 11 号测点的波压力实测数据与数值模拟对比，经统计，11 号测点的实测数据

统计数据峰值为107930Pa，谷值为105972Pa；数值模拟平均峰值为97043Pa，谷值为95301Pa；峰值相差10.1%，谷值相差10.1%；相比较而言，底面11号测点的波压力数值模拟结果偏低。

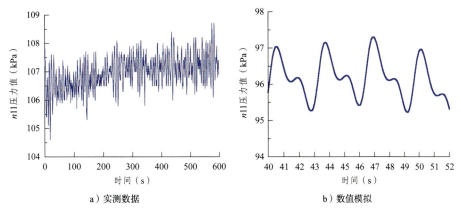

图3-6-2-15　11号测点波压力对比

图3-6-2-16给出了23号测点波压力的实测数据与数值模拟对比，经统计，23号测点的波压力实测数据统计数据峰值为60293Pa，谷值为56892Pa；数值模拟平均峰值为57953Pa，谷值为56543Pa，峰值相差3.9%，谷值相差0.6%。可见此时迎浪面及左侧面的测点波压力数值模拟结果与实测结果吻合良好，可见此时波浪及静水压力是波压力的主要贡献，流的作用较小。

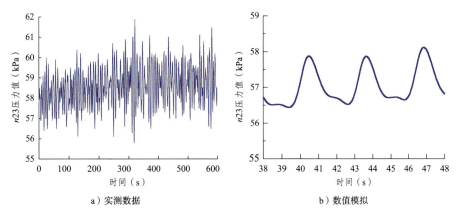

图3-6-2-16　23号测点波压力对比

各工况数值模拟与实测波压力对比见表3-6-2-4~表3-6-2-6。

工况一：数值模拟与实测波压力对比　　　　　　　　　　　　表3-6-2-4

传感器编号	统计峰值（Pa）	统计谷值（Pa）	模拟峰值（Pa）	模拟谷值（Pa）	峰值误差（%）	谷值误差（%）
1	22978	15315	21607	13936	6.0	9.0
5	60457	56142	58193	56066	3.7	0.1
7	91747	88877	90240	88157	1.6	0.8
11	107930	105972	97043	95301	10.1	10.1
23	60293	56892	57953	56543	3.9	0.6

工况二：数值模拟与实测波压力对比　　　　　　　　　　　　表3-6-2-5

传感器编号	统计峰值（Pa）	统计谷值（Pa）	模拟峰值（Pa）	模拟谷值（Pa）	峰值误差（%）	谷值误差（%）
5	34817	29554	36971	29264	6.2	1.0
7	65657	62183	66278	62106	0.9	0.1

续上表

传感器编号	统计峰值（Pa）	统计谷值（Pa）	模拟峰值（Pa）	模拟谷值（Pa）	峰值误差（%）	谷值误差（%）
11	82500	79749	72691	70597	11.9	11.5
21	35154	29326	34985	30394	0.5	3.6
23	34823	29834	35005	31211	0.5	4.6

工况三：数值模拟与实测波压力对比　　　　　表 3-6-2-6

传感器编号	统计峰值（Pa）	统计谷值（Pa）	模拟峰值（Pa）	模拟谷值（Pa）	峰值误差（%）	谷值误差（%）
5	18277	14297	19251	14502	5.3	1.4
8	52835	49716	49173	47240	6.9	5.0
11	68703	66377	55948	55079	18.6	17.0
16	21084	17916	17807	16341	15.5	8.8
19	52306	49877	48823	47846	6.7	4.1

图 3-6-2-17 ~ 图 3-6-2-22 分别给出了对应工况四下，2 号、5 号、8 号、11 号、16 号、19 号测点的实测波压力数据与数值模拟波压力结果（稳定后取 2 个波周期）。

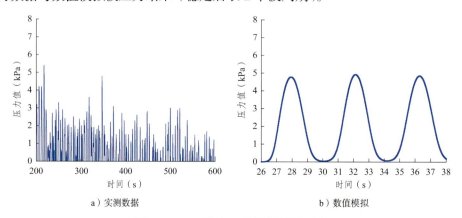

图 3-6-2-17　工况四：2 号测点波压力对比

图 3-6-2-17 给出了 2 号测点波压力的实测数据与数值模拟对比。经统计，2 号测点的波压力实测数据统计数据峰值为 3250Pa，谷值为 0Pa；数值模拟平均峰值为 4895Pa，谷值为 68Pa；峰值相差 50.6%，谷值相差约 100%。这是因为此时潮位 +1.99m，波浪作用下，2 号测点很可能会偶尔暴露在空气中，测不到波压力数据。

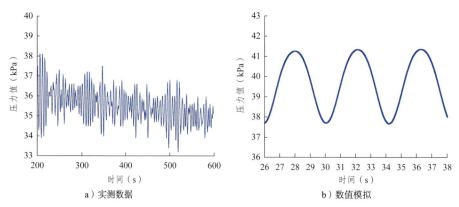

图 3-6-2-18　工况四：5 号测点波压力对比

图 3-6-2-18 给出了 5 号测点波压力的实测数据与数值模拟对比。经统计，5 号测点的波压力的实

测数据统计数据峰值为 37426Pa，谷值为 34187Pa；数值模拟平均峰值为 41346 Pa，谷值为 37671Pa，峰值相差 10.5%，谷值相差 10.2%。

图 3-6-2-19 给出了 8 号测点波压力的实测数据与数值模拟对比。经统计，8 号测点波压力的实测数据统计数据峰值为 73003Pa，谷值为 70582Pa；数值模拟平均峰值为 71691 Pa，谷值为 69852 Pa，峰值相差 1.8%，谷值相差 1.0%；此时反而对 8 号测点而言，数值模拟结果与实测吻合良好。

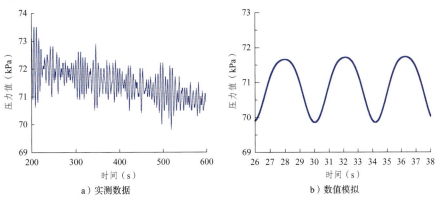

图 3-6-2-19　工况四：8 号测点波压力对比

图 3-6-2-20 给出了 11 号测点波压力的实测数据与数值模拟对比。经统计，11 号测点波压力的实测数据统计数据峰值为 89042Pa，谷值为 87145Pa；数值模拟平均峰值为 78637Pa，谷值为 77722Pa，峰值相差 11.7%，谷值相差 10.8%。同样观察到，底面 11 号测点的波压力数值模拟结果偏低。

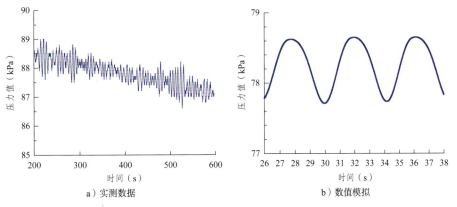

图 3-6-2-20　工况四：11 号测点波压力对比

图 3-6-2-21 给出了 16 号测点波压力的实测数据与数值模拟对比。经统计，16 号测点波压力的实测数据统计数据峰值为 40829Pa，谷值为 38137Pa；数值模拟平均峰值为 39971Pa，谷值为 39407Pa，峰值相差 2.1%，谷值相差 3.3%。

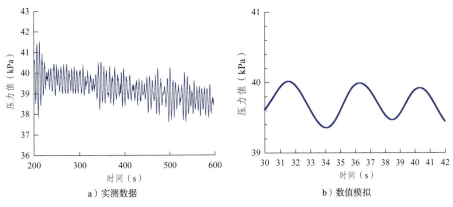

图 3-6-2-21　工况四：16 号测点波压力对比

图 3-6-2-22 给出了 19 号测点波压力的实测数据与数值模拟对比。经统计，19 号测点波压力的实测数据统计数据峰值为 72339Pa，谷值为 70258Pa；数值模拟平均峰值为 71192Pa，谷值为 70617Pa，峰值相差 1.6%，谷值相差 0.5%。数值结果与实测结果吻合良好。

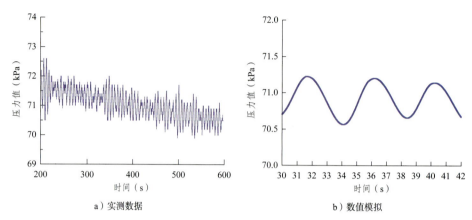

a）实测数据　　　　　　　　　b）数值模拟

图 3-6-2-22　工况四：19 号测点波压力对比

表 3-6-2-7 给出了对应工况四下，2 号、5 号、8 号、11 号、16 号、19 号各测点的波压力对比及误差值。

工况四：数值模拟与实测波压力对比　　　　　　　　　　表 3-6-2-7

传感器编号	统计峰值（Pa）	统计谷值（Pa）	模拟峰值（Pa）	模拟谷值（Pa）	峰值误差（%）	谷值误差（%）
2	3250	0	4895	68	50.6	100.0
5	37426	34187	41346	37671	10.5	10.2
8	73003	70582	71691	69852	1.8	1.0
11	89042	87145	78637	77722	11.7	10.8
16	40829	38137	39971	39407	2.1	3.3
19	72339	70258	71192	70617	1.6	0.5

综上围堰的实测波压力与数值结果对比，研究表明：

①对于围堰主迎浪面及侧面各测点的波压力，实测数据与数值模拟在波压力峰值和谷值的模拟方面吻合较好。

②不同测点之间波压力的相对关系与实测数据相似，说明在进行波压力分布规律方面，数值模拟在一定程度上能够反映实测的结果。

③由于受统计水深、波高、周期的影响，数值模拟的波浪条件与实际存在较大差异，而数值模拟的波浪力受波浪参数的影响较大。

④数值模拟波浪由于波形固定，而实测波浪为随机波，波形不断变化，因此不同测点实测和模拟的结果精度存在差异（水面附近 2 号、14 号测点的误差较大）；同时受到结构物遮挡，波浪发生破碎，背浪面测点（14 号、16 号、19 号）的压力时程曲线存在一定程度的波动。

⑤实际波浪为多方向的，而数值水槽为单方向，因此迎浪面围堰左侧测点（21 号、23 号）与实测结果存在一定的差异。

数值模拟未考虑水流，以及潮位变化对于波浪力的影响，在以下部分将进一步考虑。

（3）数值模拟总力与规范对比

上一节给出了围堰波压力的实测结果与数值模拟对比，表明围堰表面的测点波压力吻合良好。可见，所建立的数值模型可以较好地模拟围堰表面波压力分布情况。事实上，工程实践中更关心作用在围堰上的总波浪力量级，以下将给出基于现行《海港水文规范》（JTS 145-2—2013）的经验公式计算矩形结构波浪力与上述数值模型结果的对比。

根据《海港水文规范》（JTS 145-2—2013）附录 L 方形和矩形柱体上波浪力的计算方法：
$b/L=0.2\sim0.9$、$1/3 \leqslant d_1/d \leqslant 2/3$ 且 $d_1 > 1.7H$ 时，最大水平总波浪力：

$$P_{\max} = 0.355\gamma bHL\left(\frac{\pi}{8}th\frac{2\pi d}{L}\right)$$

表 3-6-2-8 给出了对应 4 种工况下，作用在围堰表面的纵向波浪力值，表中可观察到，与数值模拟结果对比，现有规范计算矩形围堰波浪力值偏小较多，在实际工程应用中，按该规范的经验公式进行围堰波浪力量级估算，可能偏于危险。

各工况数值模拟值与规范对比　　　　　　　　　　　　　　　表 3-6-2-8

工　况	规范值（N）	数值模拟（N）	误差（%）
工况一	4.32×10^5	5.95×10^5	37.7
工况二	4.16×10^5	5.63×10^5	35.3
工况三	1.94×10^5	2.59×10^5	33.5
工况四	3.05×10^5	3.59×10^5	17.7

4）水流对钢吊箱动水压力数值模拟的影响

由围堰波压力数值模拟中研究表明，某些工况下，围堰表面测点波压力的实测值与模拟值有较大的差异，有必要考虑流对波压力的贡献。以下将进一步考虑流对钢吊箱动水压力的影响。

（1）流速仪实测数据

图 3-6-2-23 为矩形围堰流速仪的布置示意图，流速仪布置在 B40 号墩平台和 B41 号墩平台之间。

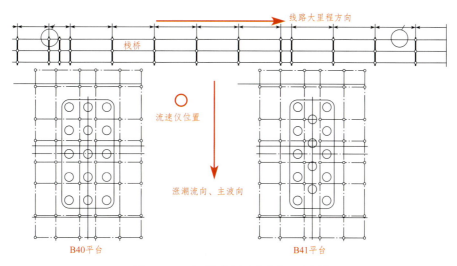

图 3-6-2-23　矩形围堰流速仪的布置示意图

为了解该围堰墩位处的流速分布情况，图 3-6-2-24 给出了工况一和工况四的流速分布情况。首先应根据实测数据计算本工况下的叠加流速。通过三次函数对实测流速分布进行拟合，高程—流速散点如图 3-6-2-24 所示。工况水位下第二个传感器处的流速，即 5 号测点处的流速。最终在工况一取流速为 0.82m/s，在工况四下取流速为 0.36m/s。

（2）考虑流速的数值模拟

以下将考虑工况一 + 流（表 3-6-2-9），矩形围堰各测点波压力实测值与模拟值的对比。表 3-6-2-10

给出了对应表 3-6-2-7 的研究工况下，纯波浪模拟，波浪+流模拟值与实测波压力的误差。对比可见，考虑了流的作用，各测点的波流压力模拟值更接近于实测波压力值，只是影响幅度较小，表明流对波压力有一定的贡献。

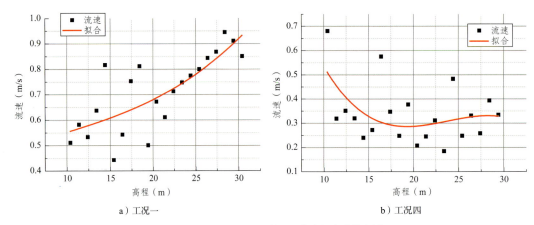

图 3-6-2-24　工况一和工况四：各高程流速散点图

工况一及波流参数　　　　　　　　　　　　　　　　　　　　　　表 3-6-2-9

时　间	波高（m）	周期（s）	潮位（m）	水深（m）	流速（m/s）
2016 年 9 月 27 日 20 时 30 分	0.85	3.18	3.73	31.8	0.82

数值模拟与实测波压力对比　　　　　　　　　　　　　　　　　　表 3-6-2-10

传感器编号	统计峰值（Pa）	统计谷值（Pa）	模拟峰值（Pa）	模拟谷值（Pa）	模拟峰值（+流）	模拟谷值（+流）	峰值误差（%）	谷值误差（%）	峰值误差（+流）(%)	谷值误差（+流）(%)
1	22978	15315	21607	13936	23587	14926	6.0	9.0	2.7	2.5
5	60457	56142	58193	56066	60552	57088	3.7	0.1	0.2	1.7
7	91747	88877	90240	88157	91275	88750	1.6	0.8	0.5	0.1
11	107930	105972	97043	95301	98035	97534	10.1	10.1	9.2	8.0
23	60293	56892	57953	56543	58735	55737	3.9	0.6	2.6	2.0

以下将考虑工况四+流（表 3-6-2-11），矩形围堰各测点波压力实测值与模拟值的对比。

工况四及波流参数　　　　　　　　　　　　　　　　　　　　　　表 3-6-2-11

时　间	波高（m）	周期（s）	潮位（m）	水深（m）	流速（m/s）
2017 年 1 月 16 日 15 时 30 分	0.32	5.11	1.99	30.05	0.36

图 3-6-2-25 给出了 2 号测点波压力的实测数据与数值模拟对比。经统计，2 号测点的波压力实测数据统计数据峰值为 3250Pa，谷值为 0Pa；数值模拟平均峰值为 5345Pa，谷值为 144Pa，峰值相差 64.5%，谷值相差约 100%；这是因为此时潮位+1.99m，波浪作用下，2 号测点很可能会偶尔暴露在空气中，测不到波压力数据。还可观察到，流并未对波压力有很大的贡献。

图 3-6-2-26 给出了 5 号测点波压力的实测数据与数值模拟对比。经统计，5 号测点的实测数据统计数据峰值为 73003Pa，谷值为 70582Pa；数值模拟平均峰值为 71659 Pa，谷值为 70194 Pa，峰值相差 10.6%，谷值相差约 10.4%。可观察到，流并未对波压力有很大的贡献。

图 3-6-2-27 给出了 8 号测点波压力的实测数据与数值模拟对比。经统计，8 号测点的实测数据统计数据峰值为 37426Pa，谷值为 34187Pa；数值模拟平均峰值为 41381 Pa，谷值为 37732Pa，峰值相差 1.8%，谷值相差约 0.6%。可观察到，流并未对波压力有很大的贡献。

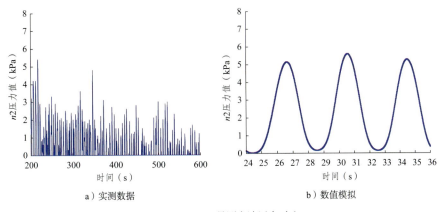

图 3-6-2-25 2 号测点波压力对比

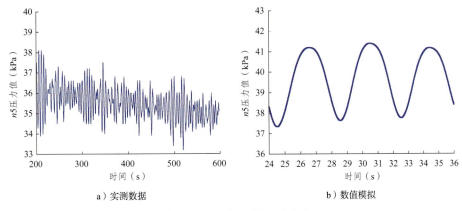

图 3-6-2-26 5 号测点波压力对比

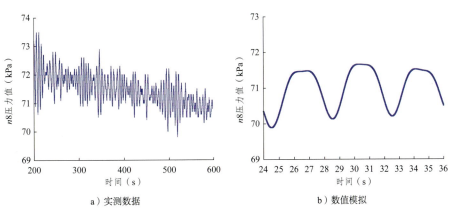

图 3-6-2-27 8 号测点波压力对比

表 3-6-2-12 给出了对应表 3-6-2-11 的研究工况下，纯波浪模拟，波浪+流模拟值与实测波压力的误差。对比可见，考虑了流的作用，各测点的波流压力模拟值更接近于实测波压力值，只是影响幅度较小，表明流对波压力有一定的贡献。

数值模拟与实测波压力对比 表 3-6-2-12

传感器编号	统计峰值（Pa）	统计谷值（Pa）	模拟峰值（Pa）	模拟谷值（Pa）	模拟峰值（+流）	模拟谷值（+流）	峰值误差（%）	谷值误差（%）	峰值误差（+流）（%）	谷值误差（+流）（%）
2	3250	0	4895	68	5345	144	50.6	100.0	64.5	100.0
5	37426	34187	41346	37671	41381	37732	10.5	10.2	10.6	10.4
8	73003	70582	71691	69852	71659	70194	1.8	1.0	1.8	0.6

续上表

传感器编号	统计峰值（Pa）	统计谷值（Pa）	模拟峰值（Pa）	模拟谷值（Pa）	模拟峰值（+流）	模拟谷值（+流）	峰值误差（%）	谷值误差（%）	峰值误差（+流）（%）	谷值误差（+流）（%）
11	89042	87145	78637	77722	78490	77860	11.7	10.8	11.9	10.7
16	40829	38137	39971	39407	40501	39731	2.1	3.3	0.8	4.2
19	72339	70258	71192	70617	71634	71012	1.6	0.5	1.0	1.1

综上研究，经过数值模拟的比较可以看出，加入流速后，峰谷值的点压力小幅度的变化，部分结果更接近实测数据，部分结果误差变大，但整体变化幅度较小。由于是否考虑流速的数值模拟其峰值误差均在15%以内，因此在进行波浪力数值模拟时可以基本忽略流速的影响。

6.2.4 波浪参数对围堰波浪力的影响

上述已初步验证数学模型模拟波压力的可靠性，以下主要针对波浪参数对围堰的总波浪力影响进行研究。为探讨波浪参数对围堰波浪力（波压力）的影响，分别从波周期、波高和潮位的变化引起波压力的变化进行分析。分析中，围堰结构参数固定，且波浪主波方向固定（认为波浪始终垂直短边入射）。

1）改变波周期 T

波高 H 固定取 0.5m；潮位固定取 +3.0m，对应水深 $d=31.0$m；改变波周期 T，分别取 3.0s、4.0s、5.0s、6.0s、7.0s；当水深 $d=31$m、波周期 $T=2$s 时计算出的波长 $L=6.24$m，此时 $kd = 2pi/(L·d) = 31.22 >> 3.0$，属于深水波，其波浪运动沿水深深度方向呈指数衰减趋势。因此，在水深大于 $h'=3m$ 区域，波浪几乎不动，此波况计算的意义不大。高潮位时受力更为不利，因此本例均取潮位为 +3.0m。

（1）波压力分析

由图 3-6-2-28 可见，在此波况下，同一高度的测点波压力值几乎一致，只是存在一定的相位差异。高程越低的测点，总波压力越大，这是由于静水压力随着水深增加而加大。由于计算域及波浪场的对称性，对称测点的波压力值很接近，如1号和3号、4号和6号、7号和9号测点。

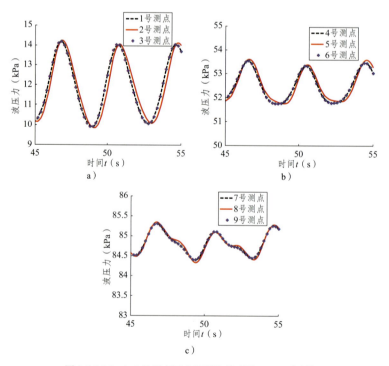

图 3-6-2-28　1~9号测点压力时程比较（以 $T=4.0s$ 为例）

（2）三维自由液面分析

图 3-6-2-29 给出了对应 $T=4.0s$，$d=31.0m$，$H=0.5m$ 一个周期内 5 个时刻的三维波面图，图中可以观察到波峰传播到矩形围堰附近时，存在明显的波浪爬高现象［图 3-6-2-29b）］，同时周围的波场呈现出明显衍射现象。这是由于矩形围堰相对波长而言属于大尺度结构，矩形围堰的存在干扰了入射波场的传播，结构周围出现了明显的波场衍射现象。

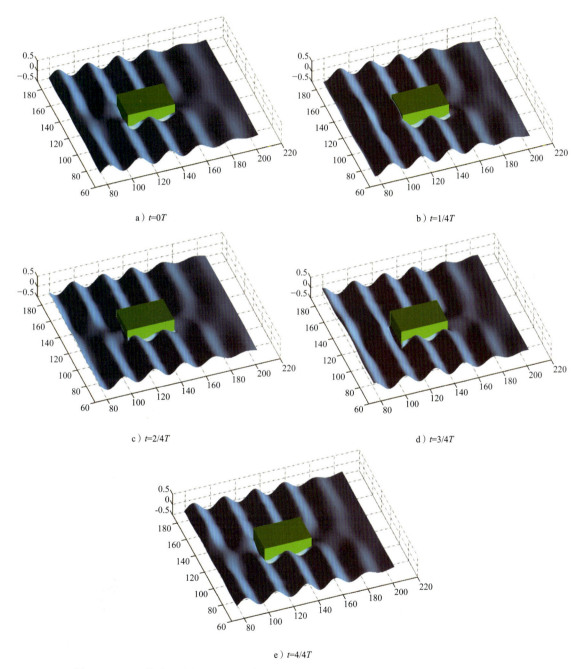

a）$t=0T$ b）$t=1/4T$

c）$t=2/4T$ d）$t=3/4T$

e）$t=4/4T$

图 3-6-2-29 三维波面图（以 $T=4.0s$ 为例，计算稳定后截取一个周期来观察）（坐标单位：m）

（3）流场特性分析

图 3-6-2-30 给出了对应 $T=4.0s$，$d=31.0m$，$H=0.5m$ 一个周期内 5 个时刻的流场分布图，图中可观察到波浪传播到矩形围堰时，在四个角点处产生明显的涡旋，几乎呈对称分布。从流场图来看，速度梯度变化较大的区域与矩形围堰尺度相比较小，湍流边界层较薄。

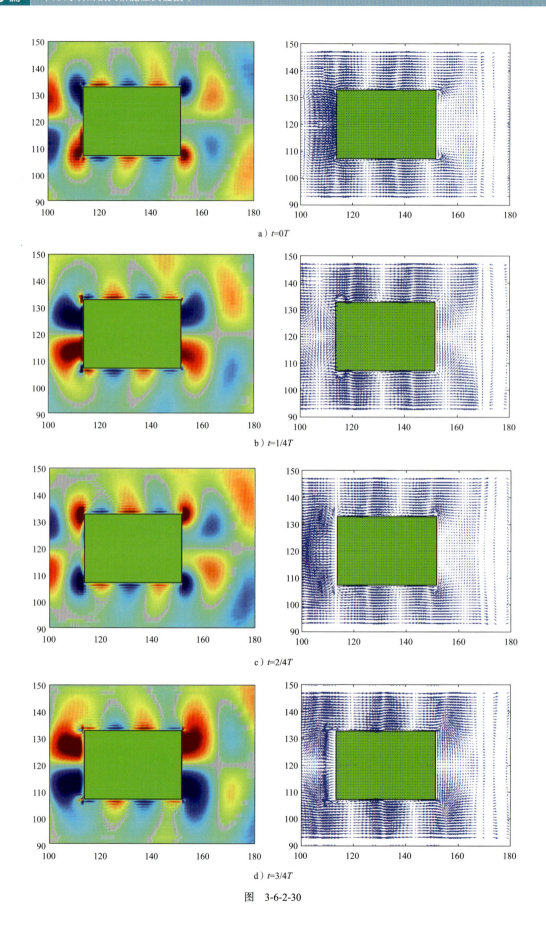

图 3-6-2-30

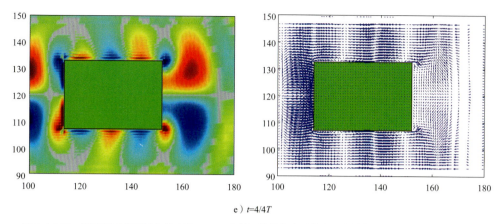

e) $t=4/4T$

图 3-6-2-30 结构附近的流场分布（以 $T=4.0s$ 为例，计算稳定后截取一个周期来观察；坐标单位：m）

（4）水平波浪力分析

图 3-6-2-31、图 3-6-2-32 给出了 $H=0.25m$、$H=0.50m$，对应不同周期的波况下矩形围堰所受的纵向波浪力 F_x 和横向波浪力 F_y 时程曲线。由图可见，由于矩形围堰相对波场的对称性，结构所受的横向波浪力 F_y 较纵向波浪力 F_x 相比，几乎为 0。从时程曲线来看，前几个波浪刚起波，因此对结构作用力较小，且未稳定，当 t 达到约 $15T$ 时，矩形围堰所受的波浪力趋于稳定。

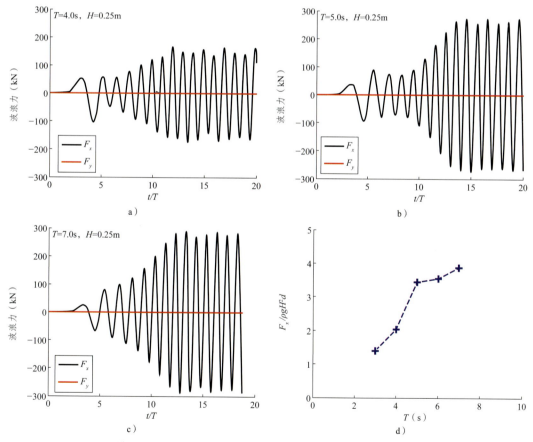

图 3-6-2-31 $H=0.25m$，不同波周期下围堰总波浪力随波浪周期变化（取其中 3 个波况时程）

为了更好地用于工程实践中结构波浪力的计算，图 3-6-2-33 给出了此围堰所受纵向波浪力随不同波浪周期变化的拟合曲线。

$H=0.25m$ 时，改变波周期，无量纲波浪力（y）与波周期（x）的拟合公式为：

$$y=-0.1382x^2+2.0316x-3.5602 \qquad (3\text{-}6\text{-}2\text{-}1)$$

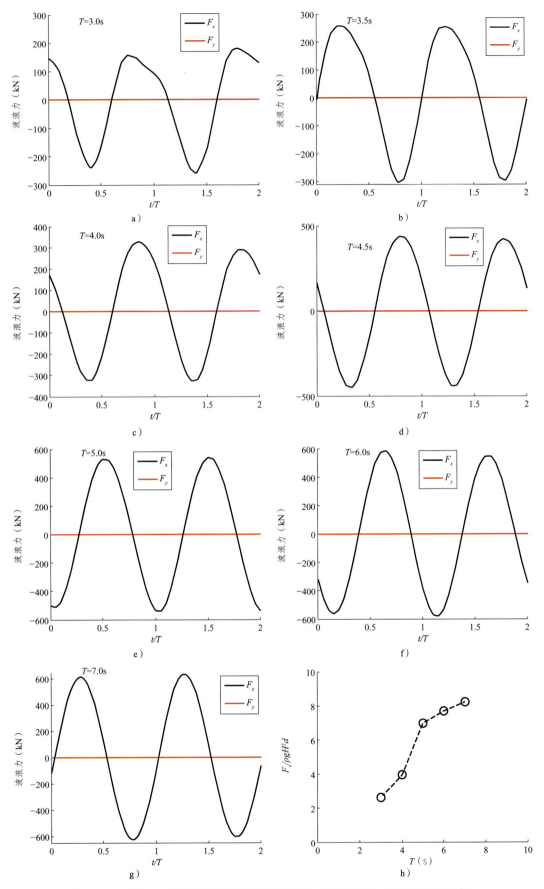

图 3-6-2-32　$H=0.5m$，不同波周期下围堰总波浪力对比（计算稳定后，截取其中两个周期）

H=0.50m 时，改变波周期。

无量纲波浪力（y）与波周期（x）的拟合公式为：

$$y=-0.2774x^2+4.2688x-7.9545 \tag{3-6-2-2}$$

分析可见，围堰无量纲波浪力随波周期的增加均呈二次非线性关系，随着波周期的增加波浪力先增加后减小。从拟合公式（3-6-2-1）、公式（3-6-2-2）中可以观察到各系数随着波高也相应成倍增加。

为更好地分析波浪力随波周期的变化规律，将波浪力无量纲化（ρ 为水的密度；g 为重力加速度；H 为波高；d 为水深，统一取 31m）。波周期不同，导致各波况波浪力相位不一致。在现有波周期的各工况中，围堰的波浪力随着波周期的增加而增大。这是由于短波（波周期较小），波能较小，作用在围堰上的力也较小；而随着波周期增大，波能较大，中长波作用在围堰上的波浪力更大。若要考虑最不利波浪荷载，有必要考虑中长波的作用。如若随着波周期的进一步增大，波浪力反而减小。这是由于对于长波的情况，结构物的存在几乎对原始波场无干扰。

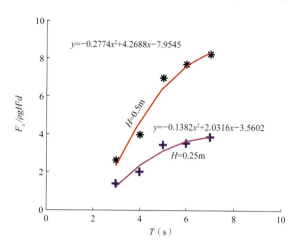

图 3-6-2-33　围堰无量纲总波浪力随波周期变化的拟合公式

2）改变波高 H

潮位固定取 +3.0m，对应水深 31.0m；波周期 T 固定取 6.0s/7.0s；改变波高 H，分别取 0.5m、1.0m、1.5m、2.0m、2.5m、3.0m。一般短波（如 T=3s、4s 等）对应的波高均较小，若选短波周期 + 大波高，这样的波况实际中很少存在，因此综合考虑，本例选 T=6.0s/7.0s；高潮位时受力更为不利，因此本例均取潮位为 +3.0m。

（1）波压力分析

波压力特性与本节之前的描述相同，此部分不再赘述。

（2）三维自由液面分析

图 3-6-2-34 给出了 5 种不同波高，同一时刻（即波峰靠近矩形围堰迎浪一侧时）结构附近的三波面图。可见，随着波高的增加，矩形围堰迎浪一侧的波浪爬高越大，结构附近的波浪自由液面变形也越大，由于波长及结构尺寸不变，周围波场的衍射形态差异较小。

（3）流场特性分析

矩形围堰周围的流场分布特性与同本节之前的描述相同，此部分不再赘述。

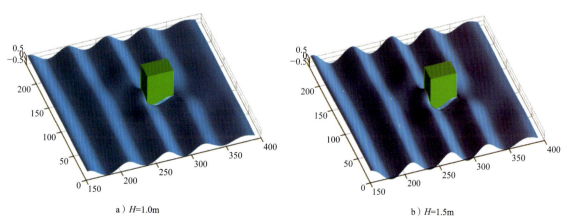

a）H=1.0m　　　　　　　　　　b）H=1.5m

图　3-6-2-34

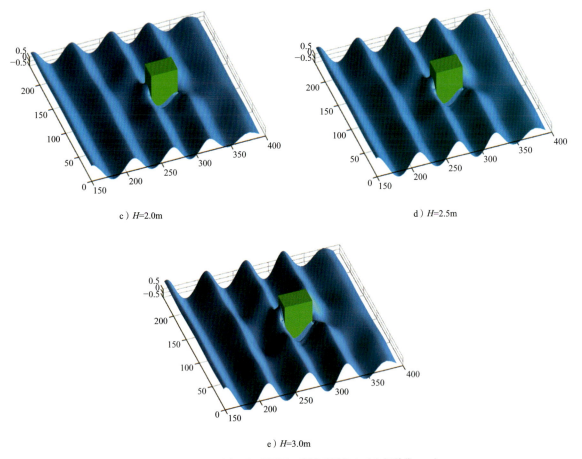

图 3-6-2-34　不同波高下矩形围堰三维波面图分布（坐标单位：m）

（4）水平向波浪力分析

图 3-6-2-35、图 3-6-2-36 给出不同波高下矩形围堰所受的水平向波浪力时程图（计算稳定后，取 2 个周期）。图中可见，随着波高的增加，围堰波浪力几乎呈线性增加。当极端波浪荷载作用下（大波高）作用在结构上，将产生巨大的波浪力，同时可以观察到波浪时程呈现一定程度的非线性。

为更好地指导实际桥梁工程设计与施工，以下给出了波浪力随波高变化的拟合曲线，如图 3-6-2-37 所示。

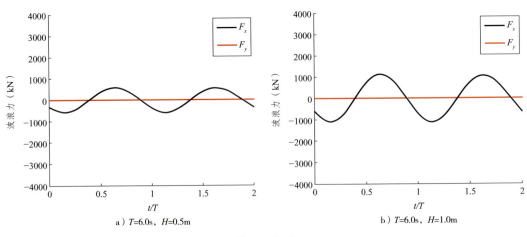

图 3-6-2-35

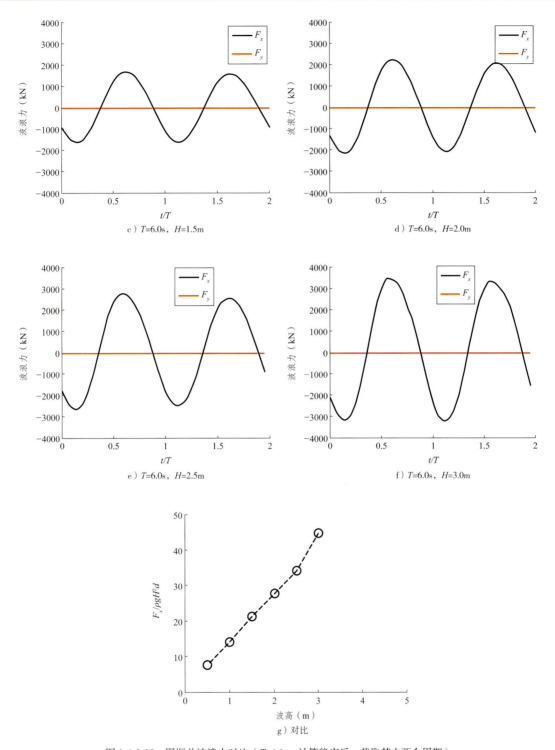

图 3-6-2-35 围堰总波浪力对比（T=6.0s，计算稳定后，截取其中两个周期）

T=6.0s 时，改变波高，无量纲波浪力（y）与波高（x）的拟合公式为：
$$y=14.382x-0.1666 \quad (3\text{-}6\text{-}2\text{-}3)$$

T=7.0s 时，改变波高，无量纲波浪力（y）与波高（x）的拟合公式为：
$$y=15.4897x-0.0032 \quad (3\text{-}6\text{-}2\text{-}4)$$

分析可见，尽管对应的波周期不同，围堰波浪力随波高的增加均呈线性增加。从拟合公式（3-6-2-3）及公式（3-6-2-4）中可以观察到系数较为接近。

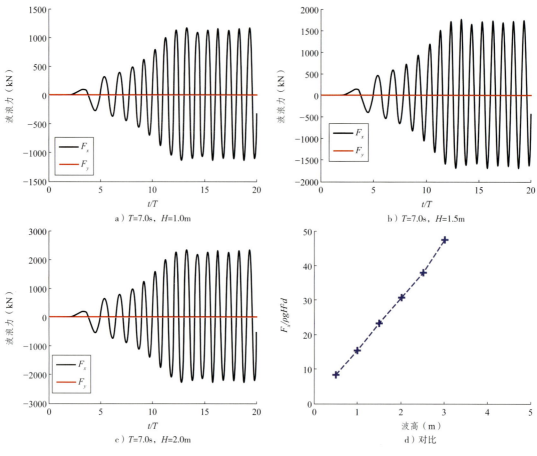

图 3-6-2-36　围堰总波浪力对比（T=7.0s，给出其中 3 种波况）

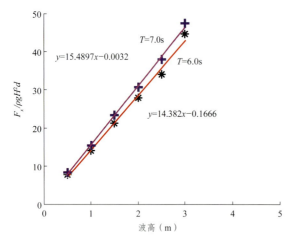

图 3-6-2-37　围堰无量纲总波浪力随波高变化的拟合公式

3）改变潮位 d'

波周期 T 固定取 7.0s；波高 H 固定取 0.5m；改变潮位 d' 分别取 -3.0m、0.0m、+3.0m，亦即对应水深为 25.0m、28.0m、31.0m，见表 3-6-2-13。可以看出，对应周期 T=3~7s，在水深 d=31.0m 时，波况均属于深水波条件（k>3.0 或者接近 3.0）；其中 T=3s、4s、5s 时有效影响水深均较小，上述潮位影响范围不足以影响到这几个波况；综合考虑只有 T=7.0s 比较合适作为潮位影响的分析案例。潮位变化范围（-3.0~+3.0m），是参照 TIDE.TXT 提供的潮位信息。

各工况有效影响水深计算　　　　　　　表 3-6-2-13

波周期	波长 L	波数 K	水深 d	Kd	判　断	有效影响水深（m）
T=3s	14.04	0.45	31.00	13.87	>>3.0	6.70
T=4s	24.96	0.25	31.00	7.80	>>3.0	11.92
T=5s	38.99	0.16	31.00	5.00	>>3.0	18.62
T=6s	56.00	0.11	31.00	3.48	>3.0	26.74
T=7s	75.55	0.08	31.00	2.58	<3.0	31.0

（1）波压力分析

波压力特性同上所述，此部分不再赘述。

（2）三维波浪自由液面分析

图 3-6-2-38 给出了不同潮位下同一时刻矩形围堰附近的三维波面图，可见潮位的上升对波面形态的影响很小，结构周围的波面爬高也很接近。

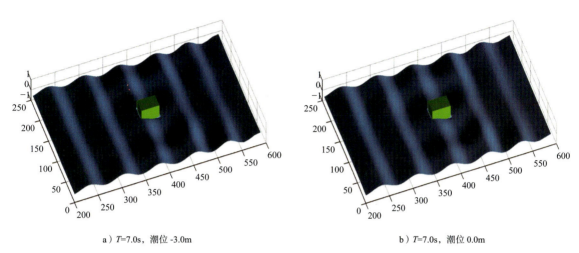

a）$T=7.0s$，潮位 -3.0m   b）$T=7.0s$，潮位 0.0m

图 3-6-2-38　$T=7.0s$，不同潮位下结构附近的三维波面图（坐标单位：m）

（3）流场特性分析

流场分布特性同上所述，此部分不再赘述。

（4）水平向波浪力分析

潮位直接影响围堰的吃水深度，当潮位为 -3.0m 时（对应水深 25m），围堰吃水深度为 3.065m；潮位为 0.0m 时（对应水深 28m），围堰吃水深度为 6.065m；潮位为 +3.0m 时（对应水深 31m），围堰吃水深度为 9.065m。图 3-6-2-39、图 3-6-2-40 分别给出了 $T=7.0s$、$H=0.5m$ 及 $H=1.0m$ 下，不同潮位时矩形围堰所受的水平向波浪力时程图。图中可观察到，作用在围堰上的波浪力随着潮位的增高（亦即吃水深度的增加）呈线性增加，变化幅度几乎成倍增加，这是由于随着吃水深度的增加，垂直波浪传播方向的有效投影面积增大，进而使得纵向波浪力增加。

为更好地指导实际桥梁工程设计与施工中，以下给出波浪力随潮位变化的拟合曲线公式，如图 3-6-2-39 所示。

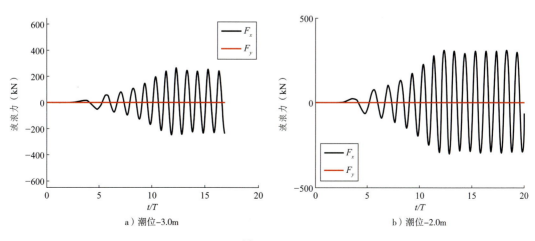

a）潮位 -3.0m   b）潮位 -2.0m

图　3-6-2-39

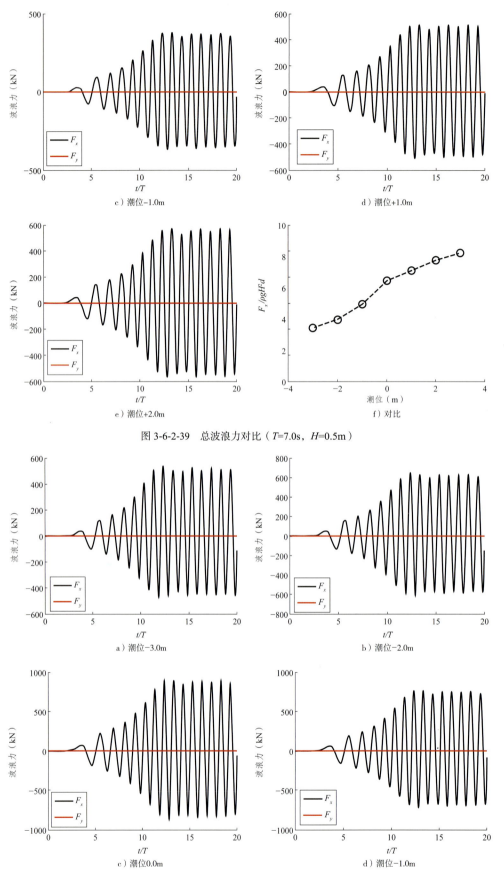

图 3-6-2-39 总波浪力对比（T=7.0s，H=0.5m）

图 3-6-2-40

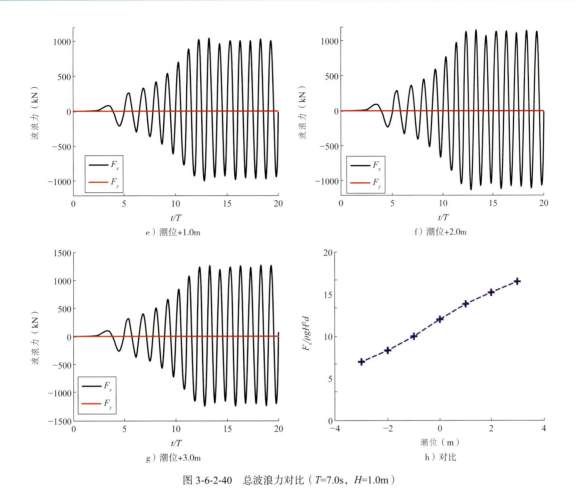

图 3-6-2-40　总波浪力对比（T=7.0s，H=1.0m）

T=7s、H=0.5m 时，改变潮位，即改变水深，对应的无量纲纵向波浪力（y）随水深（x）的变化关系为：
$$y=0.8202x-17.0991 \qquad (3\text{-}6\text{-}2\text{-}5)$$

T=7s、H=1.0m 时，改变潮位，即改变水深，对应的无量纲纵向波浪力（y）随水深（x）的变化关系为：
$$y=1.6559x-34.5777 \qquad (3\text{-}6\text{-}2\text{-}6)$$

可见，围堰无量纲波浪力随着水深的增加呈线性增加的关系，从拟合公式（3-6-2-6）中可以观察到各系数随着波高的翻倍也相应成倍增加（图 3-6-2-41）。

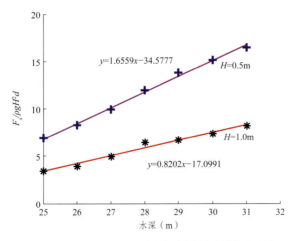

图 3-6-2-41　围堰无量纲总波浪力随水深的变化拟合公式

6.2.5 围堰波流力分析

波周期 T 取 4.0s、5.0s、6.0s；波高 H 固定取 0.5m；潮位 d' 取 +3.0m；亦即对应水深为 31.0m，流速变化范围（0.2m/s、0.4m/s、0.6m/s、0.8m/s）。

1）流速对波流压力的影响

图 3-6-2-42 给出不同流速下 2 号测点的波流压力对比，可见流速越大，波压力相位越提前，且波压力峰值和谷值较纯波浪的情况均有所降低，可见流速的存在对波压力分布产生较大影响。这是由于流速的存在改变了质点的总流速，进而改变了质点的运动形态及路径。

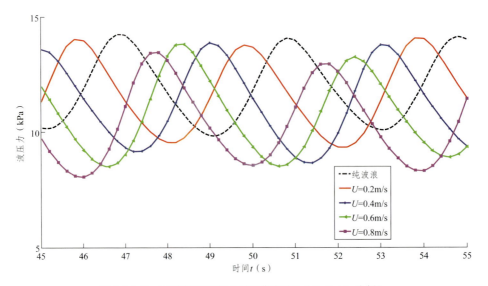

图 3-6-2-42　2 号测点的波压力时程曲线对比（以 T=4.0s 为例）

2）流速对自由液面的影响

图 3-6-2-43 给出了不同流速下同一时刻矩形围堰周围三维波面图。可以观察到，不同流速的作用对波浪的传播相位有一定影响，流速越大，相位提前越多。与纯波浪情况相比，低流速时波面衍射形态与之接近，而流速越大，结构周围波场的变形越明显，衍射形态出现明显差异。如 U=0.6m/s、0.8m/s 矩形围堰迎流一侧的波浪自由液面发生较大的变形。同时还可发现，U=0.8m/s 时，矩形围堰迎浪一侧波浪爬高，比 U=0.6m/s 时大。

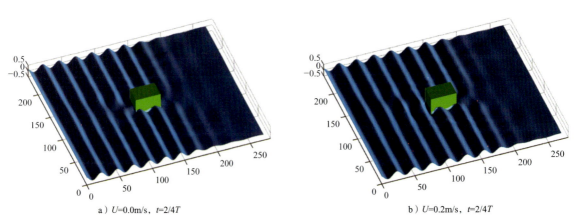

图 3-6-2-43

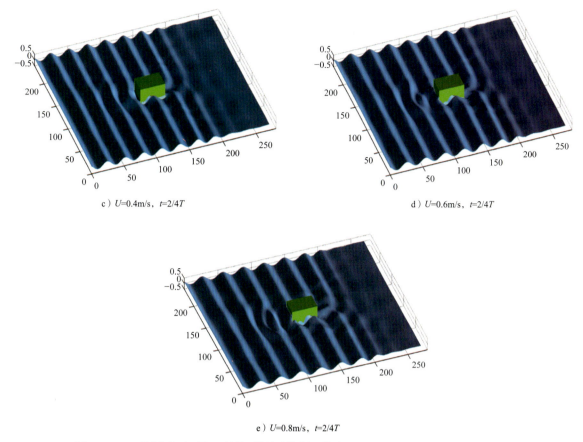

图 3-6-2-43　不同流速下，同一时刻矩形围堰周围的三维波面图（以 T=4.0s 为例；坐标单位：m）

3）流速对涡流场的影响

首先，图 3-6-2-44 给出了对应 T=4.0s、d=31.0m、H=0.5m，流速 U=0.6m/s 一个周期内 5 个时刻的流场分布图，图中可观察到波浪传播到矩形围堰时，迎浪一侧两个角点附近的涡旋并不是马上分离，而是传播了一定长度后，再分离，在背浪一侧两个角点处始终伴随着涡旋的形成和脱落。图 3-6-2-45 给出了对应 T=4.0s、d=31.0m、H=0.5m，流速 U=0.6m/s 工况下 4 个典型时刻的涡脱落图。图中可以观察到，t=5T 时矩形围堰四个角点处形成小涡旋，几乎对称分布。随着波流的继续传播，t=10T～15T 时，小涡旋慢慢变大，并由脱落的趋势；t=20T 时，矩形围堰迎流一侧两角点处的涡旋沿着长边传播一定距离，即将脱落。

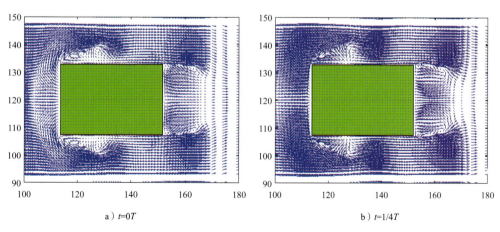

图　3-6-2-44

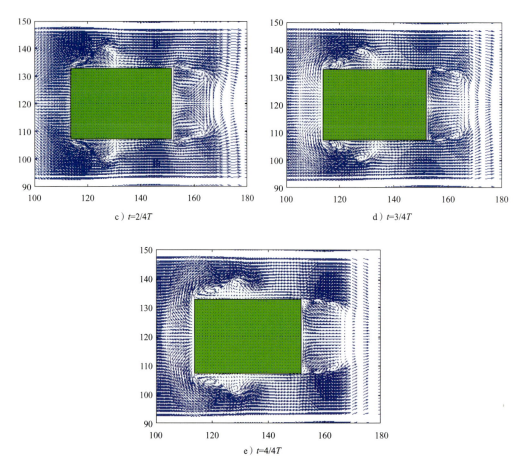

图 3-6-2-44　$U=0.6$m/s 波流共同作用下矩形围堰附近流场分布（坐标单位：m）

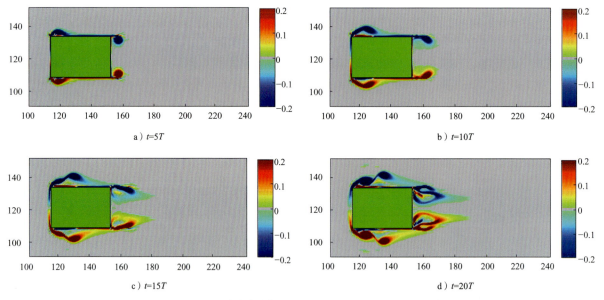

图 3-6-2-45　$U=0.6$m/s 波流共同作用下矩形围堰附近流场分布（坐标单位：m）

为了更好地观察不同流速下矩形围堰附近的波流场分布，图 3-6-2-46 所示为不同流速下同一时刻矩形围堰附近的流场分布图。图中可以观察到，纯波浪时，矩形围堰的四个角点处涡旋很不明显，随着流速的增加，迎浪一侧角点附近形成涡旋，并传播一定距离在长边范围内发生漩涡脱落；背浪一侧角点处形成稳定的小涡旋，随着时间的推移将周期性脱落。

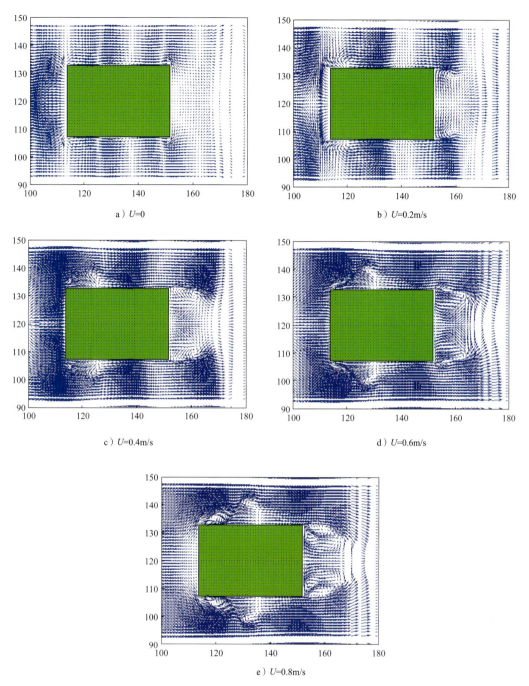

图 3-6-2-46 不同流速下,波流共同作用下矩形围堰附近流场分布(坐标单位:m)

4)流速对围堰波流力的影响

由于波流场相对矩形围堰的对称性,横向波浪力 F_y 几乎为 0,因此侧重研究纵向波浪力 F_x。图 3-6-2-47 所示为不同流速下,矩形围堰所受的纵向波浪力 F_x 时程曲线(计算稳定后,取 2 个周期)。可以观察到流速越大,波浪力相位提早越多,同时波浪力峰值也越大。

为更好地指导实际桥梁工程设计与施工中,以下给出波流力随流速变化的拟合曲线公式,如图 3-6-2-48 所示。

$T=4s$,$H=0.5m$ 时,改变流速,对应的无量纲纵向波浪力(y)随流速(x)的变化关系为:

$$y=3.8762x+3.5587 \tag{3-6-2-7}$$

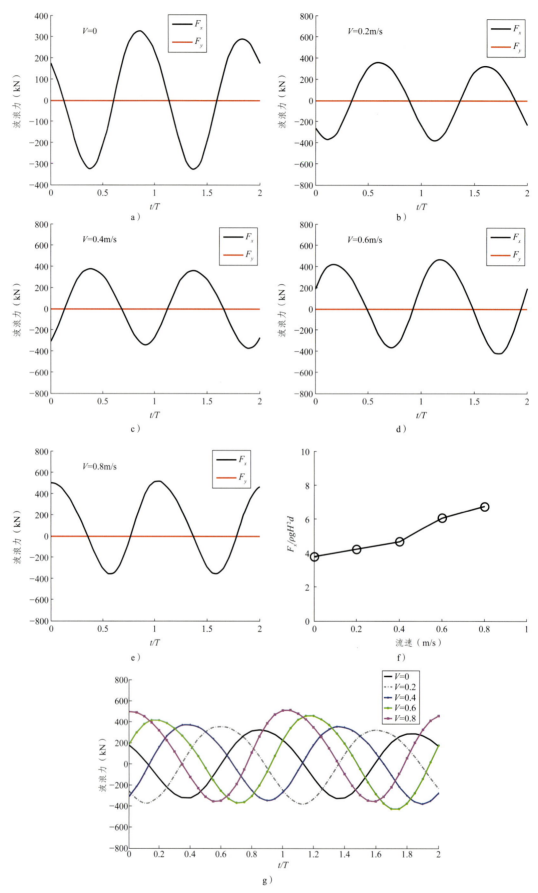

图 3-6-2-47 不同流速下，同一时刻矩形围堰纵向波浪力 F_x 对比（$T=4.0s$ 为例，计算稳定后，取 2 个周期）

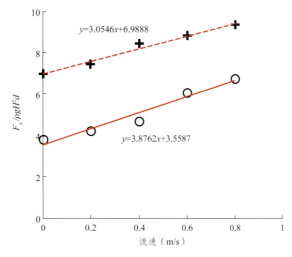

图 3-6-2-48　不同流速下正向波流力峰值对比（T=4.0s，T=5.0s）

T=5s，H=0.5m 时，改变流速，对应的无量纲纵向波浪力（y）随流速（x）的变化关系为：

$$y=3.0546x+6.9888 \tag{3-6-2-8}$$

由图 3-6-2-48 可见，围堰无量纲波流力随着流速的增加几乎呈线性增加的关系。

6.2.6　钢箱梁围堰波流力的经验公式

1）规范方法介绍

根据《海港水文规范》（JTS 145-2—2013）"附录 L 方形和矩形柱体上波浪力的计算方法"提到两种计算方形柱体的方法，其应用要求为："L.0.1 $b/L>0.2$ 时，作用于方形或 $a/b \leqslant 1.5$ 的矩形断面柱体上的波流力可按本附录的方法计算。"其中 a、b 分别为矩形柱体断面平行和垂直于波向的宽度。

由于本吊箱 a=37.912，b=25.4，$a/b<1.5$，因此原则上适用于本规范。本章结合数值模拟结果，分别采用本规范的两种方法计算围堰波浪力，同时考虑流对围堰受力的影响，提出适用于平潭台风区跨海桥梁钢吊箱的波浪力估计方法。

（1）方法 1

根据 L.0.2：b/L=0.2～0.9、$1/3 \leqslant d_1/d \leqslant 2/3$（其中，$d_1$、$d$ 分别为基床上水深（即围堰处）、建筑物前水深），且 $d_1 > 1.7H$ 时，最大水平总波浪力 P_{max} 按式（3-6-2-9）计算。

$$P_{max}=0.355\gamma bHL\left(\frac{\pi}{8}\text{th}\frac{2\pi d}{L}\right) \tag{3-6-2-9}$$

考虑到吃水深度影响：

$$P_{max}=0.355\gamma bHL\frac{\pi}{8}\frac{\text{sh}kz_2-\text{sh}kz_1}{\text{ch}kd} \tag{3-6-2-10}$$

式中：γ——水的重度（kN/m³）；

　　　H——波高（m）；

　　　L——波长（m）；

　　　k——波数（m⁻¹）；

z_1、z_2——计算点在水底面以上的高度（m）。

该方法无法考虑流的影响。

（2）方法 2

根据 L.0.3：b/L=0.2～0.9、$d_1/d>2/3$ 且 $d_1>1.7H$ 时，波浪力可用折算直径 D 按照第 8.3.6 条进行计算。

折算直径可按式（3-6-2-11）计算。

$$D = \sqrt{\frac{4ab}{\pi}} \quad (3\text{-}6\text{-}2\text{-}11)$$

由于结构形式的不同，规范中涉及结构与实际钢围堰有所差异，因此在使用规范计算公式时所选取变量需要适当调整。该方法无法考虑流的影响。

根据第 8.3.6 条，较大水深作用于或 $d/L > 0.2$ 大尺度柱体上的波浪力按式（3-6-2-12）计算。

$$P_{\max} = P_{1\max} = C_M \frac{\gamma A H}{2} K_2 \quad (3\text{-}6\text{-}2\text{-}12)$$

$$K_2 = \frac{\operatorname{sh} k z_2 - \operatorname{sh} k z_1}{\operatorname{ch} k d} \quad (3\text{-}6\text{-}2\text{-}13)$$

式中：C_M——惯性力系数，对于 $a/b \leqslant 1.5$ 的矩形断面取 2.2；

其余符号意义同前。

（3）方法 3

根据第 8.4.3 条考虑水流和波浪的作用，相对水深 $d/L > 0.15$ 的大直径圆柱，其波流力和波浪力矩可按下列公式计算。

$$P = C_M \gamma R \frac{H}{2} \frac{\operatorname{th} k d}{k} \quad (3\text{-}6\text{-}2\text{-}14)$$

$$M = C_M \gamma R \frac{H}{2} \cdot \frac{k d \operatorname{sh} k d - \operatorname{ch} k d + 1}{k^2 \operatorname{ch} k d} \quad (3\text{-}6\text{-}2\text{-}15)$$

其中，C_M 取值如图 3-6-2-49 所示。

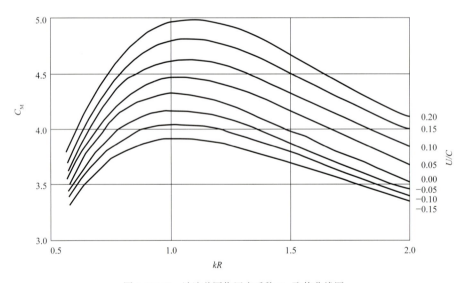

图 3-6-2-49　波浪共同作用力系数 C_M 取值曲线图

但由于 C_M 为通过试验拟合曲线且 kR 取值为 0.5~2，本围堰取值为 3~10，规范系数使用范围不符合本围堰波流力计算要求，因此有必要总结并修正符合箱梁围堰的计算公式。

2）规范方法与数值模拟结果对比

表 3-6-2-14 给出了不同工况下数值模拟与规范计算结果对比，数值模拟与方法 1 计算结果接近，方法 2 计算量级与变化趋势都与前两者差异过大，因此不适合用于围堰波浪力计算。

方法 1 采用大连理工大学的研究成果，根据试验，当正向波作用时，计算值与实测值之比平均为 1.25。因此，方法 1 可用于无水流作用时的波浪力估计。

数值模拟与规范方法对比　　　　　　　　　　　　　　　表 3-6-2-14

条　件	周期 T（s）	数模 F（kN）	方法 1（kN）	误差（%）	方法 2（kN）	误差（%）
水深 d=31m，波高 H=0.25m	3.00	106	119.95	13.16	2551.40	2306.98
	4.00	155	194.55	25.52	2327.70	1401.74
	5.00	262	259.60	−0.92	1988.10	658.82
	6.00	270	310.17	14.88	1652.50	512.04
	7.00	295	348.33	18.08	1376.70	366.68
水深 d=31m，波高 H=0.50m	3.00	200	239.90	19.95	5102.80	2451.40
	4.00	300	389.10	29.70	4655.50	1451.83
	5.00	530	519.20	−2.04	3976.20	650.23
	6.00	585	620.33	6.04	3305.10	464.97
	7.00	625	696.66	11.46	2753.50	340.56

实际流速统计过程中，围堰处流速变化范围为 −1.5~1.5m/s，如图 3-6-2-50 所示。在表 3-6-2-15 中给出考虑流速的数值模拟计算结果与规范值对比结果，可以看出水流力对于总波浪力结果影响较大，然而规范方法 1 无法有效的考虑水流力的影响，规范方法 3 系数取值范围不足，因此有必要总结并修正符合箱梁围堰的计算公式。

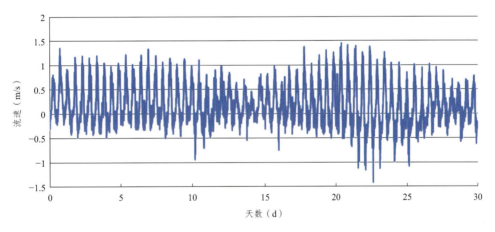

图 3-6-2-50　流速统计（2016-9-27—2016-10-26）

考虑水流作用数值模拟与规范对比　　　　　　　　　　　表 3-6-2-15

条　件	波周期	流速（m/s）	数模 F（kN）	方　法 1	误差（%）
波高 H=0.5m，水深 d=31m	T=4.0s	0	288	389.10	35.10
		0.2	322.2	389.10	20.76
		0.4	356	389.10	9.30
		0.6	461	389.10	−15.60
		0.8	513	389.10	−24.15
	T=5.0s	0	530	519.20	−2.04
		0.2	566	519.20	−8.27
		0.4	642	519.20	−19.13
		0.6	670	519.20	−22.51
		0.8	710	519.20	−26.87

3）波流力修正经验公式

基于规范方法 1 中经验公式，通过考虑水流作用，进行大量数值，提出考虑波浪作用的最大水平波浪力经验公式经验修正公式。

最大水平总波浪力 P_{max} 按式（3-6-2-16）计算。

$$P_{max} = \alpha \gamma b H L \frac{\pi}{8} \frac{\mathrm{sh}kd - \mathrm{sh}kz_1}{\mathrm{ch}kd} \quad (3\text{-}6\text{-}2\text{-}16)$$

式中：P_{max}——最大水平总波浪力（kN）；

　　　α——系数，按图 3-6-2-51 确定；

　　　γ——水的重度（kN/m³）；

　　　b——矩形柱体断面垂直于波向的宽度（m）；

　　　H——围堰所在处进行波的波高（m）；

　　　k——波数（m⁻¹）；

　　　L——波长（m）；

　　　z_1——围堰底部至海床距离（m）；

　　　d——围堰前水深（m）。

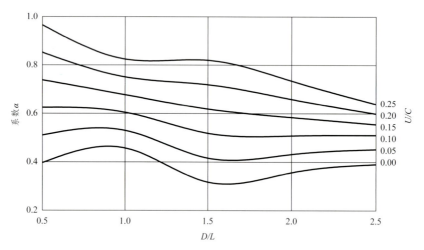

图 3-6-2-51　波浪共同作用力系数 α

注：图中纵坐标为系数 α；横坐标为 D/L，D 为围堰沿波浪传播方向长度（m），L 为波长（m）；曲线参数为 U/C，U 为水流的平均流速（m/s），C 为波速（m/s）。当流速与波浪方向相反时，可保守的采用 $U \cdot C$ 进行计算。

4）经验公式比较

将波浪经验公式和规范公式计算 2017 年 1 月 16 日的波浪力进行计算对比。各时间段最大水平力如图 3-6-2-52 所示，具体数值及误差见表 3-6-2-16。可以看出，当波浪周期较大或流速较大时，两者差异较大。

计 算 结 果 对 比　　　　　表 3-6-2-16

时间段	波高 H（m）	周期 T（s）	流速 U（m/s）	规范公式最大水平力（kN）	波流公式最大水平力（kN）	数值模拟（kN）	规范公式值与模拟值误差（%）	经验公式值与模拟值误差（%）
1:30	0.24	3.15	0.11	125.9	150.6	155.9	−19.2	−3.4
2:30	0.29	4.41	0.05	249.3	280.7	259.3	−3.9	8.3
3:30	0.29	4.09	0.1	213.1	210	223.1	−4.5	−5.9
4:30	0.24	3.59	0.19	137.5	154.8	134.1	2.5	15.4

续上表

时间段	波高 H（m）	周期 T（s）	流速 U（m/s）	规范公式最大水平力（kN）	波流公式最大水平力（kN）	数值模拟（kN）	规范公式值与模拟值误差（%）	经验公式值与模拟值误差（%）
5:30	0.3	3.44	0.25	145.1	176.4	165.1	−12.1	6.8
6:30	0.28	4.48	0.23	146.7	194.1	199.7	−26.5	−2.8
7:30	0.24	4.04	0.17	116.3	124.4	136.3	−14.7	−8.7
8:30	0.26	2.83	0.07	97.9	117.1	127.9	−23.5	−8.4
9:30	0.17	2.92	0.05	63.3	84.5	87.3	−27.5	−3.2
10:30	0.18	3.61	0.13	113.6	121.5	133.6	−15.0	−9.1
11:30	0.2	3.3	0.2	113	133.6	153	−26.1	−12.7
12:30	0.25	3.88	0.27	167	210.5	231.4	−27.8	−9.0
13:30	0.24	3.49	0.28	131.5	184.2	191.5	−31.3	−3.8
14:30	0.24	3.56	0.24	150.2	179.1	185.2	−18.9	−3.3
15:30	0.32	5.01	0.1	318.5	351.4	347.5	−8.3	1.1
16:30	0.3	5.02	0	327.4	343.9	337.4	−3.0	1.9
17:30	0.27	4.35	0.2	148.2	225.2	218.2	−32.1	3.2
18:30	0.29	4.98	0.31	199.5	289.2	269.5	−26.0	7.3
19:30	0.3	4.2	0.36	172.7	213.9	215.7	−19.9	−0.8
20:30	0.28	2.55	0.32	83.3	133.9	137.9	−39.3	−2.5
21:30	0.26	2.84	0.11	107.3	132.9	117.3	−8.5	13.3
22:30	0.22	3.73	0.16	142.4	158.5	164.4	−13.4	−3.6

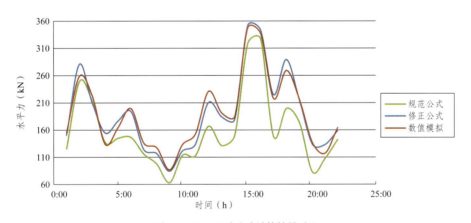

图 3-6-2-52　经验公式计算结果对比

6.2.7　结论

大风大浪对台风区跨海桥梁基础的施工方案、工期起着控制作用，有必要针对原始实测风浪数据进行数据处理及统计分析，为进一步准确估算桥梁临时结构钢吊箱围堰的波浪力提供可靠有效的波浪要素条件。本项目针对台风区的波浪环境，对大尺度海洋结构物（钢吊箱围堰）的受力特点进行深入研究，为钢吊箱围堰乃至其他大尺度结构的设计施工提供必要的技术支持。

1）实测波浪特征参数分析

针对钢吊箱围堰所在墩位处的实测波浪原始数据进行数据处理、统计与分析，得到钢吊箱围堰的实时波浪特征参数。研究表明，B40 墩围堰所在墩位处，有效波高多集中在 0.1～0.3m 范围；波周期多集中在 2～4s 范围，均属于短波。潮位变化集中在 −3~2m 范围。

2）建立围堰与波浪相互作用的三维模型

本项目通过建立三维波浪与结构物相互作用的数学模型来模拟围堰波浪力，该模型采用时均雷诺方程（Reynolds Averaged Navier-Stokes Equations）作为流体运动的控制方程，并采用标准的 k-ε 模型来封闭雷诺方程，自由表面的跟踪采用流体体积函数（Volume of Fluid，VOF）方法。该模型可用于模拟带自由面紊流与结果物的相互作用过程，包括模拟水面变形，计算作用在结构物上的水动力学载荷、局部流场结构等。

3）围堰波压力实测与数值模拟对比

基于所建立的三维波浪与结构物相互作用的数学模型，对四种典型工况下钢吊箱围堰波压力进行数值模拟，并和实测对比。获得的研究结论如下所述。

（1）数值模拟在波压力峰值和谷值的模拟方面吻合较好，但在波浪作用幅值方面存在一定差异，这是由于受静水压力的影响。

（2）不同测点之间波压力的相对关系与实测数据相似。说明在进行波压力分布规律方面，数值模拟在一定程度上能够反映实测的结果。

（3）由于在统计实测波浪力时，统计峰值为最大 1/3 峰值平均值，谷值为最小 1/3 谷值平均值；而时程过程中存在水位变化，导致波峰和波谷随静水压力不断增大或减小。因此，统计幅值结果一般偏大。

（4）经过数值模拟的比较可以看出，加入流速后，峰谷值的点压力有小幅度的变化，部分结果更接近实测数据，但变化幅度不大。由于是否考虑流速的数值模拟其峰值误差均在 15% 以内，因此在进行波浪力数值模拟时可以基本忽略流速的影响。

4）不同波浪参数下波浪场及波浪力的数值模拟

通过数学模型计算得到的钢吊箱上的波浪压力和现场实际监测得到的动水压力进行对比分析，通过参数及方法调整得到一个跟实测结果吻合度较高的计算模型；运用该计算模型，计算分析各种组合工况下，钢吊箱围堰的波浪场及波浪力的分布规律。获得的结论如下：

（1）围堰的波浪力随着波周期的增加而变化的规律呈抛物线关系。这是由于短波（波周期较小），波能较小，作用在围堰上的力也较小；而随着波周期增大，波能较大，中长波作用在围堰上的波浪力加大。若要考虑最不利波浪荷载，有必要考虑中长波的作用。

（2）围堰的波浪力随着波高的增加而变化的规律几乎呈线性关系，矩形围堰迎浪一侧的波浪爬高更大，只是波场衍射形态差异较小。

（3）围堰的波浪力随着潮位的增加而变化的规律几乎呈线性关系，这是由于潮位的增加，围堰的吃水深度增加，垂直波浪方向的投影面积增加，使得纵向波浪力变大。然而随着潮位的增加，结构周围的波浪场分布变化不大。

5）不同流速下波流场及波流力的数值模拟

运用该计算模型，进一步考虑水流的作用，计算分析各种组合工况下，钢吊箱围堰的波流场及波流力的分布规律。获得的结论如下：

（1）随着流速的增加，结构周围的三维自由液面变形增大，衍射形态差异增大。与纯波浪相比，波流共同作用下会导致结构迎浪一侧角点形成涡旋，并传播一定距离在长边范围内脱落；背浪一侧角点形成稳定涡旋，并周期性脱落。

（2）围堰的波流力随着流速的增加而变化的规律几乎呈线性关系。

6）波流力修正经验公式

根据数值模拟结果以及《海港水文规范》(JTS 145-2—2013)附录 L 的方形和矩形柱体上波浪力的计算方法，提出适用于本围堰条件的波流力计算方法，并与原经验公式进行对比验证，可用于围堰最大水平力的估计。

6.3 钢吊箱围堰结构设计

6.3.1 构造设计

钢吊箱主要由底模板、壁板、围檩、内支撑、拉压杆、悬吊装置、吊具吊耳、隔仓板、导向装置、封堵板等构成。主墩承台最大，钢吊箱设计长 38m、宽 25.4m、高 12.6m、总重 1500t，为目前国内最重的单壁钢吊箱，钢吊箱围堰布置如图 3-6-3-1 所示。

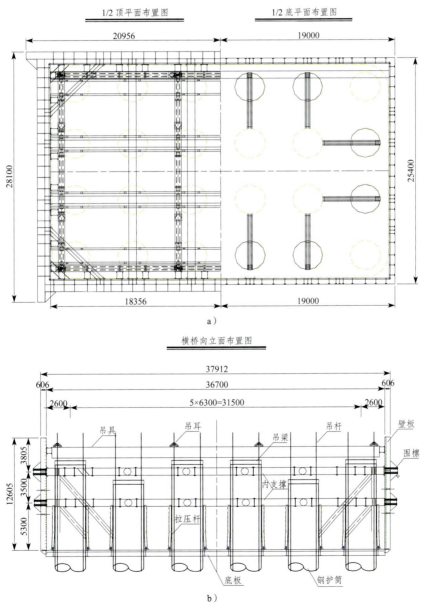

图 3-6-3-1　钢吊箱围堰布置图（尺寸单位：mm）

1）壁板

钢吊箱设计壁板兼做承台混凝土模板，因此壁板尺寸按承台尺寸每边放大约10cm，面板采用厚度为6mm的钢板。水平加劲肋采用I 12.6工字钢，在立面上根据不同深度内受力的不同采用不同的布置间距，壁板水平方向分块处采用双[12.6槽钢，通过螺栓将上下两块壁板连接在一起；水平加劲肋在竖向加劲肋位置是断开的，端部还需根据竖向加劲肋外形进行切边，并与竖向加劲肋腹板和翼缘焊在一起。竖向支撑加劲肋采用H600×200×11/17型钢，布置间距与内支撑钢管相对应；壁板分块焊缝位置设在竖向加劲肋处，加工时两块壁板一侧是带有竖向加劲肋，另一侧壁板在现场拼装时焊接在竖向加劲肋上；在内支撑钢管处需增加2根短竖向加劲肋，并设置加劲肋板，使围檩受力更均匀地传递给内支撑钢管，并且增加局部抗压能力。

2）底板

底板厚度为6mm，底板加劲肋采用I20a工字钢，布置间距不大于0.4m，底板纵横向支撑梁均采用H700×300×13/24型钢。现场加工根据起吊能力对底板结构进行分块，分块处底板和型钢结构采用对接等强焊接。短边向支撑梁通长布置，支撑梁与支撑梁之间、托梁与支撑梁间、底板加劲肋与支撑梁间，端部要根据支撑梁外形进行切边与支撑梁腹板和翼缘进行焊接。为加强底板强度（底板在浇筑封底混凝土时作为壁板拉杆承受混凝土侧压力产生的荷载）并有效承受壁板自重荷载，底板四边布置封边槽钢[40a。为增强壁板与底板连接强度，封边槽钢外侧布置连接槽钢[40a，与壁板底部连接槽钢[40a之间采用双排螺栓进行连接。底板分块位置设置在支撑梁型钢中心位置，相连两块底板，一侧带有支撑梁，另一侧底板焊接在支撑梁上进行连接。

3）围檩

在竖向加劲肋外侧竖向布置两道围檩，第一层围檩采用2H800×300，第二层围檩采用2H700×300型钢，围檩焊接在竖向加劲肋上并增加了围檩连接板。为方便施工，双拼H型钢间留20cm净间距，H型钢与内支撑钢管法兰盘之间通过8根$\phi 32$mm精轧螺纹钢连接。围檩在精轧螺纹钢布置处以及临时对拉杆垫梁处需布置加劲肋。

4）内支撑

内支撑主要分为水平井字钢管内支撑、角撑、斜撑及竖杆。水平井字钢管内支撑采用$\phi 820\times 14$mm钢管，角撑分别采用$\phi 610\times 8$mm钢管和2HN700×300型钢，斜撑和竖杆均采用2HN500×200型钢的格构柱，斜撑和竖杆底焊接在钢护筒上并支撑在封底混凝土上，因此需凿除部分封底混凝土，底层竖杆侧保留部分钢护筒，竖杆与保留钢护筒条之间焊接。钢管与斜撑、竖杆连接处钢管内部需布置加劲板，斜撑与竖杆端部切边，在与内支撑钢管和钢护筒焊接时保证融透，等强连接。钢管内支撑端部的法兰板应与壁板进行满焊连接，以传递水平方向的荷载。

5）拉压杆

在抽水工况下，底板结构承受水浮力，而在浇筑承台混凝土时，底板承受混凝土压力作用，因此需在底板设置抗拉压。在每根钢护筒位置设置8根抗拉压杆，拉压杆对应于底板托梁和支撑梁，抗拉压杆采用双拼[25a槽钢格构柱。为适应钢护筒偏差影响，拉压杆底设置拉压杆铰支座，保证拉压杆顶端与钢护筒之间密贴焊接。支座位置底板开洞，保证支座与托梁和支撑梁之间进行焊接。下放到位后，拉压杆与护筒进行焊接，封底后，保留25cm高钢护筒，将拉压杆与保留的钢护筒之间焊接。

6）悬吊系统

吊梁采用自加工钢梁结构，吊杆采用$\phi 50$mm精轧螺纹钢，吊杆底固定与底板托梁下，拼装完成后，通过起重船整体吊放钢吊箱。十字吊梁落在钢护筒上，吊放到位后，拧紧吊梁上的吊杆螺栓。

7）吊具吊耳

吊具采用纵横钢箱梁、吊挂、吊耳、吊具立柱,导向限位装置。纵横梁钢箱采用钢板组焊成钢箱结构,钢板焊接除部分加劲肋外均采用开坡口等强焊接;吊挂结构采用 I20a 工字钢,及双拼槽钢 [20 格构式结构,起到吊挂十字吊梁调整吊梁横向位置的作用,为保证十字吊梁到位,吊挂结构不应与吊具焊接;吊具共设置 8 个吊耳,吊耳采用钢板组焊件,吊耳方向与实际吊装时钢丝绳的方向一致;吊具设置 16 个立柱支撑在吊箱底板的支撑梁上,立柱采用 $\phi 610 \times 12mm$ 的钢管格构柱,底部设置垫板,垫板放置在吊箱底板上,未防止安装过程中抗风稳定性,可进行临时焊接,吊装前,割除焊缝;吊具四周布置 40 个导向限位装置,采用 $\phi 610 \times 12mm$ 钢管柱,主要是保证吊具能与钢吊箱壁板顶紧固定,吊装横向移动时不至于切断破坏吊杆。

钢吊箱吊装作业之前,需进行试吊,吊起高度不大于 1m,试吊完成后,检查吊耳等部位结构及焊缝连接情况。

8）隔仓板

由于封底混凝土面积较大,无法满足一次浇筑封底混凝土的供应。因此底板设置隔仓板,隔仓板由壁板、竖肋、横肋和斜撑组成,隔仓板壁板板厚 4mm,竖肋、横肋和斜撑均采用 I 10 工字钢,竖肋和斜撑间距不大于 1m,横肋间距不大于 0.4m。浇筑封底混凝土时保证相邻两隔仓内混凝土高差不超过 1m。

9）导向装置及临时支撑

导向装置采用 2 根倒放的 I56a 工字钢,导向装置前端应根据钢护筒直径切成凹形圆弧,考虑护筒存在偏差,导向装置端部并与钢护筒之间留 5cm 空隙,采用 $\phi 32mm$ 精轧螺纹钢将围檩与导向装置连接成整体。

在下放到位后,采用加劲板将导向装置与钢护筒之间焊接牢固,形成临时内支撑结构。因吊箱承受波浪负压力作用,因此在安装内支撑之前,需在围檩位置布置临时对拉杆以抵抗波浪负压力,对拉杆采用 $\phi 50mm$ 精轧螺纹钢,布置详见设计图纸。

10）封堵板

由于底板开洞时考虑钢护筒垂直偏差,下放到位后,需采用封堵措施将底板与钢护筒之间空隙封堵后,才能浇筑封底混凝土。在每个钢护筒周围布置 6 块封堵板,每块封堵板之间通过 M18 螺栓连接。封堵板在吊箱下方前临时连接成环,要与护筒之间留有一定空隙,吊箱下放到位后需水下固定。

6.3.2 结构计算

钢吊箱采用 Midas Civil 整体建模分析,计算模型如图 3-6-3-2 所示,按以下工况进行分析验算。

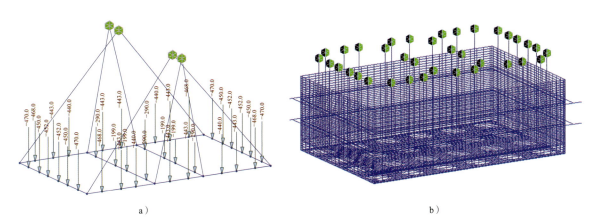

图 3-6-3-2 计算模型

工况一：钢吊箱下放工况。一是起重船整体吊装钢吊箱验算吊具吊耳；二是起重船吊装到位松钩后，转换成十字吊梁吊装。

工况二：钢吊箱下放到位，导向装置锁紧、抗浮措施施工完毕工况。荷载为结构自重、波流力，主要是验算壁板结构、导向装置的强度和拉压杆抗浮。波浪力分别考虑波浪压力和波浪吸力。

工况三：浇筑 2m 厚的封底混凝土，混凝土未固结工况。荷载为波浪下吸力、混凝土竖向压力、混凝土的侧向压力和结构自重。主要是验算底板结构、悬吊系统的安全性和隔仓板结构验算。计算底板强度时应考虑低潮位浇筑混凝土。

工况四：封底混凝土固结完毕，抽干吊箱内部水的工况。荷载为水浮力、波浪浮托力、混凝土竖向压力和结构自重。主要是验算护筒与混凝土握裹力、拉压杆强度、封底混凝土强度、壁板及导向装置强度。分别计算高潮位和低潮位，波浪作用考虑压力和吸力两种情况。

工况五：内支撑更换完毕，高潮位时抽干吊箱内部水的工况。荷载为波浪力、水流力、静水水压力和结构自重，主要是验算吊箱壁板结构和内支撑验算。波浪作用考虑压力和吸力两种情况。

工况六：高潮位台风期，吊箱内注满水的工况。荷载为波浪力、水流力和结构自重，主要是验算吊箱壁板结构和内支撑、护筒与混凝土握裹力、拉压杆强度、封底混凝土强度。波浪作用考虑压力和吸力两种情况。

工况七：浇筑第一层 2.5m 厚承台混凝土，混凝土未固结工况。荷载为波浪力、水浮力、波浪下吸力、混凝土竖向压力、混凝土的侧向压力和结构自重。主要是验算低潮位护筒与混凝土握裹力、拉压杆强度、封底混凝土强度以及低潮位混凝土的侧压力作用下下底板壁板连接和对拉杆验算。分别计算高潮位和低潮位，波浪作用考虑压力和吸力两种情况。

工况八：第一层承台混凝土固结后，高潮位拆除第二道内支撑的工况。荷载为波浪力、水流力、静水水压力和结构自重。主要是吊箱壁板结构和内支撑验算，波浪作用考虑压力和吸力两种情况。

工况九：拆除第二道支撑后，高潮位台风期，吊箱内注满水的工况。荷载为波浪力、水流力和结构自重。主要是吊箱壁板结构和内支撑验算，波浪作用考虑压力和吸力两种情况。

工况十：低潮位时浇筑第二次承台混凝土的工况。荷载为静水水压力、混凝土浇筑侧压力和结构自重。主要是混凝土的侧压力作用下下底板壁板连接和对拉杆验算，分别计算高潮位和低潮位，波浪力仅计算负压情况。

工况十一：第二层承台混凝土固结后，高潮位拆除第一道内支撑的工况。荷载为波浪力、水流力、静水水压力和结构自重。主要是吊箱壁板结构和内支撑验算，波浪作用考虑压力和吸力两种情况。

工况十二：拆除第一道支撑后，高潮位台风期，吊箱内注满水的工况。荷载为波浪力、水流力和结构自重。主要是吊箱壁板结构和剩余斜支撑验算，波浪作用考虑压力和吸力两种情况。

6.4 钢吊箱围堰施工

钢吊箱加工制造施工工艺流程如图 3-6-4-1 所示。

6.4.1 胎模制造

胎模由面板和型钢骨架组成，主梁采用 HN500×200 型钢，内支撑采用 [12.6 槽钢，盖板采用厚 20mm 的钢板。通过计算机作图放样，确定胎架的尺寸，用全站仪、水平管等分别在胎架制作前、制作中和制作后多次进行平整度控制，使胎架的四角高差控制在 2mm 之内。

6.4.2 底板制作与拼装

钢吊箱底板为封底和承台混凝土施工的下底模板，底板尺寸比承台平面尺寸每边大 10cm。底板由面板和型钢骨架组成，其中面板 6mm 厚，骨架采用 HN600×200 型钢主梁、Ⅰ40a 型钢边梁和Ⅰ12.6 型钢次梁焊接而成,底板与侧壁连接处采用∟125×10mm角钢组合。底板不进行防腐处理,采用整体制作成形施工工艺。

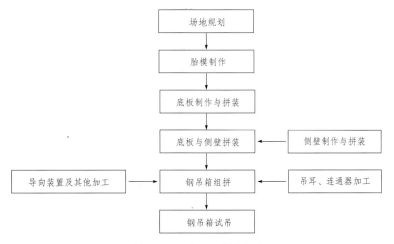

图 3-6-4-1 施工工艺流程图

底板制作在码头加工场地内进行,根据底板大小,对钢吊箱底板加工场地进行精确抄平,使钢吊箱底板边角的相对高差控制在2mm以内,平整度控制在3mm以内,以确保钢吊箱的制作精度。

在钢平台上放出主梁的安装线及底板的轮廓线,依次按照主梁→次梁→连接槽钢的安装顺序在轮廓线上安装梁系。梁系安装好后,进行梁系核对,同时进行必要的现场临时固定。确认梁系安装无误后,按照主梁→次梁→连接槽钢的顺序进行焊接。焊接过程中,采用多点分散焊接,避免过焊引起底板变形。

钢吊箱安装时需穿过钢护筒以及钢管桩,底板上开孔位置的准确与否,是直接影响钢吊箱平稳下沉、精确定位的关键因素。因此必须准确测量钢护筒的坐标、椭圆度、竖直度,根据现场测量结果在钢吊箱底板上开孔。开孔前,利用全站仪在吊箱底板上放出实际桩位中心坐标,然后按比钢护筒外半径加大15cm为半径画圆,用油漆画出开孔轮廓线,气割开孔。气割开孔时,必须严格按照所画轮廓线开孔。

6.4.3 侧壁制作与拼装

侧壁为矩形焊接结构,用钢板和型钢组焊而成。侧壁钢板厚6mm,型钢采用HN500×200型钢、I12.6工字钢。侧壁分块制作,分块的平焊及立焊焊完后用两台起重机进行空中翻身,然后再续焊未焊完的焊缝。减少仰焊,保证焊接质量。每个节段按照侧壁分块示意图编号,并用油漆做标记。

6.4.4 底板与侧壁板的拼装

钢吊箱拼装时,先将底板置于拼装平台上,底板支撑在钢平台分配梁上,每拼装一块侧壁板都需要将壁体与平台临时相连,保证侧壁板与底板垂直、侧壁板与侧壁板间无错缝。通过对拉静轧螺纹钢将壁体与底板连接起来,在底板与侧壁板、侧壁板与侧壁板之间的连接缝处粘贴上膨胀止水条。

拼缝对好后,用气割在底板上开螺栓孔,拧紧螺栓。螺栓采用M20、8.8级的高强螺栓,拧紧时预拉力和扭矩力应满足表3-6-4-1要求。

高强螺栓预拉力和扭矩力   表3-6-4-1

螺栓规格	螺栓性能等级	预拉力（kN）	扭矩系数	初拧扭矩（N·m）	终拧扭矩（N·m）
M20	8.8	140	0.13	220	364

开孔时要注意孔径不得超标,开孔后还要利用砂轮机磨平,以确保螺栓的受力均匀。吊箱拼装好检查尺寸、连接螺栓,满足要求后,在侧壁连接处用型钢加固,检查接缝,对密封不够的地方用防水材料进行密封。

6.4.5 吊耳的加工制作

主桥墩钢吊箱吊装设置吊具,并8个吊耳,吊耳要进行机械加工,加工焊接后的工件要求外观合格,并进行无损探伤检测。吊耳焊接属于一级焊缝,要求焊缝采用超声波进行100%的检测。

6.4.6 安装其他构件

(1)安装连通器,在封底前,打开连通孔使内外水头一致,浇筑C25封底混凝土,待达到设计强度后,封闭连通孔缓慢抽水。

(2)安装导向装置。

(3)安装内支撑,水平井字钢管内支撑采用$\phi 820 \times 14$mm钢管,角撑分别采用$\phi 610 \times 8$mm钢管和2HN700×300型钢,斜撑和竖杆均采用2HN500×200型钢的格构柱。

(4)安装拉压杆,拉压杆采用2[25a槽钢,其下支座焊到钢吊箱底板上,上支座点焊在钢护筒上。至此,钢吊箱拼装完毕。

6.4.7 钢吊箱试吊

钢吊箱拼装完成后在加工厂进行试吊,试吊应满足以下要求。

(1)钢吊箱试吊要留有足够的场地。

(2)起吊时应缓慢起吊,不可过快,试吊过程中时刻观察吊箱变形量和焊缝质量。

(3)试吊要求要稳吊30min以上,观察无焊接质量、变形量过大等缺陷时,方可装船发运。

6.4.8 钢吊箱除锈与防腐

1)钢吊箱除锈

采用手工和动力工具如铲刀、手工钢丝刷、砂纸、砂轮进行除锈,除锈前厚的锈层应铲除,可见的油脂和污垢也应清除,除锈后应除去浮灰和碎屑。除锈效果与对比板对比后应达到St2,即钢材表面无可见的油脂和污垢,没有附着不牢的氧化皮、铁锈等附着物。满足《涂覆涂装前钢材表面处理 表面清洁度的目视评定》(GB/T 8923)的要求。

2)钢吊箱防腐

钢吊箱底板一次性使用,不做防腐处理,钢吊箱防腐采用涂刷法涂刷防锈漆进行防腐,防锈漆选用环氧类防腐涂料,涂刷1遍约0.3mm厚。涂刷时应注意以下问题。

(1)遇雨、雾、强风天气时应停止露天涂装,应避免在强烈阳光照射下施工。

(2)涂料调制应搅拌均匀,应随拌随用,不得随意添加稀释剂。

(3)表面除锈处理和涂装的间隔时间宜在4h之内。

6.4.9 钢吊箱围堰整体下放

1)方案比选

该桥址处受风大、浪高、流急等恶劣海域环境条件影响显著,钢吊箱围堰采用何种施工工艺是能否确保施工质量、安全、工期的关键。

目前,国内常用的方法是水上散拼、千斤顶下放工法,其工艺为厂内分块加工制作,船运至墩位处进行水上组拼,采用千斤顶进行下放就位。该工艺的优点是免用大型吊装设备,工艺较成熟,借鉴经验丰富;缺点受风大、浪高、流急等恶劣海域施工条件下,钢吊箱水上拼装质量不可控,操作工人安全隐患较大,水上下放采用大量的千斤顶,导致下放辅助工作量大、风险大、施工效率低。

充分利用现场现有的大型吊装设备优势采用整体吊装、直接就位施工,其工艺为钢吊箱围堰在码头分块加工制作并拼装成整体,利用驳船运输至墩位处,利用大型起重船整体起吊、下放、直接就位。该工艺的优点是钢吊箱在码头分块加工、整体拼装,不受海上恶劣环境的影响,质量可控,整体吊装下放,直接就位施工高效率高,较水上千斤顶下放安全应还大大减低;缺点是需要采用大型吊装设备,吊装要求高。

千吨级大型起重船整体起吊钢吊箱围堰路线

钢吊箱围堰整体快速下放施工工艺

结合现场的施工条件以及现场现有的吊装设备。综合考虑施工质量、安全性、经济性、工期等多方面最终采用钢吊箱围堰整体吊装、下放、直接就位的施工工艺。

2)施工工艺流程

钢吊箱围堰整体下放施工工艺流程如图3-6-4-2所示。

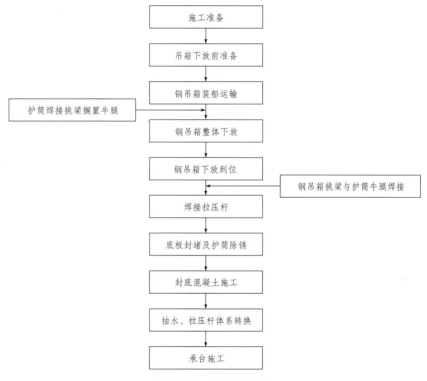

图3-6-4-2 施工工艺流程

3)施工要点

钢吊箱围堰在天气窗口内,采用整体拼装,利用大型起重船整体起吊、大型工程驳船运输,达到快速就位、快速封底,快速形成受力结构抵以抗波流力。其施工工艺流程及施工步骤如下所述。

步骤一:钢吊箱加工制作组拼,整个过程包括直线段胎模制作、弧线段胎模制作、壁板制作、底板制作、吊杆、拉压杆、挑梁、钢管撑、导向装置,抱箍、隔舱板等部件制作,并进行整体组拼,如图3-6-4-3所示。

步骤二:钢吊箱经监理单位验收合格,施工人员按要求对吊箱进行捆绑加固。利用2000t起重船进行试吊,试吊成功后整体运输至墩位处。

步骤三:钢吊箱围堰整体运输至墩位处,按设计要求全部套进桩基钢护筒,继续放松钩头直至到达设计部位,如图3-6-4-4、图3-6-4-5所示。

步骤四:下放到位后,在导向装置上安装千斤顶,调整吊箱横向位置,调整到位后,立即将挑梁/十字吊梁和护筒以及桩顶钢牛腿焊接固定,并松钩,钢吊箱重量由起重船承受转换为挑梁/十字吊梁承担,如图3-6-4-6所示。

步骤五:低潮位时将抗拉压措施上端与钢护筒之间进行焊接。潜水员下水调整封堵板位置并拧紧螺栓,并在低潮位时将封堵板上抗浮钢板条焊接在护筒上,如图3-6-4-7所示。

a) b)

图3-6-4-3 钢吊箱围堰加工整体组拼

图3-6-4-4 钢吊箱围堰整体运输至墩位　　　　图3-6-4-5 钢吊箱整体对位

图3-6-4-6 钢吊箱下放就位

a)　　　　　　　　　　　　　　　　　b)

图 3-6-4-7　拉压杆焊接及潜水员堵漏

步骤六：在钢吊箱围堰顶部搭设封底平台，利用天气窗口分仓浇筑封底混凝土，如图 3-6-4-8、图 3-6-4-9 所示。

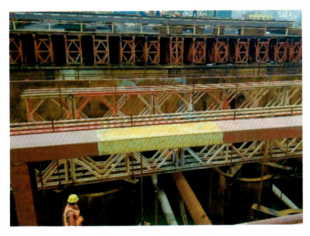

图 3-6-4-8　封底平台搭设

图 3-6-4-9　封底混凝土浇筑

步骤七：封底混凝土强度达到设计强度后，即可拆拉压杆体系，完成钢吊箱受力体系转换，割除钢护筒、凿除桩头进行承台施工，如图 3-6-4-10、图 3-6-4-11 所示。

图 3-6-4-10　桩头凿除完成

图 3-6-4-11　承台施工

平潭海峡公铁大桥
建造关键技术

03

第7章

恶劣条件下大跨度混凝土梁施工技术

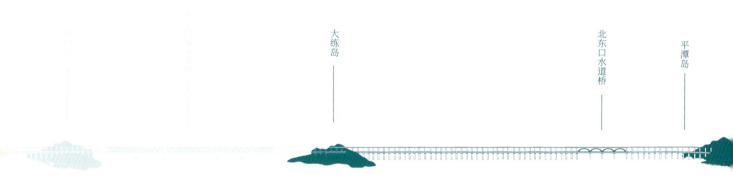

平潭海峡公铁大桥平潭段全长 5.172km，其中跨越北东口水道部分，是 4 个通航孔中唯一的一节混凝土结构段，长 3.7km。通航孔公铁部分均采用 92m+2×168m+92m 预应力混凝土连续刚构，非通航孔孔跨铁路采用 64m 及 40m 简支箱梁，公路左右幅均采用 5 联连续箱梁，孔跨与铁路简支梁跨度相对应。

全桥混凝土梁共计 283 孔，其中移动模架和现浇支架共计 113 孔，节段拼装 54 孔，海上挂篮施工 116 孔。海桥混凝土圬工量达 120 万 m^3，海上 116 孔挂篮混凝土近 15 万 m^3，其中 0 号段 103 个，挂篮悬 1740 段，现浇直线段 28 节；现浇梁 69 孔，混凝土量达 4 万 m^3，不包括大桥两侧互通匝道工程量。

7.1 铁路"双孔连做"节段拼装造桥技术

7.1.1 施工概述

1）梁体结构

平潭海峡公铁大桥跨越北东口水道部分铁路非通航孔简支梁采用节段拼装造桥机预制拼装湿接法施工，其中福州侧引桥 38 孔，平潭岛侧引桥 16 孔。引桥箱梁为单箱单室等高度简支箱梁，箱梁顶宽 12.2 m、底宽 6.4 m、梁高 5.5 m。单孔 64 m 梁划分 11 节预制段，40 m 梁划分 7 节预制段，节段湿接缝宽度均为 0.6 m，单孔质量 2534 t（64 m）/ 14587t（40 m），预制段最大质量 248 t，箱梁节段划分如图 3-7-1-1 所示，具体参数见表 3-7-1-1。

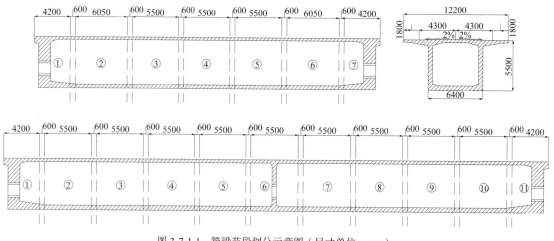

图 3-7-1-1　箱梁节段划分示意图（尺寸单位：mm）

箱 梁 参 数 表　　　　　　　　　　　　　　表 3-7-1-1

项　目		节段长度（m）	每段混凝土方量（m³）	每段质量（t）	项　目		节段长度（m）	每段混凝土方量（m³）	每段质量（t）
64m简支箱梁	6 号段	5.5	83.71	217.646	40m简支箱梁	4 号段	5.5	61.07	158.782
	5、7 号段	5.5	74.17	192.842		3、5 号段	5.5	61.07	158.782
	4、8 号段	5.5	74.17	192.842		2、6 号段	6.05	74.31	193.206
	3、9 号段	5.5	76.24	198.224		1、7 号段	4.2	88.10	229.06
	2、10 号段	5.5	80.68	209.768	64m梁：混凝土方量975m³，总质量25350t				
	1、11 号段	4.2	95.45	248.17	40m梁：混凝土方量561m³，总质量14586t				

2）施工难点

全桥为公铁合建结构，铁路梁节段拼装施工影响着后续公路墩、公路梁施工，工序交叉干扰大，再加上受气象条件的影响，年有效作业时间不足 120d、施工工效低，因此节段拼装施工为全桥的关键线路，工期压力极大。

（1）施工任务重

福州侧非通航孔 B0～B38 号墩共 38 孔节段梁，分别为 40m、64m，共 390 节段。平潭侧非通航孔 B42～B58 号墩共 16 孔节段梁，分别为 40m、64m，共 168 节段。

（2）受环境因素影响大

根据《铁路桥涵工程施工安全技术规范》（TB 10303—2009）[28] 第 2.2.15 条规定：应定时与当地气象、水文站联系，当遇 6 级以上大风或暴雨时，应停止工作，并检查加固水面的船只和锚缆等设施，如确有需要继续作业时，要采取有效措施。第 5.5.18 条规定：施工现场风力超过 6 级时应停止架梁作业。第 7.1.4 条规定：在风力达到 6 级以上，应停止桥位制梁作业。而平潭地区为台风多发区，年平均台风次数为 3.8 次，6 级风以上天气 344d，8 级风以上天气 165d。

（3）施工工期紧

根据施工组织设计要求福州侧 38 孔梁的工期安排为 31 个月，平潭侧 16 孔梁施工总工期为 14 个月。根据施工组织工期安排，要求每孔梁施工时间为 25d/孔。

3）造桥机介绍

（1）造桥机性能与参数

针对平潭海峡公铁大桥（B0～B58 号墩）施工环境恶劣、施工难度大、工期紧张、

大跨度混凝土梁多工序交叉干扰施工

双孔连做节段拼装造桥施工工艺

施工安全风险大等难点，主导研发了"SPZ2700×2/64型双孔连做节段拼装造桥机"，采用两跨连续主桁加尾桁的结构形式；主桁结构过孔时为两跨连续梁结构，造桥时为两跨简支梁结构；主桁下面设下托梁系统，用于支承箱梁节段，梁节的摆放、调整通过主桁上面的提梁门式起重机实现，造桥机的主要参数见表3-7-1-2。

SPZ2700×2/64型双孔连做节段拼装造桥机主要技术性能参数　　　表3-7-1-2

项　　目	设计性能指标	备　　注
规格型号	SPZ2700×2/64型节段拼装造桥机	
适应造桥跨度（m）	64，40	
整机过孔走行速度（m/min）	0~5	
造桥机最大承载质量（t）	2500×2	
喂梁方式	尾部喂梁	
允许最大作业纵坡	15‰	
造桥机质量（t）	2550	
整机外轮廓尺寸（m×m×m）	158×27.3×24	长×宽×高
允许作业最大风力（级）	8	过孔作业7级
允许非作业最大风力（级）	13	

（2）造桥机结构组成

SPZ2700×2/64型箱梁节段拼装双孔连做造桥机主要由主桁系统、下托梁系统、托轮系统、提梁门式起重机、后端临时支腿、前端临时支腿、液压系统和电气控制系统等部分组成。

①主桁系统

主桁系统是造桥机的主受力构件，由左右两组桁架梁及其连接横梁组成，两组桁架梁分别布置在待造桥跨两侧。每组桁架梁自身由两片平面桁架通过上下平联、横联等连接而成，两片平面桁架中心距3m，两组桁架梁中心距17.5m，主桁总长度为158.5m，高8.58m，结构件总质量约1418t。

主桁结构沿纵向分为前跨主桁、后跨主桁、尾桁三部分，前跨主桁前端设前端临时支腿，后跨主桁后端设后端临时支腿，并通过前、后临时支腿横梁将两组桁架梁连成一体。两组桁架梁还在前后跨相连处前后各有一根联系横梁相连。此外，在后40m跨处两组主桁各设有一临时横梁端节，在首孔40m跨造桥时连接两组主桁，其中间节与后端临时支腿横梁共用。首孔桥梁造桥后移至后端临时支腿处固定。主桁系统立面如图3-7-1-2所示。

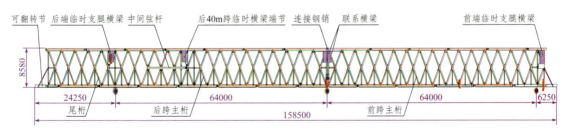

图3-7-1-2　主桁系统立面（尺寸单位：mm）

②下托梁系统

下托梁系统位于主桁系统下方，并与两组主桁下面耳座连接。下托梁系统是支承箱梁节段的平台，同时将梁节荷载传递给主桁系统。下托梁系统由下托横梁、下托纵梁、步行平台、工作平台、翻转吊耳、联结钢销和螺栓等组成，下托梁系统如图3-7-1-3所示。

下托横梁和下托纵梁构成混凝土梁节的主承重结构，纵横向交叉连接布置。每列下托横梁由两根横梁组成，这两根横梁中间通过钢销连接；横梁两端的吊耳通过钢销和造桥机主桁架下平联的承重梁吊耳连接。下托纵梁上设有支撑丝杠结构，混凝土梁节支撑在纵梁上的支撑丝杠上，丝杠带有高度调节功能，用以调整梁节的高程。

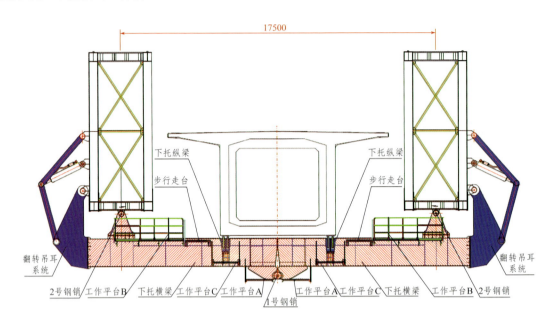

图 3-7-1-3　下托梁系统横断面（尺寸单位：mm）

③托轮系统

托轮系统位于主桁系统每组桁架梁正下方，用于支承和驱动造桥机过孔，同时也是造桥机造桥状态的支承点。托轮系统共 6 套，相互独立，分别支承在前跨主桁前端，后跨主桁后端，以及前后跨连接处下方，每组桁架梁下各 3 套。每套托轮系统均由托轮组及其驱动减速机、纵横向均衡梁、支承铰座等部分组成。托轮系统的一级均衡为横桥向均衡，用于均衡组成单侧桁架梁的两片桁架之间的支承反力。托轮系统的二、三级均衡为顺桥向均衡，用于均衡单片桁架下的 4 对托轮。每套托轮系统共有 8 对 16 个托轮，每片桁架下弦杆下各有 4 对。过孔时，托轮系统采取双线双轨走行形式，支承车轮组对主桁架起支承导向作用。托轮直径为 500 mm，车轮为单侧轮缘，2 个一对，轮缘朝外，共同支承一根桁架下弦杆。每个托轮系统均配置了驱动装置，驱动装置采用斜齿轮—伞齿轮减速机分别驱动，采用 1/2 驱动形式。托轮系统的制动转矩由电机制动器提供，拖轮结构如图 3-7-1-4 所示。

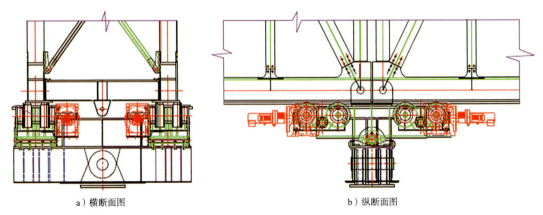

a）横断面图　　　　　　　　　b）纵断面图

图 3-7-1-4　托轮系统

④后端临时支腿

造桥机后端临时支腿位于后跨主桁与尾桁连接处，两侧分别与两组桁架梁相连。后端临时支腿由支腿横梁、支腿顶升液压系统组成。后支腿横梁采用箱形结构，截面宽1.2 m、高2.5m。后端临时支腿的顶升液压系统由泵站和2支300 t顶升液压缸组成，液压缸设于横梁中间段，行程1 m。后端临时支腿如图3-7-1-5所示。其主要功能如下：

a. 当造桥机过孔时，前行至主桁尾部，翻转节位于后托轮系统上方，顶起顶升液压缸，使尾桁翻转节脱离托轮系统，翻转节向上翻起，然后利用提梁门式起重机将托轮系统吊出，倒换到前方桥墩上。

b. 当造桥机过孔完成后，需要顶升后端临时支腿，在后托轮系统与主桁下弦杆之间塞入支承垫块，协助后托轮系统转换成造桥支承状态。

⑤前端临时支腿

造桥机前端临时支腿位于前跨主桁前端，通过支腿横梁分别与两侧的两组桁架梁相连。前端临时支腿由支腿横梁、立柱及其联结系、支腿顶升液压系统等部分组成。支腿横梁采用箱形结构，截面宽1.5 m、高3 m，长21.14 m，分3段制造。立柱及其联结系与支腿横梁通过立柱顶部的轴铰相连，立柱采用箱形截面，联结系采用H形截面。立柱由上立柱和伸缩立柱连接而成。立柱内侧设支腿2支300 t顶升液压缸，液压缸行程1.2 m。前端临时支腿如图3-7-1-6所示。其主要功能如下：

a. 当造桥机过孔时，前行至前端临时支腿上到桥墩垫石后方时，顶起前支腿，插好前支腿内外套连接钢销，造桥机前端临时支撑于桥墩后方，提梁门式起重机将之前吊出的后托轮系统吊入前方桥墩，翻下主桁前端翻转节，收起顶升液压缸，造桥机继续前行过孔。

b. 当造桥机过孔完成后，前端临时支腿位于垫石前方，顶起顶升液压缸，在前托轮系统与主桁下弦杆之间塞入支承垫块，协助前托轮系统转换成造桥支承状态。

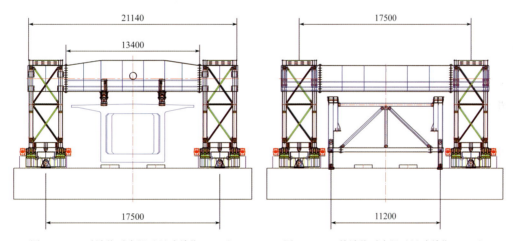

图3-7-1-5 后端临时支腿（尺寸单位：mm） 图3-7-1-6 前端临时支腿（尺寸单位：mm）

⑥提梁门式起重机

提梁门式起重机用于吊运、摆放、调整梁节，同时还用于从造桥机尾部向前端倒换托轮系统。提梁门式起重机跨度17.5m，基距7.5m，额定起重量270t，起升高度12.8m。门式起重机采用双梁门式、两侧刚性腿的结构形式。门式起重机结构包括2根主梁、2根端横梁、2根下横梁和4条支腿，全部采用箱形截面，提梁门式起重机结构如图3-7-1-7所示。整机由门式起重机结构、大车走行机构和主、副起升机构等部分组成，其中副起升机构为平行主梁外悬的4台20t电动葫芦。

⑦电气控制系统

电气系统采用TN-C方式（三相四线制）供电方式，电压等级为380V/220V，可用网电供电，也可由自备250kW发电机供电，电路具有过电流、过电压、零位保护、联锁保护等等保护功能。整机总配置电气功率 501kW，同时使用最大功率为 141kW。考虑到造桥机体型庞大，电动机布置分散等特点，采取多中心供电方式，主要分为门式起重机系统、托轮系统及泵站。

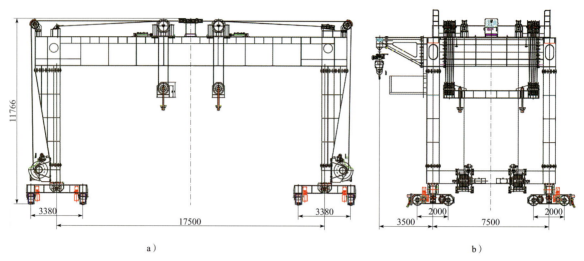

图 3-7-1-7 提梁门式起重机结构（尺寸单位：mm）

⑧液压系统

液压系统由液压泵站、液压缸、管道及液压控制元件组成。造桥机整机液压系统由几个相对独立的液压系统组成，包括提梁门式起重机横移液压系统，后端临时支腿顶升液压系统、前端、中间临时支腿顶升及横移液压系统等。其他液压系统包括主桁中部顶升液压系统、下托梁翻转液压系统等。梁节支撑丝杠支承力调节、造桥机落架使用的三向扁平千斤顶通过移动式电动液压泵站提供液压动力源。

7.1.2 双孔连做节段拼装造桥机研发设计

1）结构空间力学行为分析

双孔连做造桥机空间力学行为主要基于机体结构的三种状态中的不利工况进行研究，以保障造桥机在台风区复杂海洋环境施工安全。第一种状态为"架梁施工状态"，在机体满腹混凝土箱梁节段时（暂未进行预应力张拉）被视为架梁最不利工况。第二种工作状态为"过孔状态"，过孔状态中存在吊车前行至最大悬臂工况被视为过孔最不利工况。第三种状态为"停机抗风状态"，此时造桥机停止施工，以抵抗台风。采用以上三种状态中存在的不利工况对造桥机进行数值仿真分析，有限元模型如图 3-7-1-8 其计算结果有助于揭示双孔连做造桥机的力学性能，从而指导造桥机体结构设计，满足机体结构的使用要求。

（1）模拟工况

根据造桥机架梁施工与过孔状态，选择最不利四种工况对造桥机进行受力分析，分别为"造桥机满腹箱梁""过孔最大悬臂""中托轮与前轮支撑""架梁施工风压达到 13 级"。具体工况详述如下：

工况一：造桥机满腹箱梁状态。64m+64m 混凝土梁节满布于造桥机下托梁上，门式起重机调整跨中混凝土梁位置，即考虑梁体重量、造桥机自重、门式起重机重量等。梁体自重按作用方式施加在下托梁纵梁上，造桥机自重以重力加速度施加，门式起重机及跨中混凝土梁节重量按门式起重机的大车轮距布置于主桁跨中上弦杆。

工况二：过孔最大悬臂状态。造桥机中托轮及前托轮支撑，下托梁打开（下托梁以集中荷载形式作用于下弦杆相应位置），门式起重机位于主桁上弦杆尾部，造桥机将前行至主桁前端到达前墩。

工况三：过孔中托轮及前托轮支撑状态。下托梁打开（下托梁以集中荷载形式作用于下弦杆相应位置），门式起重机位于中托轮及前托轮支撑跨中附近的主桁上弦杆，造桥机后托梁将脱开主桁下弦杆。

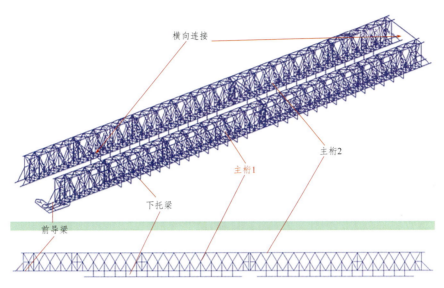

图 3-7-1-8 双孔连做造桥机有限元模型（Midas Civil）

工况四：架梁时风压达到 13 级。混凝土梁节满布于下托梁，此时非工作风压作用。非工作风按 13 级风考虑，根据《起重机设计规范》（GB/T 3811—2008），计算风压取 1800Pa。风荷载施加在主桁和梁体上，主桁风荷载按规范计算（施加于弦杆上），梁体风荷载按规范计算并分配到梁段支撑点上（施加于下托梁纵梁）。

（2）结构体系转换的效果分析

为评估造桥机机体结构合理的受力体系，根据造桥机结构特点与施工工况，采用数值模拟方法对"简支"与"连续"结构体系在"架梁施工"（工况一）与"过孔作业"（工况二）进行计算，通过对比结果优化造桥机结构受力，并指导造桥机结构设计，结果对比见表 3-7-1-3。造桥机结构体系转换在模型中实现的方法如图 3-7-1-9、图 3-7-1-10 所示。

两种工况下双孔连做造桥机体系转换数值模拟结果对比　　　　表 3-7-1-3

工况	结构体系类型	最大应力（MPa）		最大挠度（mm）		结果对比		合理受力体系
		主桁 1	主桁 2	主桁 1	主桁 2	应力	挠度	
1	简支体系	192	277	−155	−132	提高 45.3%	降低 56.8%	简支体系
	连续体系	279	336	−67	−85			
2	简支体系	−15	925	+18	−1145	降低 71.7%	降低 69.2%	连续体系
	连续体系	−13	262	+10	−353			

通过表 3-7-1-3 模拟结果对比可以得到以下结论：

①造桥机在架梁施工时采用"简支结构体系"主桁 1 最大应力为 192MPa，主桁 2 最大应力为 277MPa，在采用"连续结构体系"时，造桥机主桁 1 最大应力为 279MPa，尽管挠度降低 56.8%，但应力值总体提升约 45.3%，考虑到采用简支结构体系施工 64m 跨和 40m 跨箱梁时，主桁结构可避免荷载不均的干扰，简支结构体系为该工况的合理受力体系。

②造桥机在过孔作业时采用简支结构体系主桁 2 应力达到了 925MPa，挠度最大为 1145mm，超出造桥机采用材料 Q420 的允许值和刚度要求。而采用连续结构体系时主桁应力最大为 262MPa，挠度为 353mm，应力和挠度分别降低了 71.7% 和 69.2%，有效改善了过孔应力与挠度过大的问题。

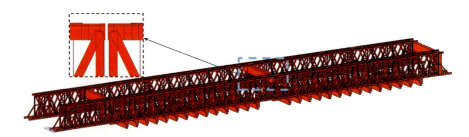

图 3-7-1-9　双孔连做造桥机简支结构体系模型

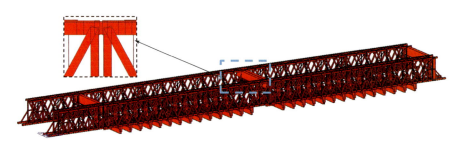

图 3-7-1-10　双孔连做造桥机连续结构体系模型

（3）数值模拟结果

对造桥机施工过程中的四种不利工况进行受力分析，根据不同工况修改模型边界条件（改变受力体系），除考虑四种工况荷载，同时考虑横向等效静风作用分析双孔连做造桥机机体结构的刚度与强度是否满足施工条件的适用性及可靠性。在此基础上对造桥机的各个工况的稳定性进行分析，数值模拟结果如图 3-7-1-11~图 3-7-1-14 所示。

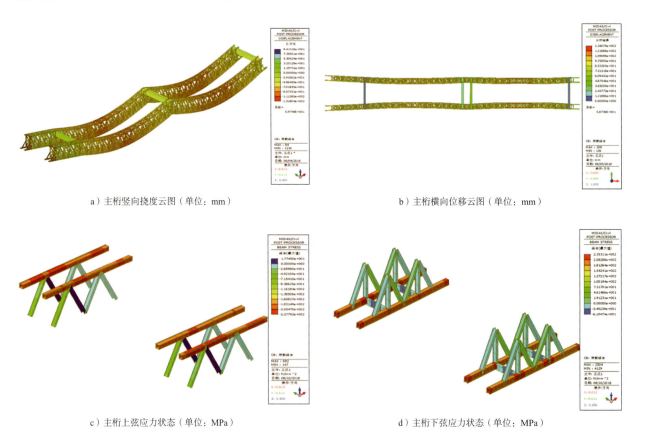

a）主桁竖向挠度云图（单位：mm）　　　　b）主桁横向位移云图（单位：mm）

c）主桁上弦应力状态（单位：MPa）　　　　d）主桁下弦应力状态（单位：MPa）

图 3-7-1-11　工况一模拟结果

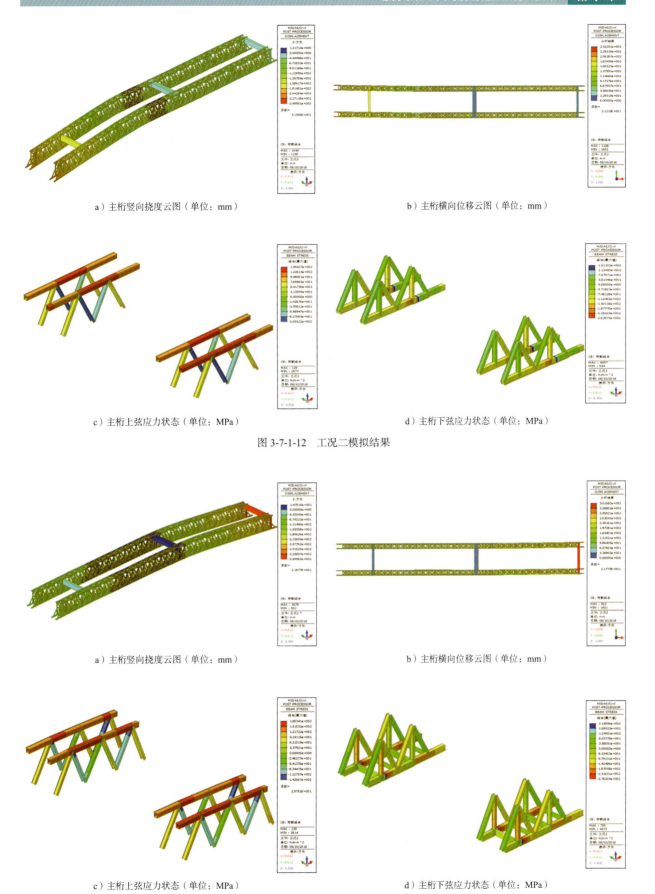

a）主桁竖向挠度云图（单位：mm）   b）主桁横向位移云图（单位：mm）

c）主桁上弦应力状态（单位：MPa）   d）主桁下弦应力状态（单位：MPa）

图 3-7-1-12　工况二模拟结果

a）主桁竖向挠度云图（单位：mm）   b）主桁横向位移云图（单位：mm）

c）主桁上弦应力状态（单位：MPa）   d）主桁下弦应力状态（单位：MPa）

图 3-7-1-13　工况三模拟结果

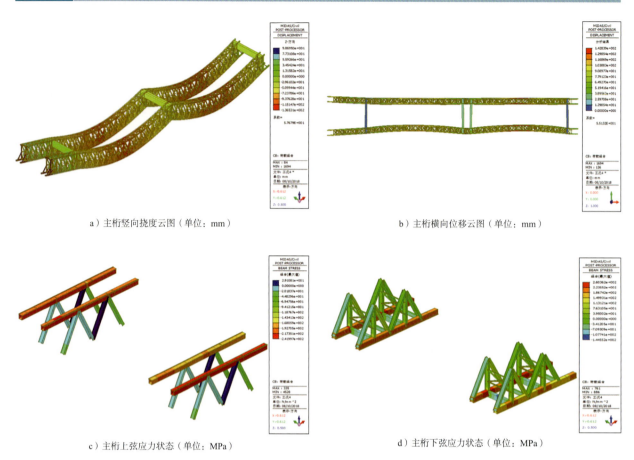

a）主桁竖向挠度云图（单位：mm）　　　　b）主桁横向位移云图（单位：mm）

c）主桁上弦应力状态（单位：MPa）　　　　d）主桁下弦应力状态（单位：MPa）

图 3-7-1-14　工况四模拟结果

表 3-7-1-4、表 3-7-1-5 分别给出了工况二、工况三的稳定性分析结果，表 3-7-1-6 列出了风荷载作用下双孔连做造桥机四种工况的应力值并对双孔连做造桥机的稳定性和安全性进行了分析。

工况二稳定性分析结果　　　　　　　　表 3-7-1-4

模态阶号	工况二屈曲模态	描　　述	临界荷载系数
1		两桁架中间节点附近的局部斜杆	一阶失稳模态（10.295）
2			二阶失稳模态（10.700）
3			三阶失稳模态（11.466）
4			四阶失稳模态（11.981）

工况三稳定性分析结果 表 3-7-1-5

模态阶号	工况三屈曲模态	描 述	临界荷载系数
1		两桁架中间节点附近的局部斜杆	一阶失稳模态（9.277）
2			二阶失稳模态（9.824）
3			三阶失稳模态（10.523）
4			四阶失稳模态（10.931）

风荷载作用下双孔连做造桥机四种工况的计算结果 表 3-7-1-6

工况	计 算 结 果
1	（1）造桥机最大挠度为 131.8mm，挠跨比约为 1/486，位置为前跨跨中附近下平联横梁。 （2）造桥机最大位移 134.1mm，位于主桁前跨跨中附近下弦杆。 （3）主桁前跨跨中附近上弦杆拉应力最大，其局部最大应力为 −227.8MPa；主桁前跨跨中下弦杆附近压应力最大，其最大应力为 235.3MPa
2	（1）造桥机主桁最大挠度为 250.0mm，最大位移 252.3mm，其位置均位于后跨最后端。 （2）主桁应力为 −263.1~151.1MPa，小于容许应力 313MPa，满足要求。 （3）工况二的整体屈曲分析，前 10 阶均为局部失稳形式；第一阶失稳杆件为中托轮支撑位置挂杆及斜杆，屈曲系数最小为 9.277，可以认为满足要求
3	（1）造桥机主桁最大挠度为 360.0mm，最大位移 361.7mm，其位置均位于前跨最前端。 （2）主桁应力为 −276.2~214.1MPa，小于容许应力 313MPa，满足要求。 （3）整体屈曲分析，前 10 阶均为局部失稳形式；第一阶失稳杆件为前托轮支撑位置挂杆及重斜杆，屈曲系数最小为 10.295，可以认为满足要求
4	（1）造桥机最大挠度为 136.5mm，挠跨比约为 1/469，其位置为前跨跨中附近下平联横梁；造桥机最大位移 142.8mm，位于主桁前跨跨中附近下弦杆。 （2）主桁应力为 −297.4~319.0MPa，小于容许应力 344MPa，满足要求。 （3）主桁前跨跨中附近上弦杆应力最大，其局部最大应力为 −242.0MPa，满足要求；主桁前跨跨中下弦杆附近应力最大，其最大应力为 235.3MPa

（4）结构变形分析

通过 Midas Civil 软件模拟结果，建立了长度—挠度曲线，分析造桥机机体受不同荷载作用下的力学指标及变化趋势，四种工况计算结果挠度变化曲线如图 3-7-1-15~ 图 3-7-1-18 所示。

13 级台风等级风力等效荷载对双孔连做造桥机机体结构线形（位移）影响如图 3-7-1-19 所示：根据模拟结果，建立各工况荷载组合效应挠度对比曲线，如图 3-7-1-20 所示。

（5）数值模拟结果对比分析

①由图 3-7-1-15 可以明显看出，在工况一作用下主桁 1 与主桁 2 跨中位移最大，在架梁施工过程中，箱梁满腹荷载状态对造桥机主桁影响最大，门式起重机作用影响较小。主桁 2 在自重、门式起重机与

箱梁荷载作用下的组合效应产生最大挠度，造桥机机体结构挠度曲线平缓，未出现突变现象，造桥机主桁结构受力合理。

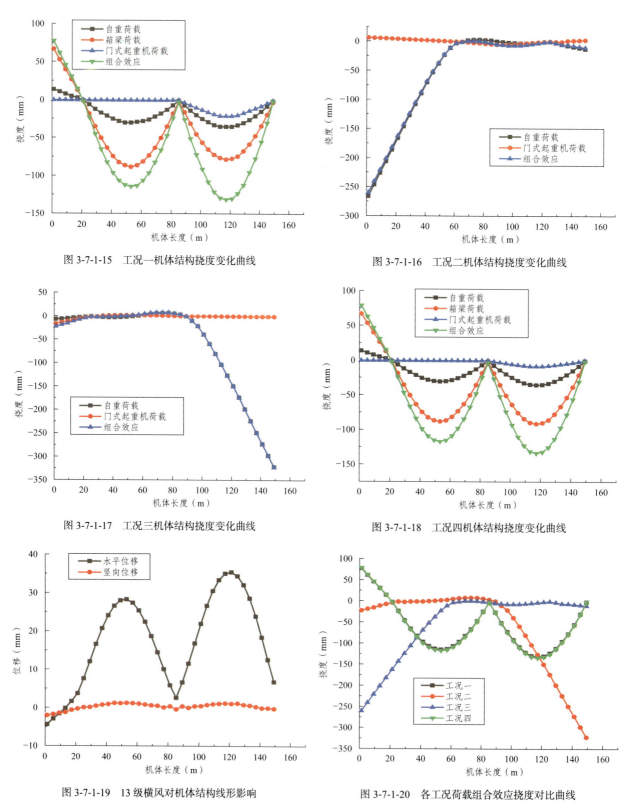

图 3-7-1-15　工况一机体结构挠度变化曲线

图 3-7-1-16　工况二机体结构挠度变化曲线

图 3-7-1-17　工况三机体结构挠度变化曲线

图 3-7-1-18　工况四机体结构挠度变化曲线

图 3-7-1-19　13级横风对机体结构线形影响

图 3-7-1-20　各工况荷载组合效应挠度对比曲线

②由图 3-7-1-16 可见，造桥机前支点位于 60m 处，受自重影响产生挠度超过 252mm，变形相对较大，支点位置应力值为 276.2MPa（图 3-7-1-12），此时机体力学指标明显大于工况一。工况三（图 3-7-1-17）

造桥机后支点位置在90m处位置，造桥机主桁2挠度最大达到360mm，随着距离支点的长度增加而增大，主桁最大应力出现在支点上方范围，达到313MPa（图3-7-1-13）。

③通过对比13级台风作用下的横向位移与竖向位移值（图3-7-1-19）可以看出，主桁1与主桁2受台风横向作用时最大位移为28mm与36mm，竖向位移较小，可以忽略对造桥机挠度影响。

④通过各个工况组合效应作用下的挠度对比结果（图3-7-1-20）可见，工况二为双孔连做造桥机最不利工况，此时主桁2挠度最大，应力值也相对最大。

（6）结论

通过采用静力数值模拟方法对双孔连做造桥机进行分析得到以下结论：

①造桥机架梁施工时在满腹箱梁状态下（工况一），机体结构最大应力出现在跨中部位，未发现突变现象，通过采用"连续"变"简支"的方式改变受力体系，从而保障了造桥机主桁结构受力的合理性，降低了应力指标，以满足造桥机架梁施工受力要求和使用功能。

②造桥机在过孔时（工况二、工况三）挠度最大，此时造桥机结构体系由"简支"转换为"连续"，以提高结构刚度，对控制挠度提供了有效作用，满足了造桥机的过孔需求。

③造桥机满腹箱梁时并在13级台风作用下（工况四），横向变形较小，可以证明造桥机横向刚度满足抵抗台风的要求。

④过孔状态为双孔连做造桥机的最不利控制工况，过孔作业时应通过采用必要的监测手段和保障措施对造桥机结构受力安全提供保障，过孔作业时风速应控制在7级以下。

2）结构风振效应研究

对造桥机进行特征值分析，求出各工况约束条件对应的振动特性；对造桥机各工况作用下的特征值进行计算求解，对比造桥机的振动模态，从而分析造桥机的结构特性。最后采用我国福建省平潭海峡台风2010—2012年的实测数据生成时程风速，模拟双孔连做造桥机的风振响应结果，最后根据计算结果对造桥机结构风振响应进行分析。

（1）特征值分析

①特征值分析原理

特征值分析的基本原理是对结构动力学方程进行解耦，使原本具有n个自由度的方程最终用单自由度体系来表示，该法求出的是结构各主振型线性叠加，所以该方法也被称作振型叠加法。特征值分析法的最终思路是通过分析求出结构的动力学特性，包括结构振型形状、固有周期及频率、振型参与系数及参与质量。

对于n个自由度系统，其在广义坐标系下的运动微分方程为：

$$[M]\cdot\{\ddot{x}\}+[k]\cdot\{x\}=\{F(t)\} \quad (3-7-1-1)$$

设在$t=0$时，有初始条件：$\{x(0)\}=\{x\}_0$和$\{\dot{x}(0)\}=\{\dot{x}\}_0$

求解特征值问题，可系统得到固有频率和振型向量ω_{ni}，和正则振型向量

$$\{u\}_i \quad (i=1,2,\cdots,n)$$

$$\{\varphi\}_i = \frac{1}{\sqrt{M_i}}\{u\}_i \quad (i=1,2,\cdots,n) \quad (3-7-1-2)$$

以正则振型矩阵$[\varphi]$作为变换矩阵，令$\{x\}=[\varphi]\cdot\{z\}$代入公式（3-7-1-1），并前乘以正则振型矩阵的转置$[\varphi]^T$，得：

$$[\varphi]^T[M]\cdot[\varphi]\cdot\{\ddot{z}\}+[\varphi]^T\cdot[k]\cdot[\varphi]\{z\}=[\varphi]^T\cdot\{F(t)\} \quad (3-7-1-3)$$

因为$[\varphi]^T[M]\cdot[\varphi]=[I]$，所以：

$$[\varphi]^T[k][\varphi]=[\Lambda]=\begin{bmatrix} \omega_{n1}^2 & & & \\ & \omega_{n2}^2 & & \\ & & \ddots & \\ & & & \omega_{nn}^2 \end{bmatrix} \quad (3-7-1-4)$$

令 $\{P(t)\}=[\varphi]^T\{F(t)\}$ 是正则坐标系下的激励，则公式（3-7-1-3）为：

$$\{\ddot{z}\}+[\Lambda]\cdot\{z\}=\{P(t)\} \tag{3-7-1-5}$$

展开后，得：

$$\begin{cases}\ddot{Z}_1+\omega_{n2}^2 Z_1 = P_1(t)\\ \ddot{Z}_2+\omega_{n2}^2 Z_2 = P_2(t)\\ \cdots\cdots \\ \ddot{Z}_n+\omega_{nn}^2 Z_n = P_n(t)\end{cases} \tag{3-7-1-6}$$

式中 $\{P_i(t)\}=[\varphi]_i^T\{F(t)\}$（$i=1,2,\cdots,n$）为对应第 i 个正则坐标的激励。

对于公式（3-7-1-5）是一组 n 个独立的方程，每个方程和单自由度系统的强迫振动相同，因此可按单自由度系统中的方法独立地求解每个方程。则由杜哈梅积分得到公式（3-7-1-5）的通解。

$$z_i(t)=z_{i0}\cos\omega_{ni}t+\frac{\dot{z}_{i0}}{\omega_{ni}}\sin\omega_{ni}t+\frac{1}{\omega_{ni}}\int_0^t P_i(\tau)\sin\omega_{ni}(t-\tau)d\tau \quad (i=1,2,\cdots,n) \tag{3-7-1-7}$$

式中 z_{i0} 和 $\dot{z}_{i0}$ 是第 i 个正则坐标的初始位移和初始速度。

因为 $\{x\}=[\varphi]\{z\}$，所以 $\{x\}_0=[\varphi]\{z\}_0$ 和 $\{\dot{x}\}_0=[\varphi]\{\dot{z}\}_0$，用 $[\varphi]^T[M]$ 前乘公式两端，得：

$$[\varphi]^T[M]\{x\}_0=[\varphi]^T[M][\varphi]\{z\}_0 \tag{3-7-1-8}$$

所以 $\{z\}_0=[\varphi]^T[M]\cdot\{x\}_0$，同理，有 $\{\dot{z}\}_0=[\varphi]^T[M]\cdot\{\dot{x}\}_0$。

写成分量形式：

$$z_{i0}=\{\varphi\}_i^T[M]\{x\}_0 \quad (i=1,2,\cdots,n) \tag{3-7-1-9}$$

$$\dot{z}_{i0}=\{\varphi\}_i^T[M]\{\dot{x}\}_0 \quad (i=1,2,\cdots,n) \tag{3-7-1-10}$$

最后，由方程 $\{x\}=[\varphi]\cdot\{z\}$，将正则坐标的解 $\{z\}$ 变换到原广义坐标 $\{x\}$，从而得到公式（3-7-1-1）的解。

②计算原则

为准确得到造桥机结构在状态下的振动特性，采用有限元分析软件 Midas Civil 对双孔连做造桥机结构特征值进行计算分析，同时考虑造桥机的结构体系转换，计算原则如下：

a. 考虑造桥机架梁施工状态下结构体系为"简支"结构体系，过孔状态下结构体系为"连续"结构体系。

b. 考虑四种状态相应的约束条件。

状态一：架梁施工时，考虑门式起重机与吊装箱梁节段荷载；

状态二：过孔作业时，支点后置；

状态三：过孔作业时，支点前置；

状态四：造桥机停机，考虑门式起重机荷载。

c. 采用 Ritz 向量法对特征值进行求解。

根据双孔连做造桥机结构状态，主要分为以下三种约束条件用以分析特征值，如图 3-7-1-21 所示。

③特征值结果分析

求得四种状态下的前 20 阶振型的振动频率以及振动周期见表 3-7-1-7，前 20 阶的自振频率分布图和周期分布，如图 3-7-1-22、图 3-7-1-23 所示。

双孔连做造桥机四种状态前 20 阶的自振特性　　　　表 3-7-1-7

编号	状态一		状态二		状态三		状态四	
	频率（Hz）	周期（s）	频率（Hz）	周期（s）	频率（Hz）	周期（s）	频率（Hz）	周期（s）
1	0.85744	1.16627	0.61193	1.63417	0.70461	1.41922	0.86651	1.15405
2	0.88043	1.13581	0.96222	1.03926	1.13577	0.88046	0.91188	1.09663

续上表

编号	状态一		状态二		状态三		状态四	
	频率（Hz）	周期（s）	频率（Hz）	周期（s）	频率（Hz）	周期（s）	频率（Hz）	周期（s）
3	0.90327	1.10709	1.35631	0.73729	1.41255	0.70794	0.94943	1.05327
4	0.90789	1.10146	1.82923	0.54668	2.00814	0.49797	0.95027	1.05233
5	0.91123	1.09742	2.09615	0.47706	2.42532	0.41232	1.35423	0.73843
6	0.91130	1.09734	2.37872	0.42040	2.43078	0.41139	1.39411	0.71730
7	0.91429	1.09374	2.82607	0.35385	2.86934	0.34851	2.16357	0.46220
8	0.91430	1.09373	2.87046	0.34838	3.10858	0.32169	2.17003	0.46082
9	0.93270	1.07216	2.93266	0.34099	3.43514	0.29111	2.34977	0.42557
10	0.94273	1.06075	3.42135	0.29228	3.49483	0.28614	2.44340	0.40927
11	0.96067	1.04094	3.49404	0.28620	3.53155	0.28316	2.45402	0.40749
12	0.99809	1.00191	3.86126	0.25898	4.17688	0.23941	2.55211	0.39183
13	1.38359	0.72276	4.14503	0.24125	4.26208	0.23463	2.62497	0.38096
14	1.39743	0.71560	4.24180	0.23575	4.98003	0.20080	2.67691	0.37357
15	1.92581	0.51926	4.36754	0.22896	5.12434	0.19515	2.85423	0.35036
16	1.94087	0.51523	4.53657	0.22043	5.33991	0.18727	2.89336	0.34562
17	2.16446	0.46201	4.91420	0.20349	5.43871	0.18387	2.91443	0.34312
18	2.18251	0.45819	5.17127	0.19338	5.48002	0.18248	2.91766	0.34274
19	2.28542	0.43756	5.20045	0.19229	5.82123	0.17179	2.97646	0.33597
20	2.44361	0.40923	5.30614	0.18846	6.08687	0.16429	3.00598	0.33267

a）施工状态一与停机状态四约束

b）过孔状态二约束（支点后置）

c）过孔状态三约束（支点前置）

图 3-7-1-21　自振特性求解约束条件

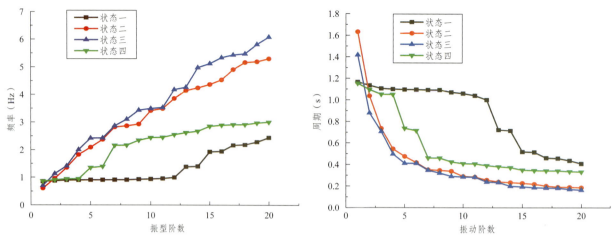

图 3-7-1-22　四种状态前 20 阶自振频率分布图　　图 3-7-1-23　四种状态前 20 阶自振周期分布图

由图 3-7-1-22、图 3-7-1-23 可以看出，双孔连做造桥机在四种状态下，状态一与其他状态相比，振动频率较小，且前 12 阶频率发展相对平缓，13 阶之后开始呈上升趋势。状态四在第 4 阶振型之后频率开始增大，并明显大于状态一，发展趋势较为相近。这说明两种状态的结构体系相同，结构整体刚度相似时，由于造桥机在架梁施工过程中，机体受门式起重机箱附加质量的影响，振动周期有所增加，刚度呈非线性降低。

状态二、状态三频率与周期发展趋势相同，状态三频率略大于状态二，这说明在整体刚度与质量相同的情况下，造桥机的支点位置改变了其自身的动力特性，支点前置时刚度较小，支点后置时刚度略微提升；

综合四种状态造桥机自振特性来看，过孔作业（状态二、状态三）的机体频率明显大于架梁施工（状态一）与停机（状态四），说明在造桥机结构体系为"连续"时，刚度较大，可视为"刚性结构体系"；在造桥机结构体系为"简支"时，刚度略小，可视为"柔性结构体系"。

造桥机四种状态下前 10 阶振型如图 3-7-1-24~图 3-7-1-33 所示。

由图 3-7-1-25~图 3-7-1-33 可以看出，造桥机结构振型有以下特点：

a. 状态一对应振型特点：

第 1 振型至第 6 振型相似，振动形态为：双主桁与下托梁表现为上下轻微振幅；

第 7 振型，振动形态为：双主桁向上产生反拱，振幅较大；

第 8 振型，振动形态为：主桁 1 向上反拱，主桁 2 下挠，反对称振动，形成 S 振型；

第 9 振型，振动形态为：主桁 2 两侧横向相对振动；

第 10 振型，振动形态为：主桁 1 呈 V 形振幅。

b. 状态二对应振型特点：

第 1 振型与第 2 振型相似，振动形态为：主桁 2 后端上翘；

第 3 振型，振动形态为：主桁 2 单侧倾斜扭曲振动；

第 4 振型，振动形态为：前导梁向上弯曲振动；

第 5 振型，振动形态为：前导梁横向相对振动；

第 6 振型，振动形态为：前导梁与主桁 1 呈水平 S 形振动；

第 7 振型与第 9 振型相似，振动形态为：前导梁与主桁 1 向上弯曲振动；

第 8 振型，振动形态为：主桁 2 向上弯曲振动；

第 10 振型，振动形态为：主桁 2 末端下托梁产生竖向振动。

c. 状态三对应振型特点：

第 1 振型与第 2 振型相似，振动形态为：前导梁向上翘曲振动；

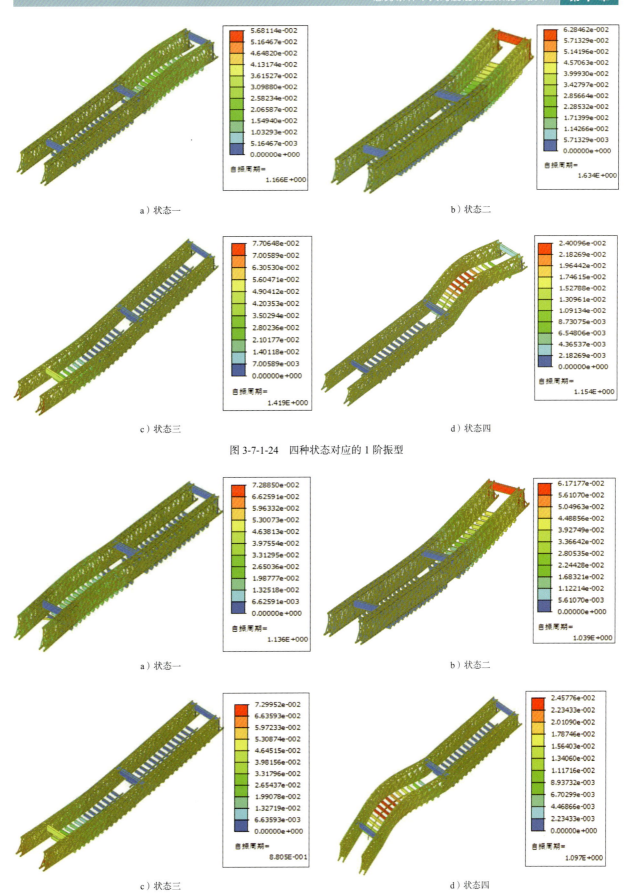

a）状态一　　　　　　　　　　　　b）状态二

c）状态三　　　　　　　　　　　　d）状态四

图 3-7-1-24　四种状态对应的 1 阶振型

a）状态一　　　　　　　　　　　　b）状态二

c）状态三　　　　　　　　　　　　d）状态四

图 3-7-1-25　四种状态对应的 2 阶振型

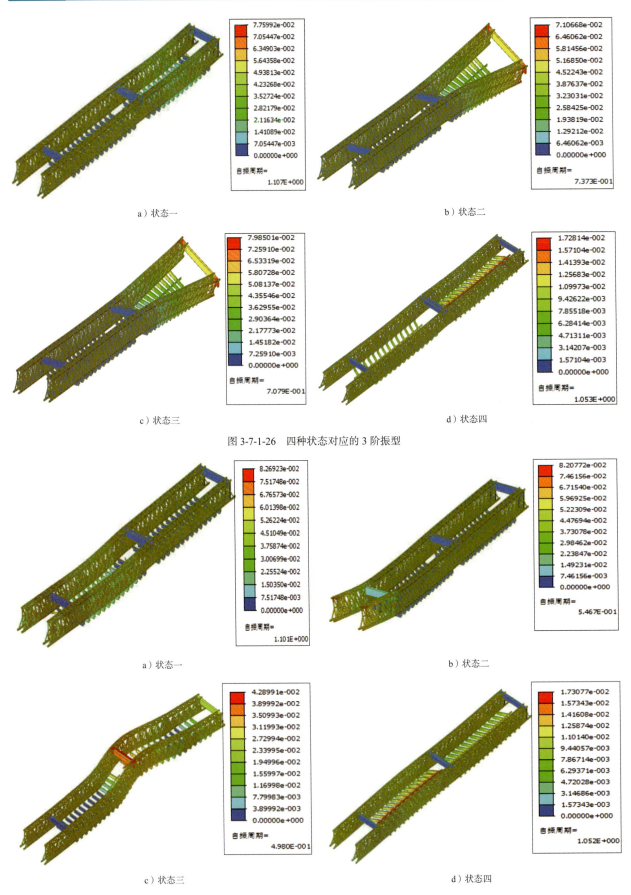

a）状态一　　　　　　　　　　　　b）状态二

c）状态三　　　　　　　　　　　　d）状态四

图 3-7-1-26　四种状态对应的 3 阶振型

a）状态一　　　　　　　　　　　　b）状态二

c）状态三　　　　　　　　　　　　d）状态四

图 3-7-1-27　四种状态对应的 4 阶振型

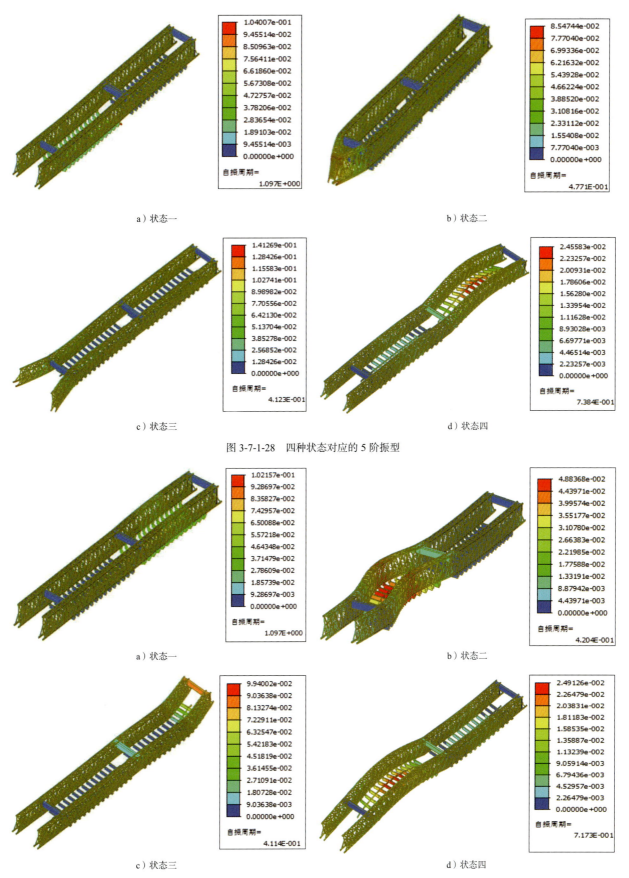

a）状态一　　　　　　　　　　　　　　b）状态二

c）状态三　　　　　　　　　　　　　　d）状态四

图 3-7-1-28　四种状态对应的 5 阶振型

a）状态一　　　　　　　　　　　　　　b）状态二

c）状态三　　　　　　　　　　　　　　d）状态四

图 3-7-1-29　四种状态对应的 6 阶振型

a) 状态一　　　　　　　　　　　　　　b) 状态二

c) 状态三　　　　　　　　　　　　　　d) 状态四

图 3-7-1-30　四种状态对应的 7 阶振型

a) 状态一　　　　　　　　　　　　　　b) 状态二

c) 状态三　　　　　　　　　　　　　　d) 状态四

图 3-7-1-31　四种状态对应的 8 阶振型

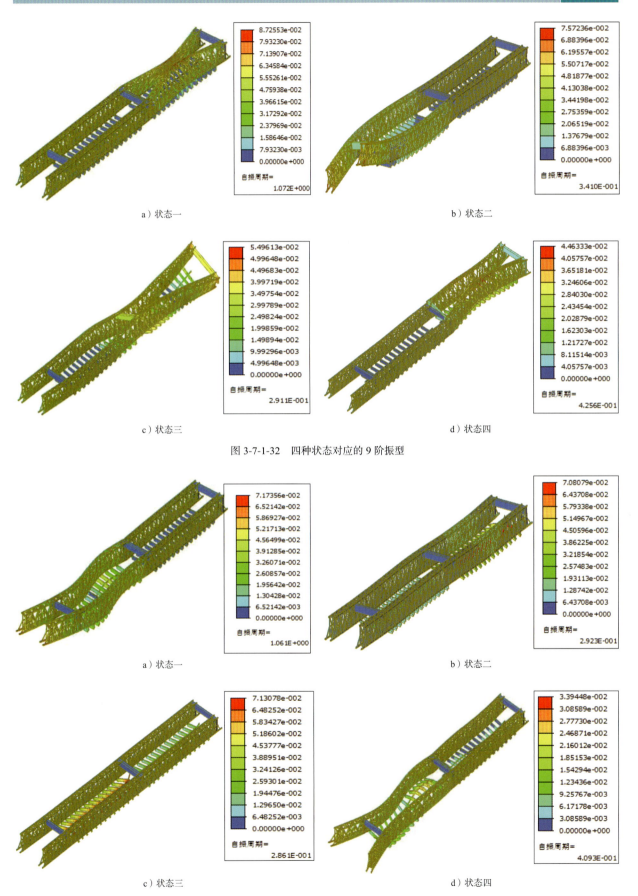

图 3-7-1-32 四种状态对应的 9 阶振型

图 3-7-1-33 四种状态对应的 10 阶振型

第 3 振型，振动形态为：前导梁发生单侧扭转振动；

第 4 振型、第 7 振型与第 10 振型相似，振动形态为：前导梁与主桁 1 向下弯曲振动；

第 5 振型，振动形态为：前导梁反方向相对横向振动；

第 6 振型与第 8 振型相似，振动形态为：主桁 2 向上弯曲振动；

第 9 振型，振动形态为：双主桁中间部位横向相对振动。

d. 状态四对应振型特点：

第 1 振型与第 5 振型相似，振动形态为：主桁 2 向上弯曲振动；

第 2 振型，振动形态为：主桁 1 向上弯曲振动；

第 3 振型，振动形态为：主桁 2 下托梁轴向振动；

第 4 振型，振动形态为：主桁 1 下托梁轴向振动；

第 6 振型，振动形态为：主桁 1 向上弯曲振动；

第 7 振型，振动形态为：前导梁与主桁 1 呈 S 振型；

第 8 振型，振动形态为：主桁 2 呈 S 振型；

第 9 振型，振动形态为：主桁 2 横向相对振动；

第 10 振型，振动形态为：前导梁向外横向振动。

通过上述自振特性的计算，造桥机在架梁施工与停机状态时"简支结构体系"时体现出"柔性特征"，竖向弯曲振型的自振周期大于横向振型自振周期，说明造桥机主桁的竖向刚度较横向刚度要小。造桥机在过孔状态时"连续结构体系"体现出"刚性特征"，结构振动掺杂着多种形式的振动形态，主桁结构多为竖向弯曲振动，在状态二中振型 3 与振型 8 出现轻微扭转振动，未见发生明显的局部振动，造桥机整体刚度设计较为合理。

（2）风振效应分析

①风的时程荷载计算

为分析造桥机机体结构风振响应，研究造桥机结构抗风性能，选取平潭海峡地区 2010—2012 年期间海上典型台风数据作为结构风振的激振源，采用台风最大风速作为模拟初始数据，从而近似模拟造桥机在台风作用下的风振响应。

通过选取最大脉动风速出现的时域作为振动响应分析数据，采用 OriginPro 2018 函数绘图软件对 200s 区间的脉动风速进行数据处理，生成风速时程曲线。通过脉动风速与平均风速叠加，考虑造桥机工作高度与结构体形，采用上述公式计算造桥机机体结构所受风压与风力，生成风力时程数据，作为分析造桥机"停机抗台状态"与"过孔状态"时的结构响应的激振数据，风力时程曲线如图 3-7-1-34、图 3-7-1-35 所示。

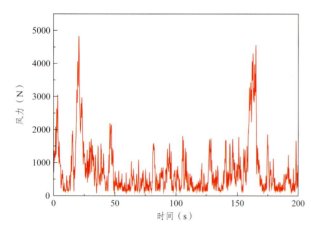

图 3-7-1-34　造桥机抗风状态风力时程曲线

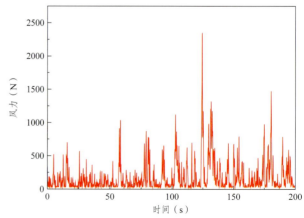

图 3-7-1-35　造桥机过孔状态风力时程曲线

②计算参数

造桥机风振响应分析采用振型叠加法,时程类型选择为顺态,分析时间为200s,分析步长选取0.1s。根据国内外钢结构振动研究经验,振型阻尼比选取0.03,分析时考虑机体结构自重,不考虑非线性对计算结果的影响。

③风荷载加载方式

考虑造桥机最不利受风角度为水平风攻角0°(横风振动)与竖向风攻角90°(顺风振动),风荷载迎风总面积达631251000mm^2,通过风压计算导出总风力,根据造桥机结构模型上弦与下弦的单元共划分为320个迎风面作为气流与机体结构近似接触位置(加载位置),并按照两种结构状态进行风荷载加载,分别为:

造桥机停机状态,气流与结构横向接触,风向:水平风攻角0°;

造桥机停机状态,气流与结构竖向接触,风向:垂直风攻角90°;

造桥机过孔状态,气流与结构横向接触,风向:水平风攻角0°;

造桥机过孔状态,气流与结构竖向接触,风向:垂直风攻角90°。

风荷载加载方式如图3-7-1-36、图3-7-1-37所示。

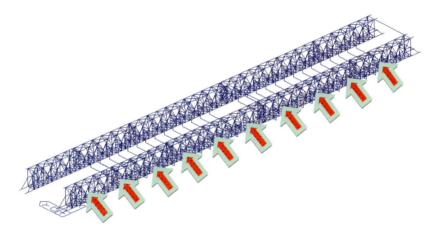

图3-7-1-36 造桥机结构横风向振动加载方式(横风气流:风攻角0°)

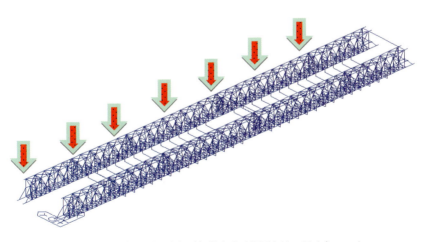

图3-7-1-37 造桥机顺风向振动加载方式(顺风气流:风攻角90°)

④时程分析计算

通过Midas Civil有限元软件对双孔连做造桥机两种状态下横风及顺风振动响应模拟得到内力计算结果的绝对值见表3-7-1-8~表3-7-1-10。

停机状态下造桥机风振响应的内力峰值 表 3-7-1-8

结构状态	荷载类型	部位		轴力 F_x（kN）	剪力 F_y（kN）	剪力 F_z（kN）	扭矩 M_x（kN·m）	弯矩 M_y（kN·m）	弯矩 M_z（kN·m）
停机抗风状态	横风振动	跨中截面	上弦杆	263.7	1.0	2.6	0.0	6.2	5.1
			下弦杆	289.5	4.2	6.6	0.0	8.1	5.9
		支座截面	上弦杆	300.9	30.1	66.2	0.0	32.1	22.6
			下弦杆	468.2	15.8	48.0	0.0	4.7	36.3
		斜杆		27.5	0.2	0.2	0.0	0.4	0.2
		横连杆		1.2	36.2	18.5	0.0	156.1	263.0
	顺风振动	跨中截面	上弦杆	10.5	0.08	0.8	0.0	2.1	0.3
			下弦杆	99.1	1.1	4.6	0.0	4.5	1.0
		支座截面	上弦杆	114.2	7.5	2.1	0.0	3.9	2.6
			下弦杆	12.8	1.6	20.6	0.0	5.1	2.4
		斜杆		37.7	0.5	1.0	0.0	0.8	0.6
		横连杆		4.0	0.01	0.3	0.0	0.8	1.7

过孔状态下造桥机风振响应的内力峰值 表 3-7-1-9

结构状态	荷载类型	部位		轴力 F_x（kN）	剪力 F_y（kN）	剪力 F_z（kN）	扭矩 M_x（kN·m）	弯矩 M_y（kN·m）	弯矩 M_z（kN·m）
过孔状态	横风振动	跨中截面	上弦杆	234.5	0.8	0.6	0.0	1.4	4.0
			下弦杆	257.8	23.3	3.9	0.0	4.5	24.0
		支座截面	上弦杆	537.4	56.3	164.1	0.0	96.9	40.9
			下弦杆	1001.4	17.1	11.6	0.0	26.6	43.3
		斜杆		73.3	0.9	3.8	0.0	9.3	2.2
		横连杆		2.4	51.2	37.3	0.0	270.0	785.8
过孔状态	顺风振动	跨中截面	上弦杆	131.3	0.0	0.7	0.0	1.4	0.3
			下弦杆	97.2	1.1	2.5	0.0	2.6	0.9
		支座截面	上弦杆	398.6	21.0	47.6	0.0	23.9	6.6
			下弦杆	205.5	3.7	38.6	0.0	97.8	4.8
		斜杆		67.7	1.3	1.6	0.0	1.4	4.4
		横连杆		2.6	0.1	1.9	0.0	13.6	1.3

造桥机风振响应位移峰值 表 3-7-1-10

结构状态	荷载类型	部位		纵向位移（mm）	横向位移（mm）	竖向位移（mm）
停机抗风状态	横风振动	跨中截面	上弦杆	0.3	7.0	0.3
			下弦杆	0.4	7.3	0.3
			斜杆	0.6	7.3	0.3
			横连杆	0.2	1.2	0.0
	顺风振动	跨中截面	上弦杆	0.2	0.1	0.9
			下弦杆	0.3	0.1	1.1

续上表

结构状态	荷载类型	部 位		纵向位移（mm）	横向位移（mm）	竖向位移（mm）
停机抗风状态	顺风振动	跨中截面	斜杆	0.2	0.1	1.0
			横连杆	0.2	0.0	0.0
过孔状态	横风振动	结构末端	上弦杆	1.8	53.8	2.6
			下弦杆	1.8	57.3	2.6
			斜杆	1.8	53.0	2.5
			横连杆	0.8	53.2	1.8
	顺风振动	结构末端	上弦杆	2.6	0.0	15.2
			下弦杆	0.5	0.1	15.9
			斜杆	2.5	0.7	14.7
			横连杆	2.5	0.0	14.8

由表 3-7-1-8~ 表 3-7-1-10 可以看出，在造桥机停机状态和过孔状态，横风振动与顺风振动对机体结构上、下弦杆、斜杆与横连杆产生了轴力、剪力和弯矩，未产生扭矩，这说明在风振作用下造桥机结构发生了轴、弯、剪耦合效应。

在机体结构两种状态下，横风振动与顺风振动产生的耦合效应最明显位置为支座截面上、下弦杆（内力最大）；横风振动时出现斜杆轴力峰值与横连杆弯矩峰值；顺风振动时，斜杆与横连杆内力峰值小于横风振动。停机抗风状态下，横风振动位移峰值为 7.3mm，顺风振动竖向位移峰值为 1.1mm；过孔状态下，横风振动位移峰值为 57.3mm，顺风振动位移峰值为 15.9mm，轴向位移 1.8mm。

通过对比风振响应结果可以看出，双孔连做造桥机横风振动响应明显大于顺风振动响应，主桁内力最大杆件出现在支座截面，提取振动响应相对较大杆件的时程分析数据，如图 3-7-1-38~ 图 3-7-1-45 所示。

通过分析时程计算结果可以得到造桥机主要结构杆件风对结构作用的影响规律，具体如下：

造桥机处于"停机抗风状态"时，横风振动与顺风振动频率相比频率较大，横风振动引起的杆件内力峰值较大；当造桥机处于"过孔状态"时，横风振动频率小于顺风振动，横风振动引起的杆件内力峰值较大。

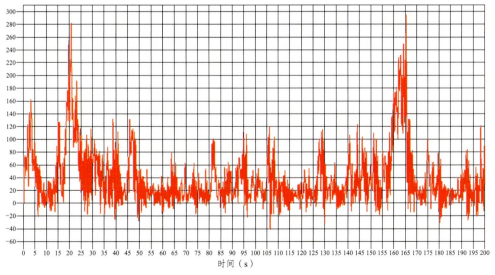

a）停机抗风状态横风振动

图 3-7-1-38

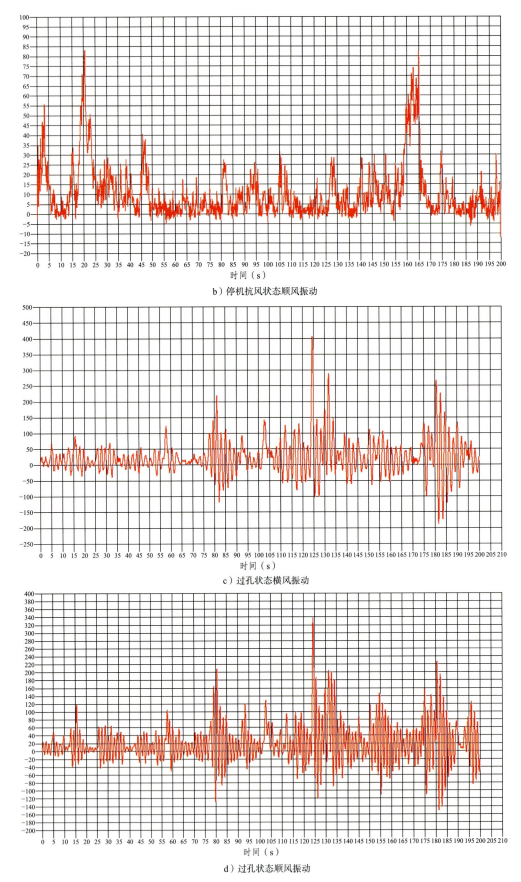

b）停机抗风状态顺风振动

c）过孔状态横风振动

d）过孔状态顺风振动

图 3-7-1-38　支座截面上弦轴力时程曲线（单位：kN）

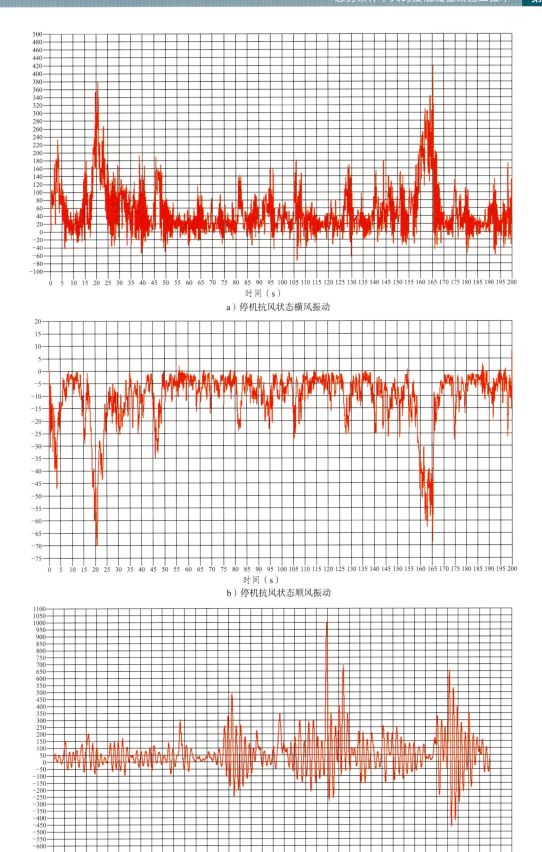

a）停机抗风状态横风振动

b）停机抗风状态顺风振动

c）动过孔状态横风振动

图 3-7-1-39

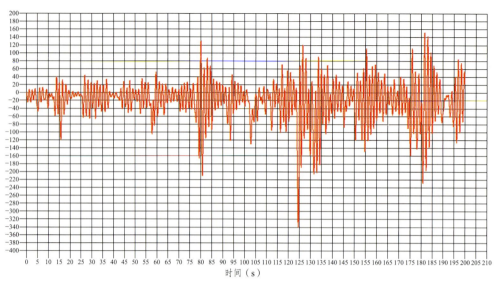

d）过孔状态顺风振动

图 3-7-1-39　支座截面下弦轴力时程曲线（单位：kN）

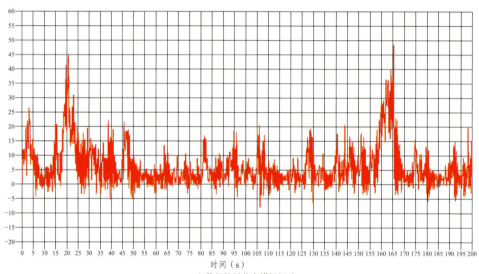

a）停机抗风状态横风振动

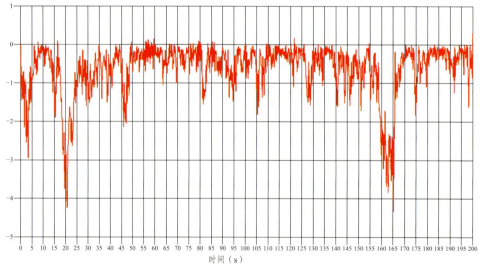

b）停机抗风状态顺风振动

图　3-7-1-40

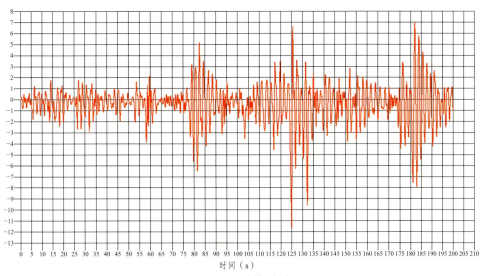

c）过孔状态横风振动

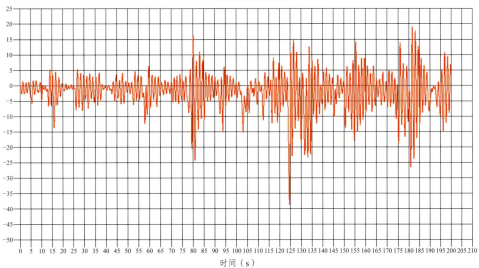

d）过孔状态顺风振动

图 3-7-1-40　支座截面下弦剪力时程曲线（单位：kN）

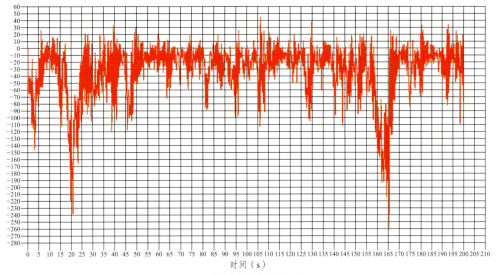

a）停机抗状态横风振动

图　3-7-1-41

259

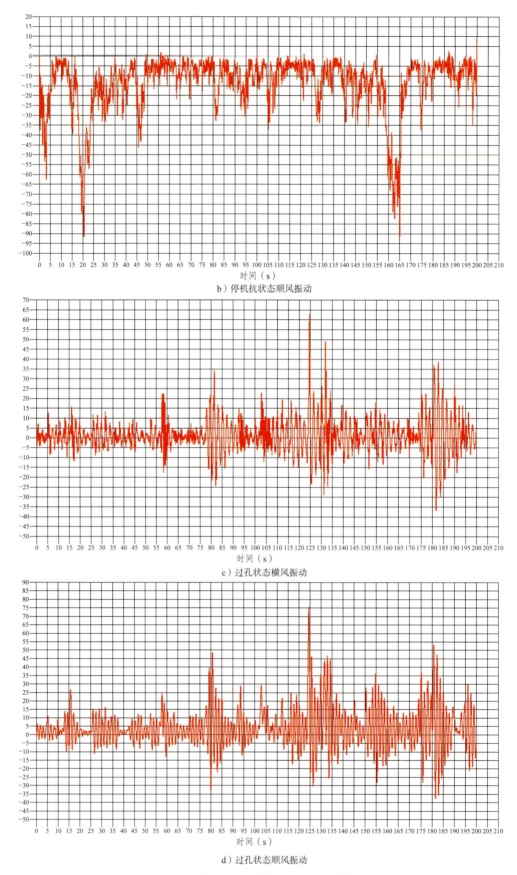

图 3-7-1-41　跨中截面上弦轴力时程曲线（单位：kN）

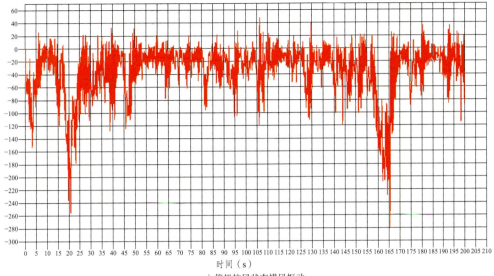
a）停机抗风状态横风振动

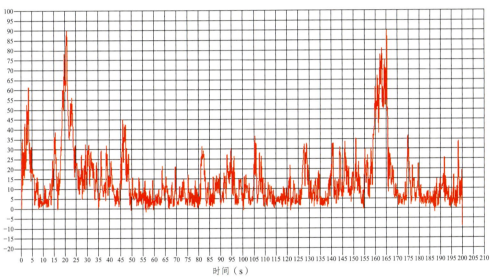
b）停机抗风状态顺风振动

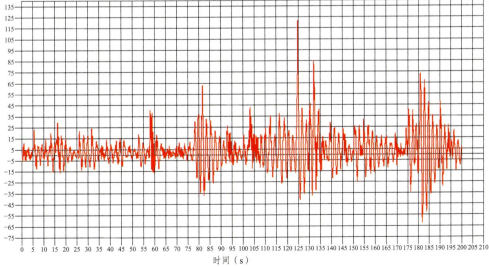
c）过孔状态横风振动

图 3-7-1-42

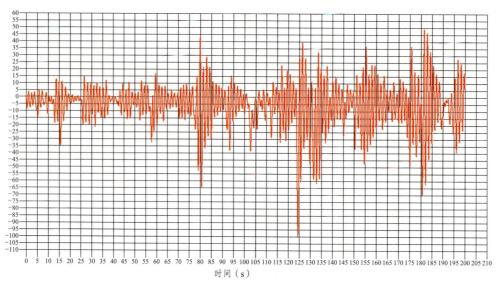

d）过孔状态顺风振动

图 3-7-1-42　跨中截面下弦轴力时程曲线（单位：kN）

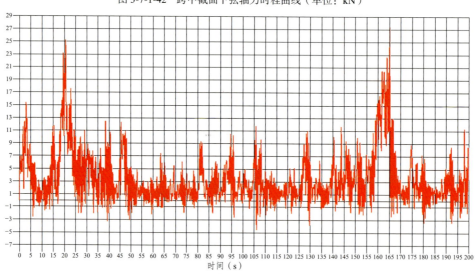

a）停机抗风状态横风振动

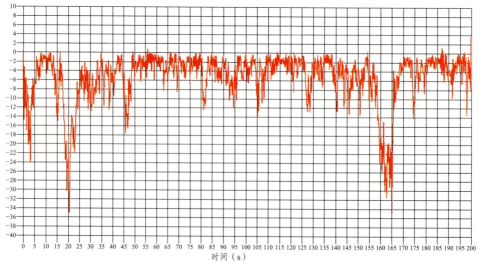

b）停机抗风状态顺风振动

图　3-7-1-43

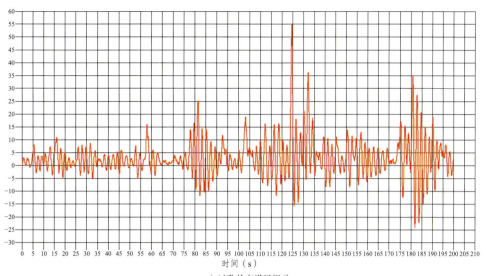

c）过孔状态横风振动

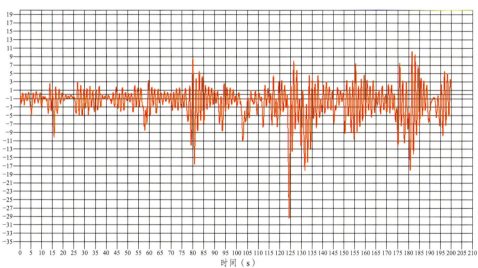

d）过孔状态顺风振动

图 3-7-1-43 斜杆轴力时程曲线（单位：kN）

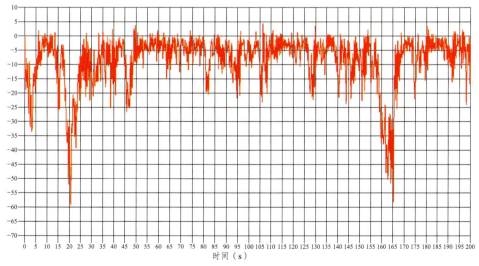

a）停机抗风状态横风振动

图 3-7-1-44

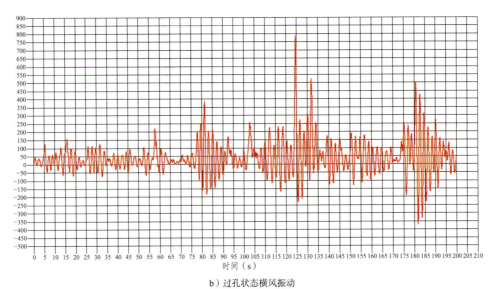

b）过孔状态横风振动

图 3-7-1-44　横连杆弯矩时程曲线（单位：kN·m）

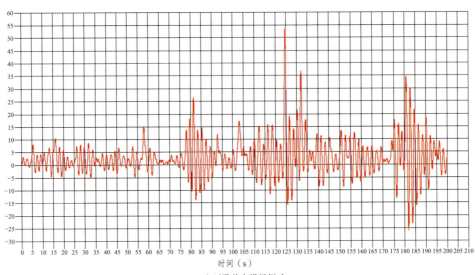

a）过孔状态横风振动

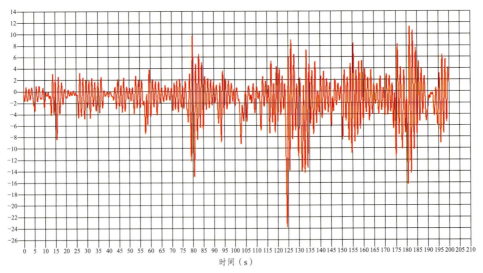

b）过孔状态顺风振动

图 3-7-1-45　造桥机末端位移时程曲线（单位：mm）

造桥机在横风振动与顺风振动所产生的内力峰值出现的时间有所不同。其中，造桥机处于"停机抗风状态"时，横风振动引起结构杆件的内力峰值出现范围在160~165s之间，而顺风振动引起的内力峰值出现范围在18~23s之间。当造桥机处于"过孔状态"时，横风振动与顺风振动引起的内力峰值均出现在123~128s之间。

造桥机处于"过孔状态"横风振动时，结构杆件主要以横向位移为主，竖向位移较小，当顺风振动时，结构杆件主要以竖向位移为主，未发生结构整体偏移、扭转等现象。

双孔连做造桥机控制截面的组合应力、位移计算结果见表3-7-1-11，表中应力符号以"−"为压应力，"+"为拉应力。

双孔连做造桥机控制截面组合应力与位移　　表3-7-1-11

结构状态	部位		振动+自重 σ_{max}（MPa）	最大位移（mm）		
				纵向（x）	横向（y）	竖向（z）
一、横风振动						
停机抗风状态	跨中截面	上弦杆	−42.2	7.0	7.9	22.6
		下弦杆	+46.1	4.0	8.6	22.9
	支座截面	上弦杆	+58.1	2.2	2.2	6.8
		下弦杆	−72.3	1.2	1.5	5.5
停机抗风状态	斜杆		−37.2	—	—	—
	横连杆		−6.4			
过孔状态	跨中截面	上弦杆	−110.4	59.8	43.1	476.8
		下弦杆	−112.9	23.7	33.3	372.5
	支座截面	上弦杆	+256.8	161.1	4.1	53.0
		下弦杆	−374.1	6.8	2.4	45.7
	斜杆		−170.9	—	—	—
	横连杆		−16.5			
二、顺风振动						
停机抗风状态	跨中截面	上弦杆	−37.8	0.9	1.3	23.7
		下弦杆	+41.1	1.4	1.6	24.1
	支座截面	上弦杆	+51.1	2.2	0.5	10.6
		下弦杆	−58.7	0.9	−0.4	4.8
	斜杆		−79.1	—	—	—
	横连杆		−2.8			
过孔状态	跨中截面	上弦杆	+91.4	49.8	53.4	619.3
		下弦杆	−374.0	24.4	40.1	445.2
	支座截面	上弦杆	263.8	163.0	0.9	25.4
		下弦杆	−385.0	6.7	0.7	40.4
	斜杆		−137.8	—	—	—
	横连杆		−2.9			

表3-7-1-11的计算结果表明，造桥机结构杆件组合应力最大压应力为−385MPa，最大拉应力+256.8MPa，造桥机挠度最大619.3mm，满足《钢结构设计标准》（GB 50017—2017）钢材Q420D强度设计要求与挠度比要求。

3）结论

通过对双孔连做造桥机进行振动模态与风振响应计算，以及在实际工程中的应用效果分析得到以下结论：

（1）双孔连做造桥机机体结构风振响应具有时间与空间的相关性，风振响应的变化规律符合结构自振特性与时程荷载的综合作用效果，结构杆件均未出现破坏与共振现象。

（2）造桥机"停机抗风状态"与"过孔状态"时结构杆件内力最大位置出现在支座截面，最不利控制工况为"过孔状态"，内力、水平位移与竖向位移均达到了两种状态风振响应的峰值。

（3）通过风振时程计算与实践，造桥机可以满足7级风以下过孔、8级风以下正常施工作业、14级台风可保障结构安全的要求，抗风性能良好。

（4）选取台风期脉动时程风速作为气流对造桥机结构激振源，可以反映出机体结构的风振效应，其计算结果对造桥机设计具有一定的指导价值。

7.1.3 造桥机结构组拼

由于造桥机长度达到158m，且受现场地形限制，拼装方案采用在临时平台上分节（每节12m）组拼向前顶推的方式。造桥机主桁杆件在台后场地每12m一节组拼完成后，由100t履带式起重机吊装至拼装平台上组成主桁。

在B0桥台两侧开挖15m长6.5m宽的拼装场地，B0与B1号墩间搭设钢管桩贝雷片平台，平台长27m，首先拼装造桥机0～36m主桁，然后安装提梁门式起重机。利用门式起重机继续拼装主桁，当第一组主桁（0～84m）拼装完成后，依次拆除贝雷片、钢管桩结构，拼装底托梁系统，拼装第一孔铁路箱梁，最后拼装造桥机第二组主桁（84～158m）及下托梁系统等剩余部分。拼装平台结构与机体组拼如图3-7-1-46、图3-7-1-47所示，拼装完成的造桥机如图3-7-1-48所示。

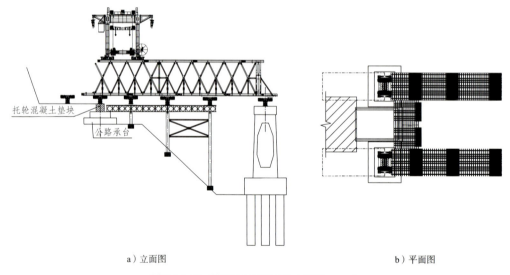

a）立面图　　　　　　　　　　　　　　b）平面图

图3-7-1-46　拼装平台结构（尺寸单位：mm）

7.1.4 施工关键技术

1）架梁施工技术

（1）箱梁节段的运输和喂梁施工

采用轮胎式运梁车运梁，每次运输1个箱梁节段（长5.5m、宽12.2m）。为通过两侧公路墩形成的狭小空间，箱梁节段在梁场先旋转90°后装梁，运至造桥机尾部后再旋转回正常架梁方向。喂梁时，提梁门式起重机后退到造桥机尾桁运梁车的上方，吊起箱梁节段。造桥机喂梁施工现场如图 3-7-1-49 所示。

（2）箱梁节段的摆放

按照先前跨、后跨，每跨从前往后的顺序依次摆放箱梁节段，避免提梁门式起重机重载通过已摆放箱梁节段的主梁区间，造成造桥机主梁超载。

a)

b)

c)

图 3-7-1-47　造桥机机体组拼

图 3-7-1-48　双孔连做造桥机组拼完成

a）梁厂取梁

b）运输到位

图　3-7-1-49

c）吊装落梁

d）门式起重机回程

图 3-7-1-49　箱梁节段喂梁施工

图 3-7-1-50　箱梁节段摆放及调位

（3）造桥机分步落架

箱梁节段精调就位后安装模板，浇筑湿接缝混凝土，待湿接缝混凝土达到设计强度后张拉预应力筋，具体如图 3-7-1-50~图 3-7-1-53 所示。张拉预应力筋过程中，造桥机逐渐卸载，其弹性变形将对桥梁施加向上的作用力。为防止混凝土箱梁顶面开裂，共分 3 次张拉预应力筋。每次张拉后，将造桥机支撑丝杠向下拧回相应的高度，直到预应力筋张拉完成，造桥机支撑丝杠和箱梁底面完全脱离。

图 3-7-1-51　调整钢筋

图 3-7-1-52　对穿钢绞线

2）过孔技术

双孔连做造桥机过孔是该机重要工作之一，在台风环境下具有一定的风险。由于双孔连做造桥机与普通单孔造桥机机体相比，体积更大、结构更长，过孔时受强风影响效果明显，所以考虑风速与过孔作业具有一定的相关性。根据以上特点，双孔连做造桥机过孔风速设定至 7 级以下和 7 级以上两种，过孔控制同样通过气象采集系统为造桥机提供过孔作业的必要数据。

第7章 恶劣条件下大跨度混凝土梁施工技术

a)

b)

图 3-7-1-53 箱梁节段湿接缝模板安装

（1）过孔模式

双孔连做造桥机过孔根据风力影响可分为两种方式，分别为机体"全段过孔"与"逐段过孔"。机体"全段过孔"当风速达到7级或以下时过孔作业，气象采集系统通过对风数据采集上传至计算机，提示操作人员将造桥机转换为"全段过孔"模式，下托梁全部张开，可直接通过桥墩，达到一次性快速过孔的目的。

双孔连做节段拼装造桥机机体逐段过孔施工

机体"逐段过孔"是风速达到7级以上的一种过孔方式，该过孔方式为提高造桥机"稳定性"所采用的方式。当风速达到7级以上时，造桥机过孔作业时通过气象采集系统将风数据传输至计算机，提示操作人员控制造桥机转为"逐段过孔"模式，下托梁根据桥墩位置和过孔需要，部分张开，依次通过桥墩位置，完成造桥机过孔动作。双孔连做造桥机逐段过孔作业如图 3-7-1-54 所示。

a)

b)

图 3-7-1-54 双孔连做造桥机逐段过孔现场

（2）过孔步骤

混凝土箱梁张拉预应力筋形成整孔桥梁后，造桥机需过孔前行，在后续架梁跨上就位。造桥机过孔施工步骤如下：

①插入造桥机主梁前、后跨的连接钢销，使前、后跨主桁由两跨简支梁转换为两跨连续梁；利用开合液压缸打开下托梁；取出托轮系统和主桁下弦杆之间的支承垫块，使造桥机支承在3套托轮系统

的走行轮上，完成过孔准备工作。

②造桥机在托轮系统的驱动下过孔前行，直到主桁的后翻转节段位于后托轮系统的上方时停止，利用提梁门式起重机吊出后托轮系统，如图 3-7-1-55a）所示；整机继续过孔前行，当前支腿到达前方桥墩时停止，将后托轮系统吊放至前方桥墩就位，完成第一跨过孔施工，如图 3-7-1-55b）所示。

③重复第 2 步，完成第 2 跨过孔施工。

闭合所有下托梁；将托轮系统从过孔状态转换为架梁支承状态；将造桥机主梁转换为两跨简支梁状态；完成过孔施工，造桥机处于架梁准备状态，如图 3-7-1-55c）所示。

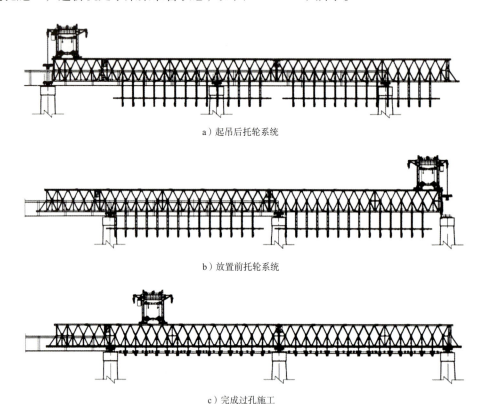

a）起吊后托轮系统

b）放置前托轮系统

c）完成过孔施工

图 3-7-1-55　双孔连做造桥机过孔步骤

3）托轮系统垂直倒换技术

造桥机主梁通过 3 套托轮系统支撑在桥墩两侧，该位置预留有 2 圈公路墩墩身搭接钢筋，将托轮系统包围在内，给托轮系统的倒换带来了困难。造桥机过孔时，通常将托轮系统吊挂在造桥机主梁下方，通过自行前移的方法倒运。该桥由于预留钢筋的阻碍，托轮系统不能自行前移。因此，采用了托轮系统垂直倒运技术，在提梁门式起重机主梁的前、后方各安装了 2 台电动葫芦，用于吊装托轮系统。同时，将主桁前、后端端部的下弦杆设置成可翻转节。过孔时，当造桥机前行到主桁后翻转节位于后托轮系统上方时，利用液压缸顶起主桁尾部，向上翻起后翻转节。提梁门式起重机后退至主桁尾部，利用电动葫芦吊起后托轮系统（图 3-7-1-56），将其转移到已架桥梁端部。

4）造桥机主梁连续、简支体系转换技术

造桥机过孔时，造桥机主梁为带后悬臂的两跨连续梁。若架梁时仍采用两跨连续梁结构，前、后跨摆放箱梁节段时产生的荷载挠度将相互影响，不利于箱梁线形的调整控制。为使前、后跨箱梁的线形调整相互独立、互不影响，采用了造桥机主梁过孔时两跨连续、架梁时两跨简支的解决方案。

造桥机主梁连续、简支体系的转换通过前、后跨连接处（造桥机中支点断面）的连接装置实现，前、后跨连接处造桥机主梁的上弦杆利用钢销、耳板连接形成铰接结构，如图 3-7-1-57a）所示；造桥机主

梁的下弦杆通过中支点支座耳板和2个钢销连接，如图3-7-1-57b）所示。施工过程中下弦杆的连接钢销不拆卸。架梁时，拔出上弦杆的连接钢销，使前、后跨造桥机主梁形成相对独立的两跨简支梁；过孔时插入钢销，形成两跨连续梁结构。

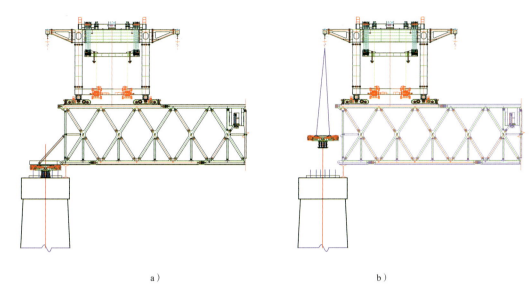

a) b)

图3-7-1-56 托轮系统垂直倒换技术施工示意

a）上弦杆连接装置（插入钢销） b）下弦杆连接装置

图3-7-1-57 前、后跨主梁连接装置

上弦杆连接钢销的插拔通过插销液压缸实现，连接耳板的销孔设计成鸭蛋形（利于插拔钢销），受力后钢销与销孔的小孔径部分密贴，保证了结构受力安全。此外，前跨造桥机主梁在过孔时经历了简支、小悬臂、大悬臂状态，上弦杆连接处将出现拉、压交替变化的受力状态。因此，在上弦杆的上水平板处设置楔形槽，过孔前在槽内安装楔形块，使上弦杆连接结构实现拉、压受力状态的平稳过渡。

5）变跨施工技术

该桥64m、40m桥跨交叉不规则布置，出现了64m+64m、64m+40m、40m+64m、40m+40m四种组合。由于造桥机托轮系统可以兼作过孔和架梁两种工况的支承点，且位于造桥机主梁的正下方，极大地简化了造桥机的变跨施工。变跨架梁时，中间托轮系统的位置不变，造桥机主梁前、后跨连接处始终处于2孔待架桥跨的中间桥墩上方。架设前跨40m桥时，前托轮系统相对64m跨工况后移24m，造桥机主梁前端呈小悬臂状态。架设后跨40m桥时，后托轮系统前移24 m，喂梁施工仍在造桥机后支腿横梁后方的尾桁空间进行，此时后支腿横梁支撑在已架桥梁顶面，用以抵抗部分喂梁荷载。

6）自动化控制系统

跨海大桥施工时受海洋环境影响，施工条件极为复杂，难度极大，双孔连做造桥机在吊装、行走与落梁时受强风影响效果极为明显，提梁门式起重机在强风影响下，吊装箱梁节段会产生空间摆动现象，影响主桁架受力及稳定性，且落梁精度较低，施工存在安全风险。目前，通过风的强度等级控制门式起重机行走和落梁的操作大多采用人工，反应速度较慢，无法得到精准控制。针对这一问题，迫切开发一种自动化控制系统，以提高提梁门式起重机的走行速度和落梁精度，以满足造桥机结构和施工安全的要求。

（1）自动化控制系统设计

提梁门式起重机的喂梁、摆放、调梁、行走等动作主要由电气系统、液压系统、可编辑逻辑控制器（Programmable Logic Controller，PLC）系统以及气象采集系统等多重集成控制。当门式起重机工作时，所有系统全部开启，门式起重机通过PLC系统与气象采集系统为其传输指令，电气与液压系统为其提供动作支持。气象采集系统可实时监测设备周边风速及温度等相关数据，为造桥机过孔与施工作业提供必要的气象信息，用以控制造桥机施工状态，提高安全性能。

（2）门式起重机自动化控制工作原理

双孔连做造桥机施工定位系统自动控制采用可编辑逻辑控制器系统，PLC系统也可看作一种可以对程序进行任意编辑的处理器，可用于内部存储程序，执行逻辑运算、顺序控制、定时、计算等操作，从而执行用户指令。该系统可通过数字或模式化输入和输出控制造桥机自动生产作业。

造桥机施工过程主要分为：门式起重机走行、定位起吊、提升落梁、梁体姿态调节及预应力张拉等工作。通过PLC系统编程实现门式起重机走行、定位起吊及落梁动作，提梁抓取位置可通过编程进行设计，根据箱梁节段运输量设定抓取时间（频率和次数）。门式起重机行走为变频可调，行走速度可根据风速信息传至系统进行调整。工作原理如图3-7-1-58所示。

（3）气象信息采集与工作状态控制功能

气象信息采集系统主要是针对双孔连做造桥机在工作状态下提供气象数据的已通过PLC系统下达控制指令的装置。气象采集系统主要包括风速仪与温度传感器两种装置组成。双孔连做造桥机工作时通过风速仪接收风速数据，上传至PLC系统从而控制提梁门式起重机的走行、起吊、落梁等动作。当风速达到8级以上时，气象采集数据后上传，通过PLC系统根据程序下达指令给电气与液压系统，控制门式起重机走行装置，在吊装时使其减速至停止，当风速小于或等于7级时，PLC系统根据程序下达指令，使门式起重机匀速走行。工作原理如图3-7-1-59所示。

（4）架梁施工定位控制程序

采用JAV语言进行计算机编程，程序设定辅助提梁门式起重机走行与吊装定位。根据计算机编程输入混凝土梁节段吊装的空间坐标，从而达到自动控制吊装摆放位置，对提梁门式起重机施工具有较大的辅助作用，该定位控制程序可实现节段梁初步定位目的，具有减少人工工作量，提高施工效率的优势。

7）应用效果

平潭海峡公铁大桥桥址区风大浪高、施工条件恶劣、有效施工时间短。为适应恶劣的施工环境、缩短节段拼装施工工期，平潭海峡公铁大桥铁路箱梁采用了两孔连做造桥机进行节段拼装的施工方案，造桥机一次过孔，同时进行2孔桥梁的架梁施工。两孔连做造桥机主梁采用空间桁架结构形式，有效减小了迎风面积。造桥机前跨主梁不仅是架梁时的工作跨，同时兼作过孔时的前导梁。该两孔连做造桥机过孔施工风力标准虽然提高到7级，但桥址所在地全年仍有1/3时间风速在8级以上，需要等候过孔施工的"窗口时间"，两孔连做造桥机因过孔次数减少一半，可节省大量的过孔施工等待时间。采用两孔连做造桥机节段拼装施工后，平均 20d 可以完成 2 孔桥梁的架设，最快可达 17d 一个循环。该桥大练岛方向 38 孔铁路梁已于 2017 年 9 月完成架设施工，比计划工期提前半年。大桥全景如图 3-7-1-60 所示。

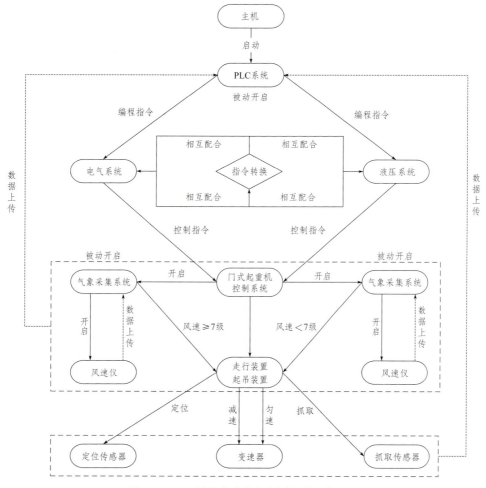

图 3-7-1-58　造桥机智能化自动控制系统工作原理

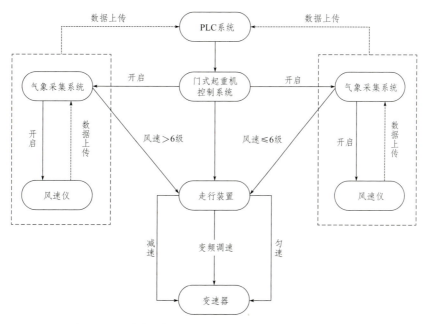

图 3-7-1-59　气象采集系统与门式起重机集成控制系统工作原理

图 3-7-1-60　平潭海峡公铁大桥全景

（1）整体抗风效果

通过 1 年左右的施工作业时间验证了双孔连做造桥的实际机抗风效果，造桥机在平潭海峡施工期间经历了多次不同等级的台风，其中主要包括著名的"莫兰蒂""马勒卡""鲇鱼""纳沙"等 12 级以上台风。造桥机经历台风期间，未出现结构受风振破坏及损伤现象，整体抗风性能得到了验证。

（2）自动控制系统应用效果

双孔连做造桥机施工自动控制系统通过气象采集系统与提梁门式起重机操作系统的集成技术，达到了以风参数变化控制提梁门式起重机走行状态的目的，避免了操作人员通过气象数据（风）实时变化而改变门式起重机行走状态，有效地减弱了门式起重机在箱梁吊装过程中受强风影响下产生空间摇摆现象。该设计满足了智能化控制的目标，保障了双孔连做造桥机施工作业安全的目的。架梁施工定位控制程序通过计算机编程设定铁路箱梁节段空间坐标，可自动完成初步定位，提高了定位效率与精度，有效减少了人工测量次数，提高了工作效率。双孔连做造桥机施工自动控制系统及架梁施工定位程序的研发，在平潭海峡公铁大桥箱梁架设中得到了检验，实践证明该研究成果对台风环境下施工起到了重要作用，也为造桥机的设计、研发与升级提供了宝贵的经验。

8）结论

为适应桥址区台风频繁、季风期长的恶劣的大风环境，主导研制出首台高铁双孔连做节段拼装造桥机，达到过孔一次完成两孔梁的造桥任务，降低了恶劣自然条件下造桥机过孔的安全风险，提高了工效。采用自动化控制系统调节控制节段梁拼装线形，提高了定位效率与精度。

7.1.5　64m 双线铁路节段梁胶拼试验研究

1）研究背景

根据节段间连接形式的不同，节段预制拼装法建造桥梁技术可分为湿接、胶结和干接。干接由于抗震、耐久性能的不足，现已不再使用。

节段预制胶接拼装是指在预制梁段接缝面涂刷环氧密封胶，再通过张拉预应力的方式形成箱梁整体，并实现箱梁预应力孔道的密封性。胶结剂起到保证接缝处密闭、防钢筋防锈蚀、提高桥梁耐久性能等作用。

相对于湿接拼装，采用胶结拼装建造的铁路桥梁具有接缝处普通钢筋不连续、混凝土不连续，采用设置剪力键和胶结剂接缝、通过纵向预应力钢筋连成整体结构的技术特点，另外，采用胶拼更有利梁部的质量和线形控制。随着我国铁路的快速发展，加快铁路桥梁建设技术进步步伐，缩短桥梁施工工期，研究胶接缝节段预制拼装施工方法已变得十分迫切和必要。

但是，由于胶拼采用的是不同品牌的环氧密封胶以及不同的涂胶方式，对胶接缝的效果影响尚缺乏相应的技术资料；其次，胶体作为有机材料，使用环境对其影响较大；最后，体内束节段预制拼装箱梁节段拼接时，压浆密实性影响预应力钢束的耐久性。为解决这些问题，开展了铁路节段拼装胶接简支梁现场试验研究。

结合现场的海洋环境及风大浪大、雨水丰富的自然条件，进行铁路节段拼装胶接简支梁现场试验研究，研究主要目的是：

（1）确定胶接缝式节段预制拼装预应力混凝土箱梁预应力孔道密封形式和密封性能；

（2）分析不同品牌和涂胶方式对胶接缝效果的影响；

（3）查看胶拼梁在海洋环境的适应性；

（4）为胶接缝式节段预制拼装预应力混凝土箱梁提供设计参考。

2）国内外研究现状

对于节段预制胶接拼装建桥技术研究较早，胶拼应用也必将广泛，在技术及理论方面研究较为成熟。

在国内，对胶拼的应用理论关注已久，也已经开展了部分研究，但是，由于目前现行的标准、规范对胶接缝拼装尚无明确的设计规定。具体在工程中的应用，公路及城市轨道交通行业已对胶接缝节段预制拼装施工桥梁进行了一些试点，但是在铁路桥梁方面，胶接缝施工工艺尚属全新的施工方法，缺乏比较成熟的施工资料。由中铁第五勘察设计院集团有限公司等单位开展的黄韩侯铁路芝水沟特大桥铁路桥梁节段胶拼技术属于国内首列。黄韩侯铁路胶拼进行了一系列的科研试验，取得了一定的成果。

（1）成孔方式

塑料波纹管与抽拔橡胶棒两种预应力成孔方式均可行。但采用抽拔橡胶棒成孔方式时由于混凝土仍存在微小孔隙，当孔道密集或保护层偏小时，真空灌浆不易保持孔道内的负压，故真空灌浆效果也受到一定影响。

（2）孔道密封方式

密封方式采用"密封垫圈+涂胶""孔道口开槽+密封垫圈+涂胶"均可行，未见环氧树脂胶进入预应力孔道；但采用闭孔发泡聚乙烯材料比采用橡胶垫圈作为密封材料，弹性好，压缩量大、能与环氧树脂胶协调变形，施工方便。推荐采用"闭孔发泡聚乙烯材料密封垫圈+涂胶"方式作为预应力孔道接缝密封方式。

（3）胶的选择和涂胶工艺

"爱牢达"和"西卡"两种环氧树脂胶都能起到孔道密闭效果，从施工工艺上讲均能满足要求。节段拼装临时张拉过程中接缝压缩量变化与模型梁制作精度有关，其变化量均在2mm以内，不超过构件长度的3‰，双面涂胶接缝压缩量普遍大于单面涂胶；单面涂胶与双面涂胶效果基本相同，胶体在两侧混凝土表面均能有效渗透，均能有效弥补预制混凝土表面的不平整性等细小缺陷，单面涂胶工作量小，施工快，推荐采用单面涂胶工艺。

（4）环氧胶与混凝土黏结轴向抗拉强度试验

试件都是瞬间断裂，表现出脆性破坏的特点，破坏面都出现在环氧胶和混凝土的黏结界面上。环氧胶和混凝土表面的黏结抗拉极限强度均大于3MPa。

（5）接缝面纯剪抗剪性能试验

不同正压应力水平下的破坏情形都表现为脆性破坏。有键无胶与有键有胶模型的破坏面都出现在齿根位置；有胶无键模型的破坏面出现环氧胶和混凝土的黏结界面上。每个试件的抗剪强度实测值均大于理论计算值。

（6）8m模型工字梁试验

静活载等效弯矩下实测挠跨比都大于计算值，且均小于铁路设计规范要求。加载至2.3倍设计弯矩时，梁体未发生破坏，结构极限承载力仍有一定储备。200万次疲劳试验期间，梁体跨中竖向抗弯刚度没有变化，跨中区域底板下缘未出现裂纹。

（7）24m T形梁静载弯曲试验

静活载下实测挠跨比大于计算值，且均小于铁路设计规范。实测开裂荷载等级（抗裂系数）大于设计计算值，模型梁实际抗弯承载力大于计算值，极限强度计算时不需要折减，规范计算值是偏于安全的。

（8）环氧密封胶的涂刮

应有较好的施工性能，易于涂刮而无流挂，同时具有良好的耐老化、耐强碱腐蚀性能，与混凝土颜色保持一致，可满足冬季低温和夏季高温气候条件下拼装施工需求。

3）试验概况

（1）自然条件

平潭海峡公铁大桥位于海坛海峡北口，处于海洋环境，海水硫酸盐侵蚀、镁盐侵蚀环境作用等级为H2，盐类结晶破坏作用等级为Y3，氯盐环境作用等级为L1，碳化环境作用等级为T2。桥区百年重现期十分钟平均最大风速45.8m/s。

（2）试验目的

胶接缝节段[29, 30]预制预应力混凝土箱梁接缝处是在预制梁段接缝面涂刷环氧密封胶，再通过张拉预应力的方式形成箱梁整体，并实现箱梁预应力孔道的密封性。不同品牌的环氧密封胶及不同的涂胶方式对胶接缝的效果影响尚缺乏相应的技术资料。体内束节段预制拼装箱梁节段拼接时，由于可能存在的偏差，相邻节段孔道的位置会有一定的错位，预应力孔道压浆时，可能会发生孔道漏气漏浆的现象，从而难以保证预应力孔道的压浆密实性，影响预应力钢束的耐久性。此外，施加临时预应力时胶体也有可能被挤入孔道，造成穿束困难。因此，设计科学合理的预应力孔道接缝密封构造并进行试验验证成为确保结构安全的一个关键环节。

本次试验的目的就是试验研究胶接缝式节段预制拼装预应力混凝土箱梁预应力孔道密封形式和密封性能，以及不同品牌和涂胶方式对胶接缝效果的影响，为胶接缝式节段预制拼装预应力混凝土箱梁提供设计参考。

（3）试验内容

试验在充分收集国内外对胶接缝式节段拼装预应力混凝土结构的试验研究成果与设计、应用情况的基础上，以平潭海峡公铁大桥项目作为依托，仅就预应力混凝土梁胶接缝施工工艺进行试验。主要进行以下两方面的试验：

①孔道密闭性能试验

通过不同的孔道密封形式（孔道开槽或不开槽、选用不同的孔道密封材料），查看胶接缝节段预制拼装预应力混凝土梁预应力孔道的密封性能。

②胶接缝效果试验

采用不同类型的环氧胶，通过试验，查看接缝处的节段胶接效果，寻找适合本桥的环氧密封胶。

a.涂胶工艺技术参数

采用单面涂胶、双面涂胶及不同厚度要求，查看其涂胶效果、是否在两侧混凝土表面有效渗透、是否能有效弥补预制混凝土表面的不平整性等缺陷。

b.试验时间、地点

在2014年8月—2014年10月，在和平村码头进行了节段拼装胶接简支梁现场试验。

c.试验模型简介

制作一组试验模型梁。模型梁全长10m，计算跨度9.4m，采用C60混凝土等截面预应力混凝土简支矩形梁，高1.5m，宽0.5m，纵向共分为5个节段，4个胶接缝，预制节段长2m。模型梁沿梁高设2×3排内径ϕ55mm预应力管道。

模型梁剪力键形式与依托项目箱梁腹板布置基本一致，在接缝1、4处设5道剪力键，在接缝2、3处设4道剪力键。为测试不同角度孔道密闭性能，在支点附近接缝面预应力孔道按不同角度弯起。孔道压浆水泥浆强度为M60，并掺入阻锈剂。F1、F3钢索采用金属波纹管成孔，F2采用塑料波纹管成孔。接缝采用爱劳达环氧胶和西卡环氧胶，分单面涂胶和双面涂胶。模型梁胶接缝的设置情况见表3-7-1-12。

模型梁胶接缝设置情况一览表　　　　　表3-7-1-12

编号	接缝涂胶		接缝密封形式	
	类型	工艺	孔道	密封材质
1	爱牢达环氧胶	单面涂胶，厚度3mm	孔道不开槽	闭孔发泡聚乙烯密封垫圈
2	爱牢达环氧胶	双面涂胶，厚度2mm	孔道不开槽	橡胶密封垫圈
3	西卡环氧胶	单面涂胶，厚度3mm	孔道开槽	橡胶密封垫圈
4	西卡环氧胶	双面涂胶，厚度2mm	孔道开槽	闭孔发泡聚乙烯密封垫圈

4）主要试验方案

（1）预应力孔道成孔方式

目前我国预应力混凝土箱梁预应力孔道成孔方式主要有预埋金属波纹管成孔、橡胶抽拔棒成孔和塑料波纹管成孔三种方式，配套压浆工艺主要有普通压浆模式和真空辅助压浆工艺模式。

针对以上几种体内束预应力孔道成孔方式，为保证灌浆的密实性和施工的便利性，本次试验拟选用两种预应力成孔方式：金属波纹管成孔、塑料波纹管成孔。

另外，普通灌浆法由于所用水泥浆较稀，容易造成浆体离析、泌水、硬化后收缩，孔道中产生空隙，给结构的安全性和耐久性留下隐患，真空辅助压浆工艺可以很好地解决该质量通病。本次试验压浆拟采用真空辅助压浆工艺。

（2）胶接缝预应力孔道接缝面密封形式

为避免压浆浆液从接缝处漏出和梁体挤压时胶体进入预应力孔道造成孔道堵塞，需对接缝面预应力孔道接头采取可靠的构造处理措施。按照密闭效果好、施工方便和成本较低的原则，本次试验选用以下四种密封形式进行试验研究。

①闭孔发泡聚乙烯密封垫圈+涂胶方式，接缝表面不开槽，两接缝直接对接。采用闭孔发泡聚乙烯材料作为密封垫圈材料。密封圈尺寸：环宽10mm，内环直径比预应力孔道直径大5~10mm，厚5mm。本次试验用于模型的1接缝面。

②橡胶密封垫圈+涂胶方式，接缝表面不开槽，两接缝直接对接。采用橡胶垫圈。密封垫圈环宽25mm，厚25mm。本次试验用于模型的2接缝面。

③孔道口开槽+橡胶密封垫圈+涂胶方式。相邻节段接缝面对应孔道各开一深约1cm左右较小槽口，槽口内填塞橡胶垫圈，起到阻止胶体进入孔道和防止压浆时孔道漏浆作用。槽口尺寸：环宽30mm，槽口深10mm，槽口边缘接缝面处可倒45°角或直接采用直角，垫圈内环直径比预应力孔道直径大10mm，密封垫圈环宽25mm，厚25mm。本次试验用于模型的3接缝面。

④孔道口开槽+闭孔发泡聚乙烯密封垫圈+涂胶方式。相邻节段接缝面对应孔道各开一深约1cm左右较小槽口，采用闭孔发泡聚乙烯材料作为密封垫圈材料，起到阻止胶体进入孔道和防止压浆时孔道漏浆作用槽口尺寸：环宽30mm，槽口深10mm，槽口边缘接缝面处可倒45°角或直接采用直角，垫圈内环直径比预应力孔道直径大10mm，密封垫圈环宽25mm，厚25mm。本次试验用于模型的4接缝面。

（3）接缝面环氧密封胶

采用爱牢达和西卡桥梁专用环氧密封胶作为接缝面密封及防水材料，两者均为无溶剂型双组分触变性环氧黏结剂，涂抹厚度分两个方案：单面涂胶3mm，双面涂胶，涂抹厚度2mm。

（4）临时预应力

临时预应力张拉主要有两个作用：一是固定梁段，保证在永久预应力张拉前，节段之间不会相对错动；二是提供胶体凝结所需的压力，根据苏通大桥和厦门快速公交系统（BRT）1号线的实践经验，干接面上环氧密封胶在不小于0.3MPa的压力下固化效果较好，本次试验临时预应力采用25mm精轧螺纹钢，每个接缝面由4根精扎螺纹钢筋共同施压，总控制张拉力为250kN。

（5）永久预应力

试验用预应力采用4-7ϕ5低松弛钢绞线，OVM15-4锚具，试验中只对两根F2钢束进行穿束和张拉，锚下张拉应力控制在930MPa。在预应力张拉过程中测量接缝位移和转角的变化，张拉完成后进行孔道压浆试验。

5）模型梁试验工艺

（1）模型梁预制

①预制方法

本试验采用长线法预制，预制场配备一个长线台座。台座上配备10m长梁的底模、一套完整的端模和侧模。模板全部采用具有足够强度和刚度的整体式钢模板。

②预制工艺

a.绑扎钢筋、支模、浇筑混凝土

在长线台座上直接绑扎第一节段钢筋及预应力孔道波纹管的安装，依次安装两端端模、两侧侧模（图3-7-1-61），然后浇筑混凝土，养护。浇筑混凝土在混凝土搅拌站拌和，并由混凝土罐车运输，起重机吊斗提升浇筑，插入式振动棒振捣，土工布覆盖养生。

a)　　　　　　　　　　　　　　b)

图3-7-1-61　模型梁预制件施工

b.刷隔离剂

为保证待浇节段混凝土与匹配节段混凝土（旧混凝土断面）能很好地分开，要在匹配面刷隔离剂。隔离剂选择的配比是双飞粉：精面粉：水＝1：0.55：0.16。均匀涂刷两遍，并在钢筋骨架绑扎前完成并检查，对涂刷不均匀处或较薄处及时进行补刷（图3-7-1-62）。在梁段脱开后，在节段脱开后，用钢丝刷和清水清理干净。

c.下一节段预制

接着上一节段，绑扎下一节段的钢筋，以上一节段一端为第二节段端模，安装模板，浇筑混凝土，养护如图3-7-1-63所示。

　　　　　　　a)　　　　　　　　　　　　　　b)

图 3-7-1-62　模型梁涂刷隔离剂

　　　　　　　a)　　　　　　　　　　　　　　b)

图 3-7-1-63　下一节段预制

d. 合龙节段预制

以第二、四节段两端为端模进行钢筋绑扎，模板安装，混凝土浇筑，养护，完成整孔梁段预制，如图 3-7-1-64 所示。

（2）拌胶、涂胶

胶拼前必须做好挤胶张拉的一切准备工作。所有的接缝面必须洁净，除去油污等杂质，混凝土表面应尽量平整，疏松表面层及附着的水泥应清除干净，涂胶前表面要干燥或烘干。将不同环氧树脂胶浆按相应的配合比拌制胶浆，并在规定的时间内按要求操作完毕，防止硬化，如图 3-7-1-65 所示。

（3）临时体外筋张拉

①临时张拉

一是固定节段，保证在永久预应力张拉前，节段之间不会相对错动；二是提供胶体凝结所需的压力，使环氧树脂在不小于 0.3MPa 的压力下固化，环氧树脂接缝在环氧树脂尚未凝固之前，要在接缝保持一个最小临时压应力，临时预应力不得解除。挤压后的胶缝宽度宜为 1.0 ~ 2.0 mm，不应出现缺胶现象。

a)　　　　　　　　　　　　　　　　　　b)

图 3-7-1-64　合龙段施工

a)　　　　　　　　　　　　b)　　　　　　　　　　　　c)

图 3-7-1-65　涂胶

本试验每个截面均设临时预应力，左右两侧各两根 $\phi 32mm$ 精扎螺纹钢筋共同施压，采用 4 台千斤顶同时施加压力，总控制张拉力为 250kN。截面应力平均为 0.3MPa。

②主要材料及设备

临时张拉棒采用 $\phi 32mm$ 精扎螺纹钢，张拉设备采用 ZM4-500 型张拉千斤顶（60t），以及安装在节段腹板预留孔洞起临时张拉支座作用的钢锚块。

③施工方法

精扎螺纹钢、张拉千斤顶、张拉油泵等临时张拉设备准备到位。进行接缝面涂胶，接缝面涂胶完成后，环氧树脂尚未凝结之前立即开始两侧同步张拉。控制油泵压力稳定在 250kN，持荷 30min。张拉过程如图 3-7-1-66~图 3-7-1-71 所示。

④永久预应力筋张拉

试验用预应力采用低松弛高强 4-7ϕ5mm 钢绞线、OVM15-4 锚具，锚下张拉应力控制在 1116MPa，如图 3-7-1-72 所示。

⑤预应力孔道压浆

在预应力束张拉完成后，孔道在 24h 内进行压浆，如图 3-7-1-73 所示。压浆前封堵未进行预应力张拉的预应力孔道两头；压浆材料采用 M60 水泥砂浆，并掺入阻锈剂。压入孔道的水泥浆要饱满密实。

图 3-7-1-66 临时张拉（爱牢达）

图 3-7-1-67 侧面挤胶（爱牢达）

图 3-7-1-68 顶面挤胶（爱牢达）

图 3-7-1-69 临时张拉完毕（爱牢达）

图 3-7-1-70 临时张拉（西卡）

图 3-7-1-71 侧面挤胶张拉完成（西卡）

　　　　　a）　　　　　　　　　　　　　　b）

图 3-7-1-72　智能张拉作业

　　　　　a）　　　　　　　　　　　　　　b）

图 3-7-1-73　压浆作业

6）胶接缝模型现场试验

（1）胶结缝效果试验

胶接之后的接缝在 24h 之后做拉裂试验（图 3-7-1-74），接缝左右两侧各两根 $\phi32mm$ 精扎螺纹钢筋共同施加力，采用 4 台千斤顶同时施加力，匀速缓慢施加压力，压力表读数每增加 5MPa 读取一下每个压力表读数，之后根据压力表读数换算成截面的抗拉能力。拉开效果如图 3-7-1-75~图 3-7-1-77 所示。

图 3-7-1-74　拉裂试验

经过对抗拉强度和现场试验分析，爱牢达桥梁专用环氧密封胶接缝（单面涂胶）抗拉应力为 2.15MPa；西卡桥梁专用环氧密封胶接缝（单面涂胶）抗拉应力为 2.52MPa；西卡桥梁专用环氧密封胶接缝（双面涂胶）抗拉应力为 2.59MPa。从接缝抗拉应力比较西卡比爱牢达胶抗拉强度稍高；双面涂胶抗拉强度更高。从破坏面观察看，爱牢达胶比西卡胶在接缝处拉开面积比例更高，西卡双面涂胶破坏面全部在混凝土内部。

图 3-7-1-75　爱牢达单面涂胶

图 3-7-1-76　西卡单面涂胶

a）

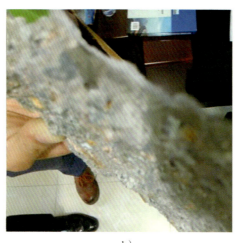
b）

图 3-7-1-77　西卡双面涂胶（拉裂面从混凝土内部拉裂）

综合以上比较，西卡双面涂胶接缝抗拉强度较好。

（2）预应力孔道成孔方式

目前我国预应力混凝土箱梁预应力孔道成孔方式主要有预埋金属波纹管成孔、橡胶抽拔棒成孔和塑料波纹管成孔三种方式。在黄韩侯铁路芝水沟特大桥上进行了塑料波纹管与抽拔橡胶棒两种预应力成孔方式的试验，结论为均可行，推荐采用塑料波纹管成孔。塑料波纹管成孔配套真空辅助压浆工艺模式是近年来应用较多的成孔模式，具有成孔质量高、施工方便、压浆效果好等特点，但塑料波纹管工业化生成长度固定，施工中过多的接头易使管道内封闭性能不良，真空度不足，质量不易保证，同时外露端部、锚头部位密封困难，宜漏气。而且波纹管管道壁厚较厚、成本高。预埋金属波纹管成孔模式具有施工方便、成孔质量高的优点，自身具有良好的闭气、闭水性能，在混凝土包裹作用下，能达到较好的真空度，对于真空辅助压浆工艺同样适用；同时可以现场加工，长度任意裁剪，避免了塑料波纹管多次接头的弊端。而且金属波纹管单价较塑料波纹管便宜，成本低。

本次采用真空辅助压浆工艺对塑料波纹管和金属波纹管分别进行了试验，如图 3-7-1-78 所示。

塑料波纹管与金属波纹管两种预应力成孔方式均可行，但采用金属波纹管成孔方式时由于钢带压缝拉开等影响造成孔口混凝土存在裂纹，对孔口接缝密封造成一定影响。若采用塑料波纹管直接采用刀具切割平整就不存在以上问题，故推荐采用塑料波纹管成孔。

图 3-7-1-78　孔道成孔方式

（3）孔道密闭性能试验

待压浆水泥浆强度达到一定强度后，将试验模型沿接缝面剖开，检查浆体饱满密实，孔道没有裂缝和孔隙，无漏浆现象，胶体没有进入孔道，接缝处没有出现颈缩等现象。

通过对剖开面观察，无论闭孔发泡聚乙烯密封垫圈还是发泡橡胶密封垫圈，环氧胶都没有进入预应力孔道，且预应力孔道注浆饱满，也无水泥浆溢出空外，孔道密闭性满足要求。根据现场实际经验及施工便利，建议采用不开槽发泡聚乙烯施工更方便易操作。

（4）涂胶工艺技术参数

①配合比配置

环氧黏结材料采用双组分成品，根据拼装时的环境温度选定相应的配比。环氧树脂胶浆的配合分别为：西卡胶 A 胶：B 胶 =1：3；爱牢达胶 A 胶：B 胶 =1：1。

②施工工艺

拌制、涂胶，需在规定的时间内操作完毕，防止硬化。断面涂胶时保证两侧端面清洁、干燥。将环氧树脂以约 400r/min 的转速搅拌 2～3min，直到颜色均匀为止，搅拌过程中尽量避免引入空气，使用扁平工具拌胶，便于散热延长使用时间。胶体均匀涂刷，涂胶厚度为 2～3mm。填平混凝土凹进部分，涂刷过程以及拼装后 2 h 之内采取措施，防止雨水侵入和阳光照射。拌制完的环氧树脂后在 5 min 内涂刷完毕，10 min 内进行拼接。

采用爱牢达和西卡桥梁专用环氧密封胶作为接缝面密封及防水材料，单面涂胶厚度 3mm，双面涂胶厚度 2mm。爱牢达和西卡桥梁专用环氧密封胶初凝时间分别为 2h 和 40min，必须在初凝前完成胶拼。涂胶前在每个预应力孔道周边粘贴环形密封垫圈，保证挤胶张拉过程中，环氧胶不会进入预应力孔道，挤胶张拉结束后，用通孔器通孔。

（5）环氧胶的工点适应性

环氧胶供货商应提供与该项目相同的海洋环境条件下胶体耐久性试验报告，各项技术指标应符合该项目要求。

本试验采用爱牢达、西卡两种国际知名品牌的环氧胶，其抗拉强度、抗剪强度、湿热老化指标（90d）等各项性能指标通过第三方试验，均符合设计和《混凝土结构加固设计规范》（GB 50367—2013）有关规定。环氧黏结材料采用双组分成品，根据拼装时的环境温度选定相应的配比。

7.1.6　结论

通过模型梁试验得出以下结论：

（1）胶体选择

通过密封性检测，西卡胶和爱牢达胶均能满足工程要求。通过二者的胶结效果和试验数据对比，得出西卡双面涂胶效果较好。

（2）密封方式选择

发泡聚乙烯密封垫圈和橡胶密封垫圈在开槽与不开槽情况下都能满足要求，考虑施工方便和经济性，采用不开槽发泡聚乙烯密封垫圈。

总之，通过模型梁胶结缝效果试验和密闭性的试验，验证、优化了设计；通过对此施工工艺的实际探索，积累了一定的经验，证明节段预制胶拼梁的设计和施工工艺是可行的。

7.2 铁路梁移动模架现浇施工

7.2.1 施工概述

平潭海峡公铁大桥跨越大练岛段为19×40m现浇简支梁，梁长40.7m，计算跨度为37.98m，箱梁顶板宽12.2m，梁高3.58m，横桥向支座中心线间距为5m。根据施组总体安排铁路现浇简支梁均采用移动模架现浇施工。

根据现场施工自然条件特点，铁路梁采用腹位两跨式自行式移动模架（DXZ40/1200移动模架）施工，抗风稳定性好，开模后模板部分可以在桥墩的上平面避开垫石和公路桥桥墩的预留钢筋，适合直腹板铁路梁形，通节用性较强。

DXZ40/1200移动模架主要由主框架、墩顶移位机构、底模横移装置、底模系统、侧翼模系统、MHh（5+5）门式起重机、平台走道、端模系统、内模系统、电控液压系统及辅助设施等部分组成，其技术参数及特性见表3-7-2-1。

移动模架技术参数及特性 表3-7-2-1

序号	项目	技术参数及特性
1	设备型号	DXZ40/1200移动模架
2	施工使用工法	逐跨整孔原位现浇
3	总体方案	桥面下支撑，两根纵向主梁支撑模板系统
4	适用桥跨	跨度≤40.7m
5	梁底最小操作高度	≥1m
6	适应纵坡	2.0%
7	适应曲线半径	3000m
8	环境风速要求	移位时≤7级，浇筑时≤8级，非工作时≤11级
9	自动化方式	竖向顶落用大吨位分离式千斤顶实现； 纵向移位用液压缸完成； 底模横向开、合采用液压缸完成
10	整机使用总功率	约100kW
11	动力条件	~4AC、380V、50Hz
12	液压系统压力	31.5MPa
13	移位速度	0~0.8m/min
14	主梁挠度	小于$L/600$ （仅考虑混凝土荷载和内模的自重引起的挠度）
15	过孔稳定系数	>1.5
16	运输条件	最大单件质量小于≤30t，最大单件尺寸小于 12m×3.2m×2.5m，满足铁路、公路运输限界

续上表

序号	项目	技术参数及特性
17	单台总质量	约680t（不含支座处散模）
18	设计施工周期	14d/跨（设备过孔时间按2d计）

移动模架结构特点：

（1）DXZ40/1200型移动模架采用下承式结构，直接在墩顶安装支撑系统，具有良好的抗风稳定性。

（2）支撑系统直接安装在墩顶，受力体系明确，安装方便，利于施工。

（3）移动模架升降、横向开合、纵移过孔均采用液压控制，动作平稳、安全可靠，同时降低了劳动强度，提高了施工效率。

（4）配置1台2×3t门式起重机，方便现场钢筋倒运和内模组装；门式起重机可携带底模用操作平台移动，方便现场装拆底模连接。

（5）墩顶移位机构可横向移动，便于调整主框架平面位置，便于曲线过孔作业。

（6）整机为对称结构，可以反向走行及反向施工。

（7）采用大块的平面模板设计，节段少，刚度大，接缝少，浇筑质量容易控制，模板改制后可再次使用。

7.2.2 自行式移动模架设计

DXZ40/1200自行式移动模架针对福平铁路平潭海峡公铁大桥40m跨简支箱梁现浇施工而设计，为下承式结构，具有良好的稳定性。直接在墩顶安装支撑系统，受力体系明确，安装方便，利于施工。移动模架升降、横向开合、纵移过孔均采用液压控制，动作平稳、安全可靠，同时降低了劳动强度，提高了施工效率。前中后三个墩顶支撑可横向调节，便于调整主框架平面位置，便于曲线过孔作业。

该移动模架主要由主框架、墩顶移位机构、底模横移装置、底模系统、侧翼模系统、MHh（3+3）门式起重机、平台走道、端模系统、内模系统、电控液压系统及辅助设施等部分组成，如图3-7-2-1所示。

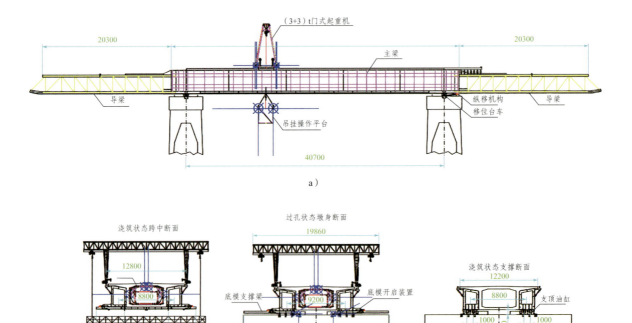

图3-7-2-1 自行式移动模架系统（尺寸单位：mm）

1）主框架

主框架部分由主梁、导梁分 2 组并列组成。主要承托设备重量及钢筋混凝土等结构材料重量。每组纵梁由 3 节导梁 +5 节承重钢箱梁 +3 节导梁组成，全长 86m。两组纵梁中心距分别为 8.8m。

每侧钢箱梁总长约 45.4m，盖板及腹板材料为 Q345B。上盖板及内侧腹板固定混凝土梁的翼模及侧模。钢箱梁接头、钢箱梁和导梁接头采用螺栓法兰连接，其钢箱梁之间的接头的底部连接处用高强度对拉螺栓，上盖板和左右腹板接头处用 10.9 级 M30 螺栓连接。

导梁为桁架式结构，接头为螺栓连接。导梁断面为等腰梯形。

钢箱梁内设有两排穿精轧螺纹钢的孔 ϕ50mm，当移动模架完成过孔准备打混凝土时，在靠近钢箱梁内侧腹板的孔处穿精轧螺纹钢，装上大螺母吊着底模，使底模牢固的与钢箱梁成为一个整体。当打完混凝土准备打开底模过孔时，用倒链通过另一排 ϕ50mm 孔穿过钢箱梁底板提起底模平衡梁，使旁边的大螺母有松动的间隙，拧下大螺母取出精轧螺纹钢。当底模横移开到位时，再次穿上精轧螺纹钢起锚固作用，此时一块模板保证穿一根精轧螺纹钢筋。

2）墩顶移位机构

墩顶移位机构由墩顶横移滑座、横移滑座垫板、纵移铰座、纵移液压缸（横移、纵移及主顶升）、墩顶预埋件等部分组成，共设置 3 套。

（1）横移滑座。为焊接件，其下平面安装前必须涂上黄油才可放在横移滑座垫板上，横移滑座上焊接有纵移铰座、安装纵移液压缸的耳板及安装横移油缸的耳板。用横移液压缸推拉滑座，使其在横移滑座垫板上向左或向右滑动，以实现调整钢箱梁向左或向右移动。

（2）横移滑座垫板。通过两边螺栓连接的卡板和压板形成一个凹槽面，限制横移滑座只能在横移滑座垫板上横向滑动而不能纵向滑动。横移滑座垫板和桥墩预埋件之间牢固焊接，同时保证所有预埋件在一个平面上和预埋件的放置尺寸正确。横移滑座垫板外侧焊接有挡座，起限位作用；内侧焊接有横移液压缸座，安装横移液压缸固定端。

（3）纵移铰座。分为上滑座和下滑座，上下滑座通过圆弧面铰接触。上滑座可沿圆弧面自由旋转。主梁下盖板、导梁下弦杆及底模下方设置纵移轨道，上滑道与纵移轨道相对，上滑座顶部装有减磨材料（聚四氟乙烯），模架纵移时，纵移轨道在减磨材料上滑动，以减少模架纵移过孔的摩擦阻力。

（4）纵移液压缸。一端安装在横移滑座的铰座上，一端安装在上纵移滑靴机构上（纵移滑靴要提前穿在钢箱梁和导梁的下滑道上）。纵移滑靴机构根据机械杠杆机构原理，由其里面插销轴方向的位置不同而实现液压缸推拉移动模架钢箱梁向前或向后滑动。改变一次方向只需换插一次销轴的方向，不需要每次液压缸推/拉时人工换销轴，从而可很大程度地节省劳动力。纵移液压缸每次可以将移动模架向前推进 1m。

3）底模横移装置

底模横移装置由钩挂支架、正压轮组及反压轮组、横移滑靴、横移液压缸等部分组成（图 3-7-2-2），整机共设置 2×10 套。

钩挂支架一端和钢箱梁外侧螺栓连接。底模钩挂上下装有反压轮和正压轮。反压轮与底模平衡梁上面接触，正压轮与底模平衡梁下面接触。当底模精轧螺纹钢吊杆松掉以后，底模在自重作用下落在底模钩挂下面的正压轮上，正压轮托着底模平衡梁的下面，此时后边的反压轮从底模平衡梁上面反压着底模，使底模处于平衡状态。

横移液压缸一端安装在钩挂支架的铰座上，一端安装在横移移滑靴机构上（纵移滑靴要提前穿在底模平衡梁横移轨道上）。横移滑靴机构根据机械杠杆机构原理，由其里面插销轴方向的位置不同而实现液压缸推拉底模向内或向外滑动。改变一次方向只需换插一次销轴的方向，不需要在液压缸每次推/拉时人工换销轴，从而很大程度地节省了劳动力。

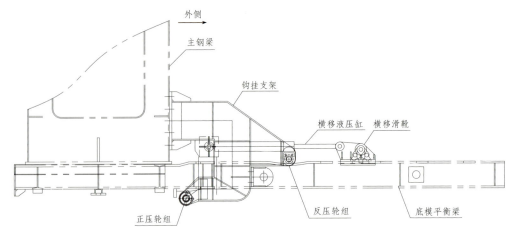

图 3-7-2-2 底模横移装置

4）底模及侧翼模系统

底模系统由底模平衡梁和底模组成。底模系统纵向从中部剖分，两侧分别与钢箱梁通过精轧螺纹钢筋相连。底模共 2×10 块，对称分布。底模平衡梁上等距离布置数个矩形方孔，底模推开时液压缸带横移滑靴一端伸到方孔里推着底模向外推开，侧翼模和承重钢箱梁内侧腹板一体。

5）MHh（3+3）门式起重机

为方便施工，减轻现场操作人员的劳动强度，特设置一台 MHh（3+3）门式起重机。门式起重机配 2 台 3t 电葫芦，在跨内时可承载 6t 起吊重物，在悬臂段时只能承载 3t 起吊重物。门式起重机配的两个 3t 电葫芦起吊用钢丝绳长度 9m，不允许把电葫芦卷筒里的钢丝绳全部放完。

门式起重机可提起操作平台并在整跨桥梁长度范围内移动。操作平台上铺有钢板网，现场施工人员可以站在平台上面安装拆除工件、检查底模螺栓和精轧螺纹钢筋吊杆的松紧情况。

门式起重机可在梁面及模架主梁范围内移动，方便现场钢筋倒运和内模、端模的组装。门式起重机在过孔前开到后导梁上，利用门式起重机轮箱处伸出横梁的可调节丝杆将门式起重机支撑在已经打好的混凝土梁上。

6）内模系统

内模采用可拆卸模架、分块式钢模。内模板总长度 40.6m，由标准段模板、变截段模板及支撑框架组成，在布设底腹板钢筋后进行内模安装作业。内模系统利用人工拆卸、搬运及安装。单片钢模质量不大于 100kg。

7）辅助设施

辅助设施包括爬梯、走道、操作平台、栏杆等。操作平台和爬梯是保证作业人员施工安全的基本要求。为了方便底模中间的连接螺栓的装拆和主梁下精轧螺纹钢筋大螺母的检查，特设置了底模操作平台，在该平台两端均可操作吊挂在梁面上的门式起重机移动，施工人员也可站在该操作平台上装拆模架的中间连接螺栓；主梁外侧的走道方便翼模撑杆的安装；泵站操作平台放置在主梁双侧，与底模横移机构连接；另外导梁上设有竖直爬梯，方便工作人员从桥墩爬上主梁顶部。

8）液压系统

该移动模架因整机机构分散，所以液压系统采用独立单元设计，系统简化和模块化，减少沿程损失和功率损耗，方便维修和搬运。整机液压系统共 6 套：纵移液压系统 1 套、主梁液压系统 4 套、墩顶横移液压系统 1 套。每套液压系统都由液压泵站、液压管路和液压缸等组成。

9）电气系统

（1）电气配置

主电气控制柜1台、液压站控制柜6台、金属卤化物灯10盏、风速风向仪1套、门式起重机操作箱1套。

（2）功能

①电气控制柜：包括整机电源控制，整机过载，短路，等保护。

②液压站控制柜：该控制柜共有6台，分别控制6台液压站的起停。

③照明：照明灯共10盏。每条主梁内布2盏灯，共4盏灯；两边梁外部各2盏，共4盏灯。门式起重机2盏灯。

④风速风向仪：用于监测工作风力、非工作风力、风向及报警。

（3）操作

①主电气控制柜：合上空气开关，接通总电源，使各支路均处于待命状态。

②液压站控制柜：液压泵站柜为本地操作，首先确定泵站电源上电，确定无异常后，启动泵站电源接触器，系统正常则可以启动电机，然后根据所要完成的动作，按照面板的标识，操作旋钮，实现相应的动作。在泵站不工作时，停止泵站的电源。

③门式起重机操作：门式起重机的电器控制元件集中在起重机电控箱内，在进行操作之前，确保门式起重机轨道畅通，处于可工作状态。首先检查门式起重机的每个限位开关及其他保护元件是否正常，确定进行下一步操作，接着松开门式起重机上安装的紧急停止按钮，启动门式起重机电源，观察无异常后，方可进行门式起重机的前进和起升操作。操作之前要启动电铃警示周围人员注意安全。门式起重机长时间不工作时关闭其电源。

④照明：断路器控制现场照明。

⑤风速风向仪：当风力超过工作风力时，风速风向仪发出报警，提醒工作人员停止施工。

7.2.3 移动模架组拼施工

拼装步骤一：在D22～D23号墩孔搭设临时拼装支墩及地面平整作为移动模架拼装场地（图3-7-2-3）；在D22、D23号墩上安装墩顶滑移机构，在D23号墩桥台上的墩顶移位机构处安装一块3m段底模板，用于支撑主梁。

拼装步骤二：吊装主梁边节段在墩顶滑座及临时支墩上；吊装主梁节段2在临时支墩上，并与节段1连接；依次将两榀主梁安装完成，如图3-7-2-4所示。

a） b）

图3-7-2-3　拼装场地施工

a)　　　　　　　　　　　　　　　　　b)

图 3-7-2-4　主梁拼装施工

拼装步骤三：撤出临时支墩（架），保留 D23 桥台上的临时支墩 4 及支墩 5；安装主梁外侧翼模、走道及门式起重机轨道；安装（5+5）t 门式起重机，如图 3-7-2-5 所示。

a)　　　　　　　　　　　　　　　　　b)

图 3-7-2-5　门式起重机安装施工

图 3-7-2-6　底模安装施工

拼装步骤四：利用小吨位起重机安装底模横移座；利用小吨位起重机及梁面门式起重机分段安装底模；将底模横移梁与主梁锚固（图 3-7-2-6）。

拼装步骤五：分段安装施工前方两节导梁节段，如图 3-7-2-7 所示；安装已拼装完结构上的附属结构、电气液压系统。

拼装步骤六：拼装完成部分的整体准备纵移；操作纵移液压缸，使拼装好主结构部分前移 6.5m；拆除 D23 号墩桥台上的临时支墩 5。

拼装步骤七：安装后端第一节导梁节段并整体再次准备纵移，如图 3-7-2-8 所示；操作纵移液压缸，使拼装好主结构部分再次前移 12m。

拼装步骤八：安装后端第二节导梁节段，安装其余附属结构，模架整体拼装完成，如图3-7-2-9所示。

a)　　　　　　　　　　　　　　　　　　　b)

图3-7-2-7　前导梁安装施工

a)　　　　　　　　　　　　　　　　　　　b)

图3-7-2-8　后导梁安装并前移施工

a)　　　　　　　　　　　　　　　　　　　b)

图3-7-2-9　移动模架拼装完成

拼装步骤九：操作纵移液压缸，整机前移到达指定的跨度为40m制梁位，如图3-7-2-10所示；调整模架到制梁状态，准备预压试验；预压试验后，调整模板，绑扎底腹板钢筋，安装内模，绑扎顶板钢筋，安装模板顶部对拉螺纹钢筋；准备浇筑首孔箱梁。

图 3-7-2-10 移动模架达到制梁位施工

7.2.4 移动模架过孔步骤

过孔步骤一：安装并调试移动模架完成；绑扎底腹板钢筋，安装内模；绑扎顶板钢筋，安装锚固模板顶部对拉螺纹钢筋；浇筑混凝土；混凝土养生，拆除模板顶部横向对拉螺纹钢筋；张拉；准备模架脱模，如图 3-7-2-11 所示。

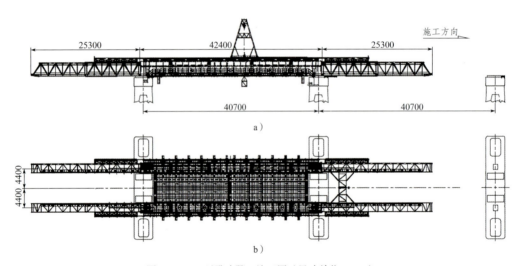

图 3-7-2-11 过孔步骤一施工图（尺寸单位：mm）

施工步骤二：墩顶顶升液压缸收缩，模架整体下落 90mm，完成脱模；底模板下葫芦提起操作平台，解除底模中间连接的螺栓；解除底模与主梁之间的锚固螺纹钢筋；下落操作平台，并放置在路基或船上，解除操作平台与起吊葫芦间连接，并将操作平台倒运至前跨；启动底模横移液压缸，推动底模横移向外开启 3.05m；穿上底模与主梁间精轧螺纹钢筋，一块模板保证穿一根；启动墩顶横移液压缸，两侧模架整体向外开移 250mm；操作底模横移液压缸，自动收起最外侧的底模横梁，使其绕着上面一个销轴旋转，向主梁内侧方向收回；连接前导梁联系梁，如图 3-7-2-12 所示。

施工步骤三：纵移前检查过孔无障碍；启动墩顶纵移液压缸，模架（除门式起重机外）整体前移 18m，此时前导梁到达前墩顶滑座上，如图 3-7-2-13 所示。

施工步骤四：整机继续前移 22.7m，过孔到位，如图 3-7-2-14 所示。

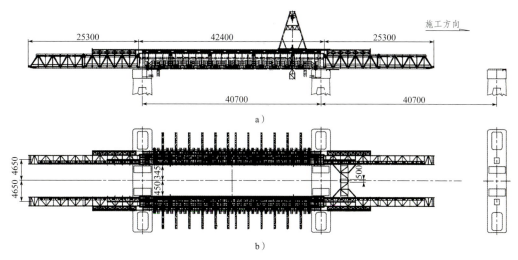

图 3-7-2-12 过孔步骤二施工图（尺寸单位：mm）

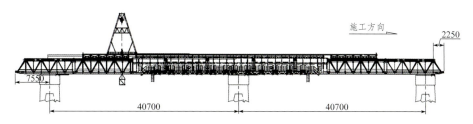

图 3-7-2-13 过孔步骤三施工图（尺寸单位：mm）

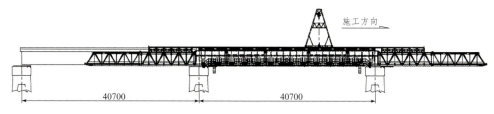

图 3-7-2-14 过孔步骤四施工图（尺寸单位：mm）

施工步骤五：拆除前导梁联结系 500mm 接长段；启动墩顶横移液压缸，两侧模架向内横移 250mm；拆除底模与主梁间锁定；启动底模横移液压缸，两侧底模向内横移 3050mm；底模板葫芦提起操作平台；安装底模与主梁之间的锚栓；安装底模中间连接螺栓，如图 3-7-2-15 所示。

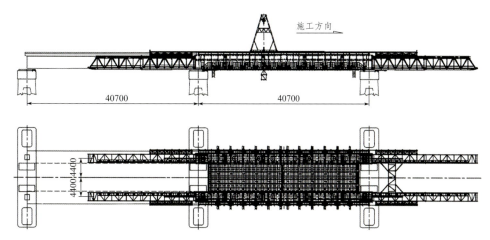

图 3-7-2-15 过孔步骤五施工图（尺寸单位：mm）

施工步骤六：启动墩顶主液压缸，模架整体提升90mm，到达制梁高程；绑扎底腹板钢筋，安装内模；绑扎顶板钢筋，安装锚固模板顶部对拉螺纹钢筋；浇筑混凝土；混凝土养生，张拉。

7.3 三角挂篮悬臂浇筑施工

平潭海峡公铁大桥跨越北东口水道部分公铁主跨（通航孔）均采用92m+2×168m+92m预应力混凝土连续刚构，其余桥跨（非通航孔）公路左右幅各为5联（40m+3×64m+40m）连续梁。根据施组总体安排跨海北东口水道段公铁主跨连续刚构以及公路连续梁共计13联均采用三角挂篮施工，为了满足大桥施工工期，公铁主跨、公路梁共计投入79对挂篮形成"群"挂篮同时批量施工，为目前世界上唯一的一座同步投入挂篮施工最多的大桥。

7.3.1 三角挂篮设计

1）三角挂篮抗风稳定性设计

（1）挂篮选型

挂篮设计考虑自身材料来源、材料型号、桥梁要求、桁架刚度、施工方便等因素的差异，在上桁架上作出了各式各样的变化，由此衍生出各种形式的挂篮结构。在本桥主要以三角挂篮、菱形挂篮进行对比分析。

①菱形挂篮

优点：杆件采用型钢组焊成箱形结构，结构简单、受力明确、各杆件均为拉压杆件，不存在受弯现象，后端锚固于主梁顶板上，前面部分空间较大，对工人操作影响较小；缺点：挂篮重心较高，主桁前上横梁离桥面较高，存在一定安全隐患。

②三角挂篮

优点：杆件采用型钢组焊接成箱形结构，主桁架横梁也可采用钢板组焊，斜杆设计采用钢带，结构简单、受力明确、承重能力大、重心较低，悬灌浇筑时挂篮稳定性和挂篮行走时的稳定性较好；缺点：操作空间小，不方便施工。

根据本桥箱梁结构形式，结合不同形式挂篮的优缺点，及综合考虑本桥所处特殊的海上大风施工环境设计采用重心较低的三角挂篮进行悬臂浇筑施工。

（2）结构构造

挂篮主要由三角主桁架、行走及锚固系统、悬吊系统、底模系统、模板系统五大部分组成。挂篮主桁架底纵梁、竖杆均采用2HN600×200型钢，前后斜拉杆采用双拼[28b槽钢，内模滑梁采用2HN350×175型钢，内外模滑梁采用2HN350×175型钢，前上横梁采用2HN600×200型钢，底模前后下横梁均采用双拼[40b槽钢，底纵梁采用双拼[36b槽钢。底模后吊杆数量3根，材料为ϕ50mm精轧螺纹钢；前吊杆数量2根，材料为ϕ32mm精轧螺纹钢；两侧为4根160mm×30mm吊带；内外滑梁吊杆均为ϕ32mm精轧螺纹钢。挂篮结构如图3-7-3-1所示。

（3）三角挂篮适应性设计准则

针对桥址区风大、频次高以及台风频繁等恶劣施工条件，对挂篮进行专项抗风适应性设计，即：三角挂篮设计在7级风施工状态下，结构应满足自身拼装施工过程中的安全；在8级风施工状态下，挂篮应满足施工荷载作用下的安全和适用性的要求，并具良好的安全储备；7级风施工状态下进行挂篮走行；8级风以上挂篮停止施工，在14级风极限非工作状态下，挂篮应能满足整体安全性的要求，主体结构不被破坏。

（4）抗风稳定性分析

采用Midas Civil重点分析挂篮行走到位且尚未绑扎钢筋时，三角挂篮在台风作用下的强度、刚度以及稳定性等工作性能；基于有限元结果，提出挂篮的抗风加固措施，并对加固后的三角挂篮进行有限元分析。

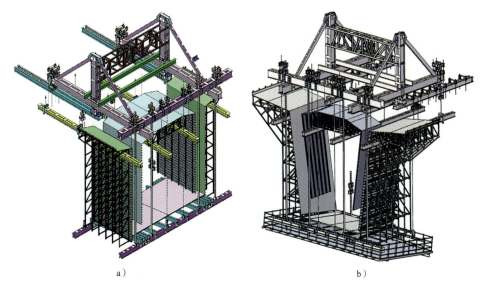

图 3-7-3-1 铁路梁/公路梁挂篮结构示意图

①未加固三角挂篮工作性能有限元分析

a. 挂篮有限元模型建立

采用梁单元建立三角挂篮的典型杆件（图 3-7-3-2），并采用释放梁端约束的方式将部分杆件调整为桁架杆（只承担轴向拉力与压力）。为得到三角挂篮所受的风荷载值，建立混凝土侧面模板的简化模型，如图 3-7-3-3 所示。混凝土侧面模板的长度、高度和厚度分别为 5m、4m 和 6mm。

b. 边界条件

根据三角挂篮设计的实际情况，在三角挂篮的主桁后锚、底篮后锚、侧模后锚等位置设置约束条件，见有限元整体模型图。具体而言，挂篮行走到位，尚未绑扎钢筋时，混凝土侧模板后端约 0.5m 长范围与已浇筑梁段紧贴，在模型中约束 X、Y、Z 方向位移，侧模槽钢桁架搁置在外滑梁上，在模型中约束 X、Z 方向位移。

混凝土模板体系在风荷载作用下为转动面板，为计算风荷载作用下下端对前横梁的作用力，在下端施加 Y 方向约束。约束条件如图 3-7-3-4 所示。

图 3-7-3-2 挂篮有限元总体模型

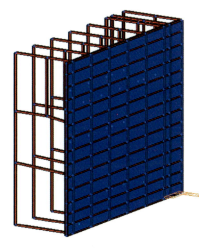

图 3-7-3-3 混凝土连续梁模板

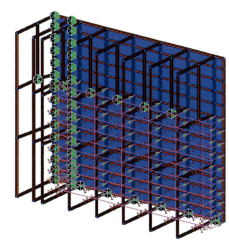

图 3-7-3-4 模型约束条件

c. 施加风荷载

施加的荷载分为恒荷载与活荷载两类，其中恒荷载主要为结构自重，由有限元软件自动计算，钢材的重度为 78.5kN/m³，混凝土的重度为 24kN/m³；挂篮距离海面高度取 35m，风荷载选择 14 级与 16 级台风，其数值根据参考文献 [13] 计算得到，由于侧模板悬挂在外滑梁上，施加风荷载只在外滑梁下部模板施加。台风荷载施加位置及取值如图 3-7-3-5 所示。

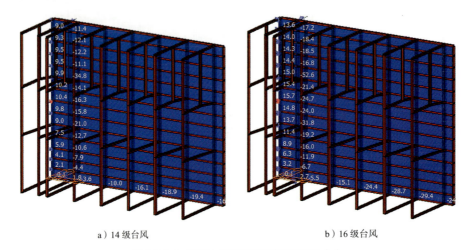

a）14 级台风　　　　　　　b）16 级台风

图 3-7-3-5　混凝土侧模风荷载作用位置及大小

注：14 级风：$W_{k14}=\beta_{gz}\mu_{s}\mu_{z}w_0=0.7\times1\times1.92\times10.72=14.4\text{kN/m}^2$；16 级风：$W_{k16}=\beta_{gz}\mu_{s}\mu_{z}w_0=0.7\times1\times1.92\times16.19=21.76\text{kN/m}^2$。

d. 有限元结果

有限元分析得到的三角挂篮 Von-Mises 应力云图如图 3-7-3-6 所示。由图 3-7-3-6 可以看出，在 14 级和 16 级风荷载作用下，三角挂篮杆件峰值应力分别为 118MPa 和 179MPa。由于工程中采用的钢材为 Q235B 级，其屈服强度设计值为 215MPa，三角挂篮杆件的强度满足规范设计要求。

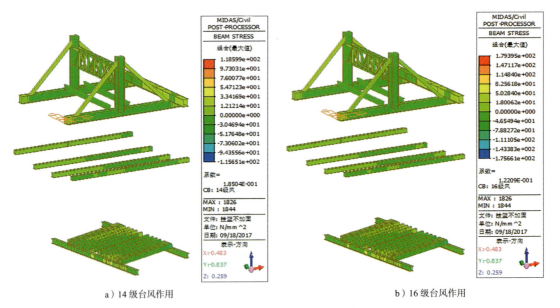

a）14 级台风作用　　　　　　　b）16 级台风作用

图 3-7-3-6　未加固的三角挂篮变形云图（单位：MPa）

考虑到受压杆件在轴向压力作用下可能发生稳定破坏，因此，仅对其受压杆件的稳定应力进行量化分析。分析发现，在 14 级和 16 级风荷载作用下，三角挂篮的最大稳定应力分别为 131.1MPa 和 198.9MPa，均小于 Q235B 级钢材的屈服强度设计值（215MPa），该三角挂篮的杆件不会发生杆件层面的稳定破坏。

有限元分析得到的三角挂篮位移云图如图 3-7-3-7 所示。从图中可以看出，在 14 级和 16 级风荷载作用下，峰值位移分别达到 5.1m 和 7.7m，远超过规范限值要求。这主要因为三角挂篮的底部横肋为几何可变体系，在水平荷载作用下，底部横肋将发生刚体运动。这也是三角挂篮发生较大峰值位移，但其峰值应力却较低的原因。

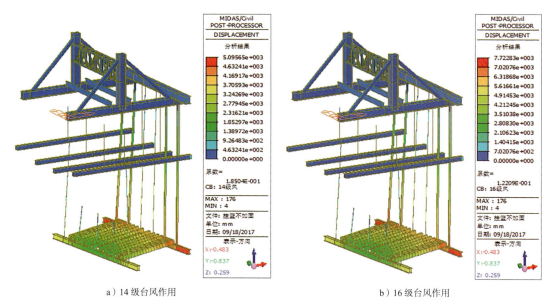

a）14 级台风作用　　　　　　　　b）16 级台风作用

图 3-7-3-7　未加固的三角挂篮位移云图（单位：mm）

三角挂篮的失稳模态如图 3-7-3-8 所示，失稳模态属于常见的失稳方式，前三阶失稳模态的临界荷载系数分别为 1.55、1.89 和 1.89。这可以说明，构件不会发生体系层面的整体稳定破坏。

a）一阶模态　　　　　　　b）二阶模态　　　　　　　c）三阶模态

图 3-7-3-8　未加固的三角挂篮位失稳模态

基于上述的有限元分析结果，可以说明，虽然三角挂篮的杆件峰值应力和峰值稳定应力均没有超过钢材的屈服强度，挂篮不会发生构件层面和体系层面的整体稳定破坏，但挂篮的峰值位移远远超过规范限值，这可能产生以下两方面后果：一是杆件发生大变形，将显著影响构件的施工质量；二是大变形后杆件与混凝土可能发生碰撞，导致混凝土局部发生破坏。因此，需要对类似的三角挂篮进行加固措施，保证挂篮在风荷载作用下具有良好的工作性能。

②加固后三角挂篮工作性能有限元分析

针对三角挂篮的工作特点以及上述有限元分析结果,提出施工过程中采用双拼槽钢固定底部横肋三角挂篮。为了提高施工现场的经济效益,拟采用双拼[20b槽钢、双拼[18b槽钢和双拼[16b槽钢作为连接杆件,三种槽钢的基本截面性质汇总见表3-7-3-1。加固后三角挂篮的有限元模型如图3-7-3-9所示,槽钢端部采用固定边界条件,其余边界条件和施加荷载与前文相同。

典型槽钢截面性能汇总　　　　　　　　　　　　　　　　　表3-7-3-1

槽钢型号	截面面积 A（mm^2）	截面惯性矩 I（mm^4）
[20b	3283	1.91×10^7
[18b	2929	1.37×10^7
[16b	2515	9.34×10^6

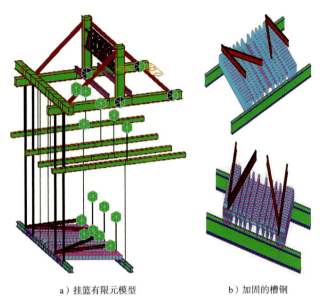

a）挂篮有限元模型　　　b）加固的槽钢

图3-7-3-9　加固的三角挂篮有限元模型

采用不同类型槽钢时,三角挂篮在14级台风和16级台风作用下的关键响应汇总见表3-7-3-2。采用双拼槽钢[20b作为补强杆件时,在14级台风作用下,三角挂篮的峰值位移和峰值应力分别为6.73mm和37.7MPa；在16级台风作用下,三角挂篮的峰值位移和峰值应力分别为6.86mm和46.4MPa,如图3-7-3-10所示。采用[18b槽钢作为补强杆件时,在14级台风作用下,三角挂篮的峰值位移和峰值应力分别为7.53mm和42.2MPa；在16级台风作用下,三角挂篮的峰值位移和峰值应力分别为7.68mm和51.9MPa；采用槽钢[16b作为补强杆件时,在14级台风作用下,三角挂篮的峰值位移和峰值应力分别为8.78mm和49.2MPa；在16级台风作用下,三角挂篮的峰值位移和峰值应力分别为8.95mm和60.5MPa。上述数据表明,当采用槽钢作为加固杆件时,即使槽钢面积较小,三角挂篮的工作性能也能得到显著提高,满足设计要求。

各工况关键响应汇总　　　　　　　　　　　　　　　　　表3-7-3-2

工况	槽钢型号	14级台风		16级台风	
		峰值应力（MPa）	峰值位移（mm）	峰值应力（MPa）	峰值位移（mm）
Ⅰ	[20b	37.7	6.73	46.4	6.86
Ⅱ	[18b	42.2	7.53	51.9	7.68
Ⅲ	[16b	49.2	8.78	60.5	8.95

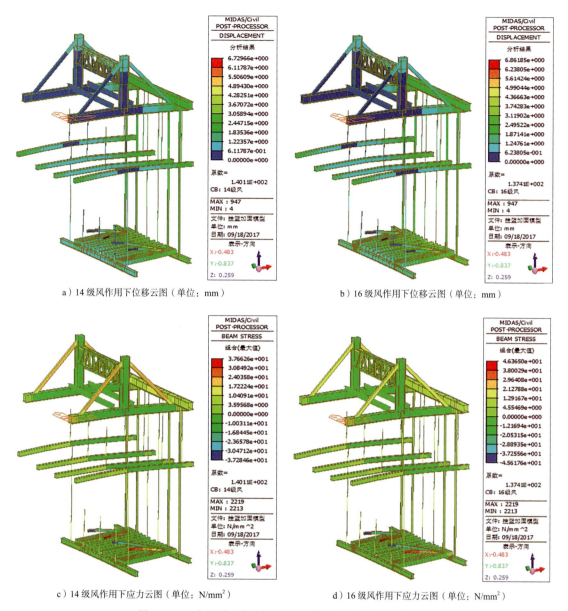

图 3-7-3-10 加固的三角挂篮有限元结果（采用双拼 [20b 槽钢）

而且，采用槽钢加固时，三角挂篮体系层面的失稳模型并没有发生显著的改变，以采用 [20b 槽钢为例，三角挂篮的前三阶模态与未加固时相似。原因是三角挂篮的失稳模型主要是横杆的失稳，而槽钢对四根横杆基本无约束作用。

根据上述有限元研究结果表明，对于三角挂篮类施工临时钢结构，其设计看似简单，实则相反，设计人员需深入了解其构造和计算内容。对于能够形成几何可变体系的部分，需要对其进行补强措施，以防止其在极端气候条件下发生较大位移，影响施工质量、增加施工工期。

③结论

a. 采用有限元设计软件 Midas Civil 对平潭海峡公铁大桥混凝土连续刚构桥的三角挂篮抗风性能进行有限元分析，发现施工过程中三角挂篮由于横向约束作用较弱，使其在台风作用下挂篮峰值挠度达到 5.1m 和 7.7m，严重超过规范限值，需要采取进一步加固措施。

b. 采用槽钢作为横向加固杆件，保证挂篮底部横肋形成几何不变体系，可显著提高三角挂篮的抗风性能。在 16 级风荷载作用下，三角挂篮的峰值位移和峰值应力为 6.86~8.95mm 和 46.4~60.5MPa，均满足规范要求。

2) 三角挂篮抗台措施

(1) 增加预留孔措施

每节挂篮施工梁段增加预留孔，确保在台风期挂篮侧模板与已浇筑完混凝土段重叠处安装精轧螺纹钢将挂篮侧模与已浇筑完混凝土收紧牢固；临空处两侧模采用精轧螺纹钢进行对拉。

(2) 增加M形桁架措施

前下横梁与双拼槽钢组成M形桁架整体，在浇筑前一梁段混凝土之间在端面提前预埋钢板，当台风来临之前用双拼槽钢一端焊接在预埋板上、另一端与挂篮前下横梁连接，限制前下横梁在风荷载作用下的自由晃动。

7.3.2 三角挂篮悬臂浇筑施工

1) 通航孔连续刚构施工

铁路梁墩顶0号、1号段施工完成后，进行高于铁路梁墩顶剩余部分的公路桥墩身施工，左右幅公路梁挂篮错开1~2节段，如图3-7-3-11所示。其施工步骤如下所述。

图3-7-3-11 通航孔连续（刚构）施工

步骤一：墩身施工完成后安装B39、B40、B41号墩顶托架，采用堆载预压，测量沉降量，提供相关记录数据，作为0号、1号段底板预拱度的施工依据。

步骤二：安装0号、1号块底模板及外模板，绑扎底板及腹板钢筋，设置底板及腹板波纹管及预应力束，安装内模板，安装顶板钢筋，设置顶板波纹管及预应力束，浇筑0号、1号块混凝土并养护、拆模，待混凝土强度及弹性模量达到设计值90%以上，张拉预应力钢束，压浆。

步骤三：按设计要求在0号、1号块梁面上安装三角挂篮，并就你行堆载预压。安装2号块模板，绑扎钢筋，安装预应力，对称浇筑2号块混凝土并养护，拆模，待混凝土强度及弹性模量达到设计值90%以上，张拉预应力钢束，压浆。

步骤四：三角挂篮前移，重复2号块施工步骤，对称浇筑其他节段，直至完成21号块施工。悬臂施工过程中随时调整梁顶的竖向、横向、纵向位移，计算每一悬灌段的预拱度，严格按设计控制线形。在21号块浇筑施工前，利用B38、B42号墩边跨直线段支架将直线段混凝土浇筑完成。

步骤五：在当天施工温度最低条件下进行边跨合龙段合龙。合龙段临时锁定，拆除施工挂篮，安装边跨合龙吊架和在合龙段两端设刚性支撑，临时张拉钢束，每根钢束张拉力400kN，锁定梁体（刚性支撑采用体外支撑），合龙段混凝土初凝并达到一定强度后，拆除双壁墩柱间临时固定支撑桁架，解除边支座的临时锁定；合龙段混凝土达到90%强度，张拉临时张拉钢束到设计墩位，并张拉剩余边跨合龙钢束，张拉该节段的横向预应力索及竖向预应力钢筋；压浆。

步骤六：在当天施工温度最低条件下进行中跨合龙段合龙。合龙段临时锁定，安装中跨合龙吊架和在合龙段刚性支撑，临时张拉钢束，每根钢束张拉力400kN，锁定梁体（刚性支撑采用体外支撑），安装中跨合龙段施工模板、绑扎钢筋、浇筑混凝土；合龙段混凝土达到90%强度，张拉临时张拉钢束到设计墩位，并张拉剩余中跨合龙钢束，张拉该节段的横向预应力索及竖向预应力钢筋；压浆。

2）非通航孔连续梁施工顺序

大练岛侧连续梁孔跨布置：A联（40m+9×64m+40m）+B联（40m+11×64m+40m）+C联（40m+11×64m+40m）；平潭岛侧连续梁孔跨布置：D联（40m+6×64m+40m）+E联（40m+5×64m+40m）。

连续梁采用菱形挂篮悬臂浇筑法施工。每一联的悬浇合龙施工按照"先边跨合龙，再次边跨合龙，由两边向中间依次合龙，直至中跨合龙"的顺序，如图3-7-3-12所示。

a)

b)

图3-7-3-12 大练岛侧/平潭岛侧连续梁施工

公路梁位于铁路梁之上，需考虑二者的相互施工影响，总体施工是铁路先行，即公路的每一联连续梁要等到铁路节段拼装造桥机离开本联，才能施工。

大练岛侧施工应该滞后于公路桥的节段拼装施工，以避免工序干扰，施工顺序：A联→B联→C联；平潭岛侧由大里程向小里程方向全幅施工。具体施工顺序：E联→D联。

施工方法：公路梁非通航孔施工方法与公铁合建通航孔的悬灌施工相同，详见通航孔施工方案。

7.4 大跨高墩钢管支架现浇施工

7.4.1 施工概述

平潭海峡公铁大桥跨越大练岛部分穿山越谷，右侧为东海，毗邻海坛海峡。桥址区属剥蚀低山及海漫滩地貌，起讫两端桥址位于剥蚀低山区，地形起伏，植被发育。

全桥共23跨，铁路孔跨布置为19×40m简支箱梁+4×32m简支箱梁，公路桥梁孔跨布置为：左幅（5×40m）等宽连续梁+（4×40m）等宽连续梁+（5×40m）变宽连续梁+（5×40m）变宽连续梁+（4×32m）等宽连续梁；右幅：（5×40m）等宽连续梁+（4×40m）等宽连续梁+（3×40m）变宽连续梁+（3×40m）+（4×40m）等宽连续梁+（4×32m）等宽连续梁，见表3-7-4-1。

高墩支架高度统计表　　　表3-7-4-1

项　目	单　位	第 一 联				
		第1跨	第2跨	第3跨	第4跨	第5跨
支架高度	m	50.25	42.85	33.62	34.55	28.75
支架、基础钢料	t	5136				
支架基础混凝土	m³	1704				

续上表

项 目	单 位	第 二 联			
		第6跨	第7跨	第8跨	第9跨
支架高度	m	29.35	38.05	47.65	54.15
支架、基础钢料	t	3657			
支架基础混凝土	m³	1423			

项 目	单 位	第 三 联				
		第10跨	第11跨	第12跨	第13跨	第14跨
支架高度	m	60.15	63.35	62.65	62.65	61.75
支架、基础钢料	t	5621				
支架基础混凝土	m³	2968				

项 目	单 位	第 四 联				
		第15跨	第16跨	第17跨	第18跨	第19跨
支架高度	m	60.95	60.05	58.95	58.25	53.45
钢料	t	6102.5				
混凝土	m³	3447				

项 目	单 位	第 五 联			
		第20跨	第21跨	第22跨	第23跨
支架高度	m	46.25	41.35	33.15	22.65
支架、基础钢料	t	3713			
支架基础混凝土	m³	1314			

7.4.2 高墩支架设计

1）高墩支架构造设计

桥梁铁路墩为门式空心墩，墩高最高为50.5m。公路墩为板式花瓶墩和门式实心墩，公路墩最高为14.9m。公铁合建墩高最高为65.3m。铁路为双线桥，桥面宽为12.2m。公路梁在铁路之上为双向6车道，桥面宽为16.25m，其中D9～D19号墩位变宽桥面，双幅桥面变宽范围为33～49m。

综合考虑施工成本、工期、施工工艺以及经济性等因素，现浇支架采用梁柱式钢管支墩结构，基础D0～D19号墩采用钻孔桩基础。D0～D8号墩钢管立柱采用$\phi720\times14$mm钢管，边墩钢管之间联结系采用双拼[28b工字钢、双拼I40b工字钢、$\phi400\times10$mm钢管。牛腿横连采用$\phi400\times10$mm。跨中钢管之间平连、斜撑采用$\phi400\times10$mm钢管、双拼I40b工字钢连接。D8～D19钢管立柱边墩采用$\phi720\times14$mm，跨中钢管立柱采用$\phi1200\times14$mm钢管。边墩钢管之间联结系采用双拼I28b工字钢、双拼I40b工字钢、$\phi400\times10$mm钢管。牛腿横连采用$\phi400\times10$mm。跨中钢管之间平连采用$\phi720\times14$mm钢管连接，斜撑采用$\phi400\times10$mm钢管或双拼I40b工字钢连接，呈"Z"字形或"八"字形布置。边跨横梁采用三拼I56b工字钢，跨中横梁采用双拼H700型钢，横梁与钢管桩交接处采用10块厚16mm钢板加强，从桩中心向两边分间距为24cm；承重梁采用321贝雷片组装，跨度为11m+2×7.6m+11m。各片桁梁之间采用花窗连接成整体，贝雷梁纵向顶部设置特制顶托便于拆除时落梁，一片贝雷梁上间距355mm、880mm、530mm、880mm、355mm，设置在贝雷梁上接近节点处，然后顶托上纵向放置150mm×150mm方木，在方木上横向放置100mm×100mm方木，纵向间距300mm，最后铺设15mm厚竹胶板做底模，具体布置如图3-7-4-1所示。

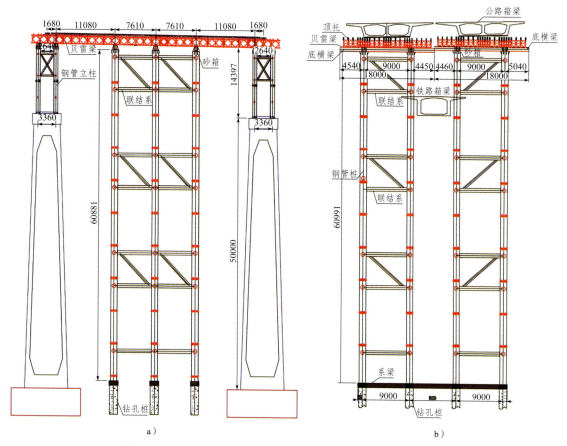

图 3-7-4-1　高墩支架纵向/横向（跨中）布置形式（尺寸单位：mm）

2）缩尺模型风洞试验

针对大练岛上的"风谷"通道形成的"穿堂风"增强效应，同时支架高度达到65m，为确保施工安全，对现浇支架进行缩尺模型风洞试验。

（1）试验概况

①试验模型

高墩支架试验模型采用ABS塑料制作，具有足够的强度和刚度，在试验风速下不发生变形，并且不出现明显的振动现象，可以保证测量的精度。考虑实际建筑物和周边情况，结合风洞实验室实际情况，确定模型几何缩尺比为1:150，模型与实体建筑保持几何相似。试验时将测试模型放置在转盘中心，通过旋转转盘实现不同风向角的模拟。在模型周边，依据实际建筑环境，按1:150布置体块，周边体块在平面形状和高度上保持几何相似，以模拟本项目建筑所处的风环境。

②工况定义

D8～D9号墩最高支架对应CASE 1~3号工况，分别为只有单个支架、有两个相同支架及主梁浇筑完毕但支架未拆除情况；D8'号墩最高支架对应CASE 4号工况，为单个支架情况；D10～D11号墩最高支架对应CASE 5、6号工况，分别为只有单个支架、有两个相同支架及主梁浇筑完毕但支架未拆除情况。支架试验模型如图3-7-4-2所示，利用Midas Civil有限元软件建立支架模型如图3-7-4-3所示。

③大气边界层风场的模拟

根据大桥所处的建筑环境，参考《建筑结构荷载规范》（GB 50009—2012），最终确定本试验的大气边界层流场模拟为A类地貌风场。按照实验室已有试验结论，以1:150的几何缩尺比模拟了A类风场。风洞设置3个尖劈，间距依次为10cm、16.5cm、16.5cm、10cm；并放置8个粗糙元，间距依次为3cm、3cm、4cm、4cm、4cm、3.5cm、4cm、4cm、3cm，模拟情况如图3-7-4-4所示。以此模拟出了理想的 A 类地貌风场。平均风速剖面、湍流度模拟结果如图 3-7-4-5、图 3-7-4-6 所示。由图可以看出，风洞模拟的来流风场与规范要求的一致性非常吻合。

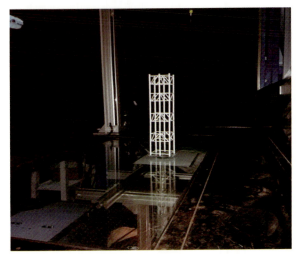

a）CASE 1 模型

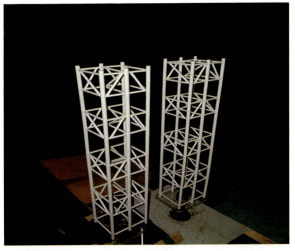

b）CASE 2 模型

c）CASE 3 模型

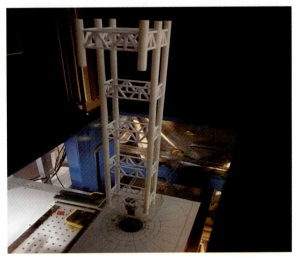

d）CASE 4 模型

e）CASE 5 模型

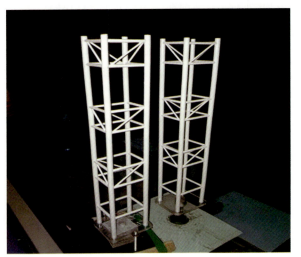

f）CASE 6 模型

图 3-7-4-2

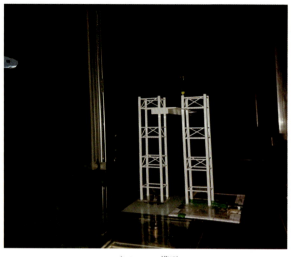

g）CASE 7 模型

图 3-7-4-2　支架试验模型

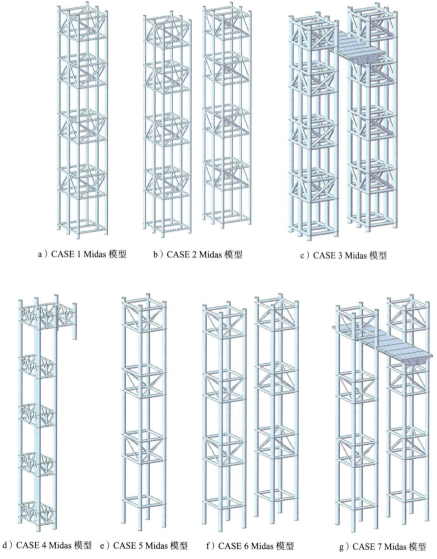

a）CASE 1 Midas 模型　　b）CASE 2 Midas 模型　　c）CASE 3 Midas 模型

d）CASE 4 Midas 模型　e）CASE 5 Midas 模型　f）CASE 6 Midas 模型　g）CASE 7 Midas 模型

图 3-7-4-3　支架 Midas 模型

图 3-7-4-4 风洞中模拟的 A 类地貌

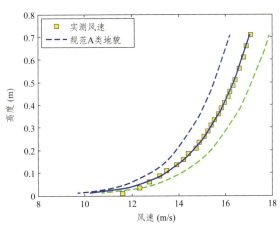

图 3-7-4-5 模拟的 A 类地貌平均风速剖面

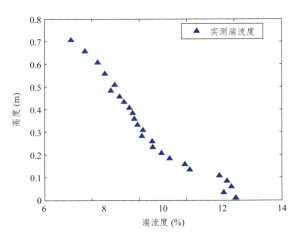

图 3-7-4-6 模拟的 A 类地貌实测湍流度

④试验工况

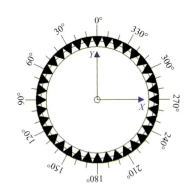

图 3-7-4-7 风向角定义

风垂直吹向本项目建筑东立面，风向角按逆时针方向增加。试验风向角间隔取为 15°，这样共有 24 个试验工况。风向角定义如图 3-7-4-7 所示。

⑤试验风速、采样频率和样本长度

风洞试验的风速为 19m/s。测力信号采样频率为 1000Hz，采样时间 60s，每个测点的采样样本总长度为 60000 个数据。试验中，对每个测点在每个风向角下都记录了 60000 个数据的风压时域信号。

（2）参考风速

参照《建筑结构荷载规范》（GB 50009—2012）参考风速计算方法，参照《公路桥梁抗风设计规范》（JTG/T D60-1—2004）中福建平潭地区 10 年重现期的设计基准风速 $V_{s10}=35.0$m/s，由此可得梯度风速 $V_d=V_{s10}(Z/10)^a$，施工现场风速观测风速为 45.4m/s，综上采用设计基准风速为 $V=45.4$m/s。

（3）风洞试验结果

根据《钢结构设计规范》（GB 50017—2003）❶中对于受弯构件挠度容许值的规定，桁架结构

---

❶ 现行标准号为 GB 50017—2017。

的挠度容许值为 l/400，结合风洞试验在不同风向角下结构的广义位移进行位移校核，校核结果见表 3-7-4-2。

位 移 校 核 表　　　　表 3-7-4-2

项　目	工况类型			
	CASE 1	CASE 2	CASE 3	CASE 4
X 方向最大值（m）	0.0296	0.0267	0.0435	0.2384
Y 方向最大值（m）	0.0188	0.0185	0.0393	0.2325
位移容许值（m）	0.1310	0.1310	0.1310	0.1363
项　目	工况类型			
	CASE 5	CASE6	CASE7	
X 方向最大值（m）	0.0482	0.0571	0.0514	
Y 方向最大值（m）	0.0458	0.0482	0.0511	
位移容许值（m）	0.1543	0.1543	0.1543	

从表中可知，CASE 1~3、CASE 4、CASE5~7 即 D8 ~ D9 号墩支架、D8′号墩支架、D10 ~ D11 号墩支架位移均小于规范规定的位移容许值。

（4）Midas Civil 验算

①均匀流风场不同风向角下验算

根据风洞试验测得的三分力系数，获得实际结构在不同风向角下所受的阻力、升力和扭矩，将不同风向角下阻力、升力和扭矩分别以均布荷载和集中力的形式加到结构上，得出在风荷载作用下，结构的位移值。图 3-7-4-8 列出在均匀流风场下，不同工况、不同风向角下结构的位移图，图中红色细线表示原结构，蓝色消隐单元表示在风荷载作用下，结构变形后的形状。

②紊流风场不同风向角下验算

图 3-7-4-9 列出在紊流风场下，不同工况、不同风向角下结构的位移图，图中红色细线表示原结构，蓝色消隐单元表示在风荷载作用下，结构变形后的形状。

由图 3-7-4-9 可以看出，CASE 1~4、CASE 5~7 即 D8′号墩、D8 ~ D9 号墩支架 D10 ~ D11 号墩支架位移均小于规范《钢结构设计规范》（GB 50017—2017）规定的位移容许值 l/400。

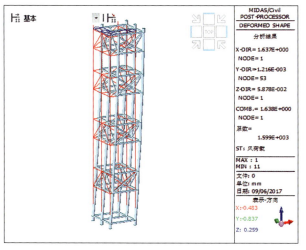
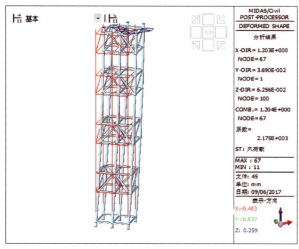

a) 0°风向角下结构位移图　　　　　　　　b) 45°风向角下结构位移图

图　3-7-4-8

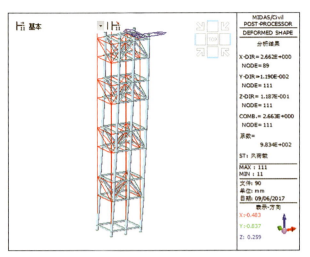

c) 90° 风向角下结构位移图　　　　　　　d) 135° 风向角下结构位移图

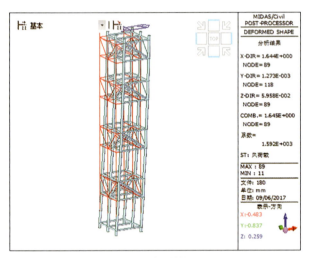
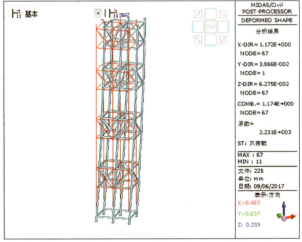

e) 180° 风向角下结构位移图　　　　　　　f) 225° 风向角下结构位移图

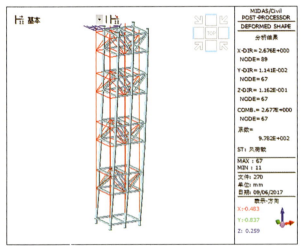

g) 270° 风向角下结构位移图　　　　　　　h) 315° 风向角下结构位移图

图 3-7-4-8

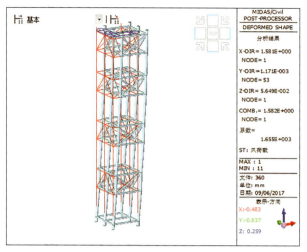

i）360°风向角下结构位移图

图 3-7-4-8　不同风向角下结构的位移图（单位：mm）

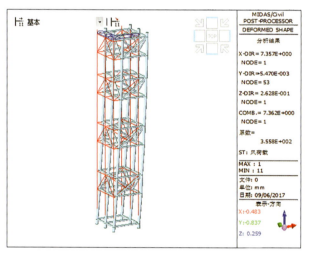

a）0°风向角下结构位移图

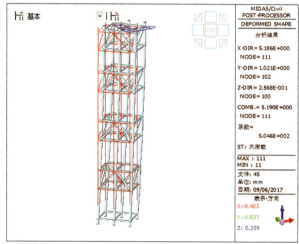

b）45°风向角下结构位移图

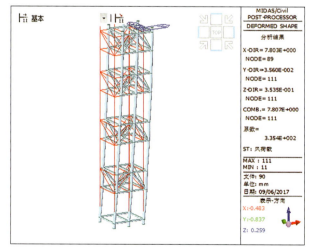

c）90°风向角下结构位移图

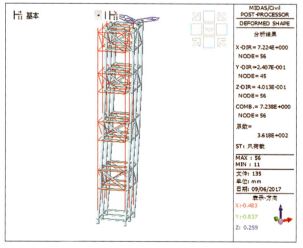

d）135°风向角下结构位移图

图　3-7-4-9

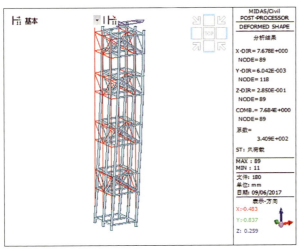

e）180°风向角下结构位移图

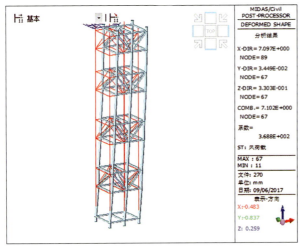

g）270°风向角下结构位移图

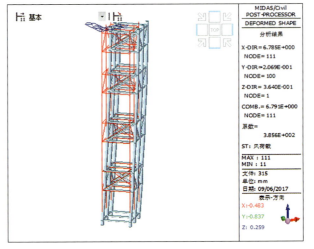

f）225°风向角下结构位移图

h）315°风向角下结构位移图

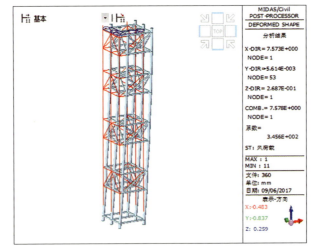

i）360°风向角下结构位移图

图 3-7-4-9　不同风向角下结构的位移图（单位：mm）

（5）结论

根据《钢结构设计规范》(GB 50017—2003)中对于受弯构件挠度容许值的规定，桁架结构的挠度容许值为1/400。试验及验算结果表明：CASE 1~3、CASE4、CASE 5~7即D8′、D8 ~ D9支架

D10～D11支架位移小于规范规定的位移容许值。

7.4.3 高墩支架现浇施工

高墩支架采用冲击钻钻孔施工桩基础，汽车式起重机配合塔式起重机安装立柱平联、横梁、贝雷梁方法施工，其施工工艺流程及步骤如图3-7-4-10所示。

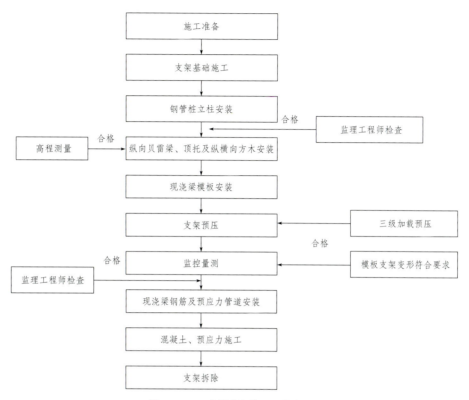

图3-7-4-10 高墩支架施工工艺流程图

由于大练岛的地理位置的特殊性，支架高度达到65m，施工过程中存在极大的安全隐患。为保证施工安全，在施工过程中对支架进行全程监测，对钢管格构柱边柱立应力监测点以便了解截面应力的变化。监测截面在各施工阶段的变化，如图3-7-4-11、图3-7-4-12所示。

从图3-7-4-11和图3-7-4-12可以看出，在各跨施工过程中最大压应力为95.0MPa<f_{cd}=140MPa，在整个浇筑过程中全桥处于安全状态。

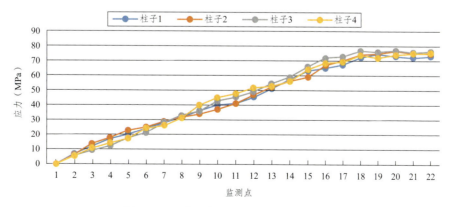

图3-7-4-11 第一跨支架监测截面应力变化图

两次台风中墩顶位移：第一次两个测点的位移分别为24mm和20mm；第二次两个测点位移分别为

18mm 和 17mm。由结果可知，台风作用下，格构柱顶部位移均较小，满足要求。

两次台风中格构柱频率：第一次为 2.28Hz，第二次频率 2.56Hz。三阶理论频率为 1.662Hz，四阶理论频率为 3.467Hz。在台风作用下，频率介于三阶和四阶之间，不会引起结构共振响应，结构安全。

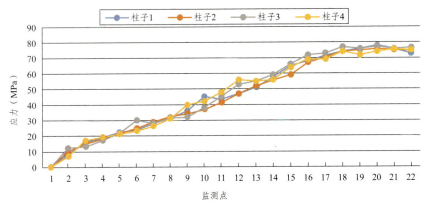

图 3-7-4-12　第二跨支架监测截面应力变化图

7.4.4　结语

针对处于大练岛上的山凹之间，形成的"穿堂风"的影响，在大练岛施工现场不同高度设置风速仪，实时监测不同高度风力，控制现场工序作业。现场对支架钻孔桩基础进行了预压，预压结果下沉 4mm，满足现场施工要求；并对高墩公路梁现浇支架进行缩尺模型风洞试验——固定模型天平测力边界层风洞试验研究。通过试验对比，指导结构设计和现场施工。在施工过程中，大跨高墩支架梁部施工顺利推进，安全质量可控，克服了大风条件下大跨高墩现浇梁施工技术难关。

平潭海峡公铁大桥
建造关键技术

KEY TECHNOLOGY FOR
THE CONSTRUCTION
OF PINGTAN STRAIT HIGHWAY AND RAILWAY BRIDGE

平潭海峡公铁大桥
建造关键技术

03

第 8 章

海洋环境混凝土结构耐久性强化措施研究

平潭海峡公铁大桥工程规模宏大，建设条件复杂，海上施工难度大，钢筋混凝土用量大，海洋环境恶劣。混凝土质量及其耐久性对于保证结构的服役寿命、服役期内的工作性能至关重要。现行的技术规范（规程）没有与之吻合的条文规定和技术措施，无法完全满足本工程混凝土结构建设施工的需要。因此，依据本桥相关专题研究成果，参考国家和相关行业的技术规范及标准，借鉴国内、国外相关工程实践经验，结合本工程的具体特点，对本工程混凝土的耐久性强化措施进行了一系列研究。

8.1 混凝土表面涂料设计

严重腐蚀环境（L3、H4、Y4、D4、M3）条件下的混凝土结构宜采用一种或多种耐久性强化措施。混凝土表面涂层是保证混凝土结构耐久性的附加强化措施之一，涂层性能的充分发挥以及耐久性效果的完美实现需要采取具有针对性的技术要求和措施。

8.1.1 涂层区域划分及涂装方案设计

海洋腐蚀环境可以分为陆上大气区、海上大气区、干湿交替区和浪溅区等四种区域，海洋环境下不同区域的桥梁以及桥墩的不同位置均将面临不同的腐蚀环境。为了有效提高整体结构的抗腐蚀能力，提高耐久性，对平潭海峡公铁大桥进行了分区域、分区段的多层次涂装方案设计，采用涂层设计的混凝土构件部位见表 3-8-1-1，与之对应的涂装防护体系表 3-8-1-2。

采用表面涂层的混凝土构件　　　　表 3-8-1-1

涂装体系	区域名称	工程部位
Ⅰ	陆上大气区	大练岛、平潭岛上桥梁梁部和墩台，包括现浇梁和全部桥墩、台身等
Ⅱ	海上大气区	海上整体现浇梁、节段拼装梁、悬臂现浇梁
Ⅲ	海上大气区	桥墩高程 +9m 以上墩身部分等

续上表

涂装体系	区 域 名 称	工 程 部 位
Ⅳ	干湿交替区和浪溅区	水中区桥墩浪溅区及以下部分至最低水位（高程+9m—承台底）

混凝土结构涂装防护体系 表 3-8-1-2

涂装体系	涂料名称（涂层）	涂装道数	每道干膜最小厚度（μm）	总干膜厚度（μm）	单位面积用量（kg/m²）
Ⅰ	环氧（封闭底层）涂料+氟碳（面层）涂料	1	—	60	0.2
		2	30		0.33
Ⅱ	环氧（封闭底层）涂料+氟碳（面层）涂料	1	—	100	0.2
		2	50		0.55
Ⅲ	硅烷浸渍涂料（用量500mL/m²）	2	（浸渍深度2~3mm）	—	0.44
Ⅳ	硅烷浸渍涂料（用量600mL/m²）	2	（浸渍深度3~4mm）	—	0.53

8.1.2 技术要求

施工技术要求是保证施工质量、实现材料功能的重要保证。通过查阅相关规范、规程和专项研究成果，结合本工程的特点对涂层材料（氟碳涂料、环氧涂料、硅烷浸渍涂料）提出了相应的技术指标及检验方法。

（1）氟碳涂料

柔性氟碳面层涂料的技术指标见表 3-8-1-3。

柔性氟碳面层涂料的技术指标及检验方法 表 3-8-1-3

序号	项 目		技 术 指 标	检 测 方 法
1	外观		符合标准样板及色差范围	目测
2	干燥时间（h）	表干	≤4	GB 1728—1979 甲法
		实干	≤24	GB 1728—1979 乙法
3	固含量（%）		≥50	GB/T 1725—2007
4	含氟量（主剂溶剂可溶物）（%）		≥24	HG/T 3792—2005 ❶
5	附着力（MPa）		≥3.0	GB/T 5210—2006
6	抗拉强度（MPa）		≥10.0	GB/T 528—2009
7	断裂延伸率（%）		≥150	GB/T 528—2009
8	不透水性（MPa）		0.3，0.5h	GB/T 16777—2008
9	低温柔性（-35℃）		无裂纹	GB/T 1731—1993
10	耐温变性		合格	JG/T 25—1999 ❷
11	耐紫外老化保光率，6000h（%）		≥70	GB/T 14522—2008
12	涂料使用期（23℃）		≥5h	TB/T 1527—2011 ❸

（2）环氧涂料

环氧（封闭底层）涂料技术要求见表 3-8-1-4、表 3-8-1-5。

---

❶ 现行标准号为 HG/T 3792—2014。

❷ 现行标准号为 JG/T 25—2017。

❸ 2019 年作废。

水性环氧（封闭底层）涂料技术指标及检验方法　　　　　表 3-8-1-4

序号	项　　目		技术指标	检测方法
1	外观		乳白色均匀液体	目测
2	干燥时间（h）	表干	≤ 3	GB/T 1728—1979
		实干	≤ 24	
3	固含量（%）		≥ 35	GB/T 1725—2007
4	附着力（MPa）		≥ 3.0	GB/T 5210—2006（与混凝土及面层涂料）
5	耐温变性		合格	JG/T 25—1999

溶剂型环氧（封闭底层）涂料技术指标及检验方法　　　　　表 3-8-1-5

序号	项　　目		技术指标	检测方法
1	外观		淡黄色均匀液体	目测
2	干燥时间（h）	表干	≤ 3	GB/T 1728—1979
		实干	≤ 24	
3	固含量（%）		≥ 25	GB/T 1725—2007
4	附着力（MPa）		≥ 3.0	GB/T 5210—2006（与混凝土及面层涂料）
5	耐温变性		合格	JG/T 25—1999❶

（3）硅烷浸渍涂料

硅烷浸渍涂料相关技术要求见表 3-8-1-6。

硅烷浸渍涂料的技术指标　　　　　表 3-8-1-6

序号	项　　目		相关指标	检测方法
1	外观		无色透明液体	目测
2	主要成分		异丁基三乙氧基硅烷	红外光谱法
3	干燥系数		≥ 30%	附录 C.2.3
4	吸水率比		< 7.5	附录 C.2.4
5	抗碱性		吸水率比 < 10%	附录 C.2.5
6	氯离子吸收降低率		> 90%［参考（JTJ 275—2000）规范，海洋环境，氯离子吸收降低要求更高］	附录 C.2.5
7	渗透深度（mm）	< C40 混凝土	4 ~ 10	附录 C.2.6
		≥ C40 混凝土	≥ 4	
8	抗冻融性	W/C=0.7 混凝土	盐溶液中与基准混凝土相比，至少多 15 次循环	附录 C.2.7
9	异丁烯三乙氧硅烷含量		≥ 98.9%	GB/T 9722—2006
10	硅氧烷含量		≤ 0.3%	GB/T 9722—2006
11	可水解的氯化物含量		≤ 1/10000	GB/T 9729—2007
12	密度（g/cm³）		0.88	GB/T 4472—1984
13	折光率		1.3998 ~ 1.4002	GB/T 614—2006

注：表中附录摘自《平潭海峡公铁两用大桥混凝土结构耐久性技术实施细则》。

---

❶ 现行标准号为 JG/T 25—2017。

8.2 材料储存要求

8.2.1 氟碳涂料

（1）一般要求随配随用，不可久储，配制好的涂料须在6h之内用完。未配完的材料要密封保存。

（2）氟碳涂料产品应存放在阴凉干燥处，防止日光直接照射，隔绝火源，远离热源。储存期为6个月，期满后应检验各项技术指标，如达到指标要求，可继续使用。

8.2.2 环氧涂料

（1）为双组分包装。产品在运输时，应防止雨淋、日光暴晒，避免碰撞，并应符合交通部门的有关规定。

（2）产品应存放在阴凉通风处，储存于远离火源的通风阴凉干燥处，存放温度不高于40℃，防止日光直接照射，或隔绝火源、远离热源的库房内。切忌碰撞，严禁与水接触。

（3）属易燃品，请注意包装容器上的警告标识。施工场地应有良好的通风设施,油漆工应戴好眼镜、手套、口罩等，避免皮肤接触和吸入漆雾。如果油漆不慎溅到皮肤上应立即用合适的清洁剂、肥皂水清洗。溅入眼睛时应用清水充分清洗并立即就医诊治。施工现场严禁烟火。

（4）有效期为1年，超过有效期，经重新检验合格后仍可使用。

8.2.3 硅烷浸渍涂料

（1）涂料应原罐封存，密封闭光保存，禁止与酸、碱、胺和重金属或其化合物一起储存，也不能放置在被其污染的场所。每次使用过后应封好包装以免失效，启封后应在72h内用完。

（2）涂料应储存在有遮盖、无阳光直射处，并不接触潮湿的地板或地面。宜将涂料储存在受控制的环境中，储存区域应设立有职业卫生和安全部门要求的警示牌。

（3）涂料应按到货顺序使用。任何超过使用期的材料均不得使用。

8.3 施工技术条件

8.3.1 施工前的准备

（1）调查工程范围内混凝土表面状况，按粉化、开裂、剥离和强度等级进行分类，确定存在缺陷的程度并做好相应记录及现场标记。针对不同的缺陷，确定不同的清理、修补及防护方案。

（2）混凝土基层应密实、平整。使用打磨砂轮、钢丝刷等处理混凝土基面上的浮浆、杂渣等疏松部位，尖角、凸起部位要予以剔除并打磨平整。使用吸尘器等清除粉尘杂质。使用稀料等溶剂清除污垢、霉菌、苔藓等污染物，并用淡水冲洗至中性。

（3）混凝土表面的裂缝、蜂窝、麻面和错台等缺陷，用环氧腻子找平。裂缝宽度小于0.2mm时，可采用水性环氧封闭底层涂料或溶剂型环氧封闭底层涂料进行3次以上刷涂，让浆液自然渗入裂缝中，至裂缝不再吸收浆液为止；裂缝宽度大于0.2mm时，则先沿裂缝切出V形槽，然后用聚合物砂浆堵塞修补。

（4）潮湿基面处理。

对于潮湿基面，应烘干或喷涂找平层，找平层施工后48h后喷涂封闭底层涂料。

8.3.2 不同涂料的施工技术条件

施工条件对施工质量的好坏有较大影响，为了更好地实现涂层的防腐效果，对不同涂料的施工条件进行了规定。

（1）氟碳涂料

①氟碳涂料的适宜施工温度为0～35℃，基面温度最好不低于5℃，相对环境湿度在85%以下。做好安全防护措施，保证良好通风，佩戴防护用具，防止沾污皮肤、眼睛。

②防护涂层施工前，必须彻底清除混凝土基层的浮浆、粉化层及剥离、酥松部分，做好基面裂缝等缺陷修补。环氧封闭底漆实干或间隔24h后应检查封闭底层涂料是否有气泡。如果有气泡，则须将气泡剔除，并补涂底层涂料，然后进行面层涂料涂装。

③面层涂料在使用前应按涂料使用说明进行配制。刷涂、喷涂、滚涂均可。面层涂料实干或间隔24h后应检查涂层的厚度及是否有气泡，防护涂层总厚度应大于或等于$100\mu m$。如果有气泡，则须将气泡剔除，并补涂面层涂料。

④施工过程检查、检测。防护涂层实干后，用指甲刮划防护层，检查有无干喷（疏松、多孔、附着力低的地方，即为干喷），棱角、死角部位应加大检查力度，对干喷部位表面重新处理施工。防护涂层外观可目测检验，颜色均匀一致，没有漏涂、疤痕、异物夹杂等缺陷。氟碳面漆施工完成后，须用湿膜厚度计检测厚度，以确保干膜厚度。

（2）环氧涂料

①根据涂料的物理性能、施工条件、涂装要求和被涂构件的情况选择施工方法并制订涂装工艺流程，涂装施工工艺流程应切实可行。首选高压无气喷涂施工方法，当环境及空间条件不允许时，可采用刷涂或滚涂。最后一道面漆应采用高压无气喷涂方法施工，以保证表面光洁。高压无气喷涂应适用大流量、高效率的高压无气喷涂设备，喷出压力和喷嘴孔径应与涂料的黏度相适应，确保涂层均匀、平整、光滑。

②一套涂料混合后，必须在规定的混合使用期内用完。因各种原因超过了混合使用期的涂料不得继续使用。第一道涂层封闭漆施工后，如有可见的混凝土表面气孔、缺陷等，应使用环氧腻子修补平整，确保涂层的光滑连续。腻子应与涂层面结合良好，既能与结构物基面牢固地黏合，又能和涂层很好地相容。

（3）硅烷浸渍涂料

①硅烷浸渍涂料大面积施工前应进行喷涂试验，试验面积为$1～5m^2$。试验结果满足要求后，再进行大面积施工。施工人员应使用必要的安全防护设施，在施工过程中要按要求穿戴护目镜和防护手套。施工人员如不慎吸入该涂料，应立即将其转移到有新鲜空气的地方；如皮肤接触到涂料，立即用水清洗15min；如涂料进入到眼睛，应立即用水清洗15min，并脱下被污染的衣服、鞋子并及时就医。应注意避免该涂料和氯丁橡胶、沥青密封材料等其他可能腐蚀的材料接触。该涂料在固化反应过程中会释放乙醇，应注意安全预防措施。施工现场保持通风良好，远离火花、明火。

②混凝土表面温度应控制在5～40℃之间，空气相对湿度不大于80%。下雨或有强风或强烈阳光直射时不得喷涂硅烷涂料，所需的全部硅烷涂料在施工现场应一次备足，使用前方可开封，并应于启封后72h内用完，否则应予废弃。

③施工可采用滚涂、喷涂等方式。施工工具可采用密封喷枪、滚筒、刷子等。如使用刷子或滚筒施工，应当重复涂抹，直到表面润湿。大面积施工建议使用低压喷涂方式，这样可以减少材料的损耗。如采用连续循环的泵送系统，应注意喷枪的压力不能超60～70kPa。浸渍施工后，应用黑色记号笔标明已喷涂区域与未喷涂区域的分界线，便于监理工程师目测检验，同时避免下次作业漏涂或重涂。

④浸渍硅烷工作应连续进行，施涂可采用连续喷涂、刷涂或滚涂方法，施涂时必须使被涂表面饱和溢流。在立面上，应自下而上施涂，被涂立面至少有5s保持湿润状态；在顶面或底面上施涂，均至少有5s保持湿润状态。

⑤潮差区进行修补施工时应在落潮过程中对混凝土表面进行清洁后烘干。喷涂硅烷应在下一次涨潮之前，掌握好潮汛期，尽量提供混凝土表层表干时间，同时又要保证硅烷浸渍后能够固化的时间，防止硅烷还未能反应固化就被潮水冲走。

建议喷涂两遍以上，第二遍喷涂应与前一层喷涂间隔不少于6h，也不应间隔时间过长。当基材吸收完上一次涂层并不再光亮时，涂敷下一次。潮差区施工，每层应在每次潮位低于施工部位烘干后施工，建议每层喷涂应在不同的落潮期进行。

大气区施工后24h内不湿水自然风干，3d完全固化后即可产生最佳的防水防腐护效果，7d后可进行钻芯取样检测。

8.4 施工工艺

8.4.1 氟碳涂料施工

氟碳涂层施工工艺流程为：基面清理→基面修补（潮湿基面处理）→环氧封闭底层涂料施工→氟碳面漆施工。

（1）基面清理

混凝土基层应密实、平整，使用打磨砂轮、钢丝刷等处理混凝土基面上的浮浆、杂渣等疏松部位，尖角、凸起部位要予以剔除并打磨平整，使用吸尘器等清除粉尘杂质，使用稀料等溶剂清除污垢、霉菌、苔藓等污染物，并用淡水冲洗至中性。

（2）基面修补

混凝土表面的裂缝、蜂窝、麻面和错台等缺陷，用环氧腻子找平，裂缝宽度小于0.2mm时，可采用水性环氧封闭漆或溶剂型环氧封闭漆进行3次以上刷涂，让浆液自然渗入裂缝中，至裂缝不再吸收浆液为止；裂缝宽度大于0.2mm时，则先沿裂缝切出V形槽，然后用聚合物砂浆堵塞修补。混凝土基层局部出现严重开裂、掉块、强度小于C10时，应彻底清理、重新施工混凝土基层，然后再进行防护涂层施工，检查合格的混凝土基层应及时涂覆封闭漆。

（3）潮湿基面处理

对于潮湿基面，应烘干或喷涂找平层，找平层施工48h后喷涂封闭底层涂料。

（4）环氧（封闭底层）涂料施工。

在封闭底层涂料喷涂前，应检查基层是否符合要求，有问题的地方及时修补，并要求基面完全干燥，要求喷涂均匀，不能漏喷，颜色应保持均匀一致，不得出现发花现象。刮风（七级以上）及雨天不能施工。封闭底层涂料喷涂一遍，喷涂完毕进行检查，发现基面有批刮印痕或蜂眼现象，必须打磨至符合要求。打磨应采用280目或360目水磨砂纸，打磨应仔细，注意不能将涂膜磨穿。打磨完毕应进行除尘处理，用抹布等将基面上打磨产生的粉尘处理干净。如果除尘不彻底，氟碳涂料施工后将无法形成平滑的涂膜。封闭底层涂料喷涂后，应颜色均匀、光泽均匀、涂膜表面光滑。封闭底层涂料实干或间隔24h后即可进行中间涂料施工。

（5）氟碳（面层）涂料施工。

面层涂料喷涂时，要求底层涂料必须完全干燥，不得有粉尘等杂物。调配后的面层涂料必须采用200目纱网进行过滤，稀释剂在放置过程中应不断搅拌，以免沉淀。施工时应考虑喷涂人数、喷涂面积、喷涂基面、吊笼分布的配合，在保证不流挂的前提下，尽可能的喷厚一些。应做好防污和防毒工作，对落水管等应进行保护，工人施工时应戴防毒面罩和手套等防护用品，同时严禁烟火；喷涂应均匀，密度合理，无流挂、明暗不均、发花等现象，手感细腻，光泽均匀，无批刮印痕和凸凹不平现象。

封闭底层涂料实干或间隔24h后应检查涂层是否有气泡。如果有气泡，则须将气泡剔除，并补涂底层涂料，然后进行面层涂料涂装。

面层涂料在使用前应按材料使用说明进行配制。刷涂、喷涂、滚涂均可。面层涂料实干或间隔24h后应检查涂层的厚度及是否有气泡，防护涂层总厚度应大于或等于100μm。如果有气泡，则须将气泡剔除，并补涂面漆。

8.4.2 环氧涂料施工

（1）基层处理

涂装前须将构件混凝土表面的碎屑及附着物清除，用汽油等溶剂抹除油污，最后用淡水冲洗，使处理后的混凝土表面平整，且无油污、无灰尘、无附着物等。对混凝土面孔洞缺损处用高强度等级的水泥砂浆或环氧胶泥找平。由于环氧涂层无透气性，所以施工时构件混凝土表面一定要干燥，否则涂层易鼓泡、剥落。

（2）涂装方法和工艺

环氧涂层的涂装方法宜采用高压无气喷涂，也可采用涂刷或滚涂。后道涂装必须在前道涂装 8h 后进行，每次涂装前，必须对涂装面进行适当清理，把污染降到最低且表面要干燥。

（3）封闭底层涂装

封闭底层涂料配制应严格按底层涂料出厂说明规定，并经试验检测满足性能指标后，确定配合比，按比例进行调配。按照当天涂料的用量及涂料的使用期，现用现配。配漆前、后应充分搅匀，配漆用品应分开使用。使用前应将调配好的涂料用 40～100 目的筛网过滤，并经过 30min 熟化。表面处理完后，用胶辊或毛刷将底层涂料均匀涂覆在混凝土结构上。封闭底层涂料的涂装应均匀、平整，不应漏涂和明显流挂。

8.4.3 硅烷浸渍涂料施工

平潭海峡公铁大桥墩身及承台浪溅区及水位变动区施工受潮汐影响，根据情况可选择如下施工方法：

（1）有围堰的情况下，待混凝土浇筑 28d、涂层施工完毕后再拆除围堰。

（2）没有围堰的施工环境，在潮水地带，应在潮水位处于退潮位并低于结构物时模板才能拆除、涂层才能开始施工，确保在第二个高潮水位到来前有最长的干燥时段。喷涂完成后至少要有 1h 的时间保证喷涂区域没有被下一个涨潮淹没。

（3）已经拆除围堰和模板的施工环境下，对于水位变动区和浪溅区，因涨潮退潮间隔一般只有 4～6h，需要硅烷浸渍施工后尽快干燥固化。针对于此，水位变动区施工时，根据施工条件采用人工烘干的方式。烘干设备可采用电吹风、烤灯、或液化气喷枪等，根据现场环境以及施工方便性选择。

正常硅烷浸渍后反应需要至少 24h 不要沾水，保持自然干燥状态养护。但是承台及桥梁墩身涨潮退潮间隔一般只有 4～6h，所以就需要采用催化体系使硅烷浸渍喷涂施工后能够快速固化，从而使下次潮水来临前能够在表层形成憎水层。因此，拆除围堰的施工部位应在落潮过程中对混凝土表面进行清洁，喷涂硅烷应在下一次涨潮之前，掌握好潮汛期，尽量提供混凝土表层表干时间，同时又要保证硅烷浸渍后能够固化的时间，防止硅烷还未能反应固化就被潮水冲走。

8.5 试验方法

（1）材料进场检验。工程采用的主要材料，进场时应对其外观、规格、型号和质量证明文件等进行验收，并按照规定的试验方法进行检验。同时在施涂过程中，监理单位应配备专业的监理工程师，对涂装材料当日使用量和使用后的原装空置容器进行核对、记录，并对混凝土涂装施工进行全过程监督、管理。

（2）裂缝检测。裂缝宽度可用裂缝显微镜检测，裂缝深度可采用超声检测仪检测，裂缝长度可用钢卷尺测量。

（3）涂层厚度检测方法。涂料涂层干膜厚度和湿膜厚度测量，可采用湿膜厚度仪和非磁性测厚仪进行。涂料涂层厚度测量时，以混凝土梁每一表面为一测量单元，在其他混凝土结构表面上以 $100m^2$

为一测量单元，每个测量单元至少应选取三处基准表面，每一基准表面测量关键控制的五个点，取其算术平均值。

（4）涂层附着力检测方法。现场涂料涂层附着力检验时，要确保表面清洁和干燥，在涂层表面做两道切口，每道约 40mm 长，两道切口以 30°～45° 较小的角在其中心附近相交。做切口时，要使用直尺并用力均匀透过涂层一直切到底材上。按均匀的速度撕下一段胶粘带，除去最前面的一段，然后剪下长约 75mm 的胶粘带。把该胶粘带的中心点放在切口的交点上，并沿着较小的角向同一方向延伸。用手指将切口区域内的胶粘带弄平。透明胶粘带下的颜色可以用来表示胶粘带与涂层是否已完全粘牢。在贴上胶粘带 5min 内，拿住胶粘带悬空的一端，并将其翻转到尽可能接近 180°角的位置上，迅速地将胶粘带撕下。检查切口区域，涂层从底材或与前一道涂层分离的情况，分离程度在任一边上不大于 1.6mm 为合格。

（5）每批涂料进场后，处理一块面积 300mm×300mm 的混凝土，喷涂涂料，涂料实干后用胶粘接拉拔头，胶固化后用拉拔仪检测涂料与混凝土的黏结强度，检测三点取平均值。

（6）浸渍深度检测。本桥硅烷浸渍需达到要求的渗透深度。检查部位宜选择墩身靠上位置，钻芯直径不宜超过 3cm，深度也不宜超过 3cm，以不破坏结构内部钢筋为原则，取芯后宜尽快将混凝土补全，并再次局部进行硅烷浸渍涂装。

8.6 检验规则

8.6.1 涂层材料检验

涂层材料检验包括型式检验和进场检验。有下列情况之一者，应进行型式检验：
（1）正式施工前。
（2）原材料、配合比、工艺有改变时。
（3）用户提出要求时。
（4）正常施工时按 1 次 /10 个批次进行检验。

进场检验以同生产厂家、同品种、同批号连续生产的材料按封闭漆 3t、面漆 10t 为一批次进行检验（封闭漆不足 3t、面漆不足 10t 按一个批次）。硅烷浸渍涂料进场检验不应低于次 /3000 L。同时现场还应加强不定期抽检，以确保用于工程的涂料质量。

8.6.2 现场防护涂层检验

施工完成后的防护涂层质量检验项目包括：外观检查、厚度检测、浸渍深度检测和附着力检测。根据涂层工作量，桥梁段每 1 孔梁或 3 个墩为一个检验批，每个检验批的厚度测点 15 个、附着力测点 9 个、浸渍深度测点 1 个。

8.6.3 判定规则

（1）原材料抽检结果全部符合技术要求时，判为整批合格。若有一项技术要求不合格时，应双倍抽样检验该项目，若仍有一项不合格，则判整批不合格。

（2）现场防护涂层检验抽检时，厚度检测每 10 个测点中有 8 个达到了设计厚度，其余 2 个不低于设计厚度的 80%，可判定为涂层厚度合格。附着力检测每 3 个测点中有 2 个达到了技术条件要求，其余 1 个不低于设计要求的 80%，可判定为附着力合格。浸渍涂装检测 3 个测点中 2 个测点达到了技术要求，可判定为浸渍涂装合格。检测结果全部合格，判为整批合格。若有一项技术要求不合格时，应双倍抽样检验该项目，若仍不合格，则判整批不合格。

8.6.4 其他要求

（1）在涂装过程中对温度、湿度和周围环境等涂装作业环境进行检测。

（2）在涂装前对混凝土结构表面湿度和外观质量进行监测。

（3）在涂装过程中对涂装间隔时间和涂膜外观进行检验。

（4）在涂装过程中对底层涂料涂层及完整的涂装体系的涂层厚度分别进行检验。涂料涂层涂装过程中，可以测量湿膜厚度以控制干膜厚度。不允许单独制备试片代替实际涂层厚度检验。

（5）涂装过程可用抽样方法对涂层附着力进行检验，附着力检验可以是混凝土基体和涂层间附着力，也可以是完整涂装体系涂层间附着力。

8.7 质量验收

8.7.1 基本规定

（1）一般规定。防护涂层施工现场质量管理应有相应的施工技术标准、健全的质量管理体系和施工质量检验制度。

（2）防护涂层施工应按照下列规定进行施工质量控制。

①施工单位应对工程采用的主要材料的外观、规格、型号和质量证明文件等进行验收，并经监理工程师检查认可。

②各工序应按施工技术标准进行质量控制，每道工序完成后，施工单位应进行检查，并形成记录。

③工序之间应进行交接检验，上道工序应满足下道工序的施工条件和技术要求；相关专业之间的交接检验应经监理工程师检查认可。

④未经检查或检查不合格的不得进行下道工序施工。

（3）防护涂层施工质量应按下列规定进行验收：

①工程施工质量应符合设计技术要求的规定。

②工程施工质量验收人员应具备规定的资格。

③工程施工质量的验收均应在施工单位自行检查评定合格的基础上进行。

（4）工程施工质量验收单元的划分。

防护涂层施工质量验收划分为单位工程、分项工程和检验批。单位工程应按一个完整工程或一个相当规模的施工范围划分，并按下列原则确定。

①每一座桥梁、每一段路基作为一个单位工程。

②分项工程可按工种、工序、材料、施工工艺等划分。

③检验批可根据质量控制和施工段需要划分，其检验项目分为主控项目和一般项目。

（5）工程施工质量验收。

检验批的质量验收应包括下列内容：

①实物检查。

a. 原材料检验，按进场的批次和设计技术要求规定的检验方案执行；

b. 对技术要求中采用计数检验的项目，抽查点数符合技术要求规定。

②资料检查，包括原材料的质量证明文件（质量合格证、规格、型号及出厂检测报告等）和检验报告等。

检验批合格质量应符合下列规定：

①主控项目的质量经检验全部合格。

②一般项目的质量符合设计技术要求。

③具有完整的质量检查记录。

分项工程质量验收合格应符合下列规定：

①所含检验批均符合设计技术要求。

②所含检验批的质量验收记录完整。

单位工程质量验收合格应符合下列规定：

①所含分项工程的质量均应验收合格。

②质量控制资料应完整。

③观感质量验收应符合要求。

（6）工程施工质量验收程序和组织。

检验批由施工单位自检合格后报监理单位，由监理工程师组织进行验收。分项工程应由监理工程师组织施工单位分项工程技术负责人等进行验收。在施工过程中，做好材料使用记录。单位工程完工后，施工单位应自行组织有关人员进行检查评定，并向福平铁路公司提交工程验收报告。福平铁路公司收到单位工程验收报告后，应组织施工、监理单位负责人进行单位工程验收。单位工程验收包含综合质量验收的内容。

8.7.2 防护涂层材料的进场验收

（1）一般规定。工程采用的主要材料，施工单位应对其外观、规格、型号和质量证明文件等进行验收，并经监理工程师检查认可，施工单位应按有关规定对进场材料进行检验；监理单位应按规定进行平行检验或见证取样检测。

（2）主控项目。环氧底层涂料、柔性氟碳面层涂料、硅烷浸渍涂料的性能应符合设计技术要求的规定。检验数量：进场检验以同生产厂家、同品种、同批号连续生产的材料按封闭漆 3t、面漆 10t 为一批次进行检验（封闭漆不足 3t、面漆不足 10t 按一个批次）。硅烷浸渍涂料进场检验不应低于 1 次/3000L。型式检验按每 10 个批次进行 1 次。监理单位平行检验或见证检测。同时现场还应加强不定期抽检，以确保用于工程的涂料质量。

检验方法：施工单位检查产品质量证明文件，并进行抽样试验检验；监理单位检查产品质量证明文件，并进行平行检验或见证检验。

（3）一般项目。基面处理中所用找平层材料、补强材料、裂缝修补材料、缺陷修补材料应符合相关技术要求。

检验数量：按每次采购量分批，每批检查一次。监理单位平行检验或见证检测。

检验方法：施工单位检查产品质量证明文件。监理单位检查产品质量证明文件。

8.7.3 基面清理及修补质量验收

（1）一般规定。各工序的交接检查，未经检查验收不得进行下道工序的施工。

（2）主控项目。

①基面情况调查。对裂缝宽度和长度及需要补强及找平的面积进行统计，记录相对位置，并画出分布图。

检验数量：施工单位全部检查，监理单位全部检查。

检验方法：施工单位观察、测量，监理单位旁站。

②对于 0.2mm 以下的小裂缝，须采用环氧封闭漆刷涂 3 次以上，让浆液通过毛细作用渗入裂缝中，直至裂缝不再吸收浆液为止，以保证对表面裂缝的封闭。

检验数量：施工单位全部检查，监理单位全部检查。

检验方法：施工单位目视检查，监理单位旁站。

③对于 0.2mm 及以上裂缝应先沿裂缝切出 V 形槽，然后用聚合物砂浆堵塞修补，修补后应粘接牢

固，无明显裂缝。

检验数量：施工单位全部检查，监理单位全部检查。

检验方法：目视检查。

④找平层的厚度应为 1～2mm，与混凝土基面具有良好的附着力。

检验数量：施工单位全部检查，监理单位抽检。

检验方法：厚度通过材料用量与施工面积计算得出，附着力与面漆的附着力同时检测。

⑤补强层的厚度应为 2～4mm，与混凝土基面具有良好的附着力。

检验数量：施工单位全部检查，监理单位抽检。

检验方法：厚度通过材料用量与施工面积计算得出，附着力与面漆的附着力同时检测。

⑥基层处理后应密实、平整，无浮物、粉化层，无污垢、霉菌、苔藓等，直径 ≥ 5mm 气孔已封闭。

检验数量：施工单位全部检查，监理单位全部检查。

检验方法：目视检查。

（3）一般项目。

基面尖角、凸起部位要予以剔除并打磨平缓。

检验数量：施工单位全部检查，监理单位全部检查。

检验方法：目视检查。

8.7.4　防护涂层质量验收

（1）一般规定。各工序的交接检查，未经检查验收不得进行下道工序的施工。

（2）主控项目。环氧封闭漆施工应致密均匀、平整，无露底、明显流挂、漏涂、起泡、气孔、起皱、裂纹、剥落及划伤等缺陷，手工涂刷的无明显刷痕。

检验数量：施工单位全部检查，监理单位全部检查。

检验方法：目视检查。

①环氧封闭漆干燥完全后，方可进行氟碳面层涂料施工。施工间隔不大于 168h。超过 168h 时，表面应清理，必要时在施工面层涂料前表面应用细砂纸轻轻打磨，再行施工。

检验数量：施工单位全部检查，监理单位抽检。

②面层涂料配制严格按要求的比例，配制后的面漆技术性能应符合设计技术要求的规定。

检验数量：施工单位全部检查，监理单位全部检查。

检验方法：施工单位称量填写记录，监理单位旁站。

③每道面层涂料厚度应符合要求。

检验数量：施工单位随机抽样，布点均匀。

检验方法：刀片切割涂层，用游标卡尺或非磁性测厚仪进行测量，监理单位旁站。厚度检测每 10 个测点中有 8 个达到了规定厚度，其余 2 个不低于规定厚度的 80%，可判定为涂层厚度合格。

④面层涂料涂装应均匀、平整，无干喷、漏涂、起泡、气孔、起皱、裂纹、剥落及划伤等缺陷。

检验数量：施工单位全部检查，监理单位全部检查。

检验方法：目视检查。

⑤面层涂料涂装完成后，涂层附着力应符合本技术要求。

检验数量：施工单位随机抽样，布点均匀。

检验方法：按《色漆和青漆拉开法附着力试验》（GB/T 5210—2006）规定进行。附着力检测每 3 个测点中有 2 个达到规定要求，其余 1 个不低于规定要求的 80%，可判定为附着力合格。

（3）一般项目。

①防护涂层施工过程中，现场温度和相对湿度等施工条件应符合设计及规范技术要求的规定。

检验数量：施工单位每 30min 检查一次，监理单位抽检。

检验方法：温湿度计观测。
②配涂料前后必须充分搅匀，配涂料用品要分开使用。
检验数量：施工单位全部检查，监理单位抽检。
检验方法：观察、记录。
③施工范围应符合要求。
检验数量：施工单位全部检查，监理单位全部检查。
检验方法：目测或尺量。

8.7.5 单位工程质量综合评定

1）单位工程质量控制资料核查

（1）单位工程质量控制资料应齐全完整，全面反映工程施工质量状况。
（2）单位工程质量控制资料核查应由监理单位组织施工单位进行。

2）单位工程质量核查

（1）单位工程完成后，应由福平铁路公司组织监理、施工单位对单位工程质量进行核查。
（2）单位工程质量核查主要内容如下：
①裂缝及补强或找平层分布记录；
②基面清理及修补质量检验记录；
③防护涂层质量检验记录表；
④硅烷浸渍涂装混凝土芯样检测表。

3）单位工程观感质量评定

（1）单位工程观感质量评定由福平铁路公司组织设计、监理、施工单位共同进行现场评定。
（2）单位工程观感质量检查项目评定达不到合格标准者应进行返修。
（3）观感质量合格标准：涂层应无露底、漏涂、起泡、气孔、橘皮、起皱、裂纹、剥落、咬底及划伤缺陷等。

8.8 施工管理、安全和环境保护措施

8.8.1 施工管理措施

（1）实施项目经理责任制，由项目经理全面负责施工质量及现场施工安全，工地设专职安全员。
（2）所有进入施工现场的材料必须符合质量要求。
（3）施工时严格按照确定的施工方案在现场工程师的指导下进行施工。
（4）上道工序验收合格前不准进行下道工序的施工。
（5）施工时如发现异常情况应及时向有关负责人汇报。
（6）接受有关工程负责人员的检查、监督和指导。

8.8.2 安全措施

（1）涂层作业应符合有关安全规定。
（2）施工现场不允许堆放易燃、易爆和有毒物品。
（3）施工人员应正确穿戴工作服、口罩、防护镜等劳动保护用品，这些劳保用品应是具备相应资

质厂家生产的合格产品。

（4）所有电器设备应绝缘良好，临时电线应选用胶皮线，工作结束后应切断电源。

8.8.3 环境保护措施

（1）涂层施工时应做好防护措施，不得污染其他结构物。

（2）废弃材料不得随意丢弃或掩埋，应该收集并妥善处理。

（3）施工现场产生的垃圾等应该收集并妥善处理。

Part Four

第 4 篇

复杂海域环境施工作业条件研究

平潭海峡公铁大桥
建造关键技术

04

第 1 章
风浪流信息化研究与应用

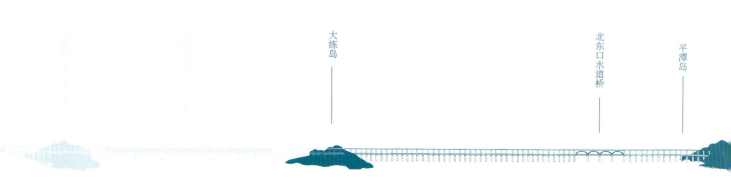

1.1 概述

平潭海峡公铁大桥桥址处海底地形复杂,有覆盖层薄厚不等的平滩、纵横交错的沟壑,导致水文条件十分复杂,尤其表现在水流方向和流速变化较大,又因地处峡口,大风"穿堂效应"明显,常年风力在 6 级以上时间达 300d 以上,每年更有多次台风登陆,施工条件十分恶劣。因此,在本海域建设工程中,进行海洋环境要素实时监控监测,对施工有着极其重要的意义。

在海洋环境中施工,现场风、浪、流、潮汐等环境要素是制订施工方案、开展其他科技研究的基础与关键[31]。但是,在大桥现场复杂的环境下完整采集施工现场基础数据异常困难:比如台风来临时,现场断电断网,人员撤退,如何实现实时数据的采集、保存、传输?如何拍摄台风海况实景?风速仪、波浪仪如何布置才能使其做到采集结果既能代表施工现场,又不被大风破坏且不影响施工?如何在起伏不平的海床面上精准放置海流仪,满足仪器工作的垂直度要求?采集仪如何防海洋生物附着(施工现场海域附近是海产品养殖场)和侵蚀?如何快捷、安全地进行水下采集压力仪器安装?

针对这些难题,立项开展专项研究,最终利用网络、软件和先进设备等资源与技术,自主开发了一套集数据智能采集与结构安全预警于一体的新系统。新系统的建立:首先,通过现场布置智能的数据采集仪器设备,构建环境要素采集系统,利用网络和太阳发电技术及新型材料,实现在日常和台风期可通过计算机、手机客户端实时观看、回播现场环境数据和现场施工视频画面;其次,将自动采集系统和计算模拟软件相结合,建立一个综合的海上结构施工安全信息化集成智能预警系统,智能预警系统是利用技术将环境数据与施工栈桥、平台结构响应相关联,将现场结构的安全程度划分预警等级,自动提供安全预警;最后,将安全预警系统和项目现场施工管理相结合,实现施工结构维护、管理的信息化。

风浪流等海域环境施工作业条件研究及 BIM 技术应用

1.2 预警系统原理

1.2.1 系统网络设计

1）无线网络通信设计[32]

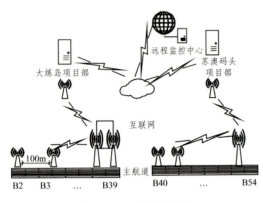

图 4-1-2-1　方案系统框图

根据安全监控的需要，大桥大练岛与苏澳码头约 4km 的施工栈桥实施视频监控及需要完成用于安全监测的传感器信息的传输工作。具体任务如下：在 B2～B54 号墩平台实现施工现场视频实时监控；要对指定的施工栈桥平台上部署的传感器信息实时进行采集。沿栈桥护栏端每 100m 架设一个无线基站杆，基站杆上部署一个红外高速球机和一个无线定向天线，形成一个无线热点；并通过无线网桥将数据及视频信息传输至栈桥两端的项目部。如此部署，可在整个栈桥施工平面实现无线覆盖，如图 4-1-2-1 所示。

针对视频监控，在项目部部署视频服务器、监视器组建监控中心。监控中心发出的对于云台、镜头等的控制指令通过无线网桥传送到各监控点。现场传回的视频图像可存储在服务器硬盘上，能方便快捷地实现视频资料的存储、更新、查询和备份。

2）传感器采集系统的转换

通过无线局域网方式构建施工现场通信网络，通过以太网交换设备连接无线（Access Point，AP），再通过施工现场的无线局域网，传输到项目部的采集设备中，在项目部端，采集设备通过虚拟串口服务这种方式，实现了通过以太网络与传感器数据的透明交互，如图 4-1-2-2 所示。把近端的数据采集转变成了远程数据采集，避免了施工现场及气象环境对采集工作的影响。例如，波浪仪、风速仪的数据采集就是通过这种方式实现了全天候条件的不间断的数据传输，而不再是传统的人工读取数据方式。

3）异地数据备份机制

对于长期的监测系统而言，近现场端的数据处理能力受到现场条件的制约，计算能力和带宽吞吐都很难满足监测系统功能对数据的需求。这里，监测数据存储在近现场端服务器不同的数据库中，采用 Mysql 数据库的 Multi-Source（多源）复制技术。通过数据库复制的 CHANNEL（通信渠道）方式，将不同数据库中不同数据表的数据，远程实时汇集到远程的数据中心，如图 4-1-2-3 所示。

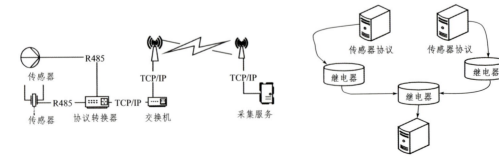

图 4-1-2-2　采集系统转换　　　　　图 4-1-2-3　多源数据库复制技术

1.2.2 预警系统框架

结构智能预警监控系统，是按照功能和实现的方式不同，分为若干个子系统，在考虑现有网络技术、数据管理技术和信息处理技术的基础上，依照不同子系统对其安全性、可靠性、实时性的不同要求进行应用层、网络层、物理采集层的规划。该系统主要包括：栈桥、平台监测数据采集及实时显示、数据汇集与统计、数据完整性判断、数据输入、数据库和应用模块。为了完成施工平台安全监控工作内容，考虑监测结果的精度和经济性等多方面因素，采用多种仪器设备进行系统建设与集成。预警系统监控对象、内容及监控系统框图如图4-1-2-4所示。

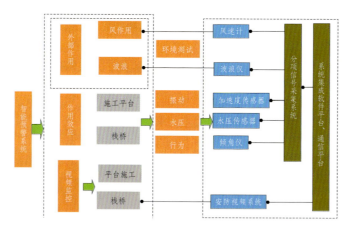

图4-1-2-4　监控对象、内容及监控系统框图

数据库是软件中所有数据存储和交换的场所，是软件的核心部分；数据输入是软件实现其功能的依据，包括风速、波浪、潮汐、倾角、振动加速度、洋流流速及流向等监测数据；应用模块是软件具体功能的实现。共有5个大的应用模块：预处理、时域分析、频域分析、时频分析、预警，其中每个大的应用模块又分为若干个子模块。信号处理与预警技术是安全监控系统集成软件平台的核心内容，通过利用MATLAB信号处理工具箱，开发适用于风速、波浪、潮汐、倾角、振动加速度、洋流流速及流向等信号处理的程序，然后借助GUI功能将上述多个模块化程序进行集成，辅以便于分析的操作界面，从而可以使用多种处理方法分析信号并实现预警功能,确保栈桥、施工平台的安全运行。平台系统图如图4-1-2-5所示。

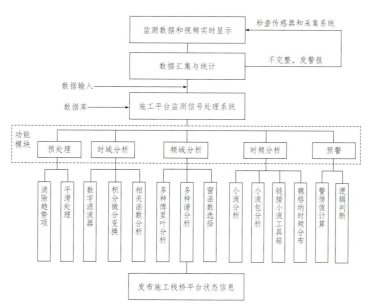

图4-1-2-5　软件集成、信号处理及结构状态发布平台系统图

1.3 预警系统建立

1.3.1 海洋环境要素监测采集系统

1）监测内容

通过对大桥平台、栈桥等结构所受荷载的特征及对影响平台结构安全的因素进行分析,确定预警监控系统进行监测的内容,主要分三部分。

第一部分为平台所处海洋环境要素监测,包括:①风环境监测;②海浪监测;③潮汐监测;④海流监测;⑤动水压力监测。

第二部分为平台、栈桥结构响应,包括:①结构变形监测;②结构振动监测。

第三部分为平台栈桥的视频监控。

2）监测设备

（1）波浪参数监测

波浪、潮汐采用SBY2-1型声学波浪仪[33]（图4-1-3-1）,采用气介式超声波传感器,因其采用非接触式声学测量方法,不直接与海水接触,无三防（海水腐蚀、生物附着、海水渗漏）问题,故具有使用寿命长、稳定性好、抗腐蚀和易维护等优点。

①工作原理

在超声波传感器测量范围内,海面波高的变化会引起超声波传感器测距的变化。根据海滨观测规范,当在一定时间内,以固定的测量周期连续测量多个距离数据,再通过对这些数据进行分析处理,就能够得出波浪特征值。

②SBY2-1声学非接触式测波仪精度

波高最大允许误差为±（0.2+5%测量值）m,标定误差为≤2cm;波周期测量范围为2~30s,波周期最大允许误差为±0.25s。

（2）风参数监测

风速、风向监测采用XFY6-1型风速风向仪（图4-1-3-2）。此传感器是一种能在严酷天气条件下对风速风向作精确测量的高精度传感器,特别适合在高温高湿及盐雾和强风条件下应用。

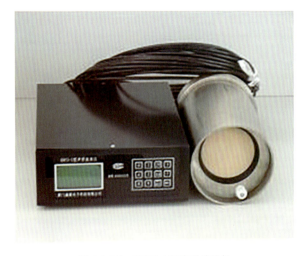

图4-1-3-1 SBY2-1型声学波浪仪

图4-1-3-2 XFY6-1型风速风向仪

①工作原理

风速传感器为四叶螺旋桨，螺旋桨的旋转产生正比于风速大小的交流正弦电压信号，并由接口电路将其转换为4-20mA标准双线电流环输出信号传送到风速风向仪主机，由主机测量计算出风速、风向值。

②XFY6-1型二维波风速风向仪精度

风速测量范围为0～60m/s，测量误差为±3%（风速=10m/s）；风向测量范围为0～359.9°，测量误差为±3°（风速=10m/s）。

（3）流速监测

流速监测采用Flow Quest系列型声学多普勒流速流量剖面仪（图4-1-3-3），测量精度为0.25%±2.5mm/s。

（4）倾角、振动监测

施工平台受到海浪荷载的激励与作用，极易产生晃动，姿态响应通过对倾斜角度、振动加速度监测来描述。

振动监测采用单向加速度计，测量精度5g，变形倾角监测采用双轴倾角传感器（图4-1-3-4），测量范围为±5°，总温漂精度为0.002°（在-20～65℃）。

（5）水压监测

水压监测使用是投入式液位压力变送器（图4-1-3-5）。这是一种采用耐腐蚀性强和稳定性好的电容传感器。有抗拉压、耐低温等优点，适合在恶劣环境下使用，具有很好的耐久性和密封性。确保精度的同时延长了传感器的使用年限。

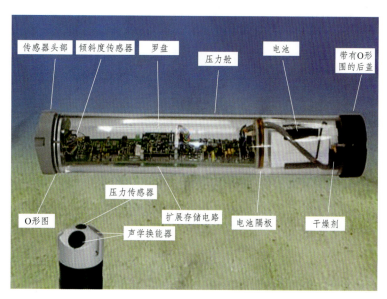

图4-1-3-3 多普勒流速仪

图4-1-3-4 双轴倾角传感器　　　　图4-1-3-5 投入式液位压力变送器

投入式液位压力传感器量程为 0 ~ 50m，综合精度为 0.25%FS。

3）监测设备安装

（1）风、浪监测测点布置及仪器安装

根据平潭水文气象资料，大桥沿线主导风为南风，常浪向为东南东（ESE）向。通过实地观测，确定在沿桥 45°方向安装仪器。此方向为桥址处涨落潮向，波浪起伏较大，需重点观测。风速风向仪布置在 B40 号墩平台，计 1 处。波浪、潮汐布置在 B40 号墩上、下游附近，计 2 处，如图 4-1-3-6 所示。

a）风速仪

b）波浪仪

图 4-1-3-6　风速仪与波浪仪安装图

（2）洋流监测

流速仪布置于 B40 号墩平台。通过 Aquadopp 阔龙洋流仪，远程无线虚拟串口形式，实时采集其收集的洋流数据信息，改变了该设备传统上人工现场定时采集的方式。流速仪安装架固定于混凝土块，然后一起投放至海床面，利用安装架自平衡装置，保证仪器采集时自动垂直。仪器采集数据保存在仪器内部储存卡上，待 2 ~ 3 个月后由潜水员下水取出仪器，导出数据，然后重新下放，如图 4-1-3-7 所示。

a）

b）

图 4-1-3-7　流速仪安装图

（3）倾角、加速度测点布置及仪器安装

如图4-1-3-8所示为在B40号墩平台安装的加速度传感器、倾角传感器，传感器安装于B40号墩平台的两个对角支撑贝雷梁的型钢垫梁上。倾角传感器安装方向：x 为顺线路方向，y 正方向垂直线路方向；加速度传感器安装方向相反。

同上，在B39号墩、B41号墩及B40～B41号墩间栈桥也安装了加速度传感器、倾角传感器。

a)

b)

图4-1-3-8 平台姿态及栈桥响应传感器安装

（4）水压监测

根据监测研究需求，分别在钻孔平台钢护筒（$d=3.3$m）、栈桥钢管桩（$d=1.4$m）各选桩基，安装压力传感器。传感器沿钢管桩周向分布共设6个测点，以主波向为0°，其余60°、120°、180°、−120°、−60°，在深度方向设4个测量断面，起始面高程−3m，其余−7m、−11m、−15m，共4个测试断面。测试桩传感器布置如图4-1-3-9～图4-1-3-11所示。

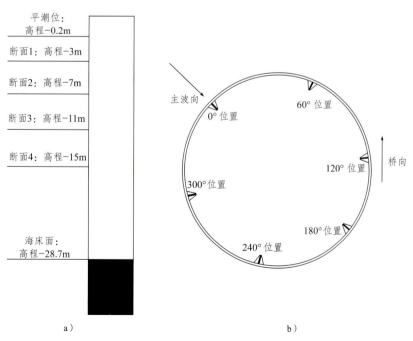

a)　　　　　　　　　　　　　b)

图4-1-3-9 水压力传感器安装示意图

a)　　　　　　　　　b)　　　　　　　　　c)　　　　　　　　　d)

图 4-1-3-10　水压力传感器现场安装

图 4-1-3-11　动水压力传感器数据采集模块

（5）视频监测

视频监测分为施工平台和栈桥监测两部分，根据监测范围确定摄像机的全栈桥布置。视频监测系统采用网络摄像机＋无线网桥的方式完成组网，网络摄像机信号分别进入网络硬盘录像机和服务器，实现录像功能。可实时观测栈桥和平台的施工情况，并可在极端天气观测栈桥的破坏情况。根据监测需要，在 B0～B26 号墩段栈桥布置视频监测点 15 个，在 B40～B55 号墩段栈桥布置视频监测点 13 个，在 B39、B40 号墩平台各布置测点 1 个，共布置测点 30 个，如图 4-1-3-12、图 4-1-3-13 所示。

图 4-1-3-12　施工视频摄像头布置　　　图 4-1-3-13　视频系统无线基站与数据采集中心

1.3.2　监测预警等级

监测预警体系包括环境作用和结构自身响应两类，依据监测数据、结构数值分析结果和相关施工规范要求，将结构状态分为正常工作状态、警戒状态、停工状态、加固防御状态。对应 4 种状态设置

3个等级的预警指标：①警戒状态指标；②停工状态指标；③防御加固状态指标。预警指标对应各状态的最低值、监测参数超过预警指标，要立即实施相应的对策和预案。

1.3.3 预警指标体系确立

预警值是在对危险源的可控性进行分析之后，选出的一个或几个能将危险源从事故临界状态调整到相对安全状态的参数。预警值的确定既与报警质量密切相关又制约着应急响应的正确实施，是一个至关重要的问题。预警值确定合理，报警就比较切合实际，应急响应才能恰当有效，以避免事故发生或将事故的伤害和损失降至最低程度。一般情况下，临时结构的内力或是位移计算时习惯于偏安全考虑，这样计算出的结构位移等参数就会比实际的要大。但在确定预警值时，这样考虑却是偏于不安全的。因为监测值大于发生危险的实际值。所以，应该用尽量反映工程实际的力学模型计算，将得到的位移内力等指标以一定系数折减得到预警值。

预警系统指标根据现行铁路施工结构设计标准、大桥施工平台、栈桥设计准则，及施工现场台风作用、海洋腐蚀等特点，同时考虑临时结构安全和经济因素确定。预警指标见表4-1-3-1。

结构预警值指标　　表4-1-3-1

序 号	监测内容	预警指标	停工指标	防御加固指标
1	风速	6级风	8级风	10级风
2	顺线路倾角	0.016°	水平位移28mm，转角0.046°	水平位移40mm，转角0.065°
3	垂直线路倾角	0.008°		
4	顺线路加速度	0.02 m/s^2	0.156m/s^2	—
5	垂直线路加速度	0.015 m/s^2		

1.3.4 预警系统构成

1）登录界面

基于软件安全性考虑，需要设置用户名与密码，拥有正确账号和密码的用户才能享有该软件所提供的服务。密码登录问题的关键在于如何实现掩码功能，即隐式显示用户输入的密码。登录成功后，在工作界面中选择需要进行的工作，进入相应的功能模块。

2）视频监测实时显示与存储

桥两端的现场中心、指挥部互访是依托现有的互联网完成这个四个分支的彼此通信。为了保障数据通信的安全性，通过虚拟专用网络技术将上述四个节点组成虚拟网（图4-1-3-14）。这样，各个中心既可以进行常规的互联网访问，也可以通过加密的虚拟网访问其他中心的数据。

根据不同项目部及不同权限的要求，通过web页面就可以观看到施工现场视频监控的画面。另外，通过在手机上安装相应的应用客户端软件，实现移动远程视频监控查看的功能。视频录像可以设定保留时间，能够复现特殊事件的现场情况。

3）监测数据实时采集与显示

针对不同系统的数据，采用已购系统协议后台程序组进行归一化整理。采用高效的TCP/IP通信框架来实现。该框架由基于Linux的C语言实现。考虑到监测系统采集节点的量大、实时性强的特点，采用多线程并发的方式实现。

通过对监测项进行统一的规范化工作，针对测量点、传感器等对象，给出对应描述其本质属性的可扩展标记语言（eXtensible Markup Lauguage，XML）格式说明，使数据间的接口透明化并保持一致性，在基础数据层上实现不同平台和应用程序的数据交换。通用多系统协议转换器将第三方的数据转换为规范的 XML 格式，通过这种方式实现各个应用程序间采用规范的 XML 或 JSON 格式交换数据，系统级的功能及数据访问采用 WebService 或 JSON API 接口方式。通用多系统协议转换器的存在，使得系统平台具有很好的开放性。

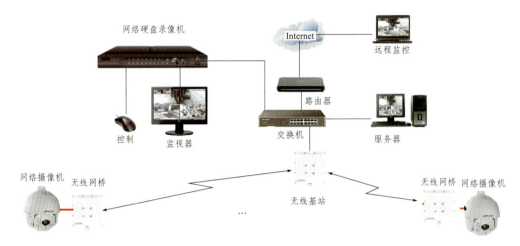

图 4-1-3-14　视频监控系统拓扑图

4）监测数据汇集、统计及完整性保障技术

监测的主要实现方法是监测设备对所监测的物理量进行观测，以便及时了解平台结构的工作状态，及时发现问题，并进行相应处理。而结构的状态评判必须建立在完整有效的监测数据之上。特别是工地施工交叉作业多、工序变换快、供电设备位置变更频繁等，可能导致系统供电故障、传感器损坏、采集系统损坏，致使测点漏采和监测数据异常。因此，在数据分析之前，通过数据汇集与统计，要能有效地从监测数据中寻找出异常值，并对数据的完整性做出判断，以便及时判断系统采集数据是否正常。如果出现传感器和采集系统工作异常，系统将自动报警并发提示短信息给相关技术人员。平台监测传感器埋设如图 4-1-3-15 所示，预警表盘界面如图 4-1-3-16 所示。

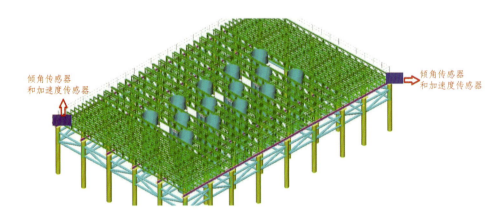

图 4-1-3-15　平台监测传感器埋设示意图

5）监测信号处理系统

信号处理是对工程现场所获得的数据进行分析与加工。多数情况下，只有通过对信号加工处理，才能够得到需要掌握的信息，系统主要通过信号预处理、时域分析、频域分析、时频分析、预警这 5 个模块实现结构安全评估与预警目的。

风浪流信息化研究与应用　第1章

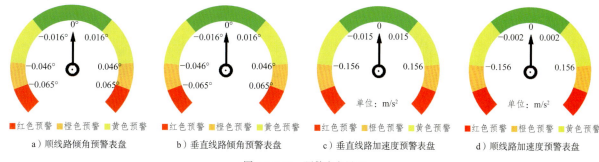

a）顺线路倾角预警表盘　　b）垂直线路倾角预警表盘　　c）垂直线路加速度预警表盘　　d）顺线路加速度预警表盘

图 4-1-3-16　预警表盘界面

6）状态信息发布

系统将处理好的信息存储于数据库并每日形成报表，方便技术人员查询。针对现场技术人员分散、设备无法集中的情况，监测数据支持通过移动终端设备，比如智能手机，在严格授权管理的情况下，提供给技术人员随时随地访问并把警报信息推送给相关技术人员。

7）结构安全报警

施工过程中施工平台的预警系统是一个非常重要的技术问题，必须根据具体的实际情况，综合考虑各种因素，及时做出合理的决策。当有危险事故征兆时，应当实时跟踪监测。当出现下列情况时，应加强监测、提高监测频率并及时报告监测结果，监测值一旦超过预警体系指标应及时报警。

（1）风、波浪、洋流、潮汐等环境作用异常时；
（2）施工平台的倾角、加速度值连续几天增大；
（3）施工平台的倾角、加速度达到预警值；
（4）通过信号处理，发现平台水平振动位移过大；
（5）施工工况变化或人工巡视结构有异常损伤；
（6）增加施工车辆、机具等荷载时。

1.4　智能安全监控预警系统的应用

智能安全监控预警系统从安装运行后，经历了各种施工工况和恶劣环境，获取了很多监测数据并预警了结构潜在的危险状态，取得了很好的效果。

1.4.1　系统监测界面

1）登录界面

系统的登录界面如图 4-1-4-1 所示。中国铁建大桥工程局集团福平项目部、分部相关技术和维护人员可以通过固定或移动网络终端登录系统。根据权限可以查看相关模块信息、下载数据和报表。

2）监控界面

系统视频监控覆盖了绝大部分施工现场，通过系统视频监控可以及时了解现场施工进度、施工规范情况，及时发现安全隐患，确保施工安全。现场监控画面如图 4-1-4-2 所示。

1.4.2　数据采集显示

在施工现场部署无线局域网，采集服务器上的实时数据，完成倾角、加速度、风、浪、潮汐、洋流流速及海水压力数据的采集工作。为了使现场施工人员及时了解采集的数据，通过先进的 web 发布技术和通信技术将项目涉及的相关数据，通过人性化的界面在计算机和手机平台上予以展示，指导现场施工。

图 4-1-4-1　系统登录界面

图 4-1-4-2　现场监控界面

1）天气预报

能实时获取权威机构发布的当地天气预报信息。通过友好的用户界面予以展示，如图 4-1-4-3 所示。

图 4-1-4-3　天气预报界面

2）时间及风场

能够实时获取国家授时中心的时间，用于整个系统的时间同步。能够及时将现场的风速、风向信息转换为图标信息进行展示，如图 4-1-4-4 所示。

a）

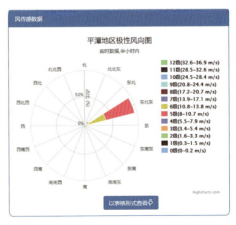

b）

图 4-1-4-4　时间及风场界面

3）潮汐变化

对实时的潮汐数据及每日的潮汐变化进行图表展示，如图 4-1-4-5 所示。

 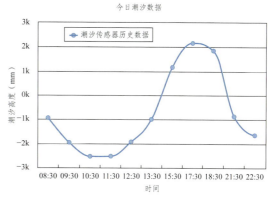

a)　　　　　　　　　　　　　　　　　b)

图 4-1-4-5　潮汐实时及每日变化界面

4）洋流情况

通过设置，采集每间隔 2m 的分层洋流变化信息，并且提供实时的海洋温度，如图 4-1-4-6 所示。

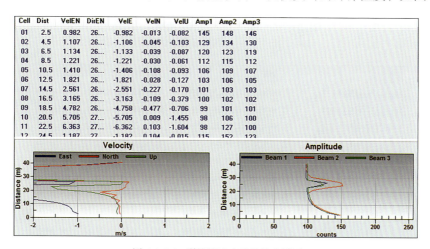

图 4-1-4-6　洋流流速查看及导出界面

Distance- 距离；Velocity- 速度；Amplitude- 振幅

5）结构响应实时显示

（1）每 24h 加速度传感器报表，如图 4-1-4-7 所示。

时间	X	Y
00:00	0.173	-0.142
00:30	0.171	-0.142
01:00	0.161	-0.142
01:30	0.161	-0.141
02:00	0.161	-0.144
02:30	0.162	-0.144
03:00	0.163	-0.143
03:30	0.172	-0.144
04:00	0.167	-0.143
04:30	0.169	-0.142
05:00	0.166	-0.141
05:30	0.172	-0.14
06:00	0.164	-0.14

选择查看日期 2015-10-04　选择过滤的传感器 加速度(10_10_10_53_4001)　查看

图 4-1-4-7　加速度传感器报表界面

（2）每 24h 倾角传感器报表，如图 4-1-4-8 所示。

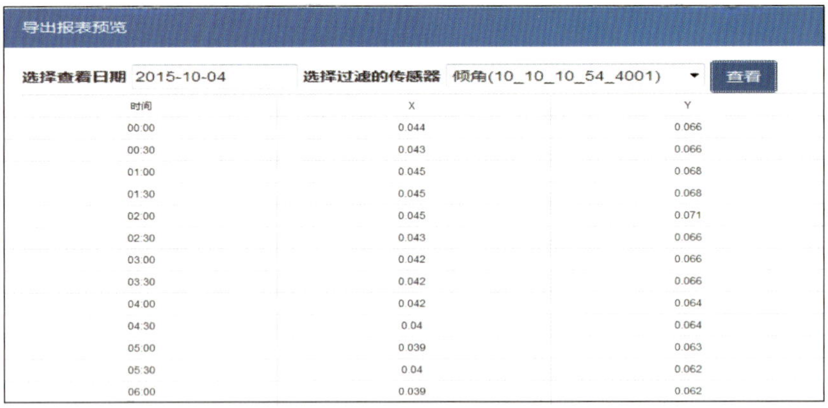

导出报表预览

选择查看日期 2015-10-04　选择过滤的传感器 倾角(10_10_10_54_4001)　查看

时间	X	Y
00:00	0.044	0.066
00:30	0.043	0.066
01:00	0.045	0.068
01:30	0.045	0.068
02:00	0.045	0.071
02:30	0.043	0.066
03:00	0.042	0.066
03:30	0.042	0.066
04:00	0.042	0.064
04:30	0.04	0.064
05:00	0.039	0.063
05:30	0.04	0.062
06:00	0.039	0.062

图 4-1-4-8　倾角传感器报表界面

6）系统自身监测及报警

为了提高系统本身的稳定性，并且使其适合长期无人值守运行，对监测系统本身的各个设备及数据采集进行监测。一旦发生异常情况，会启动报警机制，报警信息通过短信方式发送到相关人员手机，如图 4-1-4-9 所示。

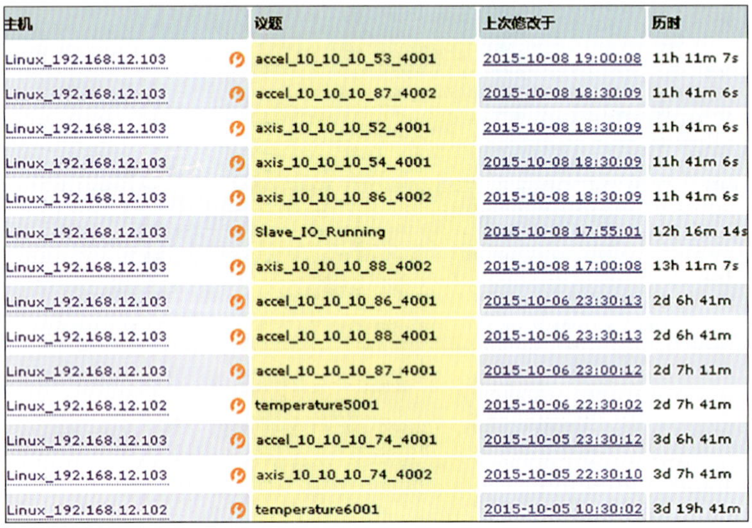

主机	议题	上次修改于	历时
Linux_192.168.12.103	accel_10_10_10_53_4001	2015-10-08 19:00:08	11h 11m 7s
Linux_192.168.12.103	accel_10_10_10_87_4002	2015-10-08 18:30:09	11h 41m 6s
Linux_192.168.12.103	axis_10_10_10_52_4001	2015-10-08 18:30:09	11h 41m 6s
Linux_192.168.12.103	axis_10_10_10_54_4001	2015-10-08 18:30:09	11h 41m 6s
Linux_192.168.12.103	axis_10_10_10_86_4002	2015-10-08 18:30:09	11h 41m 6s
Linux_192.168.12.103	Slave_IO_Running	2015-10-08 17:55:01	12h 16m 14s
Linux_192.168.12.103	axis_10_10_10_88_4002	2015-10-08 17:00:08	13h 11m 7s
Linux_192.168.12.103	accel_10_10_10_86_4001	2015-10-06 23:30:13	2d 6h 41m
Linux_192.168.12.103	accel_10_10_10_88_4001	2015-10-06 23:30:13	2d 6h 41m
Linux_192.168.12.103	accel_10_10_10_87_4001	2015-10-06 23:00:12	2d 7h 11m
Linux_192.168.12.102	temperature5001	2015-10-06 22:30:02	2d 7h 41m
Linux_192.168.12.103	accel_10_10_10_74_4001	2015-10-05 23:30:12	3d 6h 41m
Linux_192.168.12.103	axis_10_10_10_74_4002	2015-10-05 22:30:10	3d 7h 41m
Linux_192.168.12.102	temperature6001	2015-10-05 10:30:02	3d 19h 41m

图 4-1-4-9　变更状态汇总

1.4.3　海洋环境要素监测及规律统计

1）风监测

（1）风向

从现有近四年的监测数据来看，北风、北东北、东北风居多且风向较为稳定，北东北风向频率最高，这和当地气候和地势有关。图 4-1-4-10 为桥址处 2014 年 1 月 1 日—2017 年 12 月 31 日风向玫瑰图。

（2）风速

表 4-1-4-1 是 2014—2017 年的风速分布。由以上的统计数据可知，桥址处 6 ~ 8 级风所占的比例较大，具体天数如表所示。施工区域每年的 11 月—次年 2 月为季风期，风力多在 7 级以上，9 级以下；每年的 7 月—9 月为台风期，易出现 10 级以上大风。

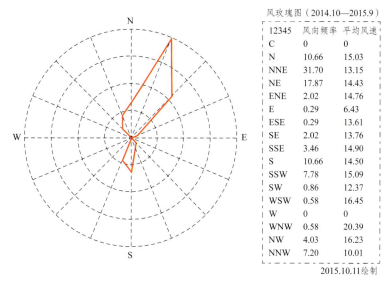

图 4-1-4-10 2014年1月1日—2017年12月31日风向玫瑰图

2014—2017年风速分布天数（单位：d）　　　　　　　　　　　　　　　表 4-1-4-1

序 号	年 份	年内天数	风力等级＜6级	风力等级≥6级	风力等级＞7级	风力等级＞8级	风力等级＞9级	风力等级＞10级
1	2014	365	27	338	239	133	38	9
2	2015	365	21	344	300	165	69	20
3	2016	366	33	333	278	157	52	20
4	2017	365	31	334	261	147	51	15
5	2018	31	5	26	13	4	0	0

2）浪高监测及规律统计

表 4-1-4-2 是 2014—2017 年波高统计分布。从结果可以看出，桥址处波浪波高较大，波高分布主要以 1.0 ~ 1.5m 为主，约占全年 1/3；其次为 1.5 ~ 2m 波高；而波高 0.5m 以下天数只占全年的 10%。

2014—2017年波高分布天数（单位：d）　　　　　　　　　　　　　　　表 4-1-4-2

序 号	年 份	年内天数	波高＜0.5m	波高 0.5 ~ 1.0m	波高 1.0 ~ 1.5m	波高 1.5 ~ 2m	波高≥2.0m
1	2014	365	40	66	107	98	54
2	2015	365	22	70	118	86	69
3	2016	366	49	76	111	81	49
4	2017	365	38	77	109	88	53

3）潮汐监测及规律统计

表 4-1-4-3 是 2014—2017 年的潮差统计分布。从结果可以看出，桥址处潮差分布主要在 4.5 ~ 6.5m 之间，约占全年的 2/3。

2014—2017年潮差分布天数（单位：d）　　　　　　　　　　　　　　　表 4-1-4-3

序 号	年 份	年内天数（d）	潮差＜3.5m	潮差 3.5~4.5m	潮差 4.5~5.5m	潮差 5.5~6.5m	潮差≥6.5m
1	2014	365	32	83	157	83	10

续上表

序　号	年　份	年内天数（d）	潮差＜3.5m	潮差3.5~4.5m	潮差4.5~5.5m	潮差5.5~6.5m	潮差≥6.5m
2	2015	365	27	76	167	83	12
3	2016	366	24	90	159	82	11
4	2017	365	16	84	173	78	14

1.4.4　台风期安全监控预警

对于施工平台结构，在台风状态时结构安全处于最不利情况。2015年平潭海峡公铁大桥经历了5次台风，分别是：台风"灿鸿""莲花""浪卡""苏迪罗""杜鹃"。其中，"灿鸿""莲花""浪卡"由于登陆地点离平潭较远，台风对大桥平台结构影响较小，而2015年第13号台风"苏迪罗"、第21号台风"杜鹃"对施工区域影响严重。以下主要对"苏迪罗""杜鹃"强台风期间，B40号墩钻孔平台结构进行安全分析。

1）台风期海洋环境参数监测

2015年第13号"苏迪罗"强台风于2015年8月8日22时10分在福建晋江到福清一带沿海登陆。第21号台风"杜鹃"强台风于2015年9月29日上午8点50分前后在福建省莆田市秀屿区沿海登陆。受"苏迪罗""杜鹃"影响，平潭地区普遍出现狂风暴雨。根据在施工现场安装的监测仪器观测，现场海洋环境数据如下。

（1）风统计

2015年8月7日—9日，在"苏迪罗"强台风期间，风速现场实际连续观测结果如图4-1-4-11所示。在平潭海峡公铁大桥施工区域最大风速达到48.48m/s（15级风），已超过桥址工程区域百年一遇最大风速45.8m/s。

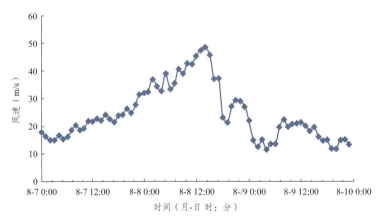

图4-1-4-11　"苏迪罗"台风现场风速变化曲线

2015年9月27日—29日，"杜鹃"台风期间，风速观测结果变化曲线如图4-1-4-12所示。由于"杜鹃"台风风暴中心距离平潭较远，现场观测到最大风速较"苏迪罗"期间小，最大风速达到39.26m/s（13级风）。

（2）海浪

"苏迪罗""杜鹃"强台风期间，现场观测的海浪结果如图4-1-4-13、图4-1-4-14所示。受台风"苏迪罗"影响，平潭海峡公铁大桥施工区域波浪普遍较大，出现最大波高为6.3m的大浪。

（3）潮位统计

在"苏迪罗"强台风期间，现场实际连续观测潮位结果如图4-1-4-15所示。最高潮位3.21m，

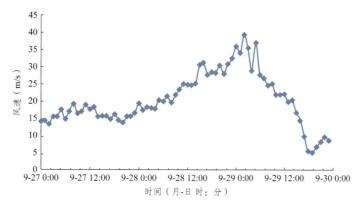

图 4-1-4-12 "杜鹃"台风现场风速变化曲线

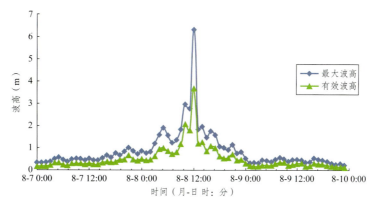

图 4-1-4-13 "苏迪罗"台风现场波高变化曲线

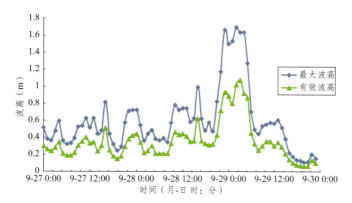

图 4-1-4-14 "杜鹃"台风现场波高变化曲线

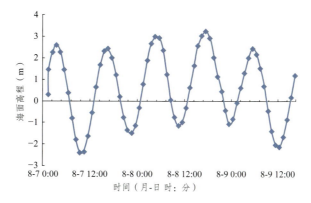

图 4-1-4-15 "苏迪罗"台风期间潮位曲线

本次台风期间(农历六月二十四日),平潭海峡公铁大桥潮差不大,在5m左右,未达到本地最大潮差。

在"杜鹃"强台风期间,现场实际连续观测潮位结果如图4-1-4-16所示。本次强台风来袭正值天文大潮(农历八月十五日),在台风的影响下,施工区域的潮差达7.08m,最高潮位为4m,达到平潭水文历史最高值水平。

(4)海流统计

"苏迪罗"强台风期间,现场实际观测海流结果数据太多,未列出。通过统计发现,在2015年8月8日下午观测到最大流速为2.7m/s,已超过指导性施工组织设计提供的平潭海峡公铁大桥(B0～B58号墩)桥址附近水域一百年一遇的设计流速值(2.23 m/s)。

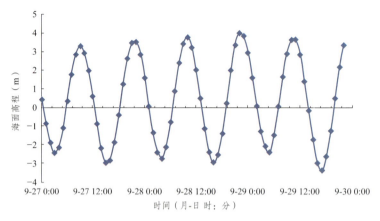

图4-1-4-16 "杜鹃"台风期间潮位曲线图

2)平台响应监测结果

(1)平台振动监测

"苏迪罗""杜鹃"强台风期间,现场观测平台观测的结构振动规律结果如图4-1-4-17、图4-1-4-18所示。振动数据选取B42号墩平台一个测点,以小时(h)为单位。振动监测仪器原始读取代表加速度,单位为m/s^2,X轴为平行于栈桥方向、Y轴为垂直于栈桥方向。

(2)结构变形监测

"苏迪罗""杜鹃"强台风期间,现场观测平台观测的结构变形结果如图4-1-4-19、图4-1-4-20所示。图中结构变形以X轴、Y轴方向倾角来反映,X、Y轴定义与前同。数据以小时(h)为单位。倾角监测仪器原始读数单位为度(°)。从图中可以得到在"苏迪罗"强台风期间,平台结构变形X轴方向最大倾角为0.048°、Y轴为最大倾角为0.088°。在"杜鹃"强台风期间X轴方向最大倾角为0.06°、Y轴为最大倾角为0.085°。

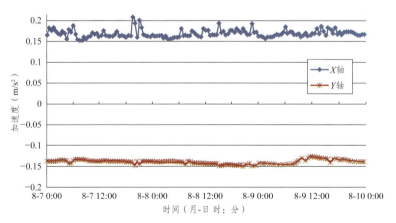

图4-1-4-17 "苏迪罗"台风平台振动曲线图

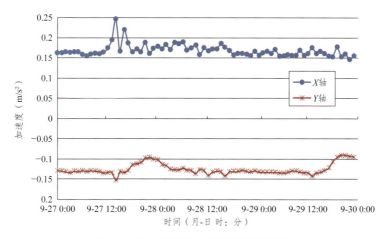

图 4-1-4-18 "杜鹃"台风平台振动曲线图

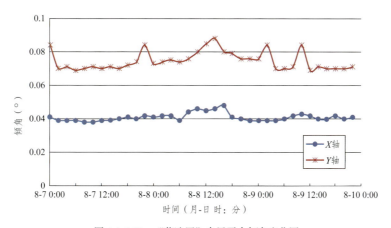

图 4-1-4-19 "苏迪罗"台风平台倾角变化图

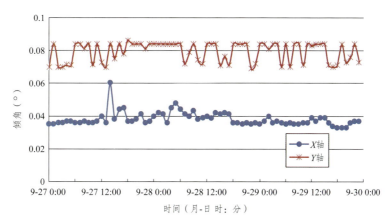

图 4-1-4-20 "杜鹃"台风平台倾角变化图

3）监测结果分析

从监测仪器在"苏迪罗"强台风期间的监测结果发现，受强台风影响，平潭海峡公铁大桥桥址最大风速和最大流速都超过了本地百年一遇历史水平，最大波高也超出平潭海峡公铁大桥结构设计极限非工作状态参数取值，说明"苏迪罗"强台风期间海洋环境状况要比结构设计的极限非工作状态更为恶劣。"杜鹃"强台风期间测得风力达到13级，结构处于极限非工作状态。

从监测的平台振动数据来看，两次超强台风期间，平台振动在X轴、Y轴方向的加速度都未出现大幅度的变化，说明平台结构处于安全状态，未发生破坏。

根据平台结构设计控制指标：结构刚度变形允许值为工作状态 $H/400$（或精度要求更好 $H/1000$）。假设现场水深 40m，平台管桩长也为 40m，则可计算出工作状态时结构倾角变形允许值为 5.7°（或 1.43°）。从现场监测数据可以看到，X 轴、Y 轴方向倾角变形远小于允许值。

台风过境后施工平台、栈桥结构经受住了考验。对比台风过境前后结构监测参数，施工平台状态参数没有明显变化，而栈桥的倾角、加速度和处理后的水平振动幅度明显增大。系统发出警报后，对栈桥进行了加固处理，监测数据恢复正常，确保了栈桥结构和施工安全。

平潭海峡公铁大桥
建造关键技术

KEY TECHNOLOGY FOR
THE CONSTRUCTION
OF PINGTAN STRAIT HIGHWAY AND RAILWAY BRIDGE

平潭海峡公铁大桥
建造关键技术

04

第2章

复杂海域环境施工船舶锚泊定位技术研究

2.1 引言

跨海大桥的施工是世界公认的工程技术难题，福平跨海大桥选址处水深大，海洋环境复杂，由此引起的在海上施工过程中施工船的定位问题是施工中必须解决的难题。因此，需要采用船舶定位方法对施工驳船的运动加以控制，以满足施工要求。跨海大桥下部结构对施工精度要求高，采用常规的系泊方法难以达到设计要求。海上工程船在风、浪、海流的作用下，必然要产生垂荡、横荡、纵荡、艏摇、横摇、纵摇6个自由度上的运动，运动响应和锚泊[34]定位系统的性能是息息相关的，一个良好的系泊方案有着较好的总体运动性能。

目前国内外在系泊系统分析领域开展的研究工作很多，但大多都是针对单独的斜向布置系泊系统或垂向布置的系泊系统，而针对将二者结合的混合系泊系统研究较少。针对福平铁路平潭公铁大桥海上施工船的特殊定位需求，通过数值模拟研究的方法，考虑风、浪、流荷载及施工荷载的影响下，开展工程船定位性能分析，对比各个角度下船体的纵荡、横荡、垂荡、横摇、纵摇、艏摇6个自由度运动响应的均值和幅值，得出影响系泊效果的主要参数，对参数进行优化，得出实际工程船施工作业时的最优的系泊定位方案。

2.2 研究方法

2.2.1 建立模型

采用ANSYS软件的AQWA水动力计算模块，该模块主要用于计算浮式结构水动力分析，包括深海及近海浮式结构，浮式生产储油卸油装置（FPSO）、SPAR平台、张力腿平台（TLP）半潜平台、船舶、停泊系统、救生系统以及运输系统等。在研究中主要用到AQWA-LINE和AQWA-DRIFT

两个模块。AQWA-LINE 用来计算在规则波中船舶的响应。AQWA-DRIFT 用于具有规则波的时域动态耦合分析并计算一定波谱下工程船的运动响应。使用 ANSYS 对工程船进行建模并对其进行水动力网格划分，得到的模型如图 4-2-2-1 所示。

图 4-2-2-1　工程船水动力模型

2.2.2　计算船型数据

大桥建设中，现场施工船舶主要有起重船、打桩船、混凝土搅拌船。现对现场一艘 200m³/h 的混凝土搅拌船进行系泊系统的设计性能研究。该船的船型数据见表 4-2-2-1。

船模主尺度　　　　　　　　　　　　　　　　表 4-2-2-1

项　　目	参　　数
排水量（t）	5620
船长（m）	75.6
船宽（m）	24.6
型深（m）	5.45
吃水（m）	3.63
重心纵坐标（m）	37.932
重心垂向坐标（m）	3.60

2.2.3　研究内容

基于基本的水动力分析方法，计算工程船在不同锚链布置方案下的运动响应结果。锚泊系统分为垂向系泊方法、斜向系泊方法、混合系泊方法 3 种。分别采用 3 种系泊方法，针对项目施工船的具体情况，对多种组成方案进行施工船总体运动性能的响应分析，通过对比和分析不同的方案在各个自由度上的响应情况，寻找、得出规律，得到最优的布置方案。主要研究内容如下：

（1）基于垂向系泊方法针对平潭海峡公铁大桥的典型施工船舶，进行多方案系泊系统设计，并开展总体性能分析。通过对施工船水动力性能的对比分析寻求最优的垂向系泊布置方案。

（2）基于斜向系泊方法进行多方案系泊系统设计，并开展总体性能分析。通过对施工船水动力性能的对比分析寻求最优的斜向系泊布置方案。

（3）在垂向系泊分析和斜向系泊分析的基础上，基于混合系泊方法进行多方案系泊系统设计，并开展总体性能分析。通过对施工船水动力性能的对比分析寻求最优的混合系泊布置方案。

2.2.4　研究工况

1）垂向系泊系统布置方案

垂向系统布置选取工程船的若干个典型位置作为锚点，进行锚链的布置。锚链设计方案包括：4 个锚点方案的 3 种位置，每种位置布置 1 条或 2 条锚链，共 3×2=6 个方案；6 个锚点方案的 4 种位置，每种位置布置 1 条或 2 条锚链，共 4×2=8 个方案；8 个锚点方案的 3 种位置，每种位置布置 1 条或 2 条锚链，共 3×2=6 个方案。总计为 20 个方案，其中，方案 1~6 均为 4 个锚点；方案 7~14 均为 6 个锚点；方案 15~20 均为 8 个锚点。具体方案的示意如图 4-2-2-2 所示。

图 4-2-2-2 垂向系泊设计方案模型示意图

2）斜向系泊系统布置方案

斜向设计系泊系统锚链布置方案，根据锚链的布置根数、组数、长度、角度不同，共设置 20 种方案，其中方案 1~8 设定"2×4"的 8 根锚链布置；方案 9~20 设置"3×4"的 12 根锚链布置，其中"4"为锚链组数，"2""3"为每组锚链根数。把锚链分为 4 组且分别与船上的 4 个位置相连接，即属于多点系泊；所要实现系泊定位的桥梁建造工程船为驳船类型，所以俯视全船呈现矩形，这 4 个船上系泊点布置在矩形驳船的四角。方案模型示意图如图 4-2-2-3 所示。

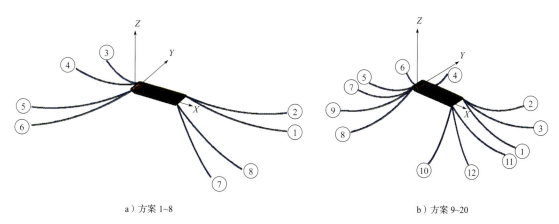

图 4-2-2-3 斜向系泊设计方案模型示意图

3）混合系泊方案布置

混合系泊定位是指同一个系泊系统中同时既有斜向锚链也有垂向锚链。对于系泊定位系统来说，斜向布置锚链，对船舶的纵荡、横荡和艏摇运动作用较为明显；垂向布置锚链，对船舶的垂荡、横摇和纵摇运动作用较为明显。基于此，混合系泊系统设计了 20 种布置方案。

方案 1~4：比较斜向锚链与水平面夹角对系泊效果的影响，垂向锚链（4 组 8 根）布置相同；斜向锚链（4 组 12 根）在系泊点位置、角度不同，如图 4-2-2-4a）所示。

方案 5~8：在方案 1~4 的设计基础上改动，垂向锚链（4 组 8 根）布置相同；考虑斜向锚链（4 组 8 根）的根数对系泊效果的影响，如图 4-2-2-4b）所示。

方案 9~14：斜向布置与方案 5~8 相同，比较不同的垂向布置位置、数量对系泊效果的影响，如图 4-2-2-4c）所示。

方案 15~20：对方案 9~14 改变斜向锚链组合、长度等参数，研究比较斜向和垂向共同作用下哪种组合布置方式系泊效果最好，如图 4-2-2-4d）所示。

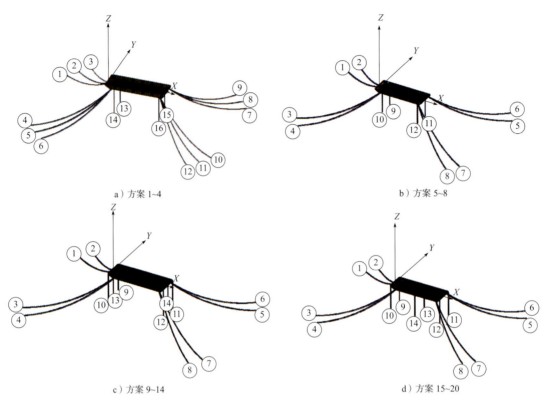

图 4-2-2-4　斜向系泊设计方案模型示意图

2.3 分析与结果

2.3.1 垂向系泊

应用 AQWA 软件模拟分析 200m³/h 混凝土搅拌船，对比 20 种锚链布置方案下的运动响应结果，得出以下结论：

（1）通过对 20 个方案的对比分析发现，将锚点布置在船底四角的方案 2 的垂荡幅值、横摇幅值、是最好的。这说明，对于本项目而言，方案 2 是一种较好的布置方案。

（2）在锚点的数量和位置不变的情况下，在每个锚点使用 2 条锚链的方案的横摇幅值、横摇均值、纵摇均值相对于每个锚点使用 1 条锚链的方案有一定改善。可见在锚点布置不变的情况下，每个锚点使用 2 条锚链对改善横摇运动是有利的。

（3）当锚链线数量和锚链线的附加质量增大时，系泊系统的垂荡均值也会增加。对于同样的锚点布置，在锚点为 6 个和 8 个时，每个锚点使用 2 条锚链的方案的垂荡幅值和纵摇幅值较每个锚点使用 1 条锚链的方案更大。

（4）对于200m³/h混凝土搅拌船系泊而言，锚点数量的增加对于系泊系统的性能没有明显改善，在锚点数量相同时，锚点的布置位置对系泊系统的性能影响较大。在锚点数量为4个时，锚点布置在船舷四侧的中点的方案运动响应最差，布置在船底四角的性能最好。在锚点数量为6个时，方案9的纵摇性能较好，方案11的垂荡性能较好，综合来看方案9是较好的方案。在锚点数量为8个时，锚点布置在船舷四角和船底四角的方案性能最好。

2.3.2 斜向系泊

经过对斜向系泊的20种方案中不同系泊半径、锚链延伸方向、锚链长度的设计进行分析总结得出下列结论：

（1）通过20种方案的分析，得出3种各有优点的方案：方案2锚链数量较少控制效果较好；方案10虽然控制效果较其他两方案弱，但是其系泊半径小；方案16控制效果最好。以上3种方案中首推方案16。方案6布置为：第一组锚链中，X轴夹角0°、35°、70°，水平面夹角为15°、20°、15°，锚链长度156m、119m、156m，其他3组对称布置。

（2）面外自由度运动分为：横摇、纵摇、垂荡。方案1~8和方案9~14不能明显比较优劣。其中有些图像方案1~8效果好，有些图像方案9~14效果好，但总体来说因数量级和分度值比较小，差别不大。可见15°水平面夹角和20°水平面夹角无太大区别。对"X轴夹角"从方案1~20来看，对垂荡和纵摇的影响不大，对其他自由度运动因布置各有侧重，效果各异。

（3）探究影响布置效果的要素从大到小排列为：系泊半径（水平面夹角），水平面的延伸方向（X轴夹角），锚链长度（或悬垂余量）。

（4）方案1~8、方案9~14、方案15~20都是在给定水平面夹角下选出每组方案中的最好布置，最好布置的锚链"X轴夹角"基本一致，说明锚链"小轴夹角"对系泊效果的影响具有独立性，不同于系泊半径和锚链长度，要从综合作用来考虑。

2.3.3 混合系泊

通过分析混合系泊定位方式的20种系泊布置方案下的船体6个自由度运动响应，得出以下结论：

（1）计算结果表明：系泊参数中对水平面内纵荡、横荡和艏摇运动影响最大的因素是斜向锚链的布置情况。比较水平面内运动响应的均值图和幅值图，结果表明方案4的定位性能最好，方案4斜向采用12根锚链，锚链长142m，悬垂余量2m。计算结果与理论结果相符合，即斜向锚链数目越多，锚链与水平面夹角越小，水平面内运动性能越好。

（2）计算结果表明：系泊参数中对平面外垂荡、横摇和纵摇运动影响因素比较复杂。就计算的船模而言，对于垂荡运动来说，方案20的效果最好，其垂荡幅值为0.168933m。对于横摇运动来说，方案4的效果最好，其横摇幅值为0.900548°。方案20与方案14相比，垂向锚链布置完全一样，垂向都是采用8根锚链，对称布置在船底四角和四条边中点位置。斜向锚链布置用12根锚链替代8根锚链。在相同的斜向锚链布置下，垂向采用8根锚链的系泊方案，其垂荡运动和纵摇运动的效果最好。对于横摇运动来说，斜向锚链布置的影响要大于垂向锚链布置的影响。

（3）计算结果表明：改变锚链数目对横荡性能影响较大，艏摇结果规律与纵荡和横荡一致。综合以上3个自由度运动响应分析结果，可以得出结论，在采用相同垂向布置方案的条件下，改变斜向锚链数目对面内运动的影响要大于改变锚链与水面夹角对面内运动的影响。

综合施工船舶的多方案总体运动性能分析的结果，可以得出结论：斜向布置主要改善纵荡、横荡和艏摇运动的性能，垂向布置主要改善垂荡、横摇、纵摇运动的性能，增加锚链的数目，改善效果更加明显。同时也应意识到，增加锚链数目虽然能提高船舶的定位性能，但是锚链数目过多，会造成成本增加，抛锚作业工作量大，锚链彼此之间的干扰作用也会相应增大。

平潭海峡公铁大桥
建造关键技术

04

第 3 章

复杂海域环境施工措施设计与工序作业条件界定

3.1 概述

平潭地区大风天数极多，年日数在6级以上309d，7级以上234d，8级以上123d，台风年平均3.8次。平潭海峡公铁大桥位于海上，下部施工需采用大型水上装备施工；平潭海峡公铁大桥多采用高墩结构，铁路桥墩高多在20m以上，最高达50m，而且公路桥墩位于铁路桥墩上；梁部采用挂篮悬臂现浇施工、支架现浇施工、造桥机节段拼装施工、移动模架现浇施工；公铁合建模式下，铁路桥梁、公路桥墩、公路桥梁间施工交叉干扰。海上作业、高墩、梁部施工及公铁合建交叉干扰都将受到大风天气的严重影响，加之恶劣的海况、复杂的地质条件，使得大风天气的影响更加突出，施工将面临巨大的安全风险及工期压力。按照《铁路工程基本作业施工安全技术规程》（TB 10301—2009）[35]❶ 中11.3.3规定"遇六级及以上强风时必须停止露天吊装作业"；12.1.8条规定"遇有六级及以上强风、暴雨、浓雾等恶劣天气，严禁进行室外攀登与悬空作业"。而工程所在地6级以上大风的年日数309d，如按此规定，无法实现合同工期。因此，为实现工期目标，大风条件下施工在所难免。在理论计算分析和现场实际试验的基础上，采取了一系列技术、设备、安全、管理措施，在确保工序施工安全前提下，重新明确施工工序作业条件和抗风等级，提高有效作业天数，高效开展施工生产。

3.2 总体策划

海洋环境对大桥工序作业影响的主要因素为大风和台风。因此，要增加有效作业时间，提高施工工效，确保工期计划，减低风环境对施工安全的影响，在制订施工方案时尽量减小大风天气对施工的影响。依据这个思路，针对性提出下列方案策划。

---

❶ 现行标准号为 TB 10301—2020。

（1）海上施工陆地化

海上栈桥尽量拉通，在 B3～B26、B40～B55 号墩间设置栈桥用于物资运输及人员通行，B39～B40 号墩间设置满足通行要求的栈桥，用于铺设混凝土泵管。梁场设置在台后路基上，直接台后运梁上桥，避免节段梁海上运输。钢构件加工焊接工作尽量安排在后场，拼装完成后整体吊装，减少海上焊接、吊装工作量。

（2）施工装备高标准配置

为减少风、浪天气对施工的影响，确保施工装备的稳定性及工效，打桩船、搅拌船、起重船、履带式起重机等装备采用"高配低用"高标准配置。

（3）施工措施专项抗风设计

平台、栈桥、造桥机、移动模架、高墩模板、高墩爬梯、支架、挂篮、钢筋棚、搅拌站粉料罐等结构要有专项抗风设计计算，设置必要的抗风措施。

（4）海上后场保障须可靠

本工程规模宏大，所需原材料及半成品大部分需通过海运至码头中转，而受风、浪影响海运不受控，尤其是季风期，物资存储能力必须得到保证，为此分别在渔限村及和平村分别设置了大型码头。

3.3　工序作业界定保障

3.3.1　技术保障

为提高各工序作业条件抗风等级，对大桥各部位在结构设计和施工时，采取一系列技术措施[36]，保障各工序能在界定的环境条件中能正常施工，施工结构抗风安全。

1）平台、栈桥

（1）结构设计措施

栈桥、平台设计按 7 级风施工状态下，结构应满足自身施工过程中的安全；在 8 级风工作状态下，栈桥和平台应满足正常车辆通行的安全和适用性的要求，并具良好的安全储备；7 级风以上应停止栈桥、平台的吊装施工作业；8 级风以上栈桥、平台禁止通行，在 14 级风极限非工作状态下，栈桥、平台主体结构不被破坏。设计标准见表 4-3-3-1。

设计标准一览表　　　　　表 4-3-3-1

序号	状　态	风　力	状态描述	控制指标
1	施工状态	≤7 级风	结构自身施工	≤$H/400$（H：高度）
2	工作状态	≤8 级风	结构处于正常工作状态	≤$L/400$（L：跨度）
3	非工作状态	≤14 级风	在风荷载、水流力及波浪力等荷载作用下，主体结构具有可靠的安全度，主体结构不被破坏	

（2）施工措施

①平台 + 栈桥区平台与栈桥钢管桩间设置联结系，提高结构的整体稳定性。

②有覆盖层区平台、栈桥钢管桩打入高程及贯入度都应满足设计要求；浅/无覆盖层区栈桥采用双排支墩结构，提高其施工过程及成桥后基础的稳定性；浅/无覆盖层区钢管桩、钢护筒打入深度浅，稳定性差，钢管桩采用钢筋混凝土灌注桩进行锚固，护筒采用模袋围堰 + 水箱不离散混凝土进行稳固，确保结构满足抗台风要求。

③深水裸岩栈桥基础施工难度大，采用大刚度纵梁结构增加栈桥跨度，减少基础工程数量，加快施工进度，减少风、浪的影响。

④深水区平台、栈桥联结系刚度要大,焊接质量要严格把关,联结系应尽量下置,提高结构稳定性。
⑤平台、栈桥的面板、纵梁、横梁及钢管桩基础之间应采用连接件或直接焊接紧固,钢构件要做好防腐处理,并定期检查维护。
⑥在钻孔桩施工安排中,应在台风季之前尽量保证每个平台桩基灌注完成数根,这样可大大提升平台的抗台风能力。
⑦平台、栈桥施工时采用模块化施工,即将小构件在后场加工或组拼成大构件,在施工现场整体吊装,以减少现场吊装及焊接工作量。
⑧现场对结构进行实时监控监测。

2)承台围堰

(1)围堰结构设计措施

承台尺寸为12.6m×30.2m×5m~23.9m×36.5m×6m,浅水区为低桩承台,采用钢板桩围堰,深水区为高桩承台,采用钢吊箱围堰。钢围堰设计按7级风施工状态下,钢围堰结构应满足自身施工过程中的安全;在8级风工作状态下,钢围堰应满足正常水流、波浪、风荷载和施工荷载作用下的安全和适用性的要求,并具良好的安全储备;7级风以上应停止钢围堰的吊装施工作业;8级风以上钢围堰停止施工,在14级风极限非工作状态下,钢围堰应能满足整体安全性的要求,主体结构不被破坏。

(2)施工措施

①钢吊箱围堰按吊装、下放、封底、承台施工状态8级风、抗台风状态14级风工况进行设计计算。
②通过设计变更提高海上承台高程,减小围堰所受到的波浪力及水流力。
③海上钢板桩围堰采用刚度大的钢板桩,简化内支撑结构,便于围堰内部施工作业,减少钢构件起重吊装及焊接工作量,加快施工速度。
④根据风、水流及波浪的方向确定钢板桩插打顺序,减少其影响,确保施工过程钢板桩的稳定性。
⑤钢吊箱围堰采用大型起重船整体一次吊放结构,快速施工,减少施工安全风险。
⑥钢吊箱围堰应设置导向及快速锁定装置,防止吊放过程中受风、浪影响产生大幅度摆动。
⑦钢吊箱壁板、底板、围檩、内支撑等结构宜采用栓接,方便安装、拆除。
⑧当1周内有台风时,禁止钢吊箱下放及现场拼装施工,钢吊箱正式施工前应进行试拼、试吊。

3)墩身

(1)设计准则

墩身模板设计按工作状态8级风下,模板应满足正常施工的安全和适用性的要求,并具有良好的安全储备;在非工作状态14级风下,模板应能满足整体安全性的要求,主体结构不被破坏。

高墩施工通道宜采用制式爬梯,爬梯底部应通过承台预埋件焊接牢固,爬梯与墩身间须设置附着,附着间距均经过计算确定。爬梯按工作状态8级风,抗台14级风工况进行设计计算。

(2)施工措施

①墩身内外应设置工作平台,高墩还要在不同高度设置多层防坠落保护网,一旦发生人员高处坠落时不致发生死亡事故。
②高墩施工通道宜采用制式爬梯,爬梯底部应通过承台预埋件焊接牢固,爬梯与墩身间须设置附着,附着间距应根据计算确定。
③墩身采用整体模板一次浇筑时,应根据墩身高度设置风缆。
④为了确保钢筋定位准确及稳固,设置型钢劲性骨架,施工过程中,劲性骨架随钢筋施工同步接高,如图4-3-3-1所示。
⑤墩身采用整体模板分段流水施工时,已浇筑完成部分至少留2节模板,用于支撑固定新安装模板;宜按先立模板后绑扎钢筋顺序施工,以减少大风对钢筋绑扎的影响,否则应采用钢筋型钢定位骨架,

图 4-3-3-1 墩身劲性骨架

避免钢筋变形、倾倒。

⑥在模板拆除时应采用起重机挂稳模板，保持钢丝绳垂直并稍受力，同时应在模板上设置拉索，用于调整模板空间位置，防止模板磕碰墩身及产生过大的摆动。

⑦为了确保大风条件下稳固及钢筋定位准确，设置型钢劲性骨架。

4）悬臂挂篮

（1）挂篮结构设计

三角挂篮设计在 7 级风施工状态下，结构应满足自身拼装施工过程中的安全；在 8 级风工作状态下，挂篮应满足施工荷载作用下的安全和适用性的要求，并具良好的安全储备；7 级风施工状态下进行挂篮走行；8 级风以上挂篮停止施工，在 14 级风极限非工作状态下，挂篮应能满足整体安全性的要求，主体结构不被破坏。

由于桥址处于台风、季风区，常年处于大风期，为了增加挂篮施工期操作人员的安全，共设置主桁架操作平台、侧模板安全通道及防护、底模操作平台及前下横梁操作平台等。为了加强抗台风的要求，增加挂篮侧模板与已浇筑完混凝土段重叠处安装精轧螺纹钢将挂篮侧模与已浇筑完混凝土收紧牢固以及在底篮增加 M 形桁架加固措施。

同时考虑公铁合建模式下，铁路桥梁运输、铁路桥梁挂篮及公路桥梁挂篮同时交叉施工，将挂篮底模平台设计为封闭式。封闭工作平台设置吊带鞍座通过吊带吊挂在挂篮前后下横梁上。平台前后横梁采用双拼 I 32b 工字钢，并在适当位置设置连接接头与前后吊带进行连接，平台纵梁采用 I 20b 工字钢，四周设置栏杆扶手，如图 4-3-3-2 所示。

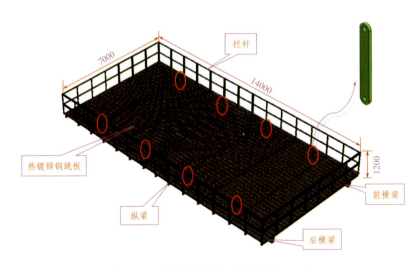

图 4-3-3-2 封闭操作平台（尺寸单位：mm）

（2）施工措施

①挂篮结构重心在不影响施工的情况下应尽量低，挂篮主桁间采用竖向及水平桁架连接，以提高结构抗风稳定性。

②挂篮构件间采用销接或者栓接，方便安装、拆除。

③挂篮前后吊挂及后锚不采用精轧螺纹钢，采用吊带。

④挂篮上的走行通道、围栏、张拉工作平台等结构与挂篮主体结构共同设计，充分考虑大风的

影响。

⑤设置挂篮走形安全锁及纵向限位装置。

⑥梁部预留孔洞根据挂篮结构精确设置，孔洞的位置及垂直度满足设计要求，全桥79对挂篮群交叉悬臂施工如图4-3-3-3所示。

图4-3-3-3　全桥79对挂篮群交叉悬臂施工

5）现浇支架

（1）结构设计措施

梁柱式现浇支架设计在7级风施工状态下，结构应满足自身拼装施工过程中的安全；在8级风工作状态下，支架应满足施工荷载作用下的安全和适用性的要求，并具良好的安全储备；在14级风极限非工作状态下，现浇支架应能满足整体安全性的要求，主体结构不被破坏。通过对现浇支架进行缩尺模型风洞试验——固定模型天平测力边界层风洞试验研究，通过试验对比，指导结构设计和现场施工。支架现浇施工如图4-3-3-4所示。

a)　　　　　　　　　　　　　　b)

图4-3-3-4　支架现浇施工

（2）施工措施

①支架基础尽量利用桥梁承台，无法利用时应确保基础的地基承载力及沉降满足设计要求，可采用桩基础、扩大基础、换填等方法，同时做好临时防排水设施。

②高墩支架边墩与桥梁墩身进行多道连接，中支墩采用双排钢管，支墩钢管之间利用斜撑连接，提高支架整体稳定性。

③支架纵梁采用贝雷片、军用梁等桁架式结构，采用花窗对其进行连接，同时纵梁与横梁要连接牢固。

④支架卸落装置在满足卸落要求的同时，要有足够的刚度及稳定性，避免其影响支架结构的整体稳定性。

6）节段拼装造桥机及移动模架

（1）结构设计措施

造桥机设计选用重心低、稳定性好的腹位式结构，设计在7级风施工状态下，结构应满足自身拼装施工过程中的安全；在8级风工作状态下，造桥机应满足施工荷载作用下的安全和适用性的要求，并具良好的安全储备；7级风施工状态下进行过孔，8级风以上造桥机停止施工，在14级风极限非工作状态下，造桥机应能满足整体安全性的要求，主体结构不被破坏。双孔连做造桥机如图4-3-3-5所示。

图4-3-3-5　双孔连做造桥机施工

移动模架设计选用重心低、稳定性好的腹位式结构自行式移动模架，设计在7级风施工状态下，结构应满足自身拼装施工过程中的安全；在8级风工作状态下，移动模架应满足施工荷载作用下的安全和适用性的要求，并具良好的安全储备；7级风施工状态下进行过孔，8级风以上移动模架停止施工，在14级风极限非工作状态下，移动模架应能满足整体安全性的要求，主体结构不被破坏，如图4-3-3-6所示。

图4-3-3-6　移动模架结构

（2）施工措施

①造桥机采用下托梁结构支撑箱梁节段，相对于吊挂结构稳定性更好，下托梁与主梁可形成封闭的操作空间，作业环境安全，适合大风作业环境。

②主梁采用桁架式结构，相对于箱形结构迎风面积小，大风环境下稳定性好。

③走行通道、工作平台与造桥机主体结构一同设计。

④拼装、拆除方案由设计、制作、施工方共同确定，拼装、拆除所需支架等结构须经计算。

⑤施工安全操作要点详见项目部自编的安全操作手册。

(3) 方案审批制度

对起重吊装、高空作业、船机设备操作、支架及设备的安拆等受大风影响较大的工序要制订切实可行的安全防范措施，邀请国内相关领域知名专家进行论证，以确保技术方案的科学性，并按要求进行分级审核报批之后，分级对下进行安全技术交底，明确施工条件和安全注意事项。

(4) 现场做好风力、风向、波浪的监测及数据采集工作，研究分析施工区域风、浪特点，为后续施工生产提供依据。现场监测仪器设备如图4-3-3-7所示。

a) 视频

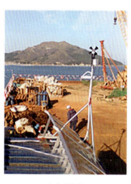
b) 风速

c) 海浪

d) 压力

e) 结构姿态

f) 洋流

图4-3-3-7 现场监测仪器设备

3.3.2 设备保障

基于项目施工环境的复杂性，必须超常规配置设备才能满足现场施工要求，因此在设备选型上均配置抗风标准高的设备，并制订了相应的抗风措施。

1) 设备超常规配置

(1) 现场起重吊装设备的选型根据不同吊重的大小进行选择，现场75~150t履带式起重机及塔式起重机以"大吨位起重小吊重"的原则经过计算满足8级风的工作状态。起重机及船舶设备配型对比见表4-3-3-2。

起重机及船舶设备配型对比表　　　表4-3-3-2

序号	设备类别	实际投入设备型号	概算及现行定额标准
1	起重设备	汽车式起重机徐工50T	履带式起重机≤15t
		履带式起重机QUY75T	汽车式起重机≤16t
		履带式起重机XGC100T	汽车式起重机≤20t

续上表

序号	设备类别	实际投入设备型号	概算及现行定额标准
1	起重设备	履带式起重机 130T	履带式起重机 ≤ 50t
		履带式起重机 150T	斜撑桅杆式起重机 ≤ 20t
		起重船 150T	塔式起重机 12t 以内
		起重船 200T	150t 起重船
		1000t 自航起重船	400t 起重船
		2000t 自航起重船	
2	打桩设备	振动锤 120 型	振动沉拔桩机 ≤ 400kN
		冲击锤 YC50 型	振动沉拔桩机 ≤ 400kN
		振动锤 150 型	振动沉拔桩机 ≤ 500kN
		路桥建设桩 8（hp525 打桩船）	
		海盛桩 6 桩架高 78m	
		雄程 1 号桩架 128m	
		申启星 501 桩架高 70m	
		航工桩 168 桩架高 98m	
3	其他船舶设备	200m³/h 混凝土搅拌船	120m³/h 混凝土搅拌船
		混凝土搅拌船 160m³/h	水上混凝土搅拌站 2×600L

（2）研究起重船、打桩船系泊方式，增加其稳定性，满足 7 级风的工作状态。船舶作业条件见表 4-3-3-3。

船舶作业条件一览表　　　　　　　　　　　　表 4-3-3-3

序号	船型	规范作业条件	现场作业条件	备注
1	2000t 自航起重船	（1）起吊荷重的运动不受外力的制约； （2）起重设备工作时风速不超过 20m/s，相应风压不超过 250Pa	风力 ≤ 7 级风	附：《秦航工 1 起重系统说明书》
2	铁建桩 01 打桩船	海况蒲氏风级不超过 5 级，有义波高不超过 1.0m	风力 ≤ 7 级风	根据计算及现场施工经验，可满足 7 级风吊装施工
3	铁建混凝土 01 搅拌船	风力 ≤ 6 级，波高 ≤ 2m，流速 ≤ 3m/s	风力 ≤ 8 级风	根据计算及现场施工经验，可满足 8 级风混凝土搅拌施工
4	铁建插 01 驳船	（1）最大风力：蒲氏 7 级风； （2）最大有义波高 ≤ 1.0m； （3）作业水域流速 ≤ 2m/s	风力 ≤ 7 级风	根据现场施工经验，可满足 8 级风运输施工

注：本项目开累上场施工船舶 51 艘，表中仅列举部分船舶的施工作业条件。

2）主要设备抗风措施

（1）门式起重机防风措施

为有效防止在台风、暴雨等恶劣天气下，倾覆、破坏安全事故的发生，特制订防台风加固措施。加固措施分为两种情况：一种是在 6 级风以下情况下防倾覆；另一种为在 6 级风以上以及台风来临前加固。

①6 级风以下防倾覆措施

采用铁鞋限位装置，一台设备配备两对铁鞋，每对两只。铁鞋在放入大车轮下时，必须用力使铁鞋的前沿插入车轮与钢轨形成的斜缝中，这样即使在风力作用下导致车轮滚动，车轮也会紧紧地压在铁鞋的前沿上，铁鞋在轨道上不会产生滑动，因此能起到静态防风的目的。

②6级风以上以及台风来临之前加固

a. 将滑行轨道一端的防护墩处采用铁鞋将行走车轮锁死。

b. 检查整个结构构件的稳定性，将所有可移动的电缆线、手控开关、工具等收入工具箱内，切断电源，锁好工具箱。

c. 停止作业前，在吊钩下吊一定重量的钢筋或型材，钢筋或型材需捆绑牢靠，重物应与地面接触，使钢丝绳稍微受力，以增加自重，抵抗台风，防止倾覆，如图4-3-3-8所示。

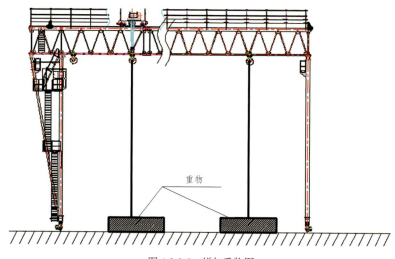

图4-3-3-8 增加重物图

（2）塔式起重机防风措施

①合理选择塔式起重机安装位置。确定塔式起重机安装位置时，尽可能选择在背风面，避开迎风面。塔式起重机安装位置选择在建筑物的西面或南面，尽量不要在建筑物的北面或东面安装塔式起重机。因场地条件限制不能选择时，附墙杆要采取加强措施。

②严格塔式起重机安拆和验收备案制度。要按照《建设工程安全生产管理条例》的规定建立塔式起重机安拆和验收备案制度。杜绝无证产品、无证安拆和无证操作。严禁未经检验、验收和备案的塔式起重机擅自投入使用。

③重视塔式起重机的检修和保养。企业对每台塔式起重机要建立跟踪管理档案、保养计划及执行记录。塔式起重机安装前，要对塔式起重机各机构及所有焊缝进行全面检查，使用过程中要加强对塔身、附墙杆、机构、电气箱、广告牌、灯具及其连接牢固情况进行检查，消除使用前和使用过程中的安全隐患。同时要加强对塔式起重机回转装置的检修和保养，保证吊臂能随风自由灵活旋转。

④控制塔式起重机自由高度。工地要把对塔式起重机降格使用作为一项主要季节性安全措施，不具备抵抗强台风袭击的塔式起重机，其最高附墙杆以上或无附墙杆的自地面以上自由高度不得大于七节标准节高度或20m。施工过程中，塔式起重机要随施工层升高，及时架设附墙杆，避免一步到位。

⑤建立预警防范机制。工地要通过现场预警系统风级提示及电视、网络、气象信息预报等了解天气情况，发现各种异常时及时启动应急预案，采取应急措施，塔式起重机吊臂预先回转至与风向平行，吊钩升至最高位，回转范围内不得有障碍物，放松回转限位制动，停止作业并切断电源。有可能时要尽早采取措施降低自由高度。高层建筑塔式起重机要提前拆除1～2道附墙杆，使塔式起重机吊臂和平衡臂低于建筑物，并与建筑物主体结构连接牢固。

（3）履带式起重机防风措施

为防止风荷载对起重机的影响，根据天气情况，超过8级以上风时，将履带式起重机大臂放置水平，保持机身平稳，以保证其稳定。

3.3.3 管理措施

（1）生产管理机构

按项目部、分部、架子队三级成立领导小组，负责大风条件施工生产的组织领导工作。

项目部成立以项目经理为组长，以管生产的副经理为常务副组长，其他副职领导为副组长，工程部、安质部、物资设备部及船机部负责人为组员的生产管理领导小组。

（2）安全管理

为落实施工工序作业条件界定，减低施工安全风险，在每一个分部工程施工前，项目部都要制订专项安全方案、应急救援预案；进行安全交底、安全专项教育、安全保证措施培训考试；海上作业还要制订船舶应急预案等。

（3）方案审批管理

对起重吊装、高空作业、船机设备操作、支架及设备的安拆等受大风影响较大的工序要制订切实可行的安全防范措施，邀请国内相关领域知名专家进行论证，以确保技术方案的科学性，并按要求进行分级审核报批之后，分级对下进行安全技术交底，明确施工条件和安全注意事项。

3.4 现场施工验证

通过2013—2016年施工验证，按照钢吊箱的下放、造桥机及移动模架过孔、挂篮走行风力应≤7级，海上运输、吊装、搅拌船供应混凝土风力应≤7级，高空作业及陆地吊装等风力应≤7级，8级风停止一切吊装、高空作业，9级风以上停止所有施工作业。施工条件以及采取的各项措施可行有效，安全质量可控，并形成"平潭海峡公铁大桥复杂海域环境施工工序条件"于2016年11月19日，由建设单位组织业内专家召开评审会议并取得通过，于2017年2月28日由建设单位印发《新建福州至平潭铁路工程平潭海峡公铁大桥复杂海域环境施工工序作业条件》，现场严格按照明确的施工工序作业条件进行管控，确保平潭海峡公铁大桥施工安全。

3.5 施工作业条件界定

根据平潭地区气象条件及工程施工工期，对各工序施工的风力条件进行了界定，以保证施工安全及施工工效。按照挂篮走行、吊箱下放、造桥机及移动模架过孔风力应≤7级，海上运输、吊装、搅拌船供应混凝土风力应≤7级，高空作业及陆地吊装等风力应≤7级，8级风停止一切吊装、高空作业，9级风以上停止所有施工的原则组织施工。其中风力≥6级的高处作业、起重吊装必须采取可靠的安全措施，在确保安全的情况下方可施工。复杂海域环境工序施工作业条件详见表4-3-5-1。

复杂海域环境施工工序施工作业条件　　　　表4-3-5-1

序号	分部工程	工序名称	风险等级	作业风力条件		安全措施		
				规范要求	现场管控	结构安全	设备配置	作业管理
1	海上栈桥平台施工	钢桩/钢护筒插打	Ⅲ	<6级	≤7级	（1）栈桥平台设计标准：自身施工状态7级风、工作状态8级风、抗台风状态14级风。	（1）75~150t履带式起重机以"大吨位起重小吊重"的原则经过计算满足8级风工作状态。	（1）安全技术交底：各工序重点强调主要危险源及危害因素和安全注意事项三项内容。
2		桩间联结系安装	Ⅲ	<6级	≤7级			
3		桩顶分配梁安装	Ⅲ	<6级	≤7级			
4		贝雷梁安装	Ⅲ	<6级	≤7级			

续上表

序号	分部工程	工序名称	风险等级	作业风力条件 规范要求	作业风力条件 现场管控	安全措施 结构安全	安全措施 设备配置	安全措施 作业管理
5	海上栈桥平台施工	钢桩锚桩施工	Ⅲ	<6级	≤7级	（2）施工工艺：改进式哈弗接头、模块化施工、大跨栈桥、钢筋混凝土锚固桩、埋置式平台。 （3）施工方案：按要求进行评审报批。 （4）监控监测：实时进行	（2）研究起重船、打桩船系泊方式，增加其稳定性，满足7级风的工作状态	（2）专职安全员全程监控。 （3）救生员上岗待命，随时准备救援。 （4）施工人员安全防护用品佩戴齐全，操作平台防护到位。 （5）编制应急预案并演练
6		桥面板安装	Ⅲ	<6级	≤7级			
7		附属设施安装	Ⅱ	<6级	≤7级			
8		上部结构拆除	Ⅲ	<6级	≤7级			
9		钢桩拔出	Ⅲ	<6级	≤7级			
10		构件运输（水上）	Ⅱ	<6级	≤7级			
1	海上独立施工平台施工	海上平台支栈桥管桩/钢护筒插打	Ⅲ	<6级	≤7级	（1）平台设计标准：自身施工状态7级风、工作状态8级风、抗台风状态14级风。 （2）施工工艺：临时联结系、改进式哈弗接头、模块化施工、埋置式平台。 （3）施工方案：按要求进行评审报批。 （4）监控监测：实时进行	（1）75～150t履带式起重机以"大吨位起重小吊重"的原则经过计算满足8级风工作状态。 （2）研究起重船、打桩船系泊方式，增加其稳定性，满足7级风的工作状态	（1）安全技术交底：各工序重点强调主要危险源及危害因素和安全注意事项三项内容。 （2）专职安全员全程监控。 （3）救生员上岗待命，随时准备救援。 （4）施工人员安全防护用品佩戴齐全，操作平台防护到位。 （5）编制应急预案并演练
2		桩间联结系及桩顶分配梁焊接	Ⅲ	<6级	≤7级			
3		纵、横梁安装	Ⅲ	<6级	≤7级			
4		钢桩锚桩施工	Ⅲ	<6级	≤7级			
5		平台面层安装	Ⅲ	<6级	≤7级			
6		栏杆及配套设施	Ⅱ	<6级	≤7级	—	—	—
7		构件拆除、吊装	Ⅲ	<6级	≤7级			
8		钢桩拔出	Ⅲ	<6级	≤7级			
9		构件运输（水上）	Ⅱ	<6级	≤7级			
1	陆上钻孔桩施工	钢护筒埋设	Ⅰ	—	≤8级	（1）设备配置：增大履带式起重机、汽车式起重机型号。 （2）施工工艺：吊装钢筋笼时设置稳定索。 （3）技术方案：按程序报批	根据钢筋笼的吊重选择合适吨位的履带式起重机（原则：履带式起重机最大吊重是吊重物2倍的安全系数），并通过计算满足8级风的工作状态	作业人员安全防护用品佩戴齐全，孔口临边、泥浆池临边防护到位
2		钻机就位	Ⅰ	—	≤8级			
3		钻孔	Ⅱ	—	≤8级			
4		清孔	Ⅰ	—	≤8级			
5		钢筋笼下放	Ⅱ	<6级	≤7级			
6		混凝土运输	Ⅰ	—	≤8级			
7		混凝土灌注	Ⅰ	—	≤8级			
1	海上钻孔桩施工	钻机就位	Ⅱ	<6级	≤8级	（1）设备配置：增大履带式起重机型号。 （2）施工工艺：吊装钢筋笼时设置稳定索。	（1）75～150t履带式起重机以"大吨位起重小吊重"的原则经过计算满足8级风工作状态。	作业人员安全防护用品佩戴齐全，孔口临边防护到位；设置吊装警戒区，人员指挥到位；吊装钢筋笼端头十字吊架，采用两点起吊，下放过程更稳固

续上表

序号	分部工程	工序名称	风险等级	作业风力条件		安全措施		
				规范要求	现场管控	结构安全	设备配置	作业管理
2	海上钻孔桩施工	钻孔	Ⅱ	<6级	≤8级	(3)技术方案：按程序报批	(2)起重船研究系泊方式，增加其稳定性满足在7级风的工作状态	
3		清孔	Ⅰ	<6级	≤8级			
4		钢筋笼加工	Ⅰ	<6级	≤8级			
5		钢筋笼装船、运输、卸船	Ⅲ	<6级	≤7级			
6		钢筋笼陆上（栈桥）运输	Ⅲ	<6级	≤7级			
7		钢筋笼下放	Ⅱ	<6级	≤7级			
8		混凝土运输	Ⅱ	<6级	≤8级			
9		混凝土灌注	Ⅰ	<6级	≤8级			
1	钢吊箱围堰整体吊装	围堰加工制作	Ⅱ	<6级	≤8级	(1)吊箱设计标准：吊装、下放、封底、承台施工状态8级风，抗台风状态14级风。(2)施工工艺：一次就位、快速锁定、快速封底、体系转换平稳。(3)技术方案：按程序评审报批。(4)监控监测：实时进行	(1)75~150t履带式起重机以"大吨位起重小吊重"的原则经过计算满足8级风工作状态。(2)研究起重船系泊方式，增加其稳定性，满足7级风的工作状态	(1)安全技术交底：各工序重点强调主要危险源及危害因素和安全注意事项三项内容。(2)专职安全员全程监控。(3)救生员上岗待命，随时准备救援。(4)施工人员安全防护用品佩戴齐全，操作平台防护到位。(5)编制应急预案并演练
2		围堰海上运输	Ⅲ	<6级	≤8级			
3		围堰吊装、下放就位	Ⅲ	<6级	≤7级			
4		体系转换	Ⅲ	<6级	≤8级			
5		封底	Ⅱ	<6级	≤8级			
1	钢吊箱围堰现场拼装	围堰制作	Ⅱ	<6级	≤8级	(1)设计标准：安装状态8级风、工作状态8级风、抗台风状态14级风。(2)施工工艺：导向牢固、多点平衡下放、快速锁定、快速封底、体系转换平稳。(3)技术方案：按程序评审报批。(4)监控监测：实时进行	(1)75~150t履带式起重机以"大吨位起重小吊重"的原则经过计算满足8级风工作状态。(2)研究起重船系泊方式，增加其稳定性，满足7级风的工作状态	(1)安全技术交底：各工序重点强调主要危险源及危害因素和安全注意事项三项内容。(2)专职安全员全程监控。(3)救生员上岗待命，随时准备救援。(4)施工人员安全防护用品佩戴齐全，操作平台防护到位。(5)编制应急预案并演练
2		围堰海上运输	Ⅲ	<6级	≤8级			
3		拼装平台及下放系统安装	Ⅲ	<6级	≤7级			
4		围堰拼接、下放	Ⅲ	<6级	≤8级			
5		体系转换	Ⅲ	<6级	≤8级			
6		封底	Ⅱ	<6级	≤8级			
1	钢板桩围堰施工	钢板桩插打	Ⅱ	<6级	≤7级	(1)设计标准：安装状态8级风、工作状态8级风、抗台风状态14级风。(2)设备配置：履带式起重机在满足常规要求下适当提高配置。	履带式起重机以"大吨位起重小吊重"的原则经过计算满足8级风工作状态	临边防护到位，人员防护用品佩戴齐全

续上表

序号	分部工程	工序名称	风险等级	作业风力条件		安全措施		
				规范要求	现场管控	结构安全	设备配置	作业管理
2	钢板桩围堰施工	内支撑安装	Ⅱ	<6级	≤8级	（3）技术方案：按程序评审报批。（4）监控监测：实时进行		
3		封底混凝土施工	Ⅰ	<6级	≤8级			
4		清淤、抽水	Ⅱ	<6级	≤8级			
5		钢板桩围堰拆除	Ⅱ	<6级	≤7级			
1	扩大基础施工	基坑放坡开挖	Ⅱ	—	≤8级	（1）设备配置：履带式起重机、汽车式起重机在满足常规要求下适当提高配置。（2）技术方案：按程序报批	履带式起重机以"大吨位起重小吊重"的原则经过计算满足8级风工作状态	临边防护到位，人员防护用品佩戴齐全
2		基坑防护	Ⅱ	—	≤8级			
3		模板安装	Ⅱ	<6级	≤7级			
4		钢筋制作	Ⅰ	—	≤8级			
5		钢筋安装	Ⅰ	—	≤8级			
6		混凝土生产	Ⅰ	—	≤8级			
7		混凝土运输	Ⅰ	—	≤8级			
8		混凝土灌注	Ⅰ	—	≤8级			
1	承台施工	桩头凿除	Ⅰ	<6级	≤8级	（1）设备配置：履带式起重机、起重船、运输船在满足常规要求下适当提高配置。（2）施工工艺：吊装模板时设置稳定索。（3）技术方案：按程序报批。（4）监控监测：实时进行	（1）75~150t履带式起重机以"大吨位起重小吊重"的原则经过计算满足8级风工作状态。（2）研究搅拌船、起重船等系泊方式，增加其稳定性，满足7级风的工作状态	临边防护到位，人员防护用品佩戴齐全
2		桩检	Ⅰ	<6级	≤8级			
3		浇筑混凝土垫层	Ⅰ	<6级	≤8级			
4		绑扎承台钢筋	Ⅰ	<6级	≤8级			
5		安装承台模板	Ⅱ	<6级	≤7级			
6		混凝土运输	Ⅱ	<6级	≤8级			
7		混凝土灌注	Ⅱ	<6级	≤8级			
8		模板拆除	Ⅱ	<6级	≤7级			
1	墩身施工	混凝土凿毛	Ⅰ	<6级	≤8级	（1）设计标准：施工状态8级风、工作状态8级风、抗台风状态14级风。（2）施工工艺：钢筋型钢劲性骨架、先立模板后绑扎钢筋、防坠落支架、设置稳定索。（3）技术方案：按程序评审报批	（1）75~150t履带式起重机以"大吨位起重小吊重"的原则经过计算满足8级风工作状态。（2）研究搅拌船、起重船等系泊方式，增加其稳定性，满足7级风的工作状态	（1）安全技术交底：各工序重点强调主要危险源及危害因素和安全注意事项三项内容。（2）专职安全员全程监控。（3）墩身自身操作平台及临边防护检查。（4）高处作业人员禁忌、体检，防护用品佩戴齐全
2		上人梯安装	Ⅱ	<6级	≤7级			
3		钢筋安装	Ⅱ	<6级	≤7级			
4		模板安装	Ⅲ	<6级	≤7级			
5		混凝土运输	Ⅱ	<6级	≤7级			
6		混凝土灌注	Ⅱ	<6级	≤7级			
7		模板拆除	Ⅲ	<6级	≤7级			
1	移动模架施工	移动模架拼装	Ⅲ	<6级	≤7级	（1）设计标准：安装状态7级风、过孔状态7级风、工作状态8级风、抗台14级风。（2）技术方案：按程序评审报批。	（1）履带式起重机以"大吨位起重小吊重"的原则经过计算满足7级风工作状态。	（1）安全技术交底：各工序重点强调主要危险源及危害因素和安全注意事项三项内容。（2）专职安全员全程监控。

续上表

序号	分部工程	工序名称	风险等级	作业风力条件		安全措施		
				规范要求	现场管控	结构安全	设备配置	作业管理
2	移动模架施工	模板安装	Ⅱ	<6级	≤7级	（3）监控监测：实时进行	（2）移动模架以工作状态8级风，过孔状态7级风进行设计	（3）模架自身操作平台及临边防护检查；梁顶临边防护检查。（4）高处作业人员禁忌、体检，防护用品佩戴齐全
3		压重准备	Ⅱ	<6级	≤8级			
4		试压	Ⅲ	<6级	≤7级			
5		钢筋制安	Ⅰ	—	≤7级			
6		混凝土灌注	Ⅱ	—	≤7级			
7		张拉压浆	Ⅱ	—	≤7级			
8		模板脱模外移	Ⅱ	<6级	≤7级			
9		移动模架前移	Ⅲ	<6级	≤7级			
10		移动模架拆除	Ⅲ	<6级	≤7级			
1	支架现浇连续梁施工	地基处理，地基硬化	Ⅰ	—	≤8级	（1）设计标准：施工状态7级风、工作状态8级风、抗台状态14级风。（2）技术方案：按程序评审报批。（3）监控监测：实时进行	履带式起重机、塔式起重机以"大吨位起重小吊重"的原则经过计算满足8级风工作状态	（1）安全技术交底：各工序重点强调主要危险源及危害因素和安全注意事项三项内容。（2）专职安全员全程监控。（3）支架自身操作平台及临边防护检查；梁顶临边防护检查。（4）高处作业人员禁忌、体检，防护用品佩戴齐全
2		支架安装	Ⅲ	<6级	≤7级			
3		底模、侧模安装	Ⅲ	<6级	≤7级			
4		支座安装	Ⅱ	—	≤7级			
5		支架检查、预压	Ⅲ	<6级	≤7级			
6		绑扎梁体底、腹板钢筋，预应力安装	Ⅰ	—	≤7级			
7		安装内模	Ⅱ	<6级	≤7级			
8		绑扎梁体顶板钢筋，预埋件安装	Ⅰ	—	≤7级			
9		梁体混凝土浇筑	Ⅱ	—	≤7级			
10		梁体预应力张拉、压浆	Ⅱ	—	≤7级			
11		拆除模板及支架	Ⅲ	<6级	≤7级			
1	悬臂梁挂篮施工	支架及挂篮的安装	Ⅲ	<6级	≤7级	（1）结构设计：安装状态7级风、走行状态7级风、工作状态8级风、抗台风状态14级风。（2）技术方案：按程序评审报批。（3）监控监测：实时进行	履带式起重机、塔式起重机以"大吨位起重小吊重"的原则经过计算满足8级风工作状态	（1）安全技术交底：各工序重点强调主要危险源及危害因素和安全注意事项三项内容。（2）专职安全员全程监控。（3）挂篮自身操作平台及临边防护检查；梁顶临边防护检查。（4）高处作业人员防护用品佩戴齐全
2		支架及挂篮的预压	Ⅲ	<6级	≤7级			
3		模板的安装	Ⅲ	<6级	≤7级			
4		钢筋绑扎	Ⅱ	<6级	≤7级			
5		混凝土浇筑	Ⅱ	<6级	≤7级			
6		预应力施工	Ⅱ	<6级	≤7级			
7		挂篮走行	Ⅲ	<6级	≤7级			
8		支架及挂篮拆除	Ⅲ	<6级	≤7级			
1	梁部造桥机节段拼装施工	造桥机拼装	Ⅲ	<6级	≤7级	（1）结构设计标准：安装状态7级风、过孔状态7级风、工作状态8级风、抗台状态14级风。	（1）履带式起重机以"大吨位起重小吊重"的原则经过计算满足8级风工作状态。	（1）安全技术交底：各工序重点强调主要危险源及危害因素和安全注意事项三项内容。

续上表

序号	分部工程	工序名称	风险等级	作业风力条件		安全措施		
				规范要求	现场管控	结构安全	设备配置	作业管理
2	梁部造桥机节段拼装施工	梁体节段运输	Ⅲ	<6级	≤7级	（2）技术方案：按程序评审报批。（3）监控监测：实时进行	（2）造桥机以工作状态8级风、过孔状态7级风进行设计	（2）专职安全员全程监控。（3）造桥机自身操作平台及临边防护检查；梁顶临边防护检查。（4）人员安全行为检查
3		线形调整	Ⅰ	<6级	≤7级			
4		湿接缝施工	Ⅱ	<6级	≤7级			
5		预应力施工	Ⅱ	<6级	≤7级			
6		过孔	Ⅲ	<6级	≤7级			
7		造桥机拆除	Ⅲ	<6级	≤7级			

Part Five

第 5 篇

海工耐久性混凝土研究与应用

平潭海峡公铁大桥
建造关键技术

05

第 1 章
机制砂海工混凝土研究

1.1 研究背景

平潭海峡公铁大桥是我国首座公铁两用跨海大桥，建设条件复杂，施工环境和进度受季风天气影响严重，水域水深（最深水域达 40 余米）、流速快，海上施工难度大，且桥梁跨度大，环境腐蚀严重，结构设计基准期为 100 年，为福平铁路重难点控制工程，技术难度属全国首例。根据桥址环境工程地质评价：桥址区处于典型海洋环境，海水具有硫酸盐侵蚀、镁盐侵蚀，环境作用等级为 H2，盐类结晶破坏作用等级为 Y3，氯盐环境作用等级为 L3，碳化环境作用等级为 T3。

要实现工程 100 年的设计使用寿命，作为构成工程结构主体的最重要的混凝土材料其本身必须具备足够的抵御环境侵蚀的能力。而配制海工高性能混凝土是确保混凝土结构使用寿命最有效、最直接且最经济的根本性技术措施。主体结构混凝土材料的配制，应针对具体结构对象，在满足其结构要求的强度以及施工工艺要求的工作性前提下，最大限度地提高其抗环境侵蚀的能力，并控制其不出现影响使用和耐久性的危害性裂缝，能够长期承受使用环境中各种物理、化学因素的作用，保证混凝土的各项性能在实体结构中达到统一与和谐。

1.2 机制砂在混凝土应用中存在的问题分析

（1）机制砂生产技术水平低下，总体质量良莠不齐：设备选型不合理，生产工艺落后，生产规模小、设备简陋、技术落后；技术素质低，质量意识差，管理混乱；盲目洗掉石粉，破坏级配，环境污染大。

（2）对机制砂混凝土的耐久性与高性能化缺乏深入系统研究，对机制砂的特性与机制砂混凝土的性能缺乏认识，特别是对机制砂混凝土的耐久性如体积稳定性、抗冻性、徐变、抗海水氯盐、硫酸盐侵蚀等性能心存疑虑。

（3）忽视机制砂的特性对需水量、水泥用量、砂率、外加剂需求量、工作性及装饰性的影响，尤其是对如何克服水下桩基混凝土等低强大流动性机制砂混凝土的离析泌水与高强泵送机制砂混凝土的高黏滞性的关键技术掌握不够。

（4）对石粉在机制砂混凝土中所起作用的认识与机理研究不够，特别是把机制砂中的石粉与泥粉混为一谈，相关标准对机制砂中的石粉含量限制过严极不合理，没有针对机制砂的特性进行如何有效利用石粉的研究，严重地制约了机制砂的应用。

平潭海峡公铁大桥
建造关键技术

KEY TECHNOLOGY FOR
THE CONSTRUCTION
OF PINGTAN STRAIT HIGHWAY AND RAILWAY BRIDGE

平潭海峡公铁大桥
建造关键技术

05

第 2 章
机制砂海工混凝土配合比研究

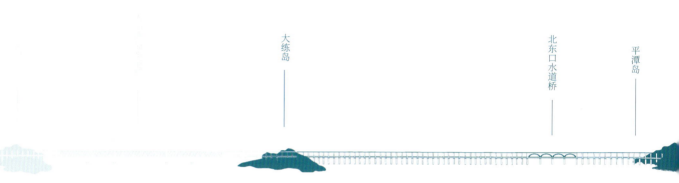

2.1 配合比设计技术要求

2.1.1 耐久性设计指标要求

基于100年设计使用年限和不同的环境类别及其作用等级进行设计，同一结构中的不同构件或同一构件中的不同部位由于所处的局部环境条件不同，应予以分别对待。海工混凝土耐久性设计指标要求见表5-2-1-1。

海工混凝土耐久性设计指标要求 表5-2-1-1

序号	结构部位		混凝土设计强度等级	56d电通量（C）	56d氯离子扩散系数 D_{RCM}（$10^{-12}m^2/s$）	抗硫酸盐结晶破坏等级
1	钻孔桩	海上部分	水下C40（C45）	<1200	≤5.0	≥KS150
2	承台	浪溅区水位变动区	C50	<1000	≤3.0	≥KS150
		非浪溅区水下区	C40	<1200	≤5.0	≥KS150
3	海上桥墩		C50	<1000	≤3.0	≥KS150

2.1.2 配合比设计参数限值要求

根据《新建福州至平潭铁路平潭海峡公铁两用大桥基础施工技术规范及验收标准》，海工高性能耐久混凝土的水胶比和胶凝材料用量范围应满足表5-2-1-2的规定。

海工混凝土水胶比和胶凝材料用量范围   表 5-2-1-2

序号	工程部位		最大水胶比（W/B）	胶凝材料最低用量（kg/m³）	胶凝材料最高用量（kg/m³）
1	钻孔桩混凝土（C40/C45）		0.38	380	450/480
2	承台	浪溅区（C50/C40）	0.36	400	450
		非浪溅区（C50/C40）	0.37	360	450
3	墩身	浪溅区（C50/C40）	0.36	400	450
		非浪溅区（C50/C40）	0.37	360	450

另外，海水环境下钢筋混凝土应采用大掺量或较大掺量矿物掺合料的低水胶比混凝土，且应复合使用矿物掺合料，当矿物掺合料用量很高时，可加入少量硅灰（5%以下）。混凝土矿物掺合料用量可参照表 5-2-1-3 执行。

海工混凝土矿物掺合料用量限定范围   表 5-2-1-3

环境作用等级	水泥品种	矿物掺合料限定范围
海上非水下结构	P·Ⅰ、P·Ⅱ水泥	用量不小于：F/0.30+S/0.4 ≥ 1 用量不大于：F/0.60+S/0.8 ≤ 1

注：1. 以上限定比例仅适用于 P·Ⅰ、P·Ⅱ 硅酸盐泥。
2. F- 粉煤灰 / 胶凝材料；S- 磨细矿粉 / 胶凝材料。

2.1.3 混凝土工作性、力学性能与长期性能设计指标

根据设计要求、结构部位构造特点、施工方式不同，提出海工机制砂混凝土拌合物的性能和硬化体强度要求，见表 5-2-1-4。

海工混凝土工作性、力学性能与长期性能设计指标   表 5-2-1-4

结构部位 （强度等级）	坍落度 （mm）	扩展度 （mm）	初凝时间 （h）	56d 配制强度 （MPa）	含气量 （%）	气泡间距系数 （μm）
水下桩（C40）	200±20	≥ 550	≥ 24	54.2	4～5	< 300
承台（C50）	180±20	≥ 450	≥ 24	59.9	4～5	< 300
墩身（C50）	180±20	≥ 450	≥ 12	59.9	4～5	< 300

注：1. 初凝时间根据浇筑量确定，一般要求大于每次混凝土的连续浇筑时间，以减少层间施工冷缝发生的机会，表中的凝结时间数值为根据一般工程的要求的建议值。具体初凝时间要根据现场实际情况确定。
2. 2h 坍落度损失应小于 10%。
3. 研究建议：混凝土出机口含气量以控制达到表中的中间值为宜，尤其是梁体混凝土不宜超过 3%。

2.2 试验原材料与方法

2.2.1 混凝土原材料

（1）水泥。芜湖瑞水泥有限公司生产的 P·Ⅱ 52.5 水泥，水泥的主要成分指标见表 5-2-2-1，基本物理力学性能指标见表 5-2-2-2。

水泥的主要化学成分与矿物成分含量（%）   表 5-2-2-1

烧失量	SO_3	MgO	Cl^-	f-CaO	碱含量（Na_2O+0.658 K_2O）	熟料中 C_3A 含量
2.10	2.50	2.70	0.020	0.37	0.58	≤ 8

水泥的基本物理性能   表 5-2-2-2

密度 (g/cm³)	比表面积 (m²/kg)	标准稠度 (%)	凝结时间 (min)		安定性	抗折强度 (MPa)		抗压强度 (MPa)	
			初凝	终凝		3d	28d	3d	28d
3.07	335	27.2	147	205	合格	6.6	8.4	32	58.2

（2）粉煤灰。马鞍山万能达发电公司有限责任公司生产的 F 类 I 级粉煤灰，粉煤灰的化学成分指标见表 5-2-2-3，基本物理力学性能指标见表 5-2-2-4。

粉煤灰的化学成分含量（%）   表 5-2-2-3

烧失量	Cl⁻	含水量	SO₃	CaO	f-CaO	碱含量（Na₂O+0.658 K₂O）
1.49	0.013	0.10	2.23	4.43	0.28	0.42

粉煤灰的基本物理性能检测   表 5-2-2-4

密度 (g/cm³)	细度（45μm 筛余）(%)	比表面积 (m²/kg)	需水量比 (%)
2.34	5.1	447	94

（3）磨细矿渣粉。福建罗强建材有限公司生产的 S95 级矿渣粉，矿渣粉的化学成分指标见表 5-2-2-5，基本物理力学性能指标见表 5-2-2-6。

矿渣粉的化学成分含量（%）   表 5-2-2-5

SO₃	Cl⁻	MgO	碱含量（Na₂O+0.658 K₂O）	玻 璃 体	烧失量（%）
1.9	0.010	2.70	0.49	95	1.13

矿渣粉的基本物理性能   表 5-2-2-6

密度 (g/cm³)	比表面积 (m²/kg)	流动度比 (%)	含水率 (%)	混合砂浆活性指数	
				7d	28d
2.89	403	106	0.1	78	102

（4）粗集料。桥址处石场加工的 4.75 ~ 9.5mm 和 9.5 ~ 19mm 两种粒级的花岗岩碎石，二者均满足相应单粒级的级配要求，大小碎石不同比例搭配的紧密堆积密度如图 5-2-2-1 所示，依据最大紧密堆积密度原则，大小碎石按质量比 6：4 掺配时的紧密堆积密度最高、空隙率最小，且合成级配满足 5 ~ 20mm 连续级配要求。

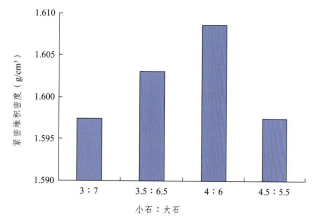

图 5-2-2-1　大小碎石比例对粗集料紧密堆积密度的影响

碎石的筛分、物理力学性能和有害物质含量试验依据《建设用卵石、碎石》（GB/T 14685—2011）[37]及《铁路混凝土工程施工质量验收标准》（TB 10424—2010）[38]进行测定，结果见表 5-2-2-7~ 表 5-2-2-9。

粗集料筛分结果　　　　　　　　　　　　　　　　　　　表 5-2-2-7

筛孔尺寸（mm）	2.36	4.75	9.5	16.0	19.0	26.5
累计筛余（%）	100	99	59	36	8	0

粗集料物理力学性能　　　　　　　　　　　　　　　　　表 5-2-2-8

压碎值（%）	石粉含量（%）	MB 值（g/kg）	表观密度（g/cm³）	紧堆密度（kg/m³）	吸水率	紧堆空隙率（%）	坚固性（%）
8	7.0	0.5	2.710	1650	0.8	39	3

注：MB 值指亚蓝值，表示机制砂中的含泥量大小。

粗集料有害物质含量　　　　　　　　　　　　　　　　　表 5-2-2-9

针片状颗粒含量（%）	含泥量（%）	泥块含量（%）	Cl⁻（%）	硫酸盐及硫化物含量（%）	碱活性（%）
2	0.1	0	0.01	0.1	0.09

（5）细集料。桥址处石场生产的花岗岩机制砂，其物理力学性能试验依据《建设用砂》（GB/T 14684—2011）[39]及《铁路混凝土工程施工质量验收标准》（TB 10424—2010）进行测定，结果显示该砂除石粉含量指标超过《铁路混凝土工程施工质量验收标准》（TB 10424—2010）对 C50 及以上混凝土用机制砂 5% 的要求外，其余指标均满足《建设用砂》（GB/T 14684—2011）对Ⅰ类机制砂的要求，相关性能指标见表 5-2-2-10~表 5-2-2-12。

机制砂与河砂筛分结果及细度模数　　　　　　　　　　　表 5-2-2-10

砂源	筛孔尺寸（mm）及对应累计筛余（%）						细度模数	级配区属	粗细程度
	0.15	0.3	0.6	1.18	2.36	4.75			
机制砂	89	79	59	39	15	0	2.8	Ⅱ	中砂
河砂	97	77	49	33	17	3	2.7	Ⅱ	中砂

机制砂与河砂的物理力学性能　　　　　　　　　　　　　表 5-2-2-11

砂源	压碎值（%）	石粉含量（%）	MB 值（g/kg）	表观密度（g/cm³）	松堆密度（kg/m³）	紧堆密度（kg/m³）	松堆空隙率（%）	紧堆空隙率（%）	坚固性（%）
机制砂	17	7.0	0.5	2.640	1500	1660	43	37	3
河砂	—	—	—	2.620	1510	1620	42	38	6

机制砂与河砂的有害物质含量　　　　　　　　　　　　　表 5-2-2-12

砂源	含泥量（%）	泥块含量（%）	Cl⁻（%）	吸水率	硫酸盐及硫化物含量（%）	轻物质含量（%）	有机物含量
机制砂	—	0.1	0.01	1.4	0.3	0.2	合格
河砂	0.6	0.4	0.01	1.5	0.3	0.2	合格

试验对比用河砂为闽江砂，其筛分、物理力学性能与有害物质含量测定结果见表 5-2-2-10 ~ 表 5-2-2-12。

（6）石粉。花岗岩石粉由试验所用同批次花岗岩机制砂过 0.075mm 方孔筛干筛分获得。

（7）减水剂。北京恒丰永信科技发展有限公司生产的 BHF-9 聚羧酸高性能减水剂（缓凝型）；江苏奥莱特新材料有限公司生产的聚羧酸高性能减水剂（缓凝型），固含量 18.28%；湖北恒利建材科技有限公司生产的 HL-8000 聚羧酸盐减水剂（缓凝型）固含量 20.24%。

（8）引气剂。北京恒丰永信科技发展有限公司生产的 BHF 引气剂；江苏奥莱特新材料有限公司生产的引气剂（固含量 4.81%），湖北恒利建材科技有限公司生产的 HL-E 引气剂（固含量 5.05%）。

（9）拌和用水。采用工地现场苏澳镇的自来水作为混凝土拌和用水。

2.2.2 试验方法

1）混凝土拌合物性能

混凝土拌合物性能包括初始坍落度/扩展度、坍落度/扩展度经时损失和容重、含气量、凝结时间等物理性能，试验方法依据《普通混凝土拌合物性能试验方法》（GB/T 50080—2002）❶[40]。

2）硬化混凝土基本力学性能试验

硬化混凝土力学性能研究包括立方体抗压强度、轴心抗压强度、抗压弹性模量，试验方法依据《普通混凝土力学性能试验方法》（GB/T 50081—2002）❷。立方抗压强度试件尺寸150mm×150mm×150mm；轴心抗压强度试件尺寸150mm×150mm×300mm棱柱体；抗压弹性模量试件尺寸150mm×150mm×300mm棱柱体，选用对面贴应变片的方法测其变形。

3）硬化混凝土基本耐久性试验

以电通量来衡量混凝土的密实性（渗透性），以氯离子扩散系数来衡量氯盐环境下混凝土的抗氯离子渗透性能。电通量和氯离子扩散系数的测定分别按《普通混凝土长期性能和耐久性能试验方法标准》（GB/T 50082—2009）[41]的电通量法、快速氯离子迁移系数法（RCM法）进行。电通量法和RCM法试验的试件均采用直径（100±1）mm、高度（50±2）mm圆柱体试件，分别由150mm×150mm×150mm立方体试件在中间部位钻取加工而成。

2.3 海工机制砂混凝土配合比的设计

海工混凝土配合比设计应以耐久性为核心，抗裂性和抗渗性并重，同时兼顾混凝土工作性能，确保各项性能均衡发展。使用机制砂配制的海工混凝土应满足混凝土规范和设计要求的耐久性、抗裂性、抗渗性、工作性能和力学性能等技术要求。配合比设计基本原则是：

（1）原材料是保证混凝土耐久性的前提，因此原材料选择应符合海工高性能混凝土要求。
（2）提高混凝土密实性，增强混凝土抗氯离子渗透性。
（3）尽量降低胶材和水泥用量，降低混凝土的绝热温升，提高混凝土抗裂性能。
（4）减少混凝土化学收缩和干缩，提高体积稳定性。
（5）提高混凝土本身抗变形、抗开裂能力。

2.3.1 配合比设计难点问题分析

1）水下桩基大流态C40机制砂混凝土

水下灌注桩混凝土是一种典型的大流态混凝土，对工作性要求较高，要求坍落度为200～240mm，具有良好的流动性保持能力，且要求黏聚性、水下抗离析性能良好。混凝土配制时按强度确定水灰（胶）比，在配制大流态混凝土时常常选用较大的用水量，以满足工作要求，加上配制C40混凝土时胶材用量并不是很大，往往易出现混凝土的黏聚性较差、离析泌水问题，当粗、细集料的级配出现波动时，此问题表现得尤为突出。在采用机制砂时，由于机制砂粒存在表面粗糙、尖锐多棱角、细度模数大、级配不良的特性，导致混凝土出现工作性不良的问题会更严重，这也是采用机制砂混凝土配制大流态混凝土时的一个难题。在配制水下灌注桩混凝土时，一般采用提高用水量和水

---

❶ 现行标准号为GB/T 50080—2017。
❷ 现行标准号为GB/T 50081—2019。

泥用量来保证足够的浆体数量来达到所要求的工作性能。但与此同时，混凝土强度超标，富余过大，普遍高于配制强度的 1.5 倍以上，造成很大浪费，显得很不经济。因此，在保证耐久性的前提下，如何平衡高工作性能与强度富余过大之间的矛盾是水下灌注桩混凝土配制的难点。将基于机制砂中石粉的增黏、微集料填充、润滑作用效应，考虑将机制砂中的石粉作为混凝土体系中粉料的一部分，采用较高石粉含量的机制砂（拟采用标准要求的最高石粉含量限值 7% 的机制砂）来配制水下灌注桩大流动性高石粉含量机制砂混凝土。

为提高盐类结晶破坏环境下的海工混凝土结构的耐久性，应当提高混凝土的含气量，因为引入的大量分布均匀、封闭稳定的微小气泡能阻断混凝土中的毛细孔通道，使混凝土抗渗性显著提高。此外，引入的这些气泡如同"滚珠"一样，使混凝土拌合物的流动性增加。同时，由于水分均匀分布在大量气泡的表面，使混凝土拌合物的泌水量减少，保水性、黏聚性提高，从而改善了混凝土的可泵性和可灌注性能。但是在机制砂混凝土中，由于机制砂特殊的粒形和质地对引气的不利影响及石粉中泥粉对引气剂有效成分的吸附，再加上海工混凝土中掺入的大掺量粉煤灰对引气剂有效成分的吸附，使得大掺量粉煤灰机制砂混凝土的引气较为困难。此前采用人工砂的水工大坝混凝土，其解决方法通常是采用增加引气剂的掺量来解决，相对于河砂混凝土增加数倍甚至数十倍引气剂有效成分的实例都有。因此如何解决机制砂和大掺量粉煤灰在配制海工混凝土时的含气问题，是很值得研究并且亟待解决的问题。

2）承台大体积 C50 机制砂混凝土

基于本工程的特点，跨海公铁两用桥的大体积混凝土承台具有方量特别大，钢筋密集，海上施工环境复杂，现场环境条件波动大的原因，因此在设计混凝土的配合比时，除了要求配合比满足基本的强度，耐久性等方面的要求外，还要考虑到承台施工对温度裂缝的控制。

承台属于整体浇筑的大体积混凝土，混凝土在硬化过程中，由于水泥水化会释放大量的热，所以若不加以控制，承台内部会急剧升温，而外部则在海风等环境因素作用下急剧降温，造成内外温差特别大，在混凝土表面产生拉应力，内部产生压应力，当混凝土的温度应力超过混凝土的抗拉强度时，就会在混凝土表面产生裂缝。当混凝土水化逐步完成时，混凝土内部开始逐步降温，若此时混凝土的收缩受到内部钢筋结构或者外部的束缚时，将产生较大的温度应力，容易造成混凝土内部的裂缝，即贯穿性裂缝。无论是表面还是内部裂缝，都会对混凝土结构整体的强度和耐久性产生极大的危害。因此在设计承台混凝土时，如何控制温度应力的产生应当着重研究。

当前控制混凝土的温度应力产生主要包括两方面内容：一方面从混凝土配合比设计着手，考虑在满足其他设计和施工的要求的前提下，如何降低混凝土的温升，这一点也是此次混凝土配合比设计的关键；另一方面是在施工过程中如何缓和混凝土内部温度的升高过程，这一点主要是通过施工过程中控制混凝土内部热量的散出实现的。

3）墩身 C50 机制砂混凝土

墩身海工混凝土通常处于浪溅区和水位变动区，为桥梁结构中最恶劣的服役环境，属于 T3、L3、H2、Y3 环境作用等级，干湿及温差变化大，腐蚀环境严重，对混凝土的密实性、抗氯离子渗透性、抗盐类结晶破坏等级要求极高。同时，墩身 C50 混凝土也属于大体积高强混凝土，要严格控制混凝土硬化过程中所释放的水化热，避免内外温差过大，在混凝土表面产生裂缝。所以在设计墩身混凝土时，如何控制温度应力的产生也要着重考虑。

2.3.2 理论配合比计算

机制砂混凝土配合比的设计参照《铁路混凝土》（TB/T 3275—2011）和《普通混凝土配合比设计规程》（JGJ 55—2011）[42][54]，确保混凝土的设计过程在满足《铁路混凝土》（TB/T 3275—2011）和《平潭海峡公铁两用大桥基础施工技术规范及验收标准》要求的各项指标的前提下进行。以水下桩基 C40

机制砂混凝土理论配合比计算为例。

1）水胶比的确定

根据《普通混凝土配合比设计规程》（JGJ 55—2011），水胶比的选取可按式（5-2-3-1）计算。

$$\frac{W}{B}=\frac{a_a f_b}{f_{cu,0}+a_a a_b f_b} \quad (5\text{-}2\text{-}3\text{-}1)$$

式中：W/B——混凝土水胶比；

$f_{cu,0}$——配制强度，$f_{cu,0} \geqslant f_{cu,k} \times 1.15+1.645\sigma=54.2\text{MPa}$（$\sigma$ 取 =5.0 MPa 且水下混凝土考虑 1.15 倍的富裕系数）

a_a，a_b——回归系数，采用碎石配制混凝土 a_a=0.53，a_b=0.20；

f_b——胶凝材料 28d 胶砂抗压强度（MPa）。

$$f_b=\gamma_f \gamma_s f_{ce} \quad (5\text{-}2\text{-}3\text{-}2)$$

式中：γ_f，γ_s——粉煤灰影响系数和粒化高炉矿渣粉影响系数，取 γ_f=0.75，γ_s=1.00；

f_{ce}——水泥 28d 胶砂抗压强度（MPa），P·Ⅱ 52.5 水泥 28d 胶砂强度 $f_{ce}=\gamma_c$，$f_{ce,g}$=1.10×52.5=57.8MPa。所以，$f_b=\gamma_f \gamma_s f_{ce}$=0.75×1.00×57.8=43.4MPa。

通过上式算得水胶比 W/B=0.39，考虑到满足耐久性要求的最高水胶比为 0.38，故取水胶比（W/B）=0.38。

2）用水量的确定

现场使用的水下灌注桩 C40 河砂配合比胶材用量为 429kg/m³，考虑到河砂配合比的强度富余，以不超过该配比胶材用量及参照以往 C40 机制砂混凝土配合比经验，综合考虑机制砂带入一部分石粉（主要成分为和母岩成分一致的小于 75um 的颗粒），可以增加混凝土中的粉料数量，间接节省胶材用量，因此暂定胶材用量为 m_b=426kg/m³，则用水量 m_W=162kg/m³。

3）确定各胶凝材料组分的用量

粉煤灰用量：

$$m_{FA}=426 \times 30\%=128\text{kg/m}^3 \text{（粉煤灰取代胶材用量的 30\%）}$$

矿粉用量：

$$m_{KF}=426 \times 10\%=43\text{kg/m}^3 \text{（矿粉取代胶材用量的 10\%）}$$

水泥用量：

$$m_C=426-128-43=255\text{kg/m}^3$$

4）确定外加剂的用量

减水剂掺量为 1.20%，减水剂固含量为 18.28%。

减水剂用量：

$$m_{WR}=426 \times 1.20\%=5.11\text{kg/m}^3$$

引气剂掺量为 0.50%，引气剂固含量为 4.81%。

引气剂用量：

$$m_{AEA}=426 \times 0.50\%=2.13\text{kg/m}^3$$

考虑到减水剂和引气剂所含水的质量，所以实际单位混凝土的用水量为：

$$m_W=162-5.11 \times (1-18.28\%)-2.13 \times (1-4.81\%)=156\text{kg/m}^3$$

5）确定砂、石的用量

选取体积砂率 S_P=40%

体积法计算砂、石的绝对体积：

$$V_{SG}=1-(\frac{m_w}{\rho_w}+\frac{m_c}{\rho_c}+\frac{m_f}{\rho_f}+\frac{m_k}{\rho_k}+\frac{m_{WR}}{\rho_{WR}}+\alpha)$$
$$=1-(\frac{156}{1000}+\frac{255}{3070}+\frac{128}{2340}+\frac{43}{2890}+\frac{5.11}{1034}+0.05)=0.6364\,m^3$$

则砂的用量为：
$$m_S=V_{SG}S_p\rho_S=0.6364\times0.40\times2640=672\,kg$$

石的用量为：
$$m_G=V_{SG}(1-S_p)\rho_G=0.6364\times(1-0.40)\times2710=1035\,kg$$

其中石为二级掺配，5～10mm 为 40%，10～20mm 为 60%
$$m_{G\text{小}}=1035\times40\%=414\,kg/m^3$$
$$m_{G\text{大}}=1035\times60\%=621\,kg/m^3$$

6）理论配合比的确定

$m_C : m_{FA} : m_{KF} : m_S : m_{G\text{小}} : m_{G\text{大}} : m_W : m_{WR} : m_{AEA}$ =255：128：43：672：414：621：156：5.11：2.13
采用同样的方法计算承台大体积 C50 和墩身 C50 机制砂混凝土理论配合比见表 5-2-3-1。

理论计算配合比汇总表　　　　　　　　　　表 5-2-3-1

工程部位	各原材料单位用量（kg/m³）									
	水泥	粉煤灰	矿粉	水	大石	小石	机制砂	河砂	减水剂	引气剂
C40 桩基	255	128	43	156	621	414	672	0	5.11	2.13
C50 承台	225	135	90	151	626	418	650.5	0	4.95	2.25
C50 墩身	225	113	113	151	628	419	652	0	4.95	2.25

2.3.3　混凝土配合比试验

1）试验用配合比

根据理论配合比，首先对减水剂的配方与掺量、引气剂配方与掺量进行了一系列兼容性试验，在外加剂兼容性优化试验的基础上，通过对胶凝材料用量、水胶比、砂率等关键参数的调整，在满足设计要求的前提下，并综合考虑新拌混凝土工作性与硬化混凝土物理力学性能、耐久性及经济性要求，最终确定采用的海工机制砂混凝土的实验室配合比见表 5-2-3-2、表 5-2-3-3。

海工机制砂混凝土配合比　　　　　　　　　表 5-2-3-2

工程部位	各原材料单位用量（kg/m³）								
	水泥	粉煤灰	矿粉	净用水量	大石	小石	机制砂	减水剂	引气剂
C40 桩基	258	129	43	157	625	416	666	5.16	2.15
C50 承台	225	135	90	142	633	422	657	4.95	2.25
C50 墩身	225	113	113	142	635	423	659	4.95	2.25

海工机制砂混凝土配合比设计参数　　　　　表 5-2-3-3

工程部位	胶凝材料组成参数			总用水量（kg/m³）	水胶比	集料组成参数			减水剂（%）	引气剂（%）
	胶材用量（kg/m³）	粉煤灰掺量（%）	矿渣粉掺量（%）			体积砂率（%）	机制砂	石粉含量（%）		
C40 桩基	430	30	10	163	0.38	40%	10	7	1.20	0.50
C50 承台	450	30	20	149	0.33	39%	10	7	1.10	0.50
C50 墩身	450	25	25	149	0.33	39%	10	7	1.10	0.50

2）配合比试验结果

（1）混凝土拌合物性能

试验室最终确定配合比的新拌混凝土的各性能见表5-2-3-4。各工程部位新拌混凝土0h、2h典型状态如图5-2-3-1~图5-2-3-3所示。由表5-2-3-4可知，各部位配合比的新拌混凝土的工作性能与含气量均满足设计指标要求。

海工机制砂混凝土拌合物的性能　　　　表5-2-3-4

工程部位	坍落度/扩展度（mm）		重度（kg/m³）	含气量（%）	工作性定性描述
	0h	2h			
C40桩基	250/600	245/570	2360	5.0	流动性很好，黏聚性好
C50承台	230/550	225/540	2320	4.7	流动性较好，黏聚性好
C50墩身	220/525	215/515	2320	4.6	流动性较好，黏聚性好

a）C40桩基（0h）　　　　　　　　b）C40桩基（2h）

图5-2-3-1　水下桩基C40机制砂混凝土拌合物状态

a）C50承台（0h）　　　　　　　　b）C50承台（2h）

图5-2-3-2　承台C50机制砂混凝土拌合物状态

（2）硬化混凝土的基本力学性能与耐久性能

硬化混凝土力学性能和耐久性能测定结果见表5-2-3-5，对照表5-2-1-1海工混凝土耐久性设计要求和表 5-2-1-4 的 56d 配制强度可以发现，各部位配合比的混凝土满足力学性能、耐久性及经济性要求。

a）C50 墩身（0h）

b）C50 墩身（2h）

图 5-2-3-3　墩身 C50 机制砂混凝土拌合物状态

硬化机制砂混凝土的力学性能与耐久性能　　表 5-2-3-5

工程部位	立方体抗压强度（MPa）			轴心抗压强度（MPa）		抗压弹性模量（10^4MPa）		56d 电通量（C）	56d 氯离子扩散系数 D_{RCM}（10^{-12}m^2/s）
	7d	28d	56d	7d	28d	7d	28d		
C40 桩基	38.6	49.3	55.8	—	—	—	—	941	4.07
C50 承台	44.7	52.8	60.2	—	—	—	—	843	2.58
C50 墩身	46.5	52.8	60.8	—	—	—	—	890	2.73

平潭·海峡公铁大桥
建造关键技术

KEY TECHNOLOGY FOR
THE CONSTRUCTION
OF PINGTAN STRAIT HIGHWAY AND RAILWAY BRIDGE

平潭海峡公铁大桥
建造关键技术

05

第 3 章
机制砂海工混凝土耐久性研究

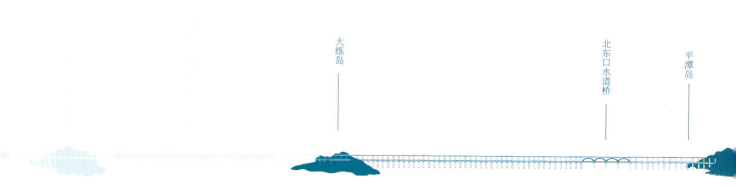

提高海工高性能混凝土耐久性的措施很多，而大掺量复合矿物掺合料的使用，是实现海工高性能混凝土高耐久性的最有效途径之一。复合矿物掺合料在混凝土中形成良好微级配，其形态效应、界面效应、微集料效应及火山灰效应等交互叠加，显著改善混凝土的抗腐蚀性能及耐久性。基于复合矿物掺合材料的交互叠加效应，通过矿物掺合料的匹配，合理控制矿物掺合料的掺量比例等参数，最大限度地发挥复合矿物掺合料的复合效应，以满足海工高性能混凝土的技术要求，形成对其抗腐蚀性能及耐久性（如抗氯离子侵蚀性能等）的显著增益效果。

3.1 碳化性能

3.1.1 试验方案设计

主要通过对比不同石粉含量（5%、7%、10%）机制砂和纯河砂混凝土的碳化结果，开展机制砂中的石粉含量对海工混凝土的抗碳化性能的影响研究。具体试验方法按《普通混凝土长期性能和耐久性能试验方法标准》（GB/T 50082—2009）进行。试验所用混凝土配合比见表 5-3-1-1。通过对外加剂掺量和砂率的适当调整，使得各配合比混凝土的工作性良好。

碳化试验用混凝土配合比设计参数　　　表 5-3-1-1

编号	胶材（kg/m³）	水胶比	用水量（kg/m³）	粉煤灰掺量	矿粉掺量	机制砂石粉含量	砂率	含气量控制值
DS-1	450	0.33	149	25%	25%	7%	39%	4% ~ 5%
DS-2	450	0.33	149	25%	25%	5%	40%	
DS-3	450	0.33	149	25%	25%	10%	38%	
DS-4	450	0.33	149	25%	25%	河砂	40%	

3.1.2 结果分析与讨论

表 5-3-1-1 中的四个配合比所成型的试件不同龄期混凝土的碳化深度如表 5-3-1-2、图 5-3-1-1 所示。图 5-3-1-2 为碳化试验的混凝土试件。

混凝土不同龄期的碳化深度（单位：mm）　　表 5-3-1-2

编　号	机制砂石粉含量	3d 碳化深度	7d 碳化深度	14d 碳化深度	28d 碳化深度
DS-1	7%	0.22	0.47	0.49	0.5
DS-2	5%	0.17	0.40	0.55	0.60
DS-3	10%	0.12	0.43	0.56	0.71
DS-4	河砂	0.08	0.43	0.51	0.69

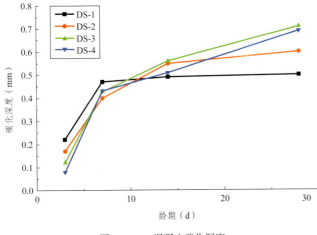

图 5-3-1-1　混凝土碳化深度　　　　图 5-3-1-2　混凝土碳化试验

由图 5-3-1-1 可知，前期 DS-4 的碳化深度最小，其次依次为 DS-3、DS-2、DS-1。随着养护龄期的延长，碳化深度越来越大，但各组碳化深度的增长速度均越来越小，其中 DS-1 的减小速率最为显著。主要原因为：一方面随着养护龄期的延长，混凝土内水泥石的水化在不断进行，使其越来越密实，空隙率越来越低，从而阻止了 CO_2 对混凝土的渗透；另一方面，碳化也在随着龄期的增长在持续地发生，而碳化所生成的产物为一些非溶解性的钙盐，且这些产物比原反应物的体积增大很多，从而堵塞了许多毛细孔道，阻止了 CO_2 向混凝土内部继续扩散。所以随着龄期的增长，碳化的增长速度也在逐渐减小。

而最终 28d 龄期 DS-1（石粉含量 7%）的碳化深度最小为 0.5mm，DS-3（石粉含量 10%）的碳化深度最大为 0.71mm，说明石粉含量对混凝土的碳化也有一定的影响。原因为机制砂石粉含量的不同，因为在机制砂混凝土体系中，适量的石粉可以起到微集料填充效应、成核加速水泥水化反应作用，使水泥石更加密实，从而阻碍了碳化的进行。通过本试验也证明了该机制砂混凝土体系中，机制砂的最佳石粉含量为 7%。且石粉含量为 7% 时，机制砂混凝土的抗碳化性能优于纯河砂混凝土的抗碳化性能。

3.2　氯离子扩散系数及其龄期衰减系数

由于海水中富含有氯离子，而氯离子又是影响海工混凝土使用寿命的重要因素之一，因此氯离子的扩散性能是研究海工混凝土耐久性的重要内容之一。研究的同时，还用氯离子扩散的龄期衰减系数来更加直观地反映随着龄期的增长氯离子扩散性能的衰弱。

3.2.1 试验方案设计

主要通过对比不同石粉含量（5%、7%、10%）机制砂和纯河砂混凝土的氯离子扩散系数结果，从而分析研究机制砂中的石粉含量对海工混凝土的氯离子扩散性能的影响，同时根据不同龄期的氯离子扩散系数，分析得到氯离子扩散的龄期衰减系数。试验所用混凝土配合比见表5-3-1-1，通过对外加剂掺量和砂率的适当调整，使得各配合比混凝土的工作性良好。

3.2.2 试验结果与讨论

1）石粉含量对混凝土氯离子扩散系数的影响

表5-3-1-1中的4个配合比所成型的试件不同龄期混凝土的氯离子扩散系数试验结果见表5-3-2-1及图5-3-2-1。图5-3-2-2为氯离子扩散系数试验试件。

混凝土不同龄期的氯离子扩散系数 $D_{RCM,0}$（单位：$10^{-6} m^2/s$） 表5-3-2-1

编号	机制砂石粉含量	28d 氯离子扩散系数	56d 氯离子扩散系数	84d 氯离子扩散系数	180d 氯离子扩散系数
DS-1	7%	2.799	1.534	0.752	0.44
DS-2	5%	2.812	2.182	1.244	0.3
DS-3	10%	3.72	2.952	1.872	0.546
DS-4	河砂	6.855	3.089	2.003	1.159

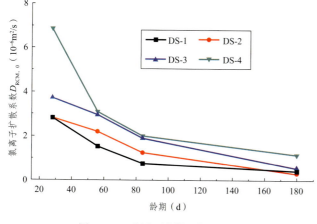

图5-3-2-1 氯离子扩散系数 $D_{RCM,0}$　　图5-3-2-2 混凝土氯离子扩散系数试验

由表5-3-2-1和图5-3-2-1可知，不同石粉含量的机制砂混凝土和纯河沙混凝土的氯离子扩散系数还是有所差异，说明机制砂中的石粉含量对混凝土的抗氯离子扩散性能有一定的影响。从图5-3-2-1中可以看到，DS-1（石粉含量7%）的氯离子扩散系数最小，随着石粉含量的降低或升高，氯离子扩散系数均增大，且纯河砂混凝土的氯离子扩散系数最大。说明该机制砂混凝土的石粉含量为7%时，抗氯离子扩散性能最好，随着石粉含量的升高或降低，均不利于机制砂混凝土的氯离子扩散性能，且DS-2（石粉含量5%）的氯离子扩散系数比DS-3的氯离子扩散系数要小，但都比纯河砂混凝土的抗氯离子扩散性能要强。归根到底还是因为机制砂中适量的石粉，可以改善混凝土的孔结构，增强混凝土的密实性。从56d氯离子扩散系数的结果中可以看出，除了纯河砂混凝土的56d氯离子扩散系数为 $3.089\times10^{-6}m^2/s$，稍高于 $3\times10^{-6}m^2/s$ 的要求外，其他三组机制砂混凝土的56d氯离子扩散系数均满足要求。

2）氯离子扩散系数随龄期的衰减性能

氯离子扩散系数是表征混凝土抗渗性好坏的一个重要参数，因此对混凝土的耐久性会有重要影响。

研究表明氯离子扩散系数与时间的关系可以用幂函数规律描述，龄期系数 n 是材料（比如混凝土的各成分）和环境（比如温度和湿度）的函数。n 值越大，氯离子扩散系数随时间减小的速度就越快；n 值越小，氯离子扩散系数随时间减小的速度就越慢。由于河砂和机制砂的原材料差异较大，故不考虑河砂的影响，仅对比不同石粉含量（7%、5%、10%）的机制砂对龄期衰减系数的影响。表 5-3-2-2 为各龄期混凝土 $D_{(t)}/D_0$ 与 t_0/t 的关系。$D_{(t)}/D_0$ 对 t_0/t 做幂函数拟合曲线如图 5-3-2-3、图 5-3-2-4、图 5-3-2-5、图 5-3-2-6 所示。

混凝土各龄期 $D_{(t)}/D_0$ 与 t_0/t 关系　　　　表 5-3-2-2

编号	$D_{(t)}/D_0$			
	28d	56d	84d	180d
DS-1	1.00	0.55	0.27	0.16
DS-2	1.00	0.78	0.44	0.11
DS-3	1.00	0.79	0.50	0.15
DS-4	1.00	0.45	0.29	0.17
t_0/t	1.00	0.50	0.33	0.16

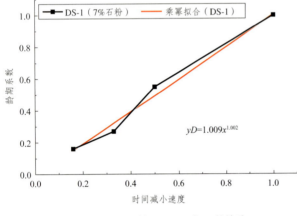

图 5-3-2-3　DS-1 的 $D_{(t)}/D_0$ 对 t_0/t 的关系

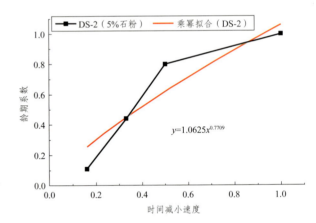

图 5-3-2-4　DS-2 的 $D_{(t)}/D_0$ 对 t_0/t 的关系

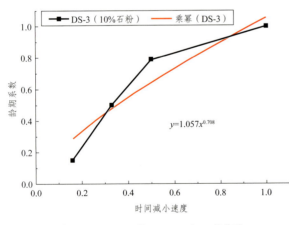

图 5-3-2-5　DS-3 的 $D_{(t)}/D_0$ 对 t_0/t 的关系

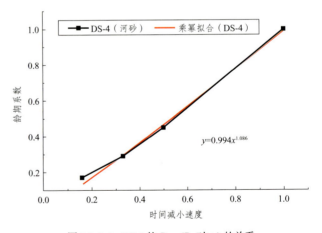

图 5-3-2-6　DS-4 的 $D_{(t)}/D_0$ 对 t_0/t 的关系

各组混凝土的氯离子扩散性能随龄期的衰减系数如图 5-3-2-7 所示。

由图 5-3-2-7 可知，DS-1、DS-2、DS-3、DS-4 的 n 拟合结果分别为 1.002、0.7709、0.708、1.086。由此可以看出，对于机制砂海工混凝土而言，氯离子扩散系数龄期衰减系数随着机制砂中石粉含量的升高先增大后减小。而氯离子的龄期衰减系数越大，说明混凝土的抗氯离子渗透性能提高得越快，对混凝土的耐久性越有利。所以当机制砂石粉含量为7%时，机制砂海工混凝土的氯离子扩散系数龄期衰减系数最大。原因可能为：机制砂中的石粉在填充混凝土中的空隙同时，还能作为胶凝材料的补充继续进行水化反应，从而使得混凝土中的浆体量增加，内部结构进一步密实；但当石粉含量过多时，会变成混凝土中骨料间的惰性填充物，给氯离子的渗透提供了更多的通道，使得混凝土的抗渗性能降低。所以10%石粉含量的DS-3的氯离子龄期衰减系数比DS-1要大。对比纯河砂混凝土，机制砂混凝土的氯离子龄期衰减系数要稍微小一些，但当机制砂中石粉含量合适时，机制砂混凝土的氯离子龄期衰减系数可以与纯河砂混凝土基本持平。

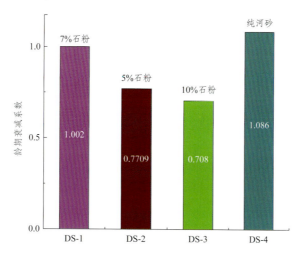

图 5-3-2-7 不同石粉含量的机制砂墩身海工混凝土的氯离子扩散系数龄期衰减系数

3.3 石粉及矿物掺和料对胶浆氯离子结合性能的影响

机制砂在生产过程中会产生一些粒径低于 75μm 的石粉颗粒。而机制砂中的石粉颗粒与天然砂含有的泥粉矿物成分不同，颗粒分布情况也不同，在配置混凝土时产生的作用也不同。所以，研究石粉对胶凝材料浆体氯离子结合性能的影响是非常有必要的。

3.3.1 试验方案设计

以石粉掺量 0、4.5%、7.5%、10%、15%（胶凝材料质量百分数，外掺）不同配比的胶凝材料浆体来研究机制砂引入的石粉对氯离子结合能力的影响规律，浆体水灰（胶）比为0.33。同时，对比研究了粉煤灰、矿渣粉分别取代水泥 30%～50% 及粉煤灰、矿渣粉复合掺入 50% 对氯离子结合性能的影响，见表 5-3-3-1 中的 C 系列配比和 A_1、B_1 配比。

胶凝材料浆体配合比　　　　表 5-3-3-1

编　号	水泥（g）	粉煤灰（g）	矿粉（g）	石粉（g）	水（g）
A_0	1000	0	0	0	330
A_1	1000	0	0	45	330
A_2	1000	0	0	75	330
A_3	1000	0	0	100	330
A_4	1000	0	0	150	330
B_0	500	250	250	0	330
B_1	500	250	250	45	330

续上表

编　号	水泥（g）	粉煤灰（g）	矿粉（g）	石粉（g）	水（g）
B_2	500	250	250	75	330
B_3	500	250	250	100	330
B_4	500	250	250	150	330
C_1	700	300	0	0	330
C_2	600	400	0	0	330
C_3	500	500	0	0	330
C_4	700	0	300	0	330
C_5	600	0	400	0	330
C_6	500	0	500	0	330

3.3.2　试验结果与讨论

1）石粉掺量对水泥浆体氯离子结合性能的影响

不同石粉掺量的水泥浆体在 28d 和 56d 龄期时对氯离子的总结合量（wb_1）、化学结合量（wb_2）和物理吸附量（wb_3）（下同）结果如图 5-3-3-1 所示。

从图 5-3-3-1 可以看出，水泥浆体在 28d 和 56d 龄期时的 wb_1 值均随石粉掺量的增加呈先增加后降低的趋势，在石粉掺量为 7.5%时（A_2 样），wb_1 值达到最大，相对于基准样 A_1 分别提高了 10.32% 和 8.43%，且所有掺加石粉的水泥浆体其 28d 和 56d 的 wb_1 值均高于基准组 A_0 的 wb_1 值。由此可知，机制砂中引入适量的石粉可以改善水泥浆体结合氯离子的能力。

此外，比较图 5-3-3-1 中各组试样的 28d、56d 龄期的氯离子结合量可知，随着龄期的延长，氯离子的 wb_3 值增加，而 wb_1 值和 wb_2 值均降低。这是由于对于外渗的氯离子，水泥浆体对氯离子的结合主要是通过氯离子与水泥中 C_3A 的水化产物水化铝酸钙反应生成低溶性的单氯铝酸钙 $3CaO·Al_2O_3·CaCl_2·10H_2O$，即 Friede 盐的化学结合和被吸附到水泥水化产物 C-S-H 凝胶的物理吸附两个途径进行的。随着龄期的延长，浆体内部水泥水化更加充分，水化产物增多，孔结构进一步细化，使浆体的物理吸附能力增强。而随着水泥水化的进行，消耗了更多化学结合氯离子的水化铝酸钙相，因而其化学结合能力下降。

2）石粉掺量对复掺粉煤灰与矿渣粉的胶凝材料浆体氯离子结合性能的影响

对于掺入不同石粉比例石粉的复掺 25% 粉煤灰和 25% 矿渣粉胶凝材料浆体，其在 28d 和 56d 龄期时对氯离子的 wb_1、wb_2 和 wb_3 的影响结果如图 5-3-3-2 所示。

从图 5-3-3-2 可以看出，对于复掺粉煤灰与矿粉的胶浆，掺入不同掺量的石粉后，其 wb_1、wb_2 和 wb_3 值均高于基准样，说明在复掺矿物掺合料后，花岗岩石粉的引入依然有利于提高胶浆结合氯离子的能力，且随着石粉掺量的增加，28d 和 56d 两个试验龄期胶浆的氯离子结合能力均呈先增大后减小的趋势，在石粉掺量为 7.5%时（B_2 样）达到最大值，相对于基准样 B_0 的 wb_1 值分别提高了 9.89% 和 8.07%。与纯水泥浆体类似，复掺粉煤灰与矿粉胶浆的 wb_3 随龄期延长略有增加，而 wb_1 值和 wb_2 均降低。

3）粉煤灰、矿粉单掺对胶凝材料浆体氯离子结合性能的影响比较

图 5-3-3-3 和图 5-3-3-4 所示分别为粉煤灰、矿渣粉等量取代水泥 30%~50% 后的胶浆在 28d 和 56d 龄期时的结合氯离子能力随粉煤灰、矿渣粉掺量变化的试验结果。

图 5-3-3-3 和图 5-3-3-4 表明，随着粉煤灰、矿渣粉取代水泥量的增大，胶浆结合氯离子的量均呈

先增加后减小的趋势，在粉煤灰掺量或矿渣粉掺量为40%时，二者胶浆的wb_1、wb_2和wb_3均达到最大值，此时，相对于纯水泥浆体，掺粉煤灰的28d和56d龄期氯离子结合能力（wb_1值）分别提高约17.14%和15.09%，掺矿渣粉的28d和56d龄期氯离子结合能力（wb_1值）分别提高约18.34%和17.12%。显然，粉煤灰对浆体结合氯离子性能的改善作用略小于矿渣粉的改善作用。值得注意的是，当粉煤灰、矿渣粉掺量达到50%时，胶浆此时结合氯离子的能力仍大于纯水泥浆体结合氯离子的能力。

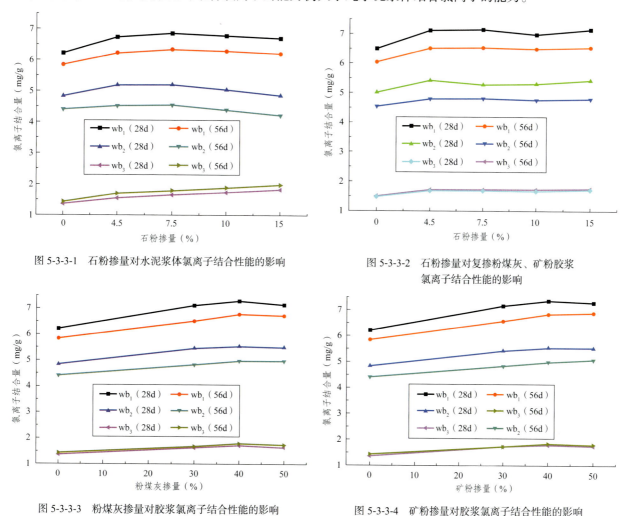

图 5-3-3-1　石粉掺量对水泥浆体氯离子结合性能的影响

图 5-3-3-2　石粉掺量对复掺粉煤灰、矿粉胶浆氯离子结合性能的影响

图 5-3-3-3　粉煤灰掺量对胶浆氯离子结合性能的影响

图 5-3-3-4　矿粉掺量对胶浆氯离子结合性能的影响

3.4　抗硫酸盐侵蚀性能

硫酸盐侵蚀对混凝土的主要影响为化学侵蚀，由于混凝土中的一些水化产物会与硫酸盐反应，生成的产物体积增大从而使得混凝土发生膨胀破坏。其次，盐析侵蚀也会对混凝土的破坏造成严重影响，侵入混凝土中的硫酸盐会因水分蒸发逐渐析出，而这些带有结晶水的晶体会在析出过程中体积显著增大从而导致混凝土发生破坏。由于化学侵蚀是一个比较缓慢的过程，而盐析侵蚀却非常迅速，因此其造成的危害相对于化学侵蚀来说要大得多。

3.4.1　试验方案设计

本次试验主要采用抗压强度的变化来表征混凝土损坏的程度。主要考察硫酸盐侵蚀和干湿循环的相互作用。

该试验的配合比见表5-3-3-1，试件为100mm×100mm×100mm的正方体，试件成型进行标准养护

56d后,将试件取出放在(80±5)℃的烘箱中烘48h,之后便开始浸泡硫酸盐(5%Na$_2$SO$_4$溶液),进行干湿循环,干湿循环试验装置如图5-15所示。每隔30d测一次抗压强度,并与标准养护下的同龄期试件进行对比,以及时了解混凝土的破坏程度,直至进行150次循环后,试验结束。具体试验方法按《普通混凝土长期性能和耐久性能试验方法标准》(GB/T 50082—2009)进行。试验结果以抗压耐蚀系数来评定,计算公式为:

$$K_f = \frac{f_{cn}}{f_{c0}}$$
(5-3-4-1)

式中:K_f——抗压强度耐蚀系数(%);

f_{cn}——n次干湿循环后受硫酸盐腐蚀的一组混凝土试件的抗压强度测定值(MPa),精确至0.1MPa;

f_{c0}——与受硫酸盐腐蚀试件同龄期的标准养护的一组对比混凝土试件的抗压强度测定值(MPa),精确至0.1MPa。

3.4.2 试验结果与讨论

进行干湿循环和标准养护的试件每隔一个月测得的混凝土抗压强度如表5-3-4-1所示。各组标准养护和干湿循环的不同龄期混凝土试件抗压强度对比如图5-3-4-1~图5-3-4-4所示。各组混凝土抗硫酸盐侵蚀性能的对比如表5-3-4-2和图5-3-4-5所示。

干湿循环—硫酸盐侵蚀和标准养护的混凝土各龄期强度(单位:MPa) 表5-3-4-1

编号	养护	30d强度	60d强度	90d强度	120d强度	150d强度
DS-1	标准养护	62.2	69.8	73.5	74.0	74.8
	干湿循环—硫酸盐侵蚀	70.8	71.4	72	67.3	64.5
DS-2	标准养护	64.4	66.5	66.7	68.9	69
	干湿循环—硫酸盐侵蚀	71.8	67.3	65.9	59.2	57.7
DS-3	标准养护	50.2	63.9	67.3	72.3	73
	干湿循环—硫酸盐侵蚀	56.2	70.4	66.5	65.9	63.6
DS-4	标准养护	55.2	63.7	69.5	72.4	70.9
	干湿循环—硫酸盐侵蚀	59.1	62.9	63.8	63.8	59.6

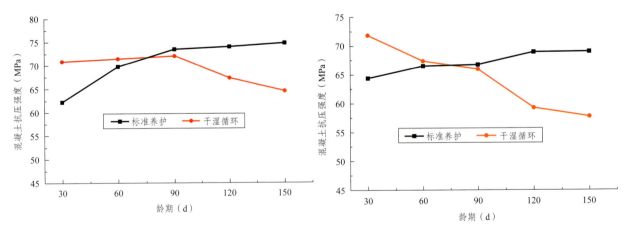

图5-3-4-1 DS-1标准养护和干湿循环强度对比　　图5-3-4-2 DS-2标准养护和干湿循环强度对比

由表5-3-4-1和图5-3-4-1~图5-3-4-4可以看出,在侵蚀前期,各组混凝土试件的抗压强度不但没有降低,反而有升高的趋势,主要原因是侵蚀刚开始阶段,只有少量硫酸根离子扩散进入混凝土内部可以与水泥水化产物反应,生成的产物也只是少量的,不仅不会影响混凝土的性能,反而使得混凝土的内部结构更加密实，同时胶凝材料还在继续水化，因此侵蚀的前期阶段混凝土抗压强度会增加；侵蚀后期，各组混凝土试件的抗压强度明显开始下降，主要原因是随着侵蚀的进行，大量的硫酸盐侵蚀介质进入混凝土内部，生成钙矾石或者硫酸钠结晶，产生巨大的结晶压力，压迫混凝土内部的毛细孔壁，从而引起微裂纹的形成、扩展，从而使得混凝土的性能劣化。因此侵蚀后期，各组混凝土试件的抗压强度明显降低。

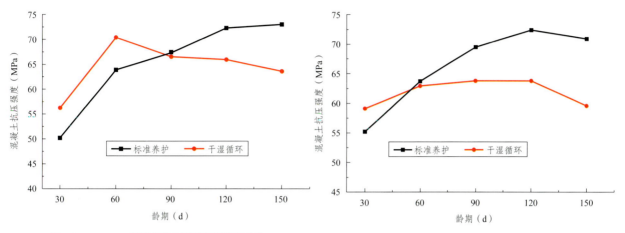

图 5-3-4-3　DS-3 标准养护和干湿循环强度对比　　　　图 5-3-4-4　DS-4 标准养护和干湿循环强度对比

墩身海工混凝土抗硫酸盐侵蚀性能试验结果　　　　　　　　　　　　　　　　表 5-3-4-2

编号	砂类型及石粉含量		120次硫酸盐干湿循环后抗压强度耐蚀系数（%）	150次硫酸盐干湿循环后抗压强度耐蚀系数（%）
DS-1	机制砂	7%	90.9	86.2
DS-2		5%	85.9	83.6
DS-3		10%	91.1	87.1
DS-4	河砂		88.1	84.1

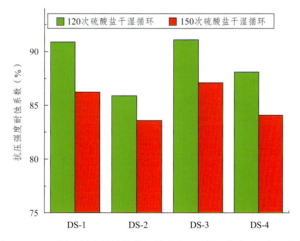

图 5-3-4-5　不同石粉含量的墩身机制砂海工混凝土抗硫酸盐侵蚀性能

由表 5-3-4-2 和图 5-3-4-5 可知，在经历 150 次干湿循环后，各组混凝土的抗硫酸盐耐蚀系数均高于 KS150 级破坏时的耐蚀系数。即 DS-1（石粉含量 7%）、DS-2（石粉含量 5%）、DS-3（石粉含量 10%）、DS-4（河砂）都达到了 KS150 级。对比各组 120 次硫酸盐干湿循环后抗压强度耐蚀系数和 150 次硫酸盐干湿循环后抗压强度耐蚀系数可以明显看出，随着机制砂中石粉含量的升高，机制砂混凝土的抗硫酸盐侵蚀性能越好。说明适当的石粉含量有利于机制砂混凝土的抗硫酸盐侵蚀性能，主要原因为石粉可以填充混凝土内部结构的空隙，使得混凝土更加密实，从而减慢了硫酸盐侵入混凝土内部的速度，所以随着石粉含量的增加，机制砂混凝土的抗硫酸盐侵蚀性能更好。且从表 5-3-4-2 和图 5-3-4-5 还可以看出，机制砂混凝土的抗硫酸盐侵蚀性能均比河砂混凝土的抗硫酸盐侵蚀性能要好。

3.5 护筋性能

由于海洋环境中存在许多对钢筋有害的盐类，这些盐类对混凝土中钢筋的损害会直接影响混凝土的各种性能，从而使得工程使用寿命降低。因此对于混凝土中钢筋的保护也是确保工程耐久性的一个重要因素。

3.5.1 试验方案设计

本次试验主要以模拟海水中的氯盐环境，通过干湿循环，以达到加速钢筋腐蚀的效果，从而了解机制砂海工混凝土的护筋性能。

该试验的配合比见表 5-3-1-1，试件为 100mm×100mm×300mm 的棱柱体。试件中埋置直径 6.5mm，长（299±1）mm 的 Q235 普通低碳钢筋。试件成型前将套有定位板的钢筋放入试模中，定位板应紧贴试模两个端板，钢筋定位板如图 5-3-5-1 所示。试件成型后在（20±2）℃的温度下盖湿布养护 24h 拆模，并取下定位板，在两头浇筑水灰比小于中间混凝土的相应砂浆，插捣密实。确保钢筋两端部密封完好。移至标准养护室进行养护至 14d，然后放入（80±2）℃的烘箱中烘 4d，冷却后放入 3.5% 的氯化钠溶液中浸泡 24h 取出，再放入（60±2）℃的烘箱中烘 13d，到此为一次循环；之后照此循环不断往复。经过一定循环次数（5~6次）后劈开一组试件，观察钢筋锈蚀情况，并通过称重与基准钢筋对比确定失重率，具体方法按《水运工程混凝土试验规程》（JTJ 270—1998）的混凝土中钢筋腐蚀快速试验（海水）的相关规定进行。失重率的计算公式如下：

$$M = \frac{W_0 - W - \frac{(W_{01} - W_1) + (W_{02} - W_2)}{2}}{W_0} \times 100\% \quad (5\text{-}3\text{-}5\text{-}1)$$

式中：M——钢筋失重率（%）；

W_{01}、W_{02}——校正用的两根钢筋的初始质量（g）；

W_1、W_2——校正用的两根钢筋酸洗后相应的质量（g）；

W_0——试验钢筋的初始质量（g）；

W——试验后钢筋的质量（g）。

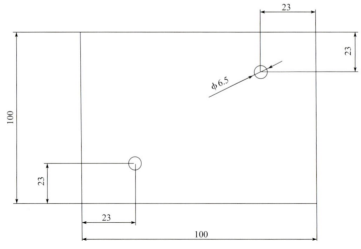

图 5-3-5-1　钢筋定位板示意图（尺寸单位：mm）

3.5.2 试验结果与讨论

本试验分别测得试件经过8次氯化钠溶液干湿循环和16次氯化钠溶液干湿循环后钢筋的失重率如表5-3-5-1和图5-3-5-2所示。

各组混凝土中钢筋的失重率　　　　　　　表5-3-5-1

编　号	砂类型及石粉含量		8次氯化钠溶液干湿循环后钢筋失重率（%）	16次氯化钠溶液干湿循环后钢筋失重率（%）
DS-1	机制砂	7%	0.043	0.098
DS-2		5%	0.072	0.148
DS-3		10%	0.101	0.188
DS-4	河砂		0.113	0.189

由表5-3-5-1和图5-3-5-2可知，DS-1（石粉含量7%）中的钢筋失重率最小，8次干湿循环的钢筋失重率为0.043%，16次干湿循环的钢筋失重率为0.098%；失重率最大的是DS-4（纯河砂），8次干湿循环的钢筋失重率为0.113%，16次干湿循环的钢筋失重率为0.189%；DS-3（石粉含量10%）的8次和16次干湿循环的钢筋失重率与DS-4的相近，但比其略小；DS-2（石粉含量5%）的钢筋失重率介于DS-1和DS-3之间。由此可以说明：DS-1混凝土的护筋性能最好，即机制砂中石粉含量7%时，混凝土的护筋性能最好；而河砂混凝土的护筋性能最差。该规律刚好和本章上节机制砂海工混凝土的抗氯离子扩散性能的规律吻合，抗氯离子扩散性能越好，抗渗性越强，则护筋性能也越好。究其原因还是由于机制砂中适当的石粉使得混凝土的内部结构更加密实，且石粉含量为7%时最佳。

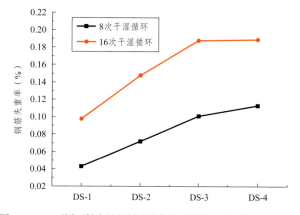

图5-3-5-2　不同石粉含量机制砂墩身海工混凝土中钢筋失重率对比

3.6　结语

经过研究机制砂石粉含量（5%、7%、10%）对海工混凝土耐久性关键参数的影响，包括碳化、氯离子扩散系数及其龄期衰减系数、氯离子结合性能、抗硫酸盐侵蚀性能以及护筋性能，并与优质河砂混凝土进行比较。得出结论如下：

（1）机制砂中的石粉含量对墩身混凝土的抗碳化性能有一定的影响，石粉含量为7%时，混凝土的抗碳化性能最佳，且比纯河砂混凝土的碳化性能更优。

（2）经过试验研究机制砂混凝土中石粉含量为7%时，其氯离子扩散系数最低，抗氯离子渗透性能最好，且氯离子扩散系数的龄期衰减系数也最大；河砂混凝土的抗氯离子渗透性能较机制砂混凝土差，其56d氯离子扩散系数也稍高于设计要求。不过，河砂混凝土的氯离子扩散系数的龄期衰减系数比机制砂混凝土大。

（3）无论对于纯水泥浆体还是复掺粉煤灰和矿粉的胶浆，外掺一定量的石粉后，其氯离子结合总量、化学结合量和物理吸附量均高于未掺石粉的基准样，且复掺粉煤灰和矿渣粉的胶凝材料浆体氯离子结合性能优于纯水泥浆体，表明机制砂混凝土中引入适量的石粉有利于改善其氯离子结合性能，其中在石粉掺量为胶凝材料质量的7.5%时，氯离子结合能力最强；随着养护龄期的延长，胶浆的氯离子物理吸附量增强，而氯离子结合总量和化学结合量降低。

（4）机制砂混凝土和纯河砂混凝土在硫酸盐侵蚀前期，抗压强度都有一定的增加。到了侵蚀后期，各组混凝土试件的抗压强度都逐渐开始降低。经过 120 次、150 次干湿循环后，抗硫酸盐侵蚀系数最大的是石粉含量 7% 的机制砂混凝土；3 种石粉含量（5%、7%、10%）的机制砂混凝土的抗硫酸盐侵蚀性能均比河砂混凝土的抗硫酸盐侵蚀性能要好，且都达到了 KS150 级。

（5）石粉含量 7% 的机制砂混凝土的护筋性能最好，且机制砂混凝土的护筋性能均比河砂混凝土的要好。

综上，机制砂中石粉含量为 7% 时，墩身机制砂海工混凝土的各种性能达到最优，因此机制砂中的石粉含量控制在 7% 左右为最佳。

平潭海峡公铁大桥
建造关键技术

KEY TECHNOLOGY FOR
THE CONSTRUCTION
OF PINGTAN STRAIT HIGHWAY AND RAILWAY BRIDGE

平潭海峡公铁大桥
建造关键技术

05

第 4 章

机制砂海工混凝土抗裂性与长期体积稳定性研究

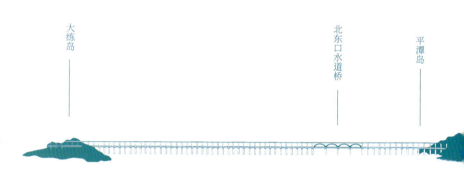

混凝土的抗裂性主要包括混凝土的早期抗裂性和长期体积稳定性。混凝土在刚拆模后一段时间后或者在受荷载作用前,会因为早期的收缩使得内部应力过大而产生早期裂缝。早期裂缝有时可以达到毫米级的宽度,严重时贯穿深度甚至可以达到10mm以上,所以混凝土的早期裂缝对混凝土的结构及其使用寿命都危害极大。除此之外早期裂缝一旦产生,便会给那些有害物质提供侵入混凝土的通道,从而也会影响混凝土的耐久性。

4.1 早期塑性收缩开裂

目前,美国认证协会(ACI)将塑性收缩定义为发生在水泥浆、砂浆或者混凝土凝结前的收缩。塑性收缩发生在混凝土成型后的几小时内,此时混凝土仍为塑性状态,无法提供足够的强度抵抗收缩应力。当混凝土处于约束状态,收缩拉应力超过一定值时,则引起混凝土塑性开裂。塑性裂缝为有害物质提供有效的通道,且相比硬化混凝土,此时有害物质更易渗入混凝土,同时塑性裂缝为后期其他收缩提供开裂的基础。这些因素都会影响混凝土的强度和耐久性,甚至还会对混凝土的外观产生影响。所以,研究机制砂海工混凝土的早期塑性开裂也是很有必要的。

4.1.1 试验方法

本试验采用尺寸为800mm×600mm×100mm的平面薄板型模具,模具的四边采用角钢焊接而成,模具四边与底板通过螺栓固定在一起,模具内有七根裂缝诱导器,裂缝诱导器分别用└50mm、└40mm等边角钢与50mm×50mm钢板焊接而成,并平行于模具短边,具体结构如图5-4-1-1、图5-4-1-2所示。试验具体步骤根据《普通混凝土长期性能和耐久性能试验方法》(GB/T 50082—2009)进行。

试验时,将混凝土浇筑至模具内以后,立即将混凝土摊平,且使表面比模具边框略高,并采用振捣棒插捣。插捣后,用抹子整平表面,并使集料不外露。试件成型30min后,立即调节风扇位置和风速,使试件表面中心正上方100mm处风速为（5±0.5）m/s，且使风向平行于试件表面和裂缝诱导器。并使用40倍读数的显微镜对试件表面进行跟踪观察，主要记录每个配合比所成型试件的裂缝数量、裂缝宽度、长度以及最早出现裂缝的时间。一直观察到24h试验结束。混凝土抗裂性指标按下列公式计算。

（1）裂缝的平均裂开面积：
$$a = \frac{1}{2N}\sum_{i=1}^{N}(W_i \times L_i) \quad (\text{mm}^2/\text{根}) \tag{5-4-1-1}$$

（2）单位面积的开裂裂缝数目：
$$b = \frac{N}{A} \quad (\text{根}/\text{m}^2) \tag{5-4-1-2}$$

（3）单位面积上的总裂开面积：
$$c = a \times b \quad (\text{mm}^2/\text{m}^2) \tag{5-4-1-3}$$

式中：W_i——第 i 根裂缝的最大宽度（mm）；

L_i——第 i 根裂缝的长度（mm）；

N——总裂缝数目（根）；

A——平板的面积（m²），计算得 A=0.48m²。

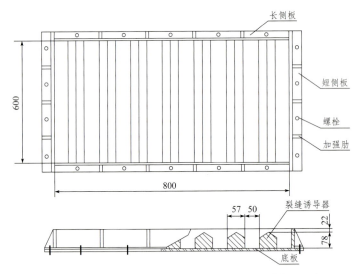

图 5-4-1-1　混凝土早期抗裂试验装置示意图（尺寸单位：mm）

图 5-4-1-2　混凝土早期抗裂试验模具

混凝土早期开裂等级的控制指标为单位面积上的总开裂面积 c（mm²/m²），并按《混凝土耐久性检验评定标准》（JGJ/T 193—2009）[43]对早期抗裂性能进行等级划分，具体划分标准见表5-4-1-1。

混凝土早期抗裂性能的等级划分 表 5-4-1-1

等级	I	II	III	IV	V
单位面积上的总开裂面积 c（mm^2/m^2）	$c \geq 1000$	$700 \leq c < 1000$	$400 \leq c < 700$	$100 \leq c < 400$	$c < 100$

本试验主要研究混合砂中的不同石粉含量（通过调整机制砂与河砂的比例来控制）对混凝土早期抗裂性能的影响。试验所用混凝土配合比见表 5-4-1-2。通过对外加剂掺量和砂率的适当调整，使得各配合比混凝土的工作性能良好。

C60 混凝土配合比 表 5-4-1-2

编号	胶材（kg/m^3）	水胶比	用水量（kg/m^3）	粉煤灰掺量（%）	矿粉掺量（%）	石粉含量	混合砂砂率（%）	含气量控制值	机制砂与河砂比例
L-1	478	0.29	139	20	25	混合砂 3%	38	2.5%~3.0%	4 : 6
L-2	478	0.29	139	20	25	混合砂 5%	38		7 : 3
L-3	478	0.29	139	20	25	机制砂 7%	38		10 : 0
L-4	478	0.29	139	20	25	河砂 0%	39		0 : 10

4.1.2 试验结果与讨论

表 5-4-1-3 为混凝土早期塑性开裂试验结果。由表 5-4-1-2 可知，L-1、L-2、L-3 单位面积上的总开裂面积 c 的大小依次递减，且抗裂等级均为 V 级，而 L-4 的单位面积上的总开裂面积 c 比其他三组大很多，且初裂时间也较 L-1、L-3 更早，抗裂等级为 IV 级。但对比他人研究的普通混凝土可以看出，该海工高性能混凝土的早期抗裂性能要远好于普通混凝土的早期抗裂性能。其原因是大量掺入矿物掺合料，不仅可以取代大量水泥，从而减少水化热的释放，而且可以改变混凝土中水泥石的应力状态，减少甚至阻止了裂缝的产生。除此之外，从表 5-4-1-2 可以明显看出，纯河砂混凝土比混合砂混凝土和纯机制砂混凝土的早期抗裂性能差很多。原因可能为纯天然河砂表面光滑圆润，而机制砂表面粗糙、多棱角，形状不规则，相较于河砂更具咬合力，从而有利于混凝土的早期抗裂性能。

C60 海工混凝土早期塑性开裂试验结果 表 5-4-1-3

编 号	石粉含量	初裂时间（min）	裂缝最大宽度（mm）	平均开裂面积 a（mm^2）	单位面积的裂缝数目 b（根/m^2）	单位面积上的总开裂面积 c（mm^2/m^2）	评定等级
L-1	混合砂 3%	270	0.24	3.20	21	67.2	V
L-2	混合砂 5%	225	0.22	3.48	16	55.7	V
L-3	机制砂 7%	335	0.15	2.84	18	51.1	V
L-4	河砂 0%	245	0.23	2.91	39	113.5	IV

对比表 5-4-1-2 中 L-1、L-2、L-3 可知，随着石粉含量（3%、5%、7%）的增加，裂缝最大宽度逐渐减小，单位面积上的总开裂面积 c 逐渐减小，即早期抗裂性能越来越好。主要由于：一方面石粉在水泥水化前期的水化过程中绝大部分是惰性，其颗粒的细度比水泥颗粒还小，能填充水泥石的有害大孔隙，从而阻断了混凝土内部自由水蒸发的通道；另一方面石粉的晶核效应对水泥水化具有水化加速作用，并增加的水化反应的固相体，提高了混凝土早期的抗拉强度，同时水泥水化热的释放减少了混凝土的收缩。所以，在适当的石粉含量范围内，石粉含量越高，混凝土的早期抗裂性能越好。

4.2 自收缩

自收缩是指混凝土在不与外界发生水分交换条件下，因胶凝材料水化消耗浆体内部的水分，使自身相对湿度减少而引起的收缩，它从混凝土初凝后就开始产生。自收缩也是造成现浇混凝土出现早期开裂的一个重要原因，而混凝土的后期宏观开裂也都是由于早期的微裂所造成的。所以自收缩引起的微裂对混凝土的结构性能和耐久性能都会产生严重的负面影响。

4.2.1 试验方法

本试验采用非接触法混凝土收缩变形测定仪如图 5-4-2-1 所示，试验装置如图 5-4-2-2 所示。该测定仪具有自动采集和处理数据，且能设定采样时间间隔的功能。测试过程中，整个测试装置（包括试件、传感器等）固定于具有避振功能的固定式实验台上。试模内铺设两层塑料薄膜，薄膜与试模的接触面上应均匀涂抹一层润滑油，且试件成型后盖一层塑料薄膜做密封处理。具体试验方法根据《普通混凝土长期性能和耐久性能试验方法》（GB/T 50082—2009）进行。

不同龄期混凝土的自收缩通过公式（5-4-2-1）进行计算。

$$\varepsilon_{a(t)} = \frac{L_t - L_0}{L_0} \quad (5\text{-}4\text{-}2\text{-}1)$$

式中：$\varepsilon_{a(t)}$——t 龄期时试件的自收缩；
L_0——试件初始长度（mm）；
L_t——t 龄期时试件长度（mm）。

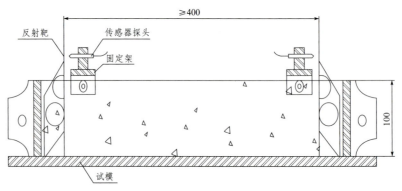

图 5-4-2-1 非接触法混凝土收缩变形测定仪（尺寸单位：mm）

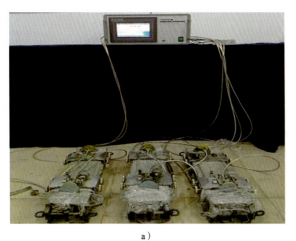
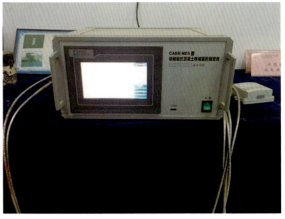

a) b)

图 5-4-2-2 混凝土自收缩试验装置

试验所用混凝土配合比见表 5-4-1-2。通过对外加剂掺量和砂率的适当调整，使得各配合比混凝土的工作性能良好。

4.2.2 试验结果与讨论

各配合比所成型试件的混凝土各龄期抗压强度值如图 5-4-2-3 所示，混凝土的自收缩试验结果如图 5-4-2-4 所示。

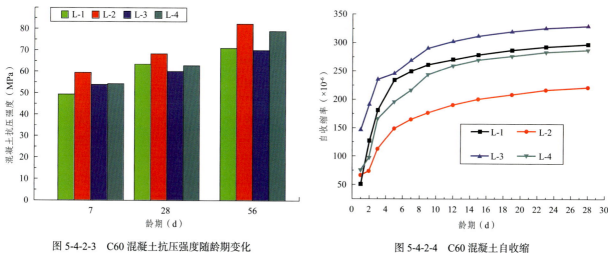

图 5-4-2-3　C60 混凝土抗压强度随龄期变化

图 5-4-2-4　C60 混凝土自收缩

由图 5-4-2-4 可知，L-1 的 1d 龄期自收缩率最小，L-3 的自收缩率最大；3d 龄期之后，L-2 的自收缩率最小，L-3 的自收缩率最大；随着龄期的延长，自收缩率均逐渐增大，到 12d 龄期左右，自收缩率均基本趋于稳定不变的状态，且自收缩率值从大到小的顺序依次为 L-3（石粉含量 7%）、L-1（石粉含量 3%）、L-4（河砂）、L-2（石粉含量 5%）。说明该混合砂混凝土的自收缩率值随着细集料中石粉含量的增加呈现先减小后增加的现象，即石粉含量为 5% 时，混合砂混凝土的自收缩性能最佳，且比纯河砂混凝土的自收缩性能更优。同时对比同批次混凝土的各龄期抗压强度值（图 5-4-2-3）可知，混凝土的抗压强度与其自收缩性能基本对应，抗压强度越大，混凝土的自收缩性能越好。该现象充分说明，适当的石粉含量，可以优化混凝土中的集料级配，从而使得混凝土的内部结构更加密实，对混凝土的自收缩也起到了一定的抑制作用。因此，石粉含量为 5% 的 L-2 才会抗压强度最高，同时自收缩性能最好。

4.3　干燥收缩

混凝土在不饱和空气中会逐渐散失水分，而水分的散失又会引起体积的变化，该体积变形称为混凝土的干燥收缩变形。由于混凝土的实际应用避免不了要置于空气中，所以人们通常也把混凝土的干燥收缩当成其自身所固有的一种属性。影响混凝土干燥收缩的因素有很多，除了不饱和的空气环境外，还会受配合比，原材料，施工工艺，养护条件，结构尺寸等诸多因素的影响。

4.3.1　试验方法

本节主要研究不同比例的机制砂、河砂的混合砂对混凝土干燥收缩的影响。采用卧式混凝土收缩仪，试件两端预埋侧头，试件为 100mm×100mm×515mm 的棱柱体，具体步骤根据《普通混凝土长期性能和耐久性能试验方法》（GB/T 50082—2009）进行。本试验所用混凝土配合比如表 5-4-1-1 所示。通过对外加剂掺量和砂率的适当调整，使得各配合比混凝土的工作性良好。

4.3.2 试验结果与讨论

各配合比做成型试件的混凝土各龄期干燥收缩率如表 5-4-3-1、图 5-4-3-1 所示。

C60 混凝土各龄期干燥收缩率　　　表 5-4-3-1

编号	各龄期干燥收缩率（×10⁻⁶）										
	1d	3d	7d	14d	28d	45d	60d	90d	120d	150d	180d
L-1	43	94	154	244	323	369	421	427	444	462	473
L-2	27	33	84	159	267	311	359	362	369	401	410
L-3	99	114	209	246	362	401	442	460	474	495	505
L-4	34	64	138	202	298	351	391	405	414	427	435

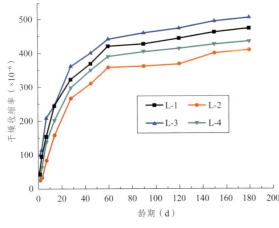

图 5-4-3-1　C60 混凝土干燥收缩率

由表 5-4-3-1、图 5-4-3-1 可知，混凝土 L-3 的干燥收缩率最大，其次依次为 L-1、L-4、L-2。随着龄期的增长，混凝土 L-1、L-2、L-3、L-4 的干燥收缩率均逐渐增大，到 90d 龄期左右，各试件干燥收缩率基本处于稳定状态，增加非常缓慢，直至 180d 龄期都基本处于不变状态。最终干燥收缩率最大的是混凝土 L-3，为 505×10^{-6}，最小的是混凝土 L-2，为 410×10^{-6}。纯河砂混凝土的最终干燥收缩率介于 L-2 和 L-1 之间，为 435×10^{-6}。由此可以说明：混合砂混凝土的干燥收缩率随着细集料石粉含量的增加呈现先减小后增加的趋势，且最佳的石粉含量为 5%，甚至比纯河砂混凝土的干燥收缩性能更优。该规律跟上节混凝土的自收缩类似，与各组混凝土的抗压强度也相对应。其原因可能为两面性：一方面石粉含量越高，会使混凝土中的浆体含量越高，这对混凝土的干燥收缩是属于负面影响；另一方面，石粉可以填充混凝土的空隙，使得混凝土的内部结构更加密实，从而有利于混凝土的干燥收缩性能。综合这两个正负方面的原因，哪个作用占优势，就会显示出哪方面的结果。因此石粉含量有个合适值，该试验中石粉含量为 5% 时为最佳，即混凝土的干燥收缩性能最好。

4.4　徐变

徐变[44]是混凝土材料本身固有的时变特性，对于混凝土结构的受力和变形性能有着显著的影响。众所周知，在预应力混凝土结构中，徐变导致结构的预应力损失，进而对结构的适用性和耐久性产生显著影响。因此，对于机制砂海工混凝土来说，徐变也是影响其使用寿命的一项重要因素。

4.4.1　试验方法

徐变试验所用混凝土配合比见表 5-4-1-1。通过对外加剂掺量和砂率的适当调整，使得各配合比混凝土的工作性良好，试验装置如图 5-4-4-1 所示。

图 5-4-4-1　混凝土徐变试验装置

试件为 100×100mm×400mm 棱柱体，每组 2 个试件，混凝土成型后，标准养护至 14d 龄期后，移至恒温恒湿室（温度为 20±2℃、相对湿度 60%±5%）进行加载，加载应力水平相应混凝土同龄期轴心抗压强度的 0.4 倍。徐变试验平行放置 2 个干燥收缩试件，平行测量混凝土的干燥收缩。

混凝土压缩徐变按照《普通混凝土长期性能和耐久性能试验方法标准》(GB/T 50082—2009) 进行。加荷装置采用 300kN 弹簧式压缩徐变仪，该装置是靠千斤顶加载，通过压力传感器控制荷载，由弹簧反力来维持荷载恒定。在施加徐变恒定荷载以前，用千斤顶预加压力至徐变应力的 20% 进行对中，此时试件两侧的变形相差应小于其平均值的 10%，如超出此范围，应重新调整，对中完毕后立即将荷载加至徐变应力，记录下两边千分表的初始变形值，其平均值为试件在徐变荷载下的初始变形值，此后连续观测持荷不同龄期试件变形值。变形测量采用外装的带接长杆的千分表。进行徐变加压前 1d，千分表粘贴于混凝土试件两侧面中心，标距为 200mm。

混凝土的徐变性能通常用徐变度 C_t（单位荷载应力下的徐变变形值）和徐变系数 φ_{ct}（徐变变形值与瞬时弹性变形值之比）来表示，它们是加荷龄期和时间的函数。混凝土徐变按公式（5-4-4-1）计算，徐变度按公式（5-4-4-2）计算，徐变系数按公式（5-4-4-3）计算：

$$\varepsilon_{ct} = \frac{\Delta L_t - \Delta L_0}{L_b} - \varepsilon_t \quad (5\text{-}4\text{-}4\text{-}1)$$

$$C_t = \frac{\varepsilon_{ct}}{\delta} \quad (5\text{-}4\text{-}4\text{-}2)$$

$$\varphi_{ct} = \frac{\varepsilon_{ct}}{\varepsilon_0} \quad (5\text{-}4\text{-}4\text{-}3)$$

式中：ε_{ct}——加载 t 天后混凝土的徐变值（10^{-6}）；

ΔL_t——加载 t 天后混凝土的总变形值（mm）；

ΔL_0——加载时测得的混凝土初始变形值（mm）；

L_b——测量标距（mm）；

ε_t——同龄期混凝土的收缩值（10^{-6}）；

C_t——加载 t 天后混凝土的徐变度（10^{-6}/MPa）；

δ——徐变应力（MPa）；

φ_{ct}——加载 t 天的混凝土徐变系数；

ε_0——混凝土在加载时测得的初始应变值，即 $\varepsilon_0 = \Delta L_0 / L_b$。

4.4.2 试验结果与讨论

各组混凝土试件 14d 龄期加载徐变度试验结果如表 5-4-4-1、图 5-4-4-2 所示，徐变系数试验结果如表 5-4-4-2、图 5-4-4-3 所示。

混凝土 14d 龄期加载徐变度 C_t 试验结果（单位：$\times 10^{-6}$/MPa）　　表 5-4-4-1

编号	石粉含量	持荷时间 t										
		1d	3d	7d	14d	28d	45d	60d	90d	120d	150d	180d
L-1	混合砂 3%	2.1	4.6	5.4	7.6	10.5	12.2	13.2	14.9	15.7	16.4	16.7
L-2	混合砂 5%	1.8	4.1	5	7	9.4	10.3	12.2	13.8	14.5	15.1	15.2
L-3	机制砂 7%	3	5.3	6.1	8.2	10.9	11.6	13.7	16	16.8	17.9	17.9
L-4	河砂 0%	2.5	5.1	5.7	7.8	10.5	11	12.7	14	14.7	15.4	15.6

混凝土 14d 龄期加载徐变系数 φ_{ct} 试验结果　　　　　表 5-4-4-2

编号	石粉含量	持荷时间 t										
		1d	3d	7d	14d	28d	45d	60d	90d	120d	150d	180d
L-1	混合砂 3%	0.17	0.37	0.43	0.61	0.84	0.98	1.06	1.19	1.26	1.31	1.34
L-2	混合砂 5%	0.14	0.33	0.40	0.56	0.75	0.82	0.97	1.10	1.15	1.20	1.21
L-3	机制砂 7%	0.23	0.41	0.47	0.63	0.83	0.89	1.05	1.22	1.29	1.37	1.37
L-4	河砂 0%	0.21	0.43	0.48	0.65	0.88	0.92	1.06	1.17	1.23	1.29	1.31

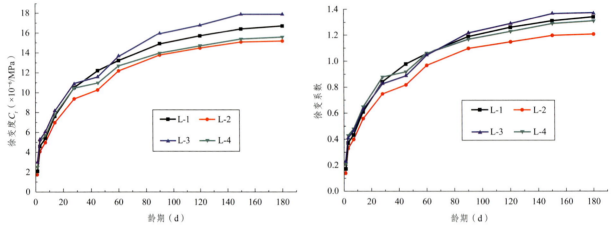

图 5-4-4-2　徐变度—龄期曲线　　　　　图 5-4-4-3　徐变系数—龄期曲线

由表 5-4-4-1、表 5-4-4-2 和图 5-4-4-2、图 5-4-4-3 可以看出：四组混凝土试件的徐变度和徐变系数都为早期发展较快，后期发展越来越慢，直至最后将近趋于平稳状态，这与上一节中各组混凝土的干燥收缩发展规律相类似；石粉含量为 5% 的 L-2 的 180d 徐变度最小为 15.2（10^{-6}/MPa），徐变系数也最小为 1.21，石粉含量为 7% 的 L-3 的 180d 徐变度最大为 17.9（10^{-6}/MPa），徐变系数也最小为 1.37。纯河砂混凝土 L-4 的徐变性能与 L-3 接近。说明细集料中适当的石粉含量有利于混凝土的徐变性能，最佳石粉含量为 5%。可能原因为：首先石粉含量越大，混凝土中的浆体质量就越大，这对混凝土的徐变性能存在负面影响；其次由于机制砂表面粗糙，棱角分明的特性，使得其颗粒间的摩擦力较大，这对混凝土的徐变是有利影响；再次石粉可以改变细集料的级配，适当的石粉可以使得集料的堆积密度最大，从而使得混凝土更加密实。综合上述几个原因可知，该混合砂混凝土中石粉含量最佳为 5%。

相比较于以往的试验成果，以持荷一年为例，南京长江二桥 5 个配比的徐变度为 21.9~28.6（10^{-6}/MPa）（加载龄期均为 7d），宜万铁路宜昌长江铁路大桥两个配比的徐变度为 21.1~25.3（10^{-6}/MPa）（加载龄期均为 7d），黄石大桥主梁混凝土的徐变度为 46.5（10^{-6}/MPa）（加载龄期为 5d）、30.2（10^{-6}/MPa）（加载龄期为 28d），海沧大桥主梁混凝土徐变度为 34.0~35.7（10^{-6}/MPa）（加载龄期为 3d，持荷时间 150d），五河口斜拉桥索塔 C50 和主梁 C60 高性能混凝土同条件下的徐变度为 23.7~19.9（10^{-6}/MPa）（加载龄期 7d）、13.4（10^{-6}/MPa）（加载龄期 28d）。本试验中所研究的纯机制砂海工高性能混凝土、混合砂海工高性能混凝土、纯河砂海工高性能混凝土的徐变度均较小。由此说明本研究中 C60 箱梁混合砂海工混凝土具有了较好的力学性能和变形性能，同时也能说明该海工高性能混凝土在原材料的选择和配合比的确定方面是成功的。

4.5　结语

本章主要以开裂敏感性最大的连续刚构现浇 C60 预应力箱梁混凝土为研究对象，对比研究机制砂

（石粉含量7%）、混合砂（石粉含量3%、5%）和优质河砂分别配制的海工混凝土的早期抗裂性能与长期体积稳定性。包括：早期塑性开裂、自收缩、干燥收缩、徐变性能。得出结论如下：

（1）在早期塑性收缩抗裂性能上，机制砂混凝土和混合砂混凝土均比河砂混凝土要好，当混合砂石粉含量为5%，混凝土的早期抗裂性能最优。

（2）混凝土的自收缩、干燥收缩、徐变性能随龄期的发展规律大致一样，均前期增长速度较快，到后期逐渐趋于稳定状态。相比较而言，石粉含量为5%的混合砂混凝土的干燥收缩和徐变性能最佳，其次为河砂混凝土，较差的为石粉含量7%的纯机制砂混凝土。其中，石粉含量为5%的混合砂混凝土其60d龄期干燥收缩率为359×10^{-6}，14d龄期加载90d的徐变系数为1.10，对照铁路行业推荐性标准《铁路混凝土》（TB/T 3275—2011）预应力混凝土长期性能指标要求：56d收缩率不应大于400×10^{-6}，14d龄期加载90d的徐变系数不应大于1.0，收缩率是符合要求的，徐变系数略有超出。

综上，混合砂中石粉含量为5%的配合比为C60预应力箱梁的最佳配合比，其早期抗裂和长期体积稳定性均最优。

平潭海峡公铁大桥
建造关键技术

05

第5章
机制砂海工混凝土疲劳性能研究

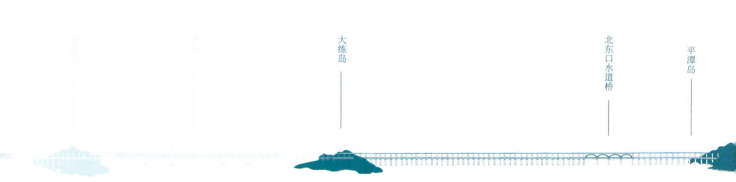

5.1 试验材料与方法

5.1.1 原材料

（1）水泥：芜湖瑞水泥有限公司生产的 P·Ⅱ 52.5 水泥，其 3d 抗压强度为 32MPa，28d 抗压强度为 58.2MPa，勃氏比表面积 335m²/kg。

（2）粉煤灰：马鞍山万能达发电公司有限责任公司生产的 F 类 I 级粉煤灰，比表面积 447 m²/kg，密度 2.34 g/cm³。

（3）磨细矿渣粉：福建罗强建材有限公司生产的 S95 级矿渣粉。

（4）粗集料：桥址处石场加工的花岗岩碎石，粒径 4.75～9.5mm 和 9.5～19mm 二者均满足相应单粒级的级配要求，大小石按质量比 6∶4 掺配，堆积密度为 1610kg/m³。

（5）细集料：桥址处石场加工的花岗岩机制砂。试验对比用的河砂为闽江砂。二者筛分、物理力学性能测定结果见表 5-5-1-1、表 5-5-1-2。

（6）减水剂：江苏奥莱特新材料有限公司生产的聚羧酸高性能减水剂（缓凝型），固含量 18.28%。

（7）引气剂：江苏奥莱特新材料有限公司生产的引气剂（固含量 4.81%）。

（8）拌和用水：采用工地现场苏澳镇的自来水作为混凝土拌和用水。

机制砂与河砂筛分结果及细度模数　　　　　　表 5-5-1-1

砂源	筛孔尺寸（mm）及对应累计筛余（%）						细度模数	级配区属	粗细程度
	0.15	0.3	0.6	1.18	2.36	4.75			
机制砂	89	79	59	39	15	0	2.8	Ⅱ	中砂
河砂	97	77	49	33	17	3	2.7	Ⅱ	中砂

机制砂与河砂的物理力学性能 表 5-5-1-2

砂源	压碎值（%）	石粉含量（%）	MB 值（g/kg）	表观密度（g/cm³）	松堆密度（kg/m³）	紧堆密度（kg/m³）	松堆空隙率（%）	紧堆空隙率（%）	坚固性（%）
机制砂	17	7.0	0.5	2.640	1500	1660	43	37	3
河砂	—	—	—	2.620	1510	1620	42	38	6

5.1.2 混凝土配合比

采用上述原材料分别配制机制砂、河砂混凝土。试验用混凝土的配合比及主要物理力学性能指标见表 5-5-1-3、表 5-5-1-4。

试验用各混凝土材料配合比（单位：kg/m³） 表 5-5-1-3

类别	水泥	粉煤灰	矿粉	水	大石	小石	机制砂	河砂	减水剂	引气剂
河砂混凝土	287	96	96	132	647	431	0	692	6.21	1.43
机制砂混凝土	287	96	96	132	670	447	667	0	6.21	1.43

混凝土主要物理性能指标 表 5-5-1-4

类别	实测容重（kg/m³）	28d 抗压强度（MPa）	56d 抗压强度（MPa）	56d 极限弯拉应力（kN）/弯拉强度（MPa）
机制砂混凝土	2388	60.0	69.9	19.6/5.88
河砂混凝土	2401	58.6	70.8	17.76/5.33
混合砂混凝土	2395	68.3	82.4	20.66/6.2

5.1.3 试验方法

1）试件制作

试件在加工制作过程中不可避免地带来初始缺陷，其数量和程度的差异会直接影响材料在循环应力下的疲劳性能特征，造成试验结果的离散。为最大限度地减少加工制作过程给试件造成的损伤，减小试验结果的离散程度，严格按《混凝土物理力学性能试验方法标准》（GB/T 50081—2002）[1]的要求，制成 100mm×100mm×400mm 棱柱体混凝土试件若干，以保证材料均匀和密实。此外，还应严格控制各组分用量并尽量保证试件表面光滑。本次试验试件共有 3 种类型，分别为机制砂混凝土、河砂混凝土、混合砂混凝土，试件的具体制作步骤如下：

（1）清理钢模内部各面，然后内侧刷油性隔离剂以便脱模。

（2）称量好原材料，将砂、水泥、粉煤灰、矿粉、大石与小石倒入搅拌机内，干拌 1min 至相互之间全面接触并达到宏观上均匀分布。

（3）将水、减水剂与引气剂混合后加入搅拌机，搅拌 2min 后出料。

（4）将搅拌好混凝土浇筑在已涂过脱模剂的钢模中，在高频振动台上进行振捣，振捣过程中注意抹平压光，并防止气泡产生。

（5）在养护室中将试件养护 24h 后拆模，进行编号，然后将拆模后的试件放入标准养护室（温度为 20±2℃，相对湿度在 90% 以上）养护 56d。

2）试验装置

疲劳试验采用 MTS505-90 型电液伺服疲劳试验机，最大静载试验力为 250kN，最大动载试验力

---

[1] 现行标准号为 GB/T 50081—2019。

为 250kN，工作频率范围（无极）为 100 ~ 500 rad/min。图 5-5-1-1 为疲劳试验设备。数据采集采用 TST3827E 动静态信号测试分析系统，计算机自动采集数据。

a)

b)

图 5-5-1-1 疲劳加载试验装置

3）加载程序

试验采用四分点加载进行试验，对构件施加等幅均匀脉动荷载，应力控制模式。所谓等幅加载是指对某一试件的整个加载过程中，外载的最大应力幅值 σ_{max} 和最小应力幅值 σ_{min} 保持不变。采用四种应力水平 S 控制加载，来观测不同应力水平作用下 3 种混凝土试件的疲劳性能。载荷历程采用正弦波谱。4 种应力水平 S 分别为 0.70，0.65，0.60、0.55（0.55 应力水平疲劳试验正在进行）。

对于试验频率，选择加载频率为 5Hz，即 300 次 /min，该值在合理的频率范围内，对疲劳强度无明显影响。

用 TST3827E 动静态信号测试分析系统采集最大应变值并记录在计算机上。为了得到试件的疲劳残余变形，试验过程中每隔一定次数（原则是：高应力水平疲劳试验时间间隔短些，低应力水平疲劳试验时间间隔长些；初始阶段和濒临破坏阶段时间间隔短些，中间过程阶段间隔长些）停止疲劳并卸载为避免卸载至零时因惯性引起试件弹跳、错位等现象，卸载时试件上应保持一定的压力，保持恒定 60s，读取当时的试件变形值，然后再继续进行疲劳试验。

4）测量内容及方法

（1）测试方法

①试验前一天取出试件，晾干表面，擦净后检查外观，不得有明显缺损，在跨中 1/3 受拉区内不得有直径大于 7mm、深度大于 2mm 的表面孔洞，标定加载点和支撑点的位置。

②在试件纯弯曲段的受拉区底面中部平行布置应变片，用以监测受拉区混凝土应变的发展。

③取试件成型时的侧面作为承荷面，安放在支座上，检查支座及压头位置，校准加载点和支撑点的位置。

④试件放稳对中后开动试验机，当压头与试件接近时，调整压头和支座，使接触均衡。若压头及支座不能前后倾斜，各接触不良处应予垫平。

⑤对试件连续、均匀加荷。若试件在受拉面跨度三分点以外断裂，则此试验结果无效。

⑥在施加循环荷载前应先对试件进行预加荷载，使仪表工作正常，同时消除因接触不良造成的误差。然后将荷载加到上限荷 P_{max}，再卸荷，重复两次，稳定后即可进行疲劳试验即按正弦波形式对试件施加荷载进行交变试验。

⑦循环荷载作用下的动态应变采用动态应变仪自动采集。

⑧在循环荷载作用下试件不能再继续承受荷载时停止试验。

（2）观测内容

①材料在疲劳各个阶段的宏观损伤现象与循环次数、应力水平的关系；并观察各混凝土在试验中表现出的不同特征。

②疲劳破损过程中，试件表面可视裂纹的萌生、扩展和破坏的演变模式，疲劳加载下试件的破坏形态。
③试件的变形变化规律。试件应变采用纸基电阻应变片量测。
④不同应力水平下，试件的疲劳寿命。

5）疲劳荷载下混凝土试件受力分析

试验采用四分点加载进行试验，疲劳荷载下混凝土受力分析图如图 5-5-1-2 所示。混凝土试件在横向荷载作用下发生弯曲变形时，横截面上一般既有弯矩又有剪力。若某段上各横截面上的弯矩等于常量而剪力等于零，则该弯曲段称为纯弯区；若某段上既存在弯矩又受到剪力的作用，则称为弯剪区。

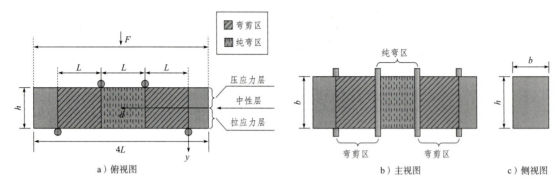

图 5-5-1-2　疲劳荷载下混凝土试件受力分析

试件受横力弯曲作用会发生变形，但在材料内部必然存在一截面区域，其长度不发生变化，这一区域称为中性层，其两侧一端缩短。而另一端伸长，缩短区受到压应力作用，伸长区受到拉应力作用，分别称为压应力层和拉应力层。施加在试件上的荷载为 F，试件总长为 $4L$（400mm），$b=h=L=100$mm。

对受横向弯曲荷载的构件而言，试件在纯弯区所受到的应力破坏大于弯剪区。同时，应力的存在会改变混凝土的微观结构。压应力下，与压应力方向平行的原生微裂缝产生扩展，而与压应力方向垂直的原生微裂缝在一定程度上被"压合"，其总体表现与压应力大小有关：压应力小时，微裂缝压合效应大于扩展效应，混凝土渗透性有所降低；压应力大时，微裂缝扩展效应大于压合效应。拉应力下，与拉应力方向垂直的原生微裂缝产生扩展，而与拉应力方向平行的原生微裂缝产生滑移，无论拉应力大小，其导致的混凝土微观结构缺陷均比压应力下更多，混凝土的渗透性更大，因此弯曲荷载作用下拉应力层的破坏作用要大于压应力层。

综上所述，整个混凝土试件结构受应力破坏最严重的部位为纯弯区拉应力层。

5.2　试验结果与分析

5.2.1　机制砂混凝土疲劳强度分析

1）疲劳寿命的威布尔分析检验

对机制砂混凝土试块抗疲劳实验所得到的试验数据进行各个试验应力比下的 Weibull 概率分布检验，计算数据整理在表 5-5-2-1 中。

疲劳寿命 N 的 weibull 概率分布检验　　表 5-5-2-1

应力水平	试件编号	疲劳寿命 N	$\ln N$	存活率 p	$\ln[\ln(1/p)]$
0.7	JZS-1	12225	9.41	0.20	-1.50

续上表

应力水平	试件编号	疲劳寿命 N	lnN	存活率 p	ln[ln(1/p)]
0.7	JZS-2	24259	10.09	0.40	−0.67
	JZS-3	37472	10.53	0.60	−0.09
	JZS-4	52427	10.86	0.80	0.48
0.65	JZS-5	73800	11.20	0.20	−1.50
	JZS-6	132110	11.79	0.40	−0.67
	JZS-7	183156	12.11	0.60	−0.09
	JZS-8	271062	12.51	0.80	0.48
0.6	JZS-9	211062	12.25	0.20	−1.50
	JZS-10	384038	12.85	0.40	−0.67
	JZS-11	452353	13.02	0.60	−0.09
	JZS-12	593309	13.29	0.80	0.48

对表 5-5-2-1 中的 Weibull 分布检验结果作图进行线性回归，回归效果如图 5-5-2-1 所示。由图可以看出数据点近似地按直线分布，相应的相关系数分别为 0.96、0.99、0.99，ln[ln(1/p)] 与 lnN 之间呈现很好的统计线性关系，即机制砂混凝土的疲劳寿命能很好地服从两参数 Weibull 分布，回归分析结果列于表 5-5-2-2 中。

机制砂混凝土疲劳寿命 Weibull 分布回归分析结果　　　表 5-5-2-2

应力水平 S	回归系数 b	回归系数 a	相关系数 r	$N_a = \exp(a/b)$
0.7	14.16	1.34	0.96	34467
0.65	18.70	1.53	0.99	162754
0.6	24.86	1.89	0.99	444401

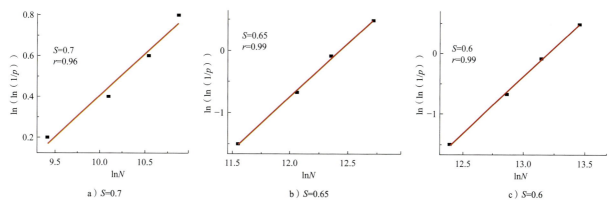

图 5-5-2-1　机制砂混凝土疲劳寿命的 Weibull 分布检验

2）机制砂混凝土的 S-N 曲线

通常意义上的 S-N 曲线，是根据每种应力水平 S 下，一组试件循环至破坏时的循环次数，取其平均值作为疲劳寿命，并以 lgS 为纵坐标，lgN 为横坐标，取不同应力水平 S 及相对应的寿命 N 绘制出来的。因此，这种 S-N 曲线实质上是应力水平与平均疲劳寿命的相关曲线。

根据上述原则，依据表 5-5-2-1 中实测结果列出了不同应力水平 S 对应的平均疲劳寿命 N，见表 5-5-2-3。

不同应力水平下平均疲劳寿命　　　　　　　　　　表 5-5-2-3

应力水平	lgS	平均寿命 N	lgN
0.7	−0.15	31595	4.50
0.65	−0.19	165032	5.22
0.6	−0.22	410190	5.61

绘出机制砂混凝土的 S-N 曲线，如图 5-5-2-2 所示，横坐标为 Weibull 实测各级应力水平 S 下平均疲劳寿命的对数值 lgN，纵坐标为应力水平 S 的对数 lgS。

由图 5-5-2-2 可以看出，lgN 与 lgS 具有较好的线性关系，可表示为：

$$\lg S = A + B\lg N \quad (5\text{-}5\text{-}2\text{-}1)$$

进行数据拟合，可得该直线方程为：

$$\lg S = 0.1099 - 0.0582\lg N \quad (5\text{-}5\text{-}2\text{-}2)$$

式中：S——应力水平；

N——机制砂混凝土的平均疲劳寿命，该直线的相关系数为 $r=0.95$，相关性良好。

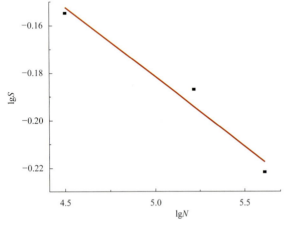

图 5-5-2-2　机制砂混凝土的 S-N 曲线

3）考虑失效概率的 p-S-N 疲劳曲线方程

根据之前数据我们得到不同应力水平 S 下疲劳寿命随失效概率的变化，见表 5-5-2-4。

不同应力水平 S 下机制砂混凝土疲劳寿命随失效概率的变化　　　　表 5-5-2-4

失效概率 p'	应力水平 S		
	0.7	0.65	0.6
0.05	6427	36306	161999
0.2	11253	59876	226809
0.35	18384	92833	304625
0.5	26219	127472	377048

根据表 5-5-2-4 中数据绘出 p-S-N 曲线，如图 5-5-2-3 所示。

由图 5-5-2-3 所示，指定存活率的 S-N 曲线在 lgS-lgN 的双对数坐标系中接近于直线，于是假定一定存活率下机制砂混凝土的疲劳寿命 N 和使用应力水平 S 满足以下关系：

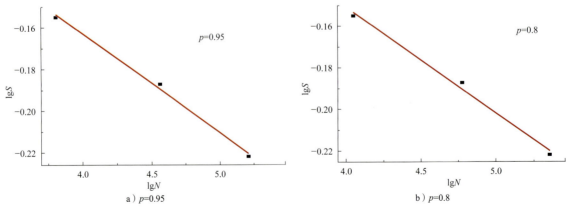

图　5-5-2-3

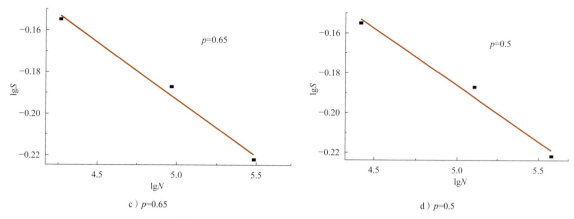

c) $p=0.65$　　　　　　　　　　　　d) $p=0.5$

图 5-5-2-3　不同存活率下机制砂混凝土 S-N 曲线

$$\lg S = a + b\lg N \tag{5-5-2-3}$$

经曲线拟合，得到存活率为 50% 下 $\lg S$-$\lg N$ 直线方程中的系数 a 和 b，及其相应的相关系数 r，结果列于表 5-5-2-5 中，表 5-5-2-5 中相关系数 r 的值域在 [0.97, 0.99]，再次说明 $\lg S$-$\lg N$ 的线性相关性十分显著。

不同存活率下的系数 a 和 b　　　　表 5-5-2-5

存 活 率	a	b	r
0.5	0.0991	−0.0571	0.97
0.65	0.0788	−0.0544	0.98
0.8	0.0533	−0.0533	0.98
0.95	0.0277	−0.048	0.99

将表 5-5-2-5 中数据代入方程式（5-5-2-3），可得到存活率为 50% 的疲劳曲线方程，即为常规疲劳设计所用的 S-N 曲线方程，即：

$$\lg S = 0.0991 - 0.0571\lg N \tag{5-5-2-4}$$

将海工机制砂混凝土应用到实际工程，可以根据实际情况确定了存活率 p 后，通过表 5-5-2-5 查得回归系数，得到相应的 p-S-N 关系方程，典型地，当存活率为 0.95 时方程为：

$$\lg S = 0.0277 - 0.048\lg N \tag{5-5-2-5}$$

图 5-5-2-4 给出了存活率分别为 95% 和 50% 情况下的疲劳曲线方程，存活率介于 95%~50% 的其他疲劳方程也介于图示的两曲线之间。

4）机制砂混凝土的疲劳强度

根据 $\lg S$-$\lg N$ 曲线的线性特征，利用得到的 S-N 曲线方程式（5-5-2-2）计算可知，当应力水平 $S=0.5528$ 时，机制砂平均疲劳寿命将大于 2×10^6 次。而根据方程（5-5-2-4）计算得与疲劳寿命 2×10^6 相对应的疲劳极限强度 $S=0.5482$。将式（5-5-2-2）与式（5-2-2-4）进行比较，可以发现，按 50% 存活率计算出来的疲劳曲线方程与按平均寿命取值法获得的疲劳曲线方程略有不同。分析造成这种微小差别的一种可能原因是，试验用的试件不够多，分析所用的样本偏少，于是在取平均

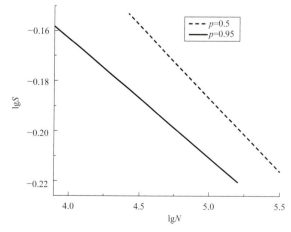

图 5-5-2-4　存活率为 95% 和 50% 下机制砂混凝土的疲劳曲线

值计算时产生了一些误差。所以，考虑到工程实用，采用式（5-5-2-4）作为常规疲劳寿命设计所用的 S-N 曲线方程。即：

$$\lg S = 0.0991 - 0.0571 \lg N \tag{5-5-2-6}$$

5.2.2 河砂混凝土疲劳强度分析

1）河砂混凝土疲劳寿命的威布尔分析检验

对河砂混凝土抗疲劳实验数据进行各个试验应力比下的 Weibull 概率分布检验，计算数据整理在表 5-5-2-6 中。

河砂混凝土疲劳寿命 N 的 Weibull 概率分布检验　　表 5-5-2-6

应力水平	试件编号	疲劳寿命 N	$\ln N$	存活率 p	$\ln[\ln(1/p)]$
0.7	HS-1	8500	9.05	0.20	-1.50
	HS-2	20501	9.92	0.40	-0.67
	HS-3	23670	10.07	0.60	-0.09
	HS-4	36780	10.51	0.80	0.48
0.65	HS-5	38300	10.55	0.20	-1.50
	HS-6	92070	11.43	0.40	-0.67
	HS-7	123548	11.72	0.60	-0.09
	HS-8	183313	12.11	0.80	0.48
0.6	HS-9	157000	11.96	0.20	-1.50
	HS-10	231062	12.35	0.40	-0.67
	HS-11	308937	12.64	0.60	-0.09
	HS-12	431062	12.97	0.80	0.48

对表 5-5-2-6 中的 Weibull 分布检验结果作图进行线性回归，回归效果如图 5-5-2-5 所示，可以看数据点近似地按直线分布，相应的相关系数分别为 0.96、0.96、0.99，$\ln[\ln(1/p)]$ 与 $\ln N$ 之间呈现很好的统计线性关系，即河砂混凝土的疲劳寿命能很好地服从两参数 Weibull 分布，回归分析结果列于表 5-5-2-7 中。

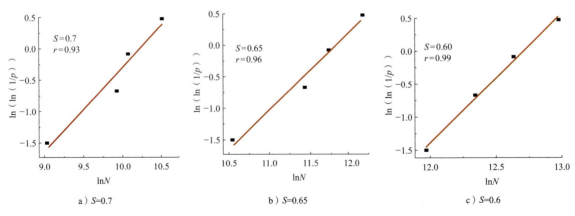

图 5-5-2-5　河砂混凝土疲劳寿命的 Weibull 分布检验

河砂混凝土疲劳寿命 Weibull 分布回归分析结果　　　　表 5-5-2-7

应力水平 S	回归系数 b	回归系数 a	相关系数 r	$N_a=\exp(a/b)$
0.7	1.34	13.72	0.96	34467
0.65	1.25	14.82	0.96	138690
0.6	1.96	24.97	0.99	329088

2）河砂混凝土的 S-N 曲线

依据表 5-5-2-7 中实测结果列出了不同应力水平 S 对应的平均疲劳寿命 N，见表 5-5-2-8。拟合曲线如图 5-5-2-6 所示。

不同应力水平 S 对应的河砂混凝土平均疲劳寿命 N　　　　表 5-5-2-8

应力水平 S	lgS	平均寿命 N	lgN
0.7	−0.15	22362	4.35
0.65	−0.19	109307	5.04
0.6	−0.22	282015	5.45

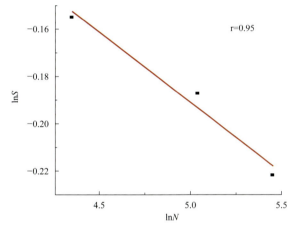

图 5-5-2-6　河砂混凝土的 S-N 曲线

进行数据拟合，lgN 与 lgS 具有较好的线性关系，我们得到该直线方程：
$$\lg S=0.1056-0.05936\lg N \quad (5\text{-}5\text{-}2\text{-}7)$$
式中 S 为应力水平，N 为机制砂混凝土的平均疲劳寿命，该直线的相关系数为 r=0.95，相关性良好。

3）考虑失效概率的 p-S-N 疲劳曲线方程

根据表 5-5-2-7 数据我们得到不同应力水平 S 下疲劳寿命随失效概率的变化，见表 5-5-2-9。

不同应力水平 S 下疲劳寿命随失效概率的变化　　　　表 5-5-2-9

失效概率 p'	应力水平 S		
	0.7	0.65	0.6
0.05	3756	12885	72306
0.2	11253	41774	153093
0.35	18384	70705	214145
0.5	26219	103444	272961

根据表 5-5-2-9 中数据绘出 p-S-N 曲线，如图 5-5-2-7 所示。

由图 5-5-2-7 可见，指定存活率的 S-N 曲线在 lgS-lgN 的双对数坐标系中接近于直线，于是假定一定存活率下河砂混凝土的疲劳寿命 N 和使用应力水平 S 满足以下关系：

$$\lg S = a + b\lg N \tag{5-5-2-8}$$

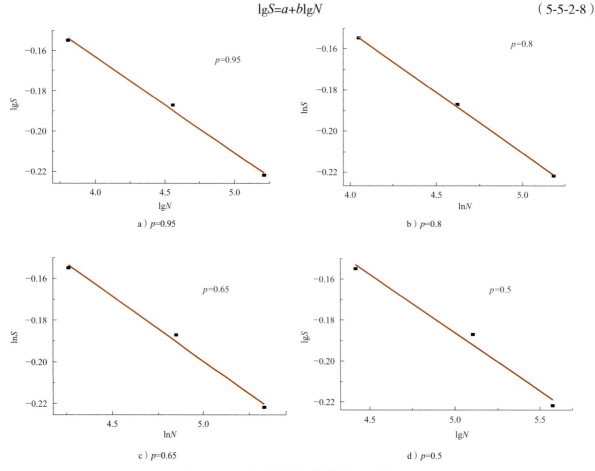

图 5-5-2-7　不同存活率下河砂混凝土 S-N 曲线

经曲线拟合，得到不同存活率下 lgS-lgN 直线方程中的系数 a 和 b，及其相应的相关系数 r，结果列于表 5-5-2-10 中，表 5-5-2-10 中相关系数 r 的值域在 [0.97,0.99]，再次说明 lgS-lgN 的线性相关性十分显著。

不同存活率下系数 a 和 b　　　　表 5-5-2-10

存 活 率	a	b	相关系数 r
0.5	0.13429	−0.06501	0.97
0.65	0.11304	−0.06251	0.99
0.8	0.0848	−0.05905	0.99
0.95	0.02846	−0.05176	0.99

将表 5-5-2-10 中数据代入方程（5-5-2-8），可得到存活率为 50% 的疲劳曲线方程，即为常规疲劳设计所用的 S-N 曲线方程。即：

$$\lg S = 0.13429 - 0.06501\lg N \tag{5-5-2-9}$$

将河砂海工混凝土应用到实际工程，可以根据实际情况确定了存活率 P 后，通过表 5-5-2-10 查得回归系数，得到相应的 p-S-N 关系方程。当存活率为 0.95 时方程为：

$$\lg S = 0.02846 - 0.05176\lg N \tag{5-5-2-10}$$

图 5-5-2-8 给出了存活率分别为 95% 和 50% 情况下的疲劳曲线方程，存活率介于 95%～50% 的其他疲劳方程也介于图示的两曲线之间。

4）河砂混凝土的疲劳强度

根据 lgS-lgN 曲线的线性特征，利用得到的 S-N 曲线方程式（5-5-2-7）计算可知，当应力水平 $S=0.538$ 时，机制砂平均疲劳寿命将大于 2×10^6 次。而根据方程式（5-5-2-7）计算得与疲劳寿命 2×10^6 相对应的疲劳极限强度 $S=0.531$。将式（5-5-2-7）与式（5-5-2-9）进行比较，可以发现，按 50% 存活率计算出来的疲劳曲线方程与按平均寿命取值法获得的疲劳曲线方程略有不同。分析造成这种微小差别的一种可能原因是，试验用的试件不够多，分析所用的样本偏少，于是在取平均值计算时产生了一些误差。所以，考虑到工程实用，采用式（5-5-2-11）常规疲劳寿命设计所用的 S-N 曲线方程。即：

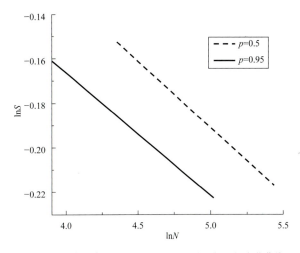

图 5-5-2-8　存活率为 95% 和 50% 下河砂混凝土的疲劳曲线

$$\lg S=0.02846-0.05176\lg N \tag{5-5-2-11}$$

5.3　结语

（1）对各个试验应力比下的河砂、机制砂两种混凝土的疲劳寿命 Weibull 概率分布检验结果表明，两种混凝土均能很好地服从两参数 Weibull 分布，线性相关系数均在 0.96 以上。

（2）配合比相同的机制砂混凝土、河砂混凝土各级应力水平的疲劳寿命平均值列于表 5-5-3-1 中，可以看出机制砂混凝土较河砂在各级应力水平下的平均寿命大。

机制砂混凝土、河砂混凝土不同应力水平下疲劳寿命 N 比较　　表 5-5-3-1

混凝土类型	疲劳寿命平均值（次）		
	应力水平 0.7	应力水平 0.65	应力水平 0.6
河砂混凝土	22362	109307	282015
机制砂混凝土	31595	165032	410190

（3）配合比相同的机制砂、河砂混凝土 S-N 曲线以及常规疲劳设计所选用的双对数 p-S-N 曲线列于表 5-5-3-2 中。

机制砂混凝土、河砂混凝土疲劳曲线方程　　表 5-5-3-2

混凝土类型	平均寿命 S-N 曲线方程	常规疲劳设计 p-S-N 方程	疲劳寿命 2×10^6 相应的疲劳强度折减系数
河砂混凝土	$\lg S=0.1056-0.05936\lg N$	$\lg S=0.02846-0.05176\lg N$	53%
机制砂混土	$\lg S=0.1099-0.0582\lg N$	$\lg S=0.0991-0.0571\lg N$	55%

（4）河砂、机制砂混凝土当疲劳寿命为 $N=2\times10^6$ 时的疲劳强度折减系数分别为 53%、55%，就抗疲劳性能对比而言：机制砂混凝土 > 河砂混凝土。

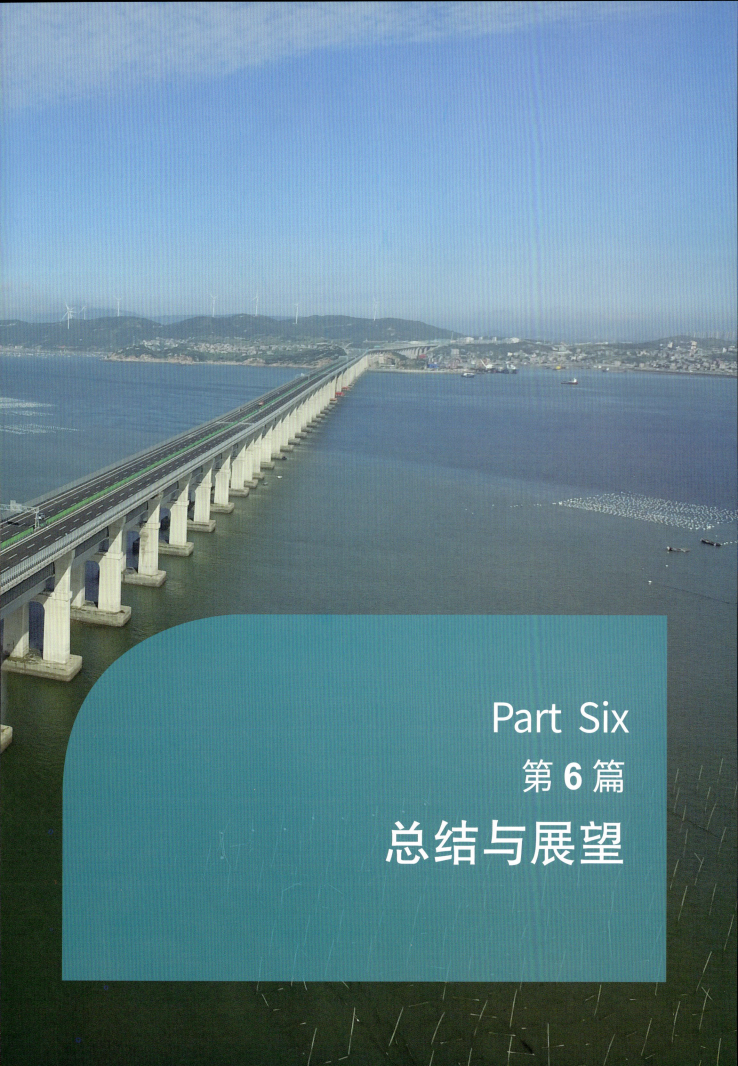

Part Six

第 6 篇

总结与展望

平潭海峡公铁大桥
建造关键技术

06

0.1 总结

新建福州至平潭铁路工程平潭海峡公铁大桥于 2013 年 11 月 1 日开工建设，历经 7 年时间，平潭海峡公铁大桥公路桥于 2020 年 10 月 1 日试运行，铁路桥于 2020 年 12 月 26 日正式开通。建设者们克服了季风、台风、大浪等恶劣海况，攻克了风大、水深、浪高、流急及海底裸岩、斜岩、球状风化花岗岩、埋入孤石层等特殊海洋环境施工技术难题，安全顺利地完成了在"建桥禁区"建造大桥的施工任务。

依托平潭海峡公铁大桥建造形成的"复杂海洋环境公铁两用特大桥建造关键技术"荣获 2019 年度中铁建科学技术特等奖；2020 年度中国公路学会科学技术二等奖；"公铁两用跨海桥梁施工 BIM 智慧管控软、硬件系统研发与应用"荣获中国公路学会首届"交通 BIM 工程创新奖"二等奖；"复杂海域跨海桥梁下部结构关键技术研究"荣获中国交通运输协会科学技术奖二等奖；"台风区深水裸岩跨海桥梁基础施工关键技术"荣获中央团工委"航天科工杯"第三届中央企业青年创新奖优秀奖；"国内首座跨海公铁大桥的科技创新管理"荣获中国铁建第三届企业管理现代化创新成果一等奖。

0.1.1 主要技术创新点

（1）首创抗台风、抗涌浪、抗波流力的"埋置式组合平台"，解决了深海裸岩区水上作业难题。

（2）自主研发大直径冲击钻头及帷幕注浆、模袋围堰等技术，解决了大风、大潮差、薄覆盖层、裸岩、斜岩等恶劣海况钻孔桩施工难题。

（3）通过在深水基础施工中实测动水压力，对规范动水压力公式进行修正，合理设计并建造恶劣海况下钢吊箱围堰。

（4）首次研发双孔连做节段拼装造桥机，创新造桥工艺，有效解决了大风条件下公铁合建桥施工干扰、造桥机过孔安全等难题，提高了工效、保证工程进度、质量、安全。

0.1.2　技术经济指标

（1）深水裸岩区作业平台

深水裸岩区作业平台研发埋置式组合平台快速搭建与整体钢管架下设围裙浇筑水下混凝土施工方法相比，单个钻孔平台施工工效提高70%以上，单个钻孔平台成本减少40%。

（2）大跨度施工栈桥

深水裸岩区采用大跨度施工栈桥施工方案较常规方法节约工期45d。

（3）冲击钻头的研制

大直径钻孔桩研制特殊结构及材料的冲击钻头有力地克服了岩层坚硬难以钻进的困难，钻头破裂程度降低50%，钻进效率提高了50%以上。

（4）钻孔桩漏浆处理

充分认知复杂地质条件下大直径钻孔桩漏浆机理，通过改良桩周土体处理综合技术处理漏浆，单根桩施工工效提高70%，节约黄土、混凝土、片石等材料成本40%，同时也解决了裸岩区钻孔桩钻进施工用钢护筒筒底生根的问题。

（5）钢吊箱围堰快速下放

单个钢吊箱围堰采用快速就位、快速封底，快速形成受力结构的快速施工技术较传统水上散拼工法提前30d。

（6）机制砂混凝土的应用

通过自加工机制砂，取代闽江河砂，施工成本降低50%。

（7）双孔连做造桥

双孔连做节段拼装造桥机，过一次孔可完成两孔造桥任务，施工工效提高1倍。

0.1.3　知识产权

截至2020年11月，已授权专利22项，10项为发明专利，计算机软件著作权登记证书3项，见表6-0-1-1、表6-0-1-2。《一种海中强风浪高强度裸岩插打钢管桩基的方法》荣获天津市优秀专利奖；《一种大型钢吊箱内支撑结构及其施工工艺》《一种两孔连做节段拼装造桥机》选入铁路重大科技创新成果库。

授权专利一览表　　　　　表6-0-1-1

序号	专利名称	授权专利号	备注
1	一种新型限位模具	ZL 2014 2 0453463.9	新型证书
2	一种海中钢护筒定位导向架	ZL 2014 2 0453902.6	新型证书
3	一种新型工具护筒	ZL 2014 2 0435609.7	新型证书
3	一种工具护筒	ZL 2014 1 0379167.3	发明证书
4	一种两孔连做节段拼装造桥机	ZL 2014 2 0482224.6	新型证书
5	一种大型钢吊箱新型内支撑结构及其施工工艺	ZL 2014 2 0435907.6	新型证书
5	一种大型钢吊箱新型内支撑结构及其施工工艺	ZL 2014 1 0379168.8	发明证书
6	一种海中强风浪高强度裸岩插打钢管桩基的方法	ZL 2014 1 0379415.4	发明证书
7	强波流力倾斜裸岩大直径护筒精确植入方法	ZL 2014 1 0378819.1	发明证书
8	一种大直径钢护筒精确纠偏的方法	ZL 2015 1 0320692.2	发明证书
9	一种送风装置及应用送风装置清理桥梁钻孔桩桩头的方法	ZL 2015 2 0696915.0	新型证书
9	一种送风装置及应用送风装置清理桥梁钻孔桩桩头的方法	ZL 2015 1 0572540.1	发明证书
10	一种抗强风浪的桥梁通航孔临时索道桥及其施工方法	ZL 2015 2 0697517.0	新型证书

续上表

序号	专利名称	授权专利号	备注
10	一种抗强风浪的桥梁通航孔临时索道桥及其施工方法	ZL 2015 1 0572538.4	发明证书
11	一种抗强风高墩拼装式劲性骨架	ZL 2015 2 0698938.5	新型证书
12	一种裸岩区施工平台及搭设方法	ZL 2016 2 0044900.0	新型证书
13	一种用于高墩盖梁的悬空组合模板支撑架	ZL 2016 2 0045072.2	新型证书
14	一种用于高墩盖梁的悬空组合模板支撑架及施工方法	ZL 2016 1 0031822.5	发明证书
15	一种栈桥锚固结构及搭设施工方法	ZL 2016 2 0044800.8	新型证书
16	一种钢护筒围堰及应用钢护筒围堰的钢护筒沉放就位方法	ZL 2016 2 0046461.7	新型证书
17	深水裸岩平台	ZL 2015 2 0730517.6	新型证书
18	深水裸岩平台及其施工工法	ZL 2015 1 0601893.X	发明证书
19	一种用于桥板浇筑的组合模具	ZL2017 2 0782652.4	新型证书
20	一种挂篮辅助组合式托架	ZL2017 2 0771607.9	新型证书
21	一种钢混装配式钢吊箱结构	ZL2018 2 1197819.1	新型证书
22	一种大悬臂梁施工抗强风导流式挂篮模板	ZL 2016 1 0829257.7	发明证书

计算机软件著作权登记证书一览表　　　　表 6-0-1-2

序号	软件名称	登记号	备注
1	公路铁路两用桥梁专业进度管理 BIM 系统 [简称：8DBIM–HR]1.0	2017SR743542	
2	数字桥梁 BIM 管理系统 [简称：8DBIM–DB]1.0	2017SR743541	
3	双孔连做造桥机架梁施工定位控制程序 V1.0	2018SR766487	

0.1.4 优秀工法

形成工法 11 项，其中 6 项工法分别荣获国家铁路局、天津市、辽宁省、黑龙江等省部级工法，中铁建优秀工法 6 项，中铁建大桥工程局集团公司三级工法 2 项，见表 6-0-1-3。

优秀工法一览表　　　　表 6-0-1-3

序号	工法名称	奖项	
1	台风区深海裸岩钻孔平台施工工法	辽宁省工法	国家铁路局铁路工程建设工法
		天津市工法	
2	深海钢吊箱围堰整体吊装就位施工工法	天津市工法	
		股份公司二等奖	
3	台风区公铁两用跨海桥变跨双孔连做造桥机施工工法	黑龙江省工法	
		天津市工法	
4	高压气冲法湿桩桩头快速清理施工工法	天津市工法	
		股份公司一等奖	
5	厚覆盖层深水独立钻孔平台建造工法	股份公司二等奖	
6	复杂海域深水裸岩区大跨度栈桥快速施工工法	天津市工法	
		股份公司二等奖	
7	强台风区大倾斜裸岩跨海桥梁深水基础施工工法	股份公司一等奖	
8	特殊海洋环境装配式钢吊箱施工工法	股份公司二等奖	

续上表

序号	工 法 名 称	奖 项
9	填造覆盖层、注浆固结处理钻孔漏浆施工工法	黑龙江省工法
10	钻孔平台无堆放场地快速制造钢护筒施工工法	企业三级工法
11	等跨连续梁边直线段钢管支架+挂篮组合现浇施工工法	企业三级工法

0.1.5　论文发表

在《铁道建筑技术》等国家核心期刊发表论文40余篇,其中《台风区跨海桥梁基础施工综合技术》《台风区公铁两用跨海桥梁建造技术研究》《机制砂混凝土抗弯曲疲劳性能研究》《平潭海峡公铁两用跨海大桥钻孔灌注桩成孔关键问题分析及处理措施》《大尺度矩形钢吊箱上波流力计算方法研究》共计5篇论文入选铁路重大科技创新成果库。

0.2　建设体会

对于恶劣环境条件下跨海桥梁施工技术研究的根本首先充分认识环境条件,对施工措施和环境影响等方面充分认识,分析环境影响对海上基础施工的难度,并采取科学技术进行攻关;海上施工的核心是大型海上装备,"吃技术饭、打设备仗",减少海上作业时间,采取有效措施变海为陆;科学的大型临时设施设计是项目的高效运转的前提;规模化生产是提高效益的关键;积极开展科技创新是项目发展的源泉。

0.3　展望

（1）勘测标准

跨海桥梁海域气象多变、水文条件复杂、地质条件差。主要体现在受台风及热带风暴影响,气候反常;水深浪高、潮大流急、流向紊乱;海床地形复杂、地质多变;钻探装备限制,定位困难,作业时间短。

基于以上因素,跨海桥梁勘察难度极大,地质勘察造价受限,地质勘查深度不够,建议在施工过程中利用作业平台做补充地勘,细化勘察成果并修订设计。

（2）大临设计

跨海桥梁大临工程、施工辅助措施对桥梁建造起关键作用,是影响桥梁工程造价的主要因素之一,大临设施规划、措施设计要与主体结构一样纳入施工图设计。

（3）装配式结构研究

更加重视跨海桥梁的引桥设计方案的必选,围绕合理的墩跨比、结构形式、耐久性等方面开展研究。

建议充分利用海中大吨位驳船、起重船的运输起重能力强的特点,进行装配式结构设计,通过工厂化生产,现场拼装,把现场变为"装配车间",减少海上作业,有利于质量控制、结构耐久性、作业安全、绿色节能环保。

（4）材料研究

耐久性的提高是跨海桥梁主要设计指标之一,要围绕影响跨海桥全寿命的环境条件对跨海桥的钢结构的长效防腐体系以及混凝土材料全过程耐久性开展研究,以期提高跨海桥梁的耐久性。

（5）工装设备研究

基于跨海桥梁施工环境的复杂性,以及批量的如承台、墩身、节段梁和整孔梁等大型构件,为减少风、浪天气对施工的影响,确保施工装备的稳定性及工效,需要进一步研究适应结构的特殊装备,提高装备定位、安装精度。

（6）维修养护研究

针对跨海大桥维修养护的特点，对全寿命期健康监控检测体系、方法及设备开展研究。

（7）造价研究

东海大桥的建设环境条件、大件化结构预制安装、70m 箱梁整孔预制吊装等工艺，发布了《东海大桥补充预算定额》；杭州湾大桥对基础工程、预制墩身、预制整体箱梁、桥面系及防腐等工程项目，发布了《杭州湾跨海大桥专项预算定额》；港珠澳大桥发布了《广东省沿海桥梁、沉管隧道、人工岛工程预算补充定额》。以上跨海桥梁形成了"一桥一定额"的特点。

跨海桥由于其独特的环境、工效、特殊装备、材料、施工组织、大临及施工措施，各具特色，不同海域桥梁环境、施工工法等因素各不相同，造成了各跨海桥梁造价不一。应建立一种基于不同跨海桥梁定额的调整机制，建设过程适时调整投资。

平潭海峡公铁大桥
建造关键技术

KEY TECHNOLOGY FOR
THE CONSTRUCTION
OF PINGTAN STRAIT HIGHWAY AND RAILWAY BRIDGE

REFERENCES

参考文献

[1] 江凡.我国电气化铁路建设的回顾[J].铁道工程学报,1992(01):17-23.
[2] 张杰.大跨预制箱梁分幅架设施工过程中花瓶形桥墩空间受力分析[J].中外公路,2017,37(04):156-161.
[3] 葛燕,朱锡昶.钢筋混凝土阴极保护和阴极防护技术的状况与进展[J].工业建筑,2004,34(05):18-20,43.
[4] 郑玉国,袁万城.典型大跨连续梁桥悬臂施工全过程地震反应谱分析[J].湖南科技大学学报(自然科学版),2013,28(03):59-65.
[5] 赵林,葛耀君,朱乐东.台风气候大跨度桥梁风振响应研究[J].振动工程学报,2009,22(03):237-245.
[6] 丁泉顺,朱乐东.桥梁主梁断面气动耦合颤振分析与颤振机理研究[J].土木工程学报,2007,40(03):69-73,91.
[7] 丁泉顺,陈艾荣,项海帆.大跨度桥梁结构气动耦合直接颤振分析[J].中国公路学报,2001,14(03):39-43.
[8] 何能.桥梁气动弹性模型模态参数及颤振导数识别方法研究[D].四川:西南交通大学,2014.
[9] 中华人民共和国交通部.公路桥梁抗风设计规范:JTG/T D0-01—2004[S].北京:人民交通出版社,2004.
[10] 张淑杰,关富玲,张其林.灵江大桥施工阶段的风洞试验及抗风分析[J].桥梁建设,2002,32(01):55-58.
[11] 小约翰.D.安德森.空气动力学基础[M].北京:航空工业出版社,2010.
[12] 刘祖唐,沈懋如.热线风速仪[J].河海大学学报(自然科学版),1982(03):133-142.
[13] 陈政清,于向东.大跨桥梁颤振自激力的强迫振动法研究[J].土木工程学报,2002,35(5):34-41.
[14] 田克平,张志新,张铁成.桥梁施工组织设计与实例[M].北京:人民交通出版社,2002.
[15] 陈开御.关于"大跨度造桥机"总体方案的探讨[J].铁道工程学报,1995(03):158-160.
[16] 丁玉仁.复杂海域49.2m混凝土箱梁海上造桥机抗风施工技术[J].世界桥梁,2020,48(02):30-34.
[17] 交通运输部水运局.港口工程荷载规范:JTS 144-1—2010[S].北京:人民交通出版社,2011.
[18] 中华人民共和国交通运输部.水运工程钢结构设计规范:JTS 152—2012[S].北京:人民交通出版社,2012.
[19] 黄绍金,刘陌生.装配式公路钢桥多用途使用手册[M].北京:人民交通出版社,2002.
[20] 胡瑞德.探讨预制节段拼装箱梁在桥梁上的应用[J].工程技术(引文版),2016(04):115.
[21] 刘强,魏凯.极端波浪作用下海上施工栈桥承载性能评估[J].海洋工程,2019,37(04):134-141.
[22] 吴希革.环氧粉末涂料在跨海大桥钢管桩防腐的应用[J].热固性树脂,2006,21(04):29-33.
[23] 中华人民共和国交通运输部.公路桥涵地基与基础设计规范:JTG 3363—2019[S].北京:人民交通出版社股份有限公司,2020.
[24] 中国建筑科学研究院.混凝土结构设计规范:GB 50010—2010[S].北京:中国建筑工业出版社,2011.
[25] 李毅.恶劣海况与复杂地质条件下深水钻孔平台方案设计及研究[J].铁道建筑技术,2018,(10):33-37.
[26] 苗如松,李青宁,白伦华,等.跨海大桥主墩桩基钢护筒腐蚀损伤识别[J].防灾减灾工程学报,2018,38(02):289-296.
[27] 中华人民共和国水利部.水利水电工程地质勘察规范:GB 50487—2008[S].北京:中国计划出版社,2009.
[28] 中华人民共和国铁道部.铁路桥涵工程施工安全技术规程:TB 10303—2009 [S].北京:中国铁道出版社,2009.
[29] 高明昌,杨少军,周光忠.铁路胶接缝节段拼装简支箱梁的设计实践与展望[J].中国铁路,2018,(07):54-59.
[30] 袁爱民,何雨,戴航,等.不同加载方式及配束比下节段预制箱梁受力性能试验[J].长安大学学报(自然科学版),2016,36(01):58-68.
[31] 苏权科.跨海大桥特殊技术问题探讨[J].公路交通科技,2005,22(12):101-104.
[32] 谢益溪.移动通信无线网络设计:Communication network technology[M].北京:人民邮电出版社,2011.
[33] 孙强,孙军.SBY2-1型空气超声波浪仪[J].海洋技术,2007,26(04):4-7.
[34] 周奇才,冯双昌,张泽峰,等.大型工程船舶锚泊移位系统研究[J].中国航海,2009,32(02):35-38,44.
[35] 中华人民共和国铁道部.铁路工程基本作业施工安全技术规程:TB 10301—2009[S].北京:中国铁道出版社,2009.
[36] 中铁电气化局集团公司.铁路工程(桥涵)施工作业操作手册[M].北京:中国铁道出版社,2014.

［37］ 中国建筑材料联合会. 建设用卵石、碎石：GB/T 14685—2011[S]. 北京：中国标准出版社, 2012.
［38］ 国家铁路局. 铁路混凝土工程施工质量验收标准：TB 10424—2018[S]. 北京：中国铁道出版社, 2019.
［39］ 中国建筑材料联合会. 建设用砂：GB/T 14684—2011[S]. 北京：中国标准出版社, 2012.
［40］ 中华人民共和国住房和城乡建设部. 普通混凝土拌合物性能试验方法标准：GB/T 50080—2016[S]. 北京：中国建筑工业出版社, 2017.
［41］ 中华人民共和国住房和城乡建设部. 普通混凝土长期性能和耐久性能试验方法标准：GB/T 50082—2009[S]. 北京：中国建筑工业出版社, 2010.
［42］ 中华人民共和国住房和城乡建设部. 普通混凝土配合比设计规程：JGJ 55—2011[S]. 北京：中国建筑工业出版社, 2011.
［43］ 中国建筑科学研究院. 混凝土耐久性检验评定标准：JGJ/T 193—2009[S]. 北京：中国建筑工业出版社, 2010.
［44］ 惠荣炎. 混凝土的徐变[M]. 北京：中国铁道出版社, 1988.